자아초월명상 연구방법론

– 명상심리학, 불교상담, 영성심리학 연구방법론 –

Transforming Self and Others Through Research: Transpersonal Research Methods and Skills for the Human Sciences and Humanities
by Rosemarie Anderson and William Braud

Rosemarie Anderson
William Braud 공저
서광스님 · 문일경 · 서승희
공역

학지사

역자 서문

이 책의 저자인 로즈메리 앤더슨(Rosemarie Anderson)과 윌리엄 브로드(William Braud)는 자아초월 연구자들이라면 연구의 주체자인 동시에 연구 대상으로서 연구에 임해야 한다고 말한다. 또한 그들은 연구의 전 과정이 연구자와 연구 참여자 그리고 연구결과를 접하게 될 미래의 독자, 더 나아가 이들이 속한 사회, 세상이 함께 변화하고 깨달아 가는 영적 성장의 장이어야 한다고 강조한다. 즉, 자아초월 연구자들은 자신의 의식과 무의식에 잠재된 선입관과 편견, 왜곡, 연구 의도를 자각함으로써 지구상에 존재하는 모든 살아 있는 생명을 이롭게 하는 자아초월 심리학의 궁극적 이상을 실현하는 방향으로 연구를 이끌어 갈 수 있는 것이다.

역자는 박사 과정에서 로즈메리 앤더슨과 윌리엄 브로드로부터 자아초월 연구방법론을 직접 배우면서 연구에 필요한 기술적 방법론을 넘어 연구에 임하는 연구자의 진실한 자세와 연구 의도, 가치를 익혔다. 그 가운데서도 특히 자아초월 연구자들은 연구하기 전과 비교하여, 연구하고 난 후 연구자 자신의 정신적, 영적 수준이 동일해서는 안 된다는 가르침이 가장 깊이 남아 있다. 한국에서 석·박사 학위 논문을 쓴다고 하면, 우리는 흔히 머리에 쥐가 나도록 고군분투해야 하는 스트레스라는 인식에 익숙해져 있다. 그러나 논문을 쓰는 과정이 정신적, 영적 성장 및 깨달음의 길이라는 사실과 논문을 쓰고 난 후의 연구자의 인격에 질적 변화를 가져온다는 아이디어 자체는 충격과 놀라움이었다.

다른 모든 학문도 마찬가지겠지만, 과학이나 정신치료와 자아초월 심리학이나 명상심리학, 영성심리학 등은 모두 인간의 고통을 덜어 줌으로써 보다 행복한 삶을 살아갈 수 있도록 도움을 주고자 하는 선한 의도를 갖는다는 점에서 공통점이 있다. 그러나 각자의 관심 영역을 연구하는 방법적 측면에서는 매우 다르다. 주로 객관주의적 관점에 기반을 둔 과학이나 정신치료와는 달리, 후자는 연구자와 연구 참여자 그리고 연구결과를 접하게 될 독자 사이의 이원성을 최소화하는 동시에, 연구과정을 통한 연구자의 변화와 성장도 함께 강조한다는 점에서 중요한 차이가 있다.

결론적으로, 이 책에서 제안하고 있는 연구방법론은 학위논문을 비롯하여 다양한 연구 프로젝트를 실행하는 이들뿐 아니라, 명상과 마음수행에 관심을 둔 모든 이에게 연구와 수행의 궁극적인 목적과 방향을 제시한다. 즉, 올바른 연구나 수행은 그 시작과 과정 그리고 결과에 이르기까지 사용되는 모든 수단과 방법이 살아 있는 일체 존재들을 위해 더 나은 세상을 만드는 데 기여하고자 하는 선한 의도와 연구윤리를 실천하는 과정이어야 함을 보여 주고 있다.

이 책은 일차적으로 자아초월 심리학, 선심리학, 명상심리학, 생태심리학, 또는 영성심리학, 종교심리학, 불교상담, 기독교 목회상담 등 마음수행과 관련된 분야의 연구자들에게 추천하고 싶다. 왜냐하면 자아초월 심리학을 비롯한 명상, 영적 수행과 관련된 분야의 연구는 무아와 공, 즉 상호의존적인 원인과 조건에 대한 이해를 기반으로 인간과 인간, 인간과 자연, 신, 우주와의 연기적, 생태적 관계, 비이원성을 추구하는 영성을 강조하므로 기존의 이원론적 연구방법론만으로는 한계가 있기 때문이다. 따라서 이들 분야는 인지, 사고 역량 외에도 온몸과 가슴의 활동, 즉 직관과 영적 지능을 필요로 한다.

마지막으로, 이 책의 초벌 번역을 읽고 교정을 도와준 황수경 교수님에게 감사를 전한다. 번역이 늘 그러하듯이 여러 가지 부족한 점이 많다. 그러나 이 책에서 강조했듯이, 관련 분야에서 연구하는 분들이 유용하게 참고하기를 바라는 선한 의도를 전달한다.

- 역자 일동

저자 서문

인간과학[1] 및 인문학 분야의 학문과 연구의 주요 목적이 해당 분야의 지식 기반을 확장하는 데 있음은 주지의 사실이다. 즉, 과학적·학술적 관심 주제에 대한 정보를 더 많이 제공하는 것이다. 그러나 연구가 **정보**(*information*) 제공이라는 측면 외에도 **전환**(*transformation*)의 기회를 제공한다는 것은 거의 알려져 있지 않은 사실이다. 이러한 전환은 연구자나 학자로서 한 개인, 더 나아가 세계에 대한 태도와 관점에 중요하고 의미 있는 변화, 때로는 완전히 바뀌는 변화가 일어나는 계기가 되기도 한다. 이러한 전환은 또한, 공동연구자와 참여자를 포함한 연구의 다른 참가자와 연구결과를 접하게 될 독자와 청중에게도 일어날 수 있으며, 심지어 그 연구자나 학자가 속해 있는 사회나 문화에서도 일어날 수 있다. 전통적인 방식으로 진행된 연구에서도 이러한 성장과 전환은 때때로 연구 프로젝트가 의도하지 않았던 부수적 효과나 여파로서 자연스럽게 발생하기도 한다. 그러나 기존과 다른 연구방법을 선택하고 연구 역량을 강화함으로써 통상의 경우보다 더 높은 수준으로 모든 연구 참여자의 성장과 전환의 가능성을 의도적으로 높이는 것이 가능하다. 즉, 통상의 연구 과정에서는 무시하거나 건드리지 않았던, 연구자 자신의 잠재력 실현을 허용하는 것

1 인간과학(human sciences)은 인간 생활의 철학적·생물학적·사회적·문화적 측면을 연구하는 학문으로, 인간 세계에 다학제적으로 접근하는 것을 목적으로 한다. 인간과학은 역사, 철학, 유전학, 사회학, 심리학, 진화생물학, 생화학, 신경과학, 인류학 등을 포괄하며 인간과 관련된 경험, 활동, 인간이 만든 구축물과 산출, 창작 등을 연구하고 해석한다(출처: Wikipedia).

이다. 따라서 이 책의 목적은 인간과학 및 인문학 분야의 연구 및 학술 활동에 있어 성장과 전환을 촉진하는 몇 가지 기법과 접근을 설명하고 적용 방법을 제안하는 데 있다.

저자들 자신이 인간과학 연구자들이기에, 이 책은 인간과학의 과학적 연구 방법을 주로 다루고 있다. 그러나 이 책의 전환적 방법과 기법은 다른 인문학 분야의 학문 탐구에도 마찬가지로 적용할 수 있다. 더 나아가, 인문학과 인간과학은 서로 연관된 주제에 대해 협동적이고 다학제적인 노력을 통해 더 풍성해질 수 있는데, 이에 대해서는 제2장의 마지막 부분과 제9장의 '연구와 학문의 전환적 비전'에서 상세히 다루었다.

전환적(*transformative*)이라는 용어는 이미 연구적 맥락에서는 지식의 이해, 습득, 적용을 위한 특정 방식을 설명하는 의미로 사용되어 왔다. 예를 들어, 머튼즈(Mertens, 2009)가 펴낸 뛰어난 연구방법론 교재에서는 **전환적 패러다임**(*transformative paradigm*)을 최근 연구 분야의 네 가지 주요 패러다임 중 하나로 소개하고 있다. 그 이전에는 구바와 링컨(Guba & Lincoln, 1994)이 이를 **비판이론 패러다임**(*critical theory paradigm*)이라고 불렀으며, 머튼즈(2009) 자신도 **해방적 패러다임**(*emancipatory paradigm*)이라고 명명하기도 했다. 머튼즈(2009)는 **전환적**이라는 용어에 대해 비판이론, 신마르크스주의, 페미니스트, 비판적 인종이론, 프레이리언(Freirean), 참여주의자, 노예해방자 등 다양한 의미를 포함하는 관점으로 설명하였다. 이전의 구바와 링컨(1994)은 이 패러다임을 따르는 연구자들을 위해 연구의 목적을 다음과 같이 간결한 특징으로 설명하였다.

> 연구의 목적은 인간을 억압하고 착취하는 사회적·정치적·문화적·경제적·민족적·성적 구조에 직면하고 맞섬으로써 이를 **비판하고 전환**시키는 데 있다. 진보의 기준은 시간이 지난 후 회복과 해방이 이루어지고 유지되느냐에 달려 있다. 신념에 대한 공개적 옹호와 실천주의가 핵심 개념이다. 연구자는 선동자인 동시에 촉진자의 역할을 하며, 이는 연구자의 전환이 필요하다는 것을 선험적으로 이해한다는 것을 의미한다. 그러나 여기서 우리가 주목해야 할 부분은, 전환이 어느 정도 필요한가에 대한 판단은 그로

인해 삶에 영향을 가장 많이 받을 연구 참여자들이 내려야 한다고 주장하는 일부 보다 급진적인 비판주의 진영의 관점이다(p. 113).

이 책에서는 구바와 링컨, 머튼즈가 사용했던 의미로 **전환**이란 용어를 사용하기보다는 **개인의 전환**을 좀 더 강조한다. 즉, 우리는 특정 조건에 따라 연구 프로젝트를 계획, 실행, 참여, 학습하면 자기 자각이 높아지고 심리적·영적 성장과 발달이 증진되며 연구와 관련된 이들에게 현저한 개인적 변화가 일어날 수 있다고 제안한다. 물론 이러한 개인적 변화가 앞서 언급한 정치적·사회적·문화적 변화와 무관하지는 않으나, 여기서는 개인적 측면을 더 강조하고자 한다.

이 책 전체에 걸쳐 우리는 연구를 통해 연구자 자신과 다른 사람들이 전환될 수 있는 방법에 대해 자세히 설명할 것이다. 이제 우리는 예상되는 전환의 유형과 이를 촉진시킬 수 있는 조건의 속성을 간략하게 설명하고자 한다.

개인적 전환은 한 사람의 인생관 또는 세계관의 질적 변화를 수반한다. 이런 변화는 빠르거나 느리게, 극적이거나 미묘한 방식으로 일어날 수 있다. **전환적**(근본적) 변화는 (이전 상황으로 돌아가는 일시적 변화가 아니라) **영속적**이며, (존재나 기능의 분리된 측면에만 국한되지 않고) **전반적**이고, (인생 전반에 중요한 영향을 미치는) **심오한** 특성이 있다. 전환은 한 사람의 관점, 이해, 태도, 앎과 행동양식, 세계 속에 존재하는 양식의 변화로 드러나며 몸, 느낌과 감정, 사고방식, 표현양식, 타인과 세상과의 관계 변화를 통해 인식할 수 있다.

우리는 다음 세 가지가 만족될 때 개인과 공동체의 전환이 연구에 수반되거나 연구의 결과로써 발생할 수 있다고 본다. ① 연구 **프로젝트**가 갖는 개인적 의미가 크고 연구자 자신이 밀접하게 연관될 때, ② 연구자가 앎의 다양한 방식을 일반적인 경우보다 더 많이 허용하는 포괄적이고 개방적인 **접근**을 선택할 때, ③ 연구자 자신이 연구 참여자와 연구결과를 접하게 될 미래의 독자까지 예상하여 프로젝트를 더욱 충실히 준비함으로써 그동안 간과되기 쉬웠던 **부수적인 연구기법**들을 파악하고 발전시킬 때 등이다. 이 세 가지 조건은 연구 프로젝트의 모든 단계에 연구자가 개인적이고 보다 완전히 참여함으로써 그의 잠재된 능력을 실현하는 것을 가능하게 한다. 연구자는 연구와 관련된 모든 사람이 자기 자각의 향상과 전환이라는 분명한 의도를 갖고 연구 프로젝트에 임하고 연구 과정 내내 이러한 의도를 상기하고 유지해 나가면서, 이러한 목표가 얼마나 실현되었는지 연구결과에 명확히 드러낼 때 자신의 삼재 능력을 더 발휘할 수 있다.

이 책의 목적은 연구를 시작하는 학생들과 숙련된 연구자들이 앞에서 언급한 조건과 결과를 실현하도록 돕는 것이다. 각 장은 연구 계획, 자료 수집 및 분석, 결과 보고라는 기존의 익숙한 연구방법 및 과정을 보완하는 기법에 대해 서술하고 있다. 창조적 표현은 성장하고 있는 분야인 자아초월 심리학의 원리와 실제를 바탕으로 개인 참여와 전환의 가능성을 강조하는 최근에 개발된 세 가지 연구방법을 다룬다. 제2부에서는 다양한 세부 기법을 파악하고 실습을 통해 익혀서 다른 연구 분야에도 적용할 수 있도록 풍부하고 자세한 설명을 제공한다. 이러한 기법은 그동안 개인의 삶이나 상담, 임상연구, 의료, 교육, 훈련 등의 전문 분야, 개인 대상의 정신적, 영적 성장과 발전에는 많이 활용되어 왔으나 연구 프로젝트에서는 실질적으로 거의 활용되지 않았다. 제2부의 가장 두드러진 특징인 동시에 이 책 전반의 특징은 개인에게만 국한되어 온 이러한 기술과 실행방법을 연구자 자신을 포함한 다른 사람들의 전환적 변화 및 보다 효율적인 연구에 도움이 되도록 적용할 수 있다는 점을 인식시키는 것이다.

한편 이 책이 완벽하게 정리되어 이것 하나만 참고하면 되는 연구방법이나 원리, 실습은 아니라는 점을 이해하는 것이 중요하다. 이미 크레스웰(Creswell, 2006, 2009), 둘리(Dooley, 1995), 호웰(Howell, 2007, 2009), 머튼즈(Mertens, 2008, 2009), 휘틀리(Whitley, 2003)의 저서 등 질적·양적 연구방법론과 혼합 연구방법론을 광범위하게 다룬 훌륭한 교재들이 많이 출간되어 있다. 이 책은 이런 보다 익숙한 연구방법론을 보완하고 확장하는 차별화된 접근과 기술을 제시함으로써 연구 프로젝트를 수행하는 과정에서 지식적 성취뿐만 아니라 전환 가능성에도 가치를 두는 이들에게 흥미와 유용성을 제공하는 데 초점을 두고 있다.

연구를 통한 자신과 다른 이들의 전환(*Transforming Self and Others Through Research*)이

라는 주제는 인간과학 분야에서 개발 중인 협동적·참여적 연구의 일부다. 이 책을 인본주의 및 자아초월 심리학 분야와 심리학, 교육, 상담, 간호, 보건, 공중보건 분야 전문대학원과 같은 응용 인간과학 프로그램의 학부 상급생과 대학원 과정 교재로 사용할 수 있다. 우리는 이 책 전체에 걸쳐 빠르게 변화하는 글로벌 다문화 현상에 부응하고 다중 방법론적 특성을 갖는 전환적 접근을 연구에 적용하는 것을 독려하고 있다.

이 책의 목적은 전환적 연구 실제를 기존의 연구방법에 적용하고 동화시킬 수 있도록 인간과학 연구자들에게 안내하는 것이다. 우리는 이 연구 접근의 기원을 자아초월 심리학 분야 내에서만 논의하면서 학생들과 숙련된 연구자들이 이미 친숙한 연구 접근과 적당히 타협하기보다는 기존의 방법론과 이 전환을 위한 접근을 통합해 나갈 수 있는 방법을 제시하고자 한다. 이 책은 교수들과 학생들이 이전에 사용해 온 양적·질적 연구방법에 쉽게 적용할 수 있도록 자아초월 연구 접근 및 기법에 대해 자세히 설명하고 있다.

이 책은 자아초월 및 인본주의 심리학, 대체의학 연구 과정의 주교재나 부교재, 또는 참고자료 등으로 사용할 때 가장 유용하다. 또한 전문직 및 관련 프로그램에서도 주교재, 부교재, 참고자료 등으로 전통적인 양적·질적 연구 과정의 보조적인 교재로 활용할 수 있다. 이 책은 학생들이 편하게 접근할 수 있도록 저자들의 폭넓은 연구 경험과 학부 및 대학원 연구 과정에서 가르치고, 석·박사 논문을 지도하면서 축적한 경험에 기초하여 개발한 단계별 지도 사항과 실용적 정보, 실습 등으로 구성되어 있다. 연구 프로젝트나 학부 및 대학원 연구, 강의에서는 각 연구기법을 다루는 연습을 수정 및 응용하여 적용할 수 있을 것이다. 학생들과 숙련된 연구자들은 이미 익숙한 다른 기법을 더하거나 제2부의 기법들을 창의적으로 전환함으로써 이 책에서 제시한 기법과 연습을 보강할 수 있다.

전환을 강조하는 것 외에 이 책의 또 다른 특징은 통상의 연구방법론 교재보다 훨씬 많이 **연구 내용과 관련된 정보와 자료**를 포함하고 있다는 점이다. 일반적인 연구방법론 책들은 대부분 연구방법 자체에 대한 설명에만 집중할 뿐 연구하고자 하는 학문 분야의 실적이나 이론에 대해서는 거의 다루지 않는다. 그에 반해, 이 책은 다양한 주제와 관심사에 대해 상당한 양의 정보를 포함하고 있다. 이러한 정보에는 이 책에서 다루는 접근 및 기법이 적용되는 맥락과 다양한 원리와 연습을 설명하는 실제 사례들을 포함하고 있다.

교수, 학생, 연구자를 위한 지침

교수들은 이 책 전체를 교재로 사용할 수도 있고, 특정 교과 목적을 효과적으로 달성하고 학생들의 관심사를 충족시키기 위해 몇몇 장만 추려서 다른 교재와 함께 사용할 수도 있다. 제1부의 창조적 표현의 접근방식과 제2부의 기법은 주로 자아초월 심리학, 자아초월 연구, 인본주의 심리학, 기타 인간과학 교과 수업에 적합하다. 이 두 파트의 내용은 또한 간호, 건강과 웰빙 관련 분야, 교육학에도 상당 부분 적용할 수 있다. 이 두 파트의 일부 내용을 선택적으로 심리학 연구 과정에 접목할 경우 학생들은 기존 연구방법론을 보완할 수 있는 연구방법과 기법을 배울 수 있을 것이다. 상담 및 사회복지와 같은 응용 분야 교과 강사들에게는 제2부의 기법을 다룬 부분(특히, 제4장과 제6장의 기법들)이 가장 유용할 수 있으며, 다른 주교재와 병행하여 사용할 수도 있다. 영성 교과의 교수들은 제1장과 제3장의 접근법과 제4장, 제5장, 제7장의 기법들이 큰 도움이 될 것이다. 제2부에서 언급된 모든 기법, 특히 제5장~제7장에서 설명된 부분은 창조적 예술 및 행위예술 교과에 적합하다. 제9장의 내용은 생태심리학, 생태영성, 인간생태학, 환경과 세계 연구(global study) 등과 관련이 있다. 각자의 요구와 관심 분야에 맞추어 이 책의 다양한 섹션을 선정하고 배치하여 창의적으로 적용해 보기 바란다.

앞에서 언급한 분야의 연구를 하려는 학생들은 창조적 표현의 접근방식과 제2부의 기법을 적용하여 그들이 이미 알고 있는 기존 연구방법을 보완할 수 있을 것이다. 또한 학생들과 전문 연구자들은 제2부에서 언급된 다양한 기법들을 연구 외에 자신의 전문직이나 개인의 성장과 발전, 변화를 돕는 방법으로도 적용할 수 있다.

각 장에 대하여

제1~3장까지는 로즈메리 앤더슨(Rosemarie Anderson)과 윌리엄 브로드(William Braud), 제니퍼 클레먼츠(Jennifer Clements)가 썼으며, 나머지 모든 장과 절은 로즈메리 앤더슨과 윌리엄 브로드가 공동으로 작업하였다.

비평에 관하여

이 책의 창조적 표현과 제2부에서 제시한 연구 접근 및 기법에 대한 제한점을 별도의 섹션으로 서술하는 대신, 가능한 비판을 염두에 두면서 이러한 접근과 기법을 개발하고자 노력하였다. 하지만 유의미하다고 판단되는 쟁점에 대해서는 연구 접근 및 기법을 사용하는 데 있어서의 제한점과 문제를 맥락에 맞게 각 장의 적절한 부분에서 다루었다. 이 책의 연구방법과 기법은 다른 방법들과 함께 보완적으로 사용 가능하므로 연구자들이나 학자들은 본인의 학문 분야나 특정한 연구 목적에 맞추어 적절하게 활용하기를 바란다. 우리는 배타적인 실증주의적 입장을 취하는 연구자들로부터 많은 비판이 나올 수 있다는 점을 인정한다. 하지만 이 책에서 추천하는 접근과 기법은 실증주의적 인식론과 방법론을 뛰어넘어 확장된 전환적 패러다임의 영역에 속하므로 그러한 비판은 타당성이 떨어진다. 따라서 비평만을 위해 별도의 장을 추가하는 것은 이 책 분량의 허용 범위를 넘기 때문에 포함하지 않았다.

차례

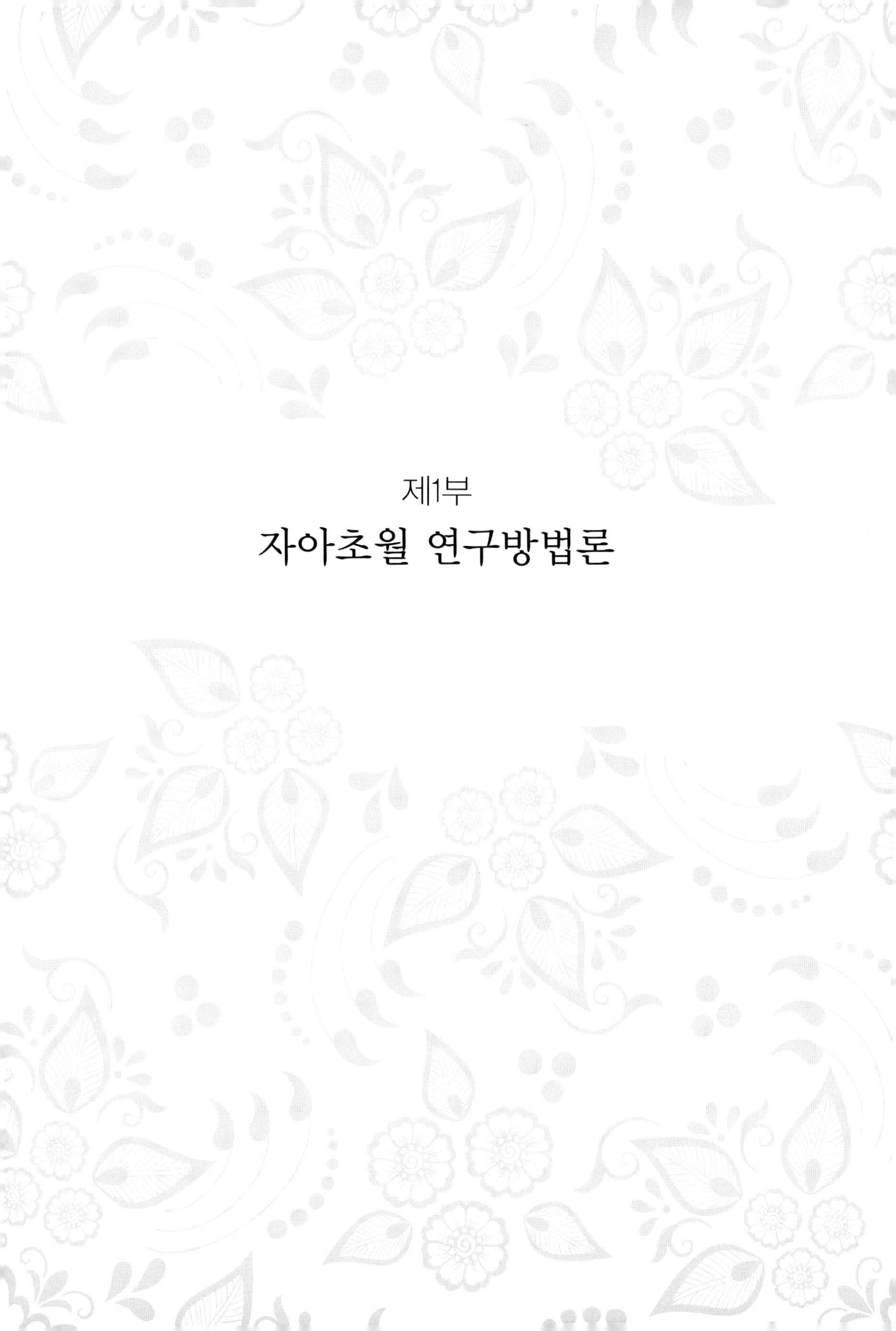

제1부

자아초월 연구방법론

제1부에서 소개하는 자아초월 연구방법은 연구자가 수행하는 연구 개념화 작업부터 독자가 연구 내용을 읽고 공감하여 실제 삶의 문제에 적용하는 단계까지, 연구와 적용의 전 과정에 걸쳐 연구자와 다른 사람들의 전환을 일으킨다. 직관적 탐구, 통합적 탐구, 유기적 탐구의 세 가지 접근은 연구에 참여하는 모든 이에게 각자의 참여 방식에 따라 서로 다른 전환의 가능을 제공한다. 자아초월 연구를 통해 연구자, 참여자, 나아가 연구결과를 접하는 독자와 청중은 자기 이해를 비롯하여 연구주제에 대한 이해가 변화했거나 전환되었다고 자주 보고한다. 연구자는 자신이 열정을 가져왔거나 스스로 경험해 왔을 만한 연구주제에 끌리게 된다. 연구자는 자신이 참여하고 가져왔던 삶의 태도, 인생의 이야기와 관련해 그동안 발견한 것을 분석하고 해석하고 제시한다. 또한 연구주제와 자기 자신, 다른 사람들, 세상에 대해 자신이 생각하고 느끼는 방식으로 변화를 촉구한다. 마찬가지로 연구 참여자도 연구주제에 적극적으로 참여하고 개입하면서 자신의 인생 여정과 개인적 성장을 향상시킨다. 연구 보고서를 접하고 적용하는 최종 독자들과 관계자들 역시 자신에 대한 이해와 지역사회의 전환을 촉진시키는 방식으로 연구결과를 통합하고 적용한다. 제1장에서 소개하는 자아초월적 연구 접근은 모두 공통적으로 이러

한 최종 목표를 지향한다.

직관적 탐구, 통합적 탐구, 유기적 탐구는 1990년대 중반 자아초월 심리학 분야에서 개발되기 시작하였다. 로즈메리 앤더슨(Rosemarie Anderson)과 윌리엄 브로드(William Braud)는 각기 직관적 탐구와 통합적 탐구의 개발자로서 ITP(Institute of Transpersonal Psychology, 현 Sofia University)에서 연구방법을 가르치고 박사 과정 학생들을 지도하면서 자아초월 연구방법을 알리는 데 중요한 선구자적 역할을 해 왔다. 1994년과 1995년, 몇 가지 예상치 않았던 상황에서 우리의 작업은 괄목할 만한 진전을 이루었다. 우리는 양적 연구방법과 질적 연구방법을 함께 가르치기 시작했으며, 이 과정은 기존의 연구방법을 **자아초월적으로** 확장하고 확대하는 실험실이 되었다. 어느 날 오후 학생들에게 요구했던 '의도의 장 수립(set a field of intention)'을 우리가 직접 시간을 측정하면서 실습해 보았다. 8분 만에 양적·질적으로 잘 정립된 연구방법의 포괄적 목록을 명료하게 정리할 수 있었다. 그것은 초월적이고 영적인 경험의 탐색까지 더 잘 적용될 수 있도록 확장이 가능한 연구 목록이었다. 비슷한 시기, 제니퍼 클레먼츠(Jennifer Clements)와 그의 동료 도러시 에틀링(Dorothy Ettling), 다이앤 제넷(Dianne Jenett), 리사 실즈(Lisa Shields)는 1999년에 ITP에서 유기적 탐구를 개발하기 시작하였다.

동료, 학생들과 지속적으로 대화하고 교류하면서 우리는 사회과학을 위한 『자아초월적 연구방법론(*Transpersonal Research Methods for the Social Sciences*)』(Braud & Anderson, 1998)을 함께 저술했는데, 이 책에서 세 가지 연구방법을 이론적으로 다루었다. 또한 수업과 논문 지도에서 이 세 가지 접근을 적용하고 확장하는 방법을 학습하면서 인간과학 분야의 초보 연구자부터 숙련된 연구자에 이르기까지 연구에 활용할 수 있도록 개선하였다. 제1부에 제시된 직관적 탐구, 통합적 탐구, 유기적 탐구는 자아초월적 연구의 실제 경험에서 나온 결실이 보다 광범위한 인간과학 연구에 적용할 준비가 되어 있음을 보여 준다.

직관적 탐구, 통합적 탐구, 유기적 탐구는 인간과학 분야 전반의 연구에 적용 가능하다. 많은 학문 및 과학 분야에서는 인간 상호 간에, 더 나아가서는 세계와 관련하여 인간 전환(human transformation)의 잠재력을 탐구하려 한다. 자아초월 심리학은 에이브러햄 매슬로(Abraham Maslow)가 1960년대에 『인간 본성에 대한 확장 연구(*farther research of human nature*)』에서 언급한 바와 같이 결코 특별한 연구가 아니다. 경제학, 교육학, 교육심리학, 상담, 환경연구, 간호 과학, 의학, 정치학, 공공의료 등 지금으로서는 생각할 수도 없는 다른 많은 분야에서 연구하고 있다. 여기서는 지면의 한계로 더 비교하기 어려우나, 이들 세 가지 연구 접근은 현재 질적 연구방법만큼이나 빠른 속도로 발전하고 있다 (윌리엄 브로드와 로즈메리 앤더슨의 책, 1998 부록 참조).

우리의 진정한 바람은 자신과 타인의 전환을 지향하는 인간과학 연구자들이 연구를 실행하고 적용할 때 자아초월적 접근과 기법을 결합하여 그들의 연구 분야에서 전환적인 최종 목표 달성이 촉진된다면, 그보다 더 기쁜 일은 없을 것이다. 우리는 결코 이 접근들이 고정되어 있거나 바꿀 수 없는 것이 아니며, 과학적 담론과 발전을 촉진하는 학문적 도구라고 생각한다. 이 접근들을 긍정적이고 전환적인 목적을 위해 사용함으로써 우리 모두가 학자, 연구자로서 모든 살아 있는 존재를 위해 더 나은 세상을 만드는 데 협력하고 기여할 수 있기를 바란다.

자아초월적 연구 접근의 타당성

자아초월에 관한 초기 대화에는 자아초월과 영적 현상의 본질에 부합하는 연구방법을 새로 만들어 입증하고 사용해야 한다는 학계의 인식이 분명히 드러난다. 즉, '**경험적**(*empirical*)'인 것에 대한 정의는 개인적인 것이므로, 궁극적으로는 외부 관찰자가 관찰할 수 없는 내면적 경험까지 확장되어야만 한다는 것이다. 물론 연구자와 참여자의 내적 경험에 대한 연구는 광범위한 주제와 인간 경험과 관련되지만 내적 경험 자료는 자아초월적, 영적 체험 연구에 필수적이다. 우리의 첫 번째 저서인 『사회과학을 위한 자아초월 연구방법(*Transpersonal Research Methods for the Social Sciences*)』은 이러한 자아초월적, 영적 체험 연구방법론에 대해 자세히 연구한 최초의 책이다.

자아초월 연구에서 인간 경험을 탐구하는 데 있어서는 19세기 자연과학자의 관점보다는 르네상스 시대의 예술가 관점이 좀 더 완전한 모델이 될 수 있을 것 같다. 솔직히 평가하면 오늘날 인간 경험에 대해 가장 설득력 있게 묘사하고 있는 사람들은 심리학자, 인류학자, 사회학자나 다른 과학자들이 아닌 시인, 소설가, 극작가, 영화제작자, 이야기꾼, 종교학자다. 심리학자나 다른 분야의 인간과학자들은 자연과학자들조차도 이미 포기해 버린 객관주의적, 실증주의적 관점을 그대로 답습하고 급진적 실증주의와 행동주의 심리학을 공식적인 것으로 받아들임으로써 인간 경험의 넓고 흥미진진한 영역을 외면하거나 하찮은 것으로까지 여겨 왔다. 실존주의 임상심리학자로 유명한 제임스 부젠털(James Bugental)은 이러한 딜레마를 다음과 같이 간단명료하게 언급하였다. "객관주의적 관점을 가진 심리학자들은 그들에게 익숙하지 않은 모든 것을 위험하고, 미신적이며, 실재하지 않는 것으로 여긴다(Valle & Halling, 1989, p. ix)." 심지어는 비범한 인간 경험을 연구할 때조차도 연구자들은 종종 의미를 축소시키는 방법론에 만족하는 것으로 보인다. 뒷받침해 주는 연구방법론이 없으므로 열정, 사랑, 탄생, 슬픔, 황홀, 고요, 신비 체험과 같은 삶의 풍부한 주제들이 등한시되었다. 즉, 연구방법은 매일의 충만하고 비일상적인 인간 경험을 연구하는 데 무력했다. 자연히 인간 존재의 광범위한 본질에 대한 탐구는 소홀히 다루어졌다. 따라서 지금이 바로 우리의 연구방법과 그와 관련된 인식론에 엄밀하고 활발한 상상력을 불어넣어, 보다 완전한 차원의 개념과 이론으로 재탄생시켜야 될 때인지 모른다. 통제를 강화하기보다는 완전한 개방성과 복합성의 엄격한 적용이 필요한 것이다.

과학의 패러다임은 달라지고 있다. 변화의 장은 펼쳐졌다. 에이드리엔 리히(Adrienne Rich, 1979)에 따르면, 우리는 '타성에 젖은 수많은 가정'을 뛰어넘어야만 한다. 자아초월 심리학자와 관련 분야 학자들의 연구이론 및 비평과 마찬가지로, 다른 분야의 발전과 비판 또한 심리학 연구에서 흔히 사용되던 실험적 연구방법의 독점적 지위를 약화시켜 왔다. 이런 대안적인 관점 중의 일부는 1960년대와 1970년대의 대항문화, 페미니스트 비평과 이론, 실존주의 현상학 이론과 현상학적 방법론, 해체주의와 후기 모더니즘 문화 비평, 양자

물리학과 고에너지물리학의 인식론적 통찰, 초심리학 연구, 내러티브 접근과 담화분석, 철저한 사례연구, 발견적 학습 그리고 실험심리학 내의 외적 효과 타당도에 관한 관심으로부터 비롯되었다. 심리학 내에서도 일련의 비판이 있었는데, 특히 브루너(Bruner, 1990)가 인지심리학(cognitive psychology)을 민속심리학(folk psychology)으로 재개념화한 것과 최근 인간과학 전반의 발전이 주목할 만하다. 한때는 난공불락이었던 인식론인 행동주의 인지과학의 몇몇 관점은 이제 훨씬 더 완전하고 광범위한 개념과 방법으로 확장되고 있다. 이러한 비판의 흐름들은 과학적 담론에 활기를 불어넣으면서 다시 한번 학문적 연구의 보다 적절한 방법론과 인식론을 모색하게 되었다.

물론 전통적인 양적·질적 연구방법도 연구주제가 얼마나 적절한가에 따라 자아초월 연구방법과 혼용할 수 있다. 우리는 자아초월 연구방법을 제시함으로써 인간 경험의 본질과 잠재력을 연구하는 많은 분야에서 학문적이고 과학적인 탐구가 활기를 띠기 바란다. 즉, 모든 과학적 탐구와 담론이 상상력과 창의력 그리고 경이로움의 새로운 바람을 불어넣기를 희망한다.

직관적 탐구, 통합적 탐구, 유기적 탐구

직관적 탐구와 통합적 탐구 그리고 유기적 탐구는 연구자와 다른 이들의 전환을 중시한다는 점에서 동일한 가치와 최종 목표를 상당 부분 공유한다. 또한 이 세 가지 연구방법은 자아초월 심리학의 범주 안에서 개발되었기에, 자아초월 심리학 및 관련 분야의 가치와 최종 목표를 공유하고 있다. 이후 논의될 자아초월 심리학에 대한 역사를 살펴봄으로써 인간과학 내의 이러한 흐름을 이해할 수 있을 것이다. 전환을 위한 세 가지 접근은 앎의 상보적, 다중적 방식을 강조하는데, 그것은 일반적으로 '다중지능(multiple intelligence)'이라는 학문적 용어로 알려져 있다. 이 세 가지 접근은 또한 모든 훌륭한 연구에 내재된 진화적이고 유기적인 특성을 강조한다. 즉, 연구 활동을 자신의 삶과 연결시키면서 온 마음으로 실행해 나가려는 연구자의 의지와 각오를 중요시한다. 경험에 기초한 주제를 연구하는 접근의 타당성을 강조하며, 연구자와 참여자, 더 나아가 연구 보고서를 읽는 독자에 이르기까지 연구의 참여 과정을 즐길 수 있는지 강조한다.

이 세 가지 접근은 강조하고자 하는 이론적 배경 및 방법론 범위를 어떻게 반영하느냐에 따라 차이가 있다. 예를 들어, 직관적 탐구는 유럽 해석학(European hermeneutics)의 영향을 받았으며, 유기적 탐구는 칼 융(Carl Jung)의 초월적 기능과 네 가지 유형(사고, 감정, 직관과 감각) 이론에서 비롯되었다. 직관적 탐구나 유기적 탐구와는 달리, 통합적 탐구는 양적 방법론과 질적 방법론의 상보적 통합으로 개발되었다. 지난 10년간 자료 수집, 분석, 해석 그리고 연구 발견의 도출에 이르기까지 연구에 적합한 혼합 방법론을 조정하면서 개발되었다(Creswell, 2009; Creswell & Clark, 2006; Tashakkori & Teddlie, 1998, 2003). 직관적 탐구와 유기적 탐구 둘 다 질적 자료 수집과 분석을 강조한다. 그러나 이 접근법들은 실제 실행할 때 그 차이가 분명하게 드러난다. 개념적 차원보다는 실행 과정에서 이 두 접근법이 강조하는 이론적 전통과 적용 범위의 차이가 뚜렷이 드러나기 때문이다.

직관적 탐구

직관적 탐구는 연구주제 또는 연구문제의 도출, 이론적·경험적 문헌의 고찰, 자료 수집, 분석, 해석, 연구 발견의 제시 등 연구 실제에 직관적 절차와 통찰을 직접 적용한다. 전통적인 해석학적 이해에 기초한 해석은 선형적이고 절차적이기보다는 개인적이고 순환적이다. 이 접근은 연구 과정을 진전시키는 일련의 순환 과정을 보여 준다. 직관적 탐구의 전반을 이해하는 핵심은 자신과 타인을 향한 연민이다.

통합적 탐구

통합적 탐구는 심리학적 연구방법에 대한 포괄적인 개요와 그 방법을 특정 연구주제에 통합하여 적용할 수 있는 수단을 제공한다. 인간 경험은 다차원적이고 복합적이므로 통합적 탐구는 다면적이고 다원론적이다. 통합적 탐구의 주요 특징은 질적·양적 방법을 일련의 연속적 과정으로 결합한다는 점에 있다. 연구자들은 각자의 연구 질문에 최적화되도록 이 전통적이면서도 실험적인 방법을 선택하거나 혼합할 수 있다. 통합적 탐구자는 "경험의 본질은 무엇인가, 그 경험이 시간 흐름에 따라 어떻게 개념화되었는가, 그 경험을 유발하는 것과 그에 수반되는 것은 무엇인가, 그 경험의 결과 및 결실은 무엇인가"라는 네 가지 유형의 연구 질문을 던짐으로써 연구에 포괄적으로 접근하고자 한다. 한편, 이 접근은 문헌 검토를 통해 시간의 틀을 확대하고, 다양한 학문 분야에 연구를 알리고, 자료 및 연구결과를 수집, 처리, 제시하는 방식을 확장하고, 더 나아가 다양한 독자층의 관심을 끄는 것을 강조하고 있다.

유기적 탐구

유기적 탐구의 기본적인 방법은 이야기하고 듣는 것이다. 유기적 탐구의 주제는 연구자 자신의 이야기로부터 시작되며, 연구자는 자신의 이야기를 연구의 도입 부분에서 기술한다. 유기적 탐구는 가능한 최대한 참여자 자신의 언어로 표현된 참여자들의 이야기, 여러 수집된 이야기들이 공유하는 의미를 반영하는 집단의 이야기, 연구 과정을 거치면서 연구자 자신이 겪은 전환에 대한 보고 등을 포함한다. 유기적 탐구의 핵심에는 연구자와 최종적으로 연구 보고서를 읽는 독자들 사이에 이야기를 끌어내고, 듣고, 표현하는 전환의 힘이 있다.

자아초월 심리학의 정의

초기의 자아초월 심리학은 하나의 사회적 운동과 진화적 관점으로서, 인간 본성이 가진 최상의 잠재력을 알리는 가치 및 경험을 연구하고 배양하는 데 집중하였다(Braud & Anderson, 1998; Grof, 2008; Grof, Lukoff, Friedman, & Hartelius, 2008; Maslow, 1967, 1969, 1971; Sutich, 1968, 1969, 1976a, 1976b). 1967년 9월 14일 에이브러햄 매슬로는 샌프란시스코의 유니테리언 교회 연설에서 자아초월 심리학을 심리학의 계보인 정신분석, 행동주의 그리고 인본주의에 이은 심리학의 제4세력으로 선언하였다. 1969년 6월 『자아초월 심리학회지(Journal of Transpersonal Psychology)』 창간호는 '인간 본성 너머의 도달(The Farther Reaches of Human Nature)' 이라는 제목의 매슬로의 연설을 권두 논설로 실었다. 매슬로는 그 연설에서 다음과 같이 언급하였다.

> 완전히 발달한 (그리고 매우 운이 좋은) 인간 존재는 최상의 조건하에서 활동한다면, 자아를 초월하는 가치에 동기화되는 경향이 있다. 그들은 더 이상 진부한 의미에서 '이기적'이지 않다. 아름다움이나 정의, 질서를 한 개인의 것으로 한정 짓지 않는다. 아름다움이나 정의, 질서를 향한 이러한 열망은 음식에 대한 욕망처럼 이기적인 것으로 분류할 수 없다. 정의를 구현하거나 허용할 때의 충족감은 내 안에서만 머무르지 않는다. 그것은 나에게만 국한되지 않고 안과 밖을 동시에 아우르면서 자아의 한계를 뛰어넘는다. 여기서 초월적 인문주의(transhumanistic, 후에는 자아초월 심리학)에 대한 논의가 시작된다(p. 4).

1969년 『자아초월 심리학회지』 창간호에서 편집장 앤서니 수티치(Anthony Sutich, 1969)는 자아초월 심리학의 출현을 '궁극의 인간 능력과 잠재력'에 대한 연구로 묘사하면서 다음과 같이 구체적으로 언급하였다.

> 다음 발견에 대한 경험적이고 과학적인 연구이고, 책임 있는 실행이며, 관련된 개념과 경험, 활동이다. 되어 감(becoming), 개인과 전체 인류에 걸친 메타(meta) 요구, 궁극적 가치, 통합의식, 절정 체험, 베타 가치(B-value), 황홀감, 신비 체험, 경외감, 존재함, 자아실현, 정수(精髓), 축복, 경이로움, 궁극의 의미, 자아초월, 영성, 합일, 우주의식, 개인과 전체 인류의 시너지, 궁극의 참만남, 일상의 신성화, 초월적 현상, 우주적 유머와 즐거움, (최상의) 최고조의 감각적 자각, 민감성과 표현(p. 16).

1968년 2월, 수티치에게 보낸 편지(Sutich, 1976a에서 인용됨)에서 매슬로는 자신과 수티치를 비롯한 많은 이가 시간이 지날수록 만족스럽지 않았던 명칭인 **초월적 인문주의**(*transhumanistic*) 대신 스타니슬라프 그로프(Stanislav Grof)가 제안한 **자아초월**(*transpersonal*)이라는 용어로 바꾸게 되었다고 언급했다. 자아초월이라는 용어가 우리에게 친숙한 이유는 아마도 20세기 칼 융이 사용한 *überpersonlich*(독일어로 개인을 뛰어넘는, 또는 그 이상이라는 뜻)가 떠오르기 때문일 것이다. **자아초월**(*transpersonal*)이란 용어는 두 개의 라틴어에서 어원을 찾을 수 있는데, **초월**(*trans*)은 **너머**(*beyond*), 혹은 **건너거나**(*across*) **통하는**(*through*) 것을, **자아**(*personal*)는 **가면**(*mask*), 또는 **외관**(*facade*)을 뜻한다. 다시 말해, '개인적인 것으로 정의되는 자아의 측면을 넘어서는, 거치는, 통하는'을 의미한다.

라조이와 샤피로(Lajoie & Shapiro, 1992, p. 91)는 1968년과 1991년 사이에 제안된 자아초월 심리학에 관한 많은 정의를 검토한 후, '자아초월 심리학은 최상의 인간 잠재력과 의식의 합일적·영적·초월적 상태를 인식하고 이해하고 실현하는 연구와 관련된 영역'으로 결론지었다. 그 후 월시와 본(Walsh & Vaughan, 1993)은 자아초월적 경험에 관한 연구는 "자아와 정체성이 개인적·사적 영역을 넘어 확장되면서 인류와 삶과 영혼, 우주의 더 넓은 측면을 아우르는 것이다."라고 강조하였다(p. 203).

카플란, 하르텔리우스와 라딘(Caplan, Hartelius, & Rardin, 2003)은 1968년에서 2003년 기간 중 41명의 자아초월 심리학 전문가들이 사용해 온 자아초월 심리학의 정의를 조사하여 발표함으로써 자아초월 심리학에 대한 지평을 새로이 넓혔다. 이 조사에서 풍부하고 다양한 관점이 드러났는데, 특히 개인과 집단의 전환을 촉진하는 자아초월적·영적 체험의 잠재성에 많은 가치를 부여하는 관점과 관련된 것이었다. 초기 자아초월 심리학은 개인적 체험을 강조했으나, 시간이 흐르면서 자아초월 심리학자들은 집단적 가치, 더 나아가 전 지구적 가치와 실천에 미치는 자아초월적, 영적 체험의 영향을 연구하였다. 그리고 그것을 개인의 성장과 환경 및 국가 간, 개인 간의 평화를 위한 실제적인 목적에 적용해 나갔다. 자아초월 심리학에 대한 두드러진 정의 중 하나는 자아초월 심리학에 우주적 차원의 경험을 포함하는 것이다. 카플란 등에 의하면

(2003), 잭 콘필드(Jack Kornfield)는 자아초월 심리학을 '우주 안의 신성한 장소'를 탐구하는 것(p. 150), 리처드 타나스(Richard Tarnas)는 '인간 개인과 영원히 펼쳐지는 우주의 신성한 창조성 안에 온전히 참여하도록 개방하는 것'으로 묘사하였다(p. 156). 몇 년 후 하르텔리우스, 카플란과 라딘(Hartelius, Caplan, & Rardin, 2007)은 1969년과 2003년 사이에 출간된 자료에 대한 주제 분석을 통해 자아초월 심리학의 정의를 '자아를 넘어서는 심리학, 통합적 또는 전체론적 심리학, 전환의 심리학'이라는 세 가지 주제로 요약할 수 있었다. 이 개념은 라틴어의 **초월**(*trans*)이 내포하는 '**너머**(*beyond*), **건너에 있는**(*across*), **통하여**(*through*)' 등 세 가지 차원의 의미와 일치한다. '자아를 넘어서(Beyond-ego)'라는 주제는 자아초월 심리학의 내용과 관련 있으며, 앞에서 언급한 수티치의 자아초월 심리학의 초기 개념과 맥이 통한다. 통합적이거나 전체론적인 주제는 '전체 인간 경험을 연구하는 데 있어 보다 확장된 **맥락**'을 제공한다. 전환의 심리학은 개인과 사회의 전환을 일으키는 변화의 '**촉매**' 역할을 한다(2007, pp. 9-11). 로라 보기오 질럿(Laura Boggio Gilot)은 많은 자아초월 심리학자들이 희망하는 변화에 대해 다음과 같이 묘사하였다(Caplan, Hartelius, & Rardin, 2003에서 인용).

> 자아초월 심리학은 지구에 존재하는 모든 생명에 만연된 병을 치유하는 것을 목표로 하며, 보다 높은 발달적 차원에서 이타적 목적을 갖고 행동할 수 있는 지혜와 성숙을 갖춘 사람들을 증가시켜, 고통의 경감뿐만 아니라 생명의 보편적 의미에 대한 의식을 각성시켜 영원한 평화와 합일에 도달하고자 한다(p. 148).

카이사 푸하카(Kaisa Puhaka)는 다음과 같이 언급했다(Caplan, Hartelius, & Rardin, 2003에서 재인용). "(자아의 기능을 자아를 넘어서는 것으로 받아들이는 오류를) 경계하면서 연구에 지속적으로 활력을 불어넣기 위해서는 자아초월 심리학의 이론과 방법, 정의를 잠정적이고 개방적으로 여기는 것이 바람직하다(p. 153)." 따라서 이 분야의 개방적 정의라는 정신에 입각해서 우리 자신의 정의를 다음과 같이 제안한다. 자아초월 심리학은 개인, 집단, 세계 차원에서 우주 내 인간의 여정을 포함한 삶의 신비와 상호 연결성을 반영하는 최상의, 가장 전환적인 인간의 가치와 잠재력을 연구하고 함양하는 것이다.

자아초월 운동에 대한 간략한 역사

역사적으로, 자아초월 운동(transpersonal movement)은 1960년대 미국의 문화적 혼란 속에서 출현했으며, 그 운동의 선봉은 캘리포니아 북부가 기점이 되었다. 1960년대의 많은 난제와 기행은 그동안 깨어 있으면서도 잠들어 있었고 무지몽매하게 자각하지 못했던 우리를 각성시켰다. 아시아에서는 베트남 전쟁이 한창 격렬했다. 환각제를 사용한 실험이 흔히 이루어졌다. 갈등의 목소리가 미국 문화를 뒤흔들었다. 이 공허함을 메우듯이 신선한 관점들이 밀려들어 왔다. 고대 영적 전통, 특히 아시아의 전통을 활발하게 토론하고 탐구했으며, 청년들은 그 전통들을 직접 탐구하기 위해 아시아로 건너가기도 했다. 이 지역에서 시작된 이념적 '지진'은 정치뿐만 아니라 예술, 음악, 인간관계, 사회적 가치에 이르기까지 세계적인 문화 현상이 되었다. 한정된 자금과 빈약한 자원 그리고 헌신적인 자원봉사자밖에 없는 상황에서 새로이 출현한 자아초월 심리학이 성장하고 지속될 수 있었던 것은 1960~1970년대 샌프란시스코만 지역의 뜨거운 열기와 미국의 경제적 성장이 있었기에 가능했다.

이 시대의 많은 분야가 그랬듯이, 자아초월 심리학은 비공식적으로 시작되었다. 친구들을 집으로 초대하여 이야기하고, 영적 지도자가 북미에 머물면서 대화를 나누고, 길거리 강연 중 진취적인 자아초월 수행자와 대담하고, 전 세계에 흩어져 있으면서도 동일한 사상을 공유하는 과학자, 학자, 영적 스승들과 서로 편지를 주고받았다(Sutich, 1968, 1976a, 1976b). 자아초월 운동은 심리학 분야에서 태동되었지만 초기부터 다학제적 학문임을 강조했다. 에이브러햄 매슬로와 앤서니 수티치는 자아초월 운동을 이끌던 두 명의 주요 선구자였다. 매슬로는 대중적으로 잘 알려진 인물이면서도 왕성하게 활동한 학자였다. 여행 스케줄과 건강 쇠약으로 인해 매슬로는 주로 새로운 (자아초월) 학술지에서 논문을 발표하거나 수티치와 편지를 적극적으로 교환하면서 영향력을 보여 주었다(Sutich, 1976a, 1976b 편지에서 발췌). 수티치는 바쁜 심리치료사로서, 개인적 치료 작업과 전문가로서의 활동은 캘리포니아 팰로앨토에 있는 그의 집에서 이루어졌다. 열두 살에 야구 경기에서 사고를 당한 후 진행성 관절염을 앓아 오면서 심각한 장애를 겪었기에 그는 대부분의 사무와 활동을 병상에 누워 처리했다. 매슬로와 마찬가지로 수티치는 위대한 사상가로서 항상 최첨단에 대한 관심을 가졌다. 여러 해 동안 그는 자신의 집을 혁신적 생각과 대화를 나누는 장소로 사용했다. 초기에 자아초월적 토론에 참여한 사람들은 제임스 페디만(James Fadiman), 스타니슬라프 그로프(Stanislav Grof), 손자 마르구리즈(Sonja Margulies), 마이클 머피(Michael Murphy), 프랜시스 보건(Frances Vaughan), 마일스 비치(Miles Vich) 등이다. 결국 그의 집은 『자아초월 심리학회지(Journal of Transpersonal Psychology: JTP)』의 편집국이 되었고, 수요일 오후부터 저녁까지 이어진 회의에서는 제출된 원고와 최근 발전 동향에 대해 논의하고 손님들과 담화를 나누었다(Anderson, 1996a).

몇 년에 걸친 자아초월 운동의 두드러진 특징 중 하나는 전 세계의 영적·종교적 전통의 지혜를 심리학과 통합하면서 인간 본성과 행동을 이해하고자 했던 점이다. 처음부터 불교, 힌두교, 토착 샤머니즘을 활발히 탐구하였다. 람다스(Ram Dass), 초감 트룽파 린포체(Chögyam Trungpa Rinpoche), 오토가와 고분치노(乙川弘文) 등이 수요일 회의에 정기적으로 참석하여 토론하였다. 지난 20년간 유대교, 기독교 그리고 이슬람교(특히, 수피교)의 신앙과 신비전통 또한 인간 경험을 이해하고자 하는 자아초월 지향성을 다듬어 가는 데 영향을 미쳤다. 새로운 학술지에 실린 타당 툴키(Tarthang Tulku, 1976)의 글을 살펴보면, 초기 대화들이 어떤 내용을 담고 있었는지 엿볼 수 있다.

> 불교심리학에 따르면, 마음은 50가지가 넘는 특정한 정신적 사건들(specific mental events)과 적어도 여덟 가지의 서로 다른 의식[識]으로 나타난다. 그러나 이것들은 단지 마음의 표면을 구성할 뿐이다. 예를 들어, 서양에서 '마음'에 대해 얘기하는 것은 '마음-지각(mind-sensing)'을 의미한다. 그들

> 에게 마음은 보고, 듣고, 냄새 맡고, 맛보고, 만지고, 개념화하는 일련의 지각 과정이다……. 이러한 지각 과정과 해석 수준 너머에 ……티베트어로 퀸시(Kun-gzhi, 아뢰야식)라고 하는 보다 근원적인 의식의 층이 있는데, 이것은 주체와 객체라는 이원성에 관여하지 않는 일종의 본질적인 자각이다.
>
> 마음 자체는 실체가 없다. 색도 모양도 없다. 형태, 위치, 특징, 시작도 끝도 없다……. 마음이 고요해지면, 생각은 물 위에 그려진 그림과 같다. 당신이 끊어내기 전에 생각은 사라진다……(pp. 42-43).

1969년 자아초월연구소(Transpersonal Institute)가 JTP를 후원하기 위해 설립되었다. 1972년에는 자아초월 심리학회(Association for Transpersonal Psychology: ATP)가 창립되었다. 1970년대 중반, 2세대 학자들과 연구자들이 이 운동에 합류하여 JTP에 주요한 기여를 했다. 그들은 로버트 프레이저(Robert Frager), 엘리스 그린(Alyce Green), 엘머 그린(Elmer Green), 다니엘 골만(Daniel Goleman), 스탠리 크리프너(Stanley Krippner), 찰스 타트(Charles Tart), 로저 월시(Roger Walsh), 존 웰우드(John Welwood) 그리고 켄 윌버(Ken Wilber) 등이다. 수년간에 걸쳐 그들 중 많은 이들은 다른 영역에서도 크게 기여하였다. 1975년 프레이저는 창립자로서 캘리포니아에 자아초월 심리학 연구소(Institute of Transpersonal Psychology: ITP)를 설립하였고, 자아초월 이론과 연구, 대학원 수준의 교육에 헌신하였다. 1978년 그로프는 초대 회장으로 에살린 연구소(Esalen Institute)의 공동 창립자인 마이클 머피, 리차드 프라이스(Richard Price)와 함께 국제자아초월협회(International Transpersonal Association: ITA)를 창설했는데, 이 학회는 다학제적 차원의 자아초월적 관심사를 갖는 회원들과 후원 학회를 포함하였다. 1984년과 1985년, 자아초월 심리학이 미국심리학회(APA)의 분과 신설에 필요한 APA 회원 2/3 이상 득표에 실패한 후(Aanstoos, Serlin, & Greening, 2000), 자아초월 심리학자들, 심리치료사들 그리고 전문가들은 그들 자신의 협회와 회의를 발전시키기 위한 노력을 지속해 왔다. 미국에서 자아초월 심리학 및 관련 분야의 대학원 프로그램과 학부과정은 미국에서 계속 성장하고 있다(현재의 목록을 보고 싶다면 ATP 안내책자를 보라. www.atpweb.org).

지난 30년 동안 세계 여러 나라에서 자아초월 심리학은 차별화된 연구와 응용을 강조하면서 뿌리를 내렸다. 광범위한 자아초월적 관심사와 이론, 적용을 보여 주고 있는 『국제자아초월연구학회지(the International Journal of Transpersonal Studies: IJTS)』는 호주 울렁공대학교의 돈 디스페커(Don Diespecker)가 편집장으로 1981년 호주 자아초월 심리학회지로 창간한 것이다. 현재 『국제자아초월연구학회지』는 국제자아초월학회의 공식 출판물로서 후원을 기다리고 있다. 1998년 일본 자아초월 심리학회/정신의학회가 창립되었고, 몇 번의 콘퍼런스를 주관하였다(www.soc.nii.ac.jp/jatp). 유럽은 1990년대 말 조직을 구성하기 위한 모임을 가진 후, 2000년 이후부터 매년 회의를 개최해 오면서 2003년 유럽자아초월학회(EUROTAS, www.eurotas.org)로 통합되었다. 현재 유럽자아초월학회에는 22개 국가와 지역에 자아초월학회가 있다. 영국에서는 영국심리학회의 자아초월분과(www.transpersonalpsychology.org.uk)가 '연구에 필요한 동력을 제공하고 아이디어와 계획을 서로 교환하고 개발할 수 있도록'(Fontana & Slack, 1996, p. 269) 동양의 심리영적 전통, 인간과학과 인문학적 시각을 폭넓게 도입하였다. 또한 이 분과는 자체 학술지로 『자아초월 심리학 리뷰(Transpersonal Psychology Review)』를 출판하고 있다. 2000년대 초기 이후로 이 분야와 불교, 도교, 유교의 공통 부분을 조명하는 자아초월 관련 콘퍼런스가 중국에서 몇 차례 개최되었다. 우리 교수진의 우편함이나 이메일로 받는 자아초월 활동에 대한 보고는 비록 적은 숫자일지라도 자아초월 전문가들이 전 세계에 퍼져 있음을 짐작하게 한다. 그러나 자아초월 운동 및 학회와 관련해서 아쉬운 점은 일반적으로 아시아나 남반구에서 주된 활동이 있다는 점이다(Hartelius, Caplan, & Rardin, 2007). 이러한 인식을 바탕으로 국제 자아초월학회는 전 세계적인 참여를 독려하고, 인문학 및 인간과학 분야에서 유사한 관점을 가지고 있는 학자들, 즉 영적 시각과 방향성을 현대 문화에 응용하고 연구하는 사람들 간의 자아초월적 대담과 콘퍼런스를 추진하고 있다(Grof, Lukoff, Friedman, & Hartelius, 2008).

초기 자아초월 운동의 역사와 관련된 세부 내용은 도입부 제1부에서 사용된 자료 외에는 인쇄물로 접하기가 쉽지 않다. 또한 초기 30년간의 『자아초월 심리학회』지의 서신 묶음과 제작기록은 자아초월 심리학회(www.itp.edu) 도서관에 보관되어 있다. 저자는 1960년대와 1970년대의 자아초월 운동, 특히 자아초월 심리학회지 활동과 관련해서 정보를 제공해 준 마일스 비치(Miles Vich)와 손자 마르구리즈(Sonja Margulies)에게 감사의 말을 전한다.

자아초월적 연구방법의 활용 제언

학생이나 전문 연구자 모두 똑같이 **초심자의 마음**과 도전의식을 갖고 제1부에서 제시하는 세 가지 자아초월 연구방법에 참여하는 것을 독려한다. 접근방법에 포함된 어떤 부분은 여러분에게 익숙할 수 있고, 다른 부분은 아닐 수도 있다. 여러분이 만약 명상 경험이 많거나 개인적 성장 운동에 조예가 깊다면, 제1부 접근의 몇 가지 측면과 실습, 제2부의 자아초월적 기술이 보다 친숙할 것이다. 여러분에게 접근 방식과 기술이 친숙하든 생소하든, 고무적이든 도전적이든, 탐구 정신과 열린 마음으로 세 가지 접근을 탐색하고 실습을 시도해 보기 바란다.

이 책의 저자들은 실험설계와 통계분석이 지배적이던 1960년대와 1970년대에 실험 심리학자로 훈련을 받았다. 이 세 가지 접근이 보여 주는 몇 가지 발상이 우리가 알아 왔던 것과는 다르다는 점을 알고 있다. 왜냐하면 우리 자신이 인간과학 연구 및 방법의 변천을 겪어 왔기 때문이다. 여러분의 연구 배경에 따라서 이 새로운 접근은 도전의식을 요구할 수도 있다. 제1부의 자아초월적 접근을 활용하여 연구 지평을 탐색하고 확장하도록 여러분을 초대한다. 여러분은 이 새로운 접근을 시도하여 사용하고, 자아초월적 접근이나 그 일부를 다른 접근과 결합하게 되면 보다 유능하고 유연한 연구자가 될 것이다. 여러분에게 적절한 방법을 선택하고 나머지는 그냥 두어도 된다. 아마 또 다른 기회에, 또는 여러분의 이해를 넘는 연구주제에 사용할 가능성도 있을 것이다.

제1장 직관적 탐구
– 인간과학 연구의 핵심 방법 –

로즈메리 앤더슨(Rosemarie Anderson)

비밀은…… 지성을 씨앗이 뿌려진 비옥한 토양으로 간주하는 것으로, 씨앗은 타오르는 상상력의 열정 아래 자란다.

-마리아 몬테소리(Montessori, 1997)

직관적 탐구 개요

동지가 가까운 현시점, 나는 직관적 탐구(Anderson, 1998, 2000, 2004a, 2004b, 2011)에 대한 이 장을 집필하고 있다. 시적인 표현으로, 직관적 탐구를 실행하려는 충동은 마치 겨울의 어둠 속에서 한줄기 빛처럼 시작된다. 어떤 주제를 탐구하려는 충동은 흔히 무의식적이고 은밀한 방식으로 연구자의 상상력을 요구하기 때문이다. 연구자의 머리에서는 주제에 대한 생각이 떠나지 않는다. 거의 모든 것이 어떤 식으로든 주제를 상기시키는 것으로 여겨진다. 충동은 이제 주제를 완전히 이해하려는 갈망으로 바뀌면서, 그 주제에 대해 해박한 사람들이 이전에 기술했던 내용을 탐색하기 시작한다. 그 주제와 연관된 모든 것이 의미 있고 중요해지면서, 직관적 탐구자는 그 주제를 한층 더 깊이 이해할 수 있게 된다. 연구자의 앎에 대한 갈망은 점점 더 커진다. 명칭이 있든 없든, 의식적이든 무의식적이든, 직관적 탐구는 이미 시작되었다. 연구자에게 중요한 것은 상징적 의미가 잠재된 일상적 경험, 어렴풋이나마 처음부터 연구자 자신만이 이해하고 깨달을 수 있었기에 호기심을 불러일으켰던 전환 혹은 절정 체험, 대인관계 현상이다. 직관적 탐구는 인간과학 연구의 심장에

도달하는 길을 배양한다.

'사랑의 대상'은 연인 자체만이 아니라 그를 잘 알기 전부터 그가 겪었던 사건, 장소와 그의 관심사까지도 포함한다. 직관적 탐구자가 사랑하는 주제를 완전히 이해하고 싶어 한다는 점에서 이 알고자 하는 갈망은 순수한 형태의 에로스 혹은 사랑이다. 아마도 모든 위대한 연구는 사건이나 사물 외에도 관련된 대상을 드러내고자 하는 열망에 의해 이루어진다. 사랑에 빠진 사람이 연인의 사랑스러운 손을 살펴보는 것과 별반 다르지 않은 방식으로 직관적 탐구에서 연구자는 연구 내용을 세밀하게 탐구한다. 세밀함이 중요하다. 비밀이 중요하다. 평범함이 비범함이다. 특별한 것을 선호한다. 1890년 윌리엄 제임스(William James, 1950)는 이 문제에 대해 다음과 같이 기술했다.

> 플라톤(Plato)에서 아리스토텔레스(Aristotle)에 이르기까지 철학자들은 더 사랑하는 지식이 더욱 사랑받는 것이 되고, 가치 있다고 여기는 것이 구체화되고 특별해지는 것을 보면서도, 왜 특수성에 대한 지식을 경멸하면서 서로 경쟁하고 보편성에 대한 지식을 숭배했어야만 하는지 이해하기 어렵다. 보편적 특징의 유일한 가치는 추론을 통해 개별성에 대해 새로운 진실을 알 수 있도록 돕는다는 사실이다. 또한 하나의 개별적인 사례로 의미를 한정하는 것이 아마도 모든 유형의 사례로 확장하는 것보다 훨씬 더 복잡한 두뇌 과정을 요구할 것이다. 지식의 신비는 단순히 말해서 사물의 알려진 특성이 일반적인지 특수한지에 상관없이 동일하게 위대하다. 요약하자면, 그러니까 보편성에 대한 전통적인 숭배는 약간 편협된 감상주의, 즉 철학에서 말하는 '동굴의 우상(idol of the cave)'일 뿐이라고 할 수 있다(pp. 479-480).

직관적 탐구는 자료의 특수성에 주의를 기울임으로써 직관적이고 자비로운 앎의 방식과 인간과학 연구의 지적 엄격성을 결합시킨다. 방법론적으로 직관적 탐구는 좌뇌의 선형적 특성을 우뇌의 심상적 특성으로 대체하려는 것이 아니다. 오히려 "[관습적인] 남성적 관점과 여성적 관점을 통합하면서 구조와 유연성, 외부와 내부, 이성과 감성, 사고와 느낌, 개별적 차이와 전체성 간의 균형을 추구한다(Dorit Netzer, 사적 대화)."

나는 연구에 있어서 여성학적 접근(Houston & Davis, 2001; Nielsen, 1990; Reinharz, 1992)의 특수성과 발견적(heuristic) 연구(Moustakas, 1990)를 강조했던 박사 과정 연구에서 나의 초기 욕구를 탐색하면서, 1995년 이후 직관적 탐구를 하나의 연구방법으로 발전시켜 왔다. 직관적 탐구에 관해 초기에 작성했던 노트에는 이러한 방법에 대한 내용이 생생하게 담겨 있다. 그 속에는 **독단을 배제한 엄격성, 개념 정립의 틀을 깨는 사고, 가치와 원칙으로써의 연민, 경험에 대한 상태-특수한 접근, 명상적 대화 그리고 마음으로 연구에 참여하기**와 같은 구절을 포함하고 있었다. 시간이 흐름에 따라 나는 프리드리히 슐라이어마허(Friedrich Schleiermacher, 1977)의 성서해석학, 한스-게오르그 가다머(Hans-Georg Gadamer)의 철학적 해석학(Bruns, 1992; Gadamer, 1976, 1998a, 1998b; Packer & Addison, 1989), 모리스 메를로퐁티(Maurice Merleau-Ponty, 1962, 1968)의 구체화된 현상학, 유진 젠들린(Eugene Gendlin, 1991, 1992, 1997)의 '패턴 너머의 사고' 그리고 토착민족들 간의 직관적이고 체화된 행위를 설명한 많은 학자(Abram, 1996; Luna & Amaringo, 1991; Sheridan & Pineault, 1997)로부터 영감을 받아 왔다.

직관적 탐구의 첫 번째 버전은 연구주제를 선정하고, 자료를 분석하고, 연구결과를 제시하는 과정과 직관적·연민적 앎의 방식을 통합시켰다. 그 과정은 직관적인 앎의 방식을 강조하는 질적 연구 접근이라고 설명할 수 있다(Anderson, 1998). 그 후 나는 그 연구방법을 통해 표현의 자유와 지적 완벽성을 동시에 가져다주는 유연한 구조를 직관적 탐구에 추가하기 위해 반복적인 해석주기로 구성된 발견적 절차를 추가했다(Anderson, 2000). 제1장과 다른 장에서 제시한 직관적 탐구 버전(Anderson, 2004a, 2004b, 2011; Esbjörn-Hargens & Anderson, 2005)은 이 자원들과 지난 15년간 직관적 탐구를 활용한 연구를 지도했던 내 경험이 더 풍부하게 통합된 것이다.

모든 경험적 연구방법과 마찬가지로 직관적 탐구는 자료를 수집, 분석, 해석하는 방법을 제공한다. 아울러 직관적 탐구는 세상에서 인간으로 존재하는 새로운 양식을 암시하는 자료가 내포한 가능성을 성찰하고자 한다. 직관적 탐구는 모든 인간 경험에 잠재된 원형적인, 상징적인, 심상적인 것 그리고 가능성을 존중하며, 직관적 탐구가 제공하는 분석과 해석은 선택된 주제와는 관계없이 전체성과 안녕을 추구하는 경향이 있다. 종종 직관적 탐구자는 마치 새로운 비전을 그리도록 요청받은 것처럼 관심을 요하는 주제를 문화 전반에 걸쳐 탐구한다. 주제에 대한 연구자의 열정은 크게 보면 문화로부터의 변화에 대한 요구가 빙산의 일각처럼 드러난 것일 수도 있다.

인식론적으로, 직관적 탐구는 연구자 자신의 열정과 자기 자신, 타자들 그리고 세계를 향한 연민에 관심을 기울이면서 새로운 이해를 추구하는 연구다. 그렇게 함으로써 직관적 탐구는 현실세계가 유동적이고 가변적임을 단언한다. 따라서 직관적 탐구는 아는 자, 사랑하는 자를 분리하고 구분하는 고정된 세계관의 전통적 개념에 도전한다. 직관적 탐구자는 마치 자신이 움직이는 목표물을 좇고 있는 것처럼 여겨질 수 있으며, 자신 혹은 자료가 목전에서 변하고 있는 것은 아닌지에 대해 의문이 들기도 한다. 둘 다 변한다. 왜냐하면 통찰은 발견될 수 있는 자료를 변화시키고, 발견된 자료는 밀물과 썰물의 반복 속에서 이해를 변화시키기 때문이다. 따라서 직관적 탐구자가 이미 정립된 이론과 학문을 '허물어 버리는' 통찰력을 배양하는 경우는 드물지 않다. 연구 보고서는 직관적 탐구에 관한 이야기를 풍부히 기술하면서, 그 이야기를 미래를 향한 개인적, 윤리적, 도덕적 그리고 집단적 변화를 위한 추진력으로 예견한다.

방법론적으로, 직관적 탐구는 완벽한 해석학적 순환을 구성하는 다섯 개의 반복적인 주기를 포함하고 있다. 이 주기들은 이 장의 뒷부분에 설명되어 있다. 이 다섯 주기 내의 분석과 해석에 있어 연구자의 직관은 중심축을 이룬다. 적극적 상상, 창조적 표현 그리고 다양한 직관 유형을 다섯 주기에서 모두 권장한다. 그 목적은 ① 연구 과정의 교착상태를 진척시키고, ② 자료 안에 명시적 및 암시적으로 내포된 이해를 파악하며, ③ 잠재적 '인간 본성에 더 도달하기 위해' 자료가 제시하는 보다 심층적이고 사색적인 통찰력을 배양하는 데 있다(Maslow, 1971). 이러한 직관적 탐구의 해석 및 상호작용적인 역동은 연구 주제에 대한 연구자의 이해와 연구자 자신의 삶을 모두 변화시키는 경향이 있다. 때로는 심오한 변화를 일으키기도 한다. 이 전환은 다섯 가지 해석주기에 포함되어 있다. 각 주기는 특별하고 고유한 활동을 포함하며, 연구자의 의식은 그 경계 내에서 상상의 나래를 자유롭게 펼친다. 나에게 논문 지도를 받는 여러 명의 학생들은 이 다섯 주기를 '거룩한' 컨테이너라고 불렀다. 왜냐하면 각 주기는 그에 해당하는 방법을 완수하고 연구를 성공적으로 진척시키기 위해 무엇이 필요하고 무엇이 필요하지 않은지에 대한 지침을 제공하기 때문이다. 연구자의 의식은 자유롭게 상상을 펼치지만, 목적 없이 펼치는 것은 아니다. 옆길로 새는 것은 유용하지만 목적 없이 펼치는 것은 피로나 우울을 유발한다. 직관적 탐구의 절차적 지침은 마치 훌륭한 심리치료처럼 안전하게 연상할 수 있는 기회를 제공한다. 각 주기에서 설정한 구체적인 작업들은 직관적 탐구자의 감성적이고 심상적인 세계를 안정시키는 데 도움을 주고, 대부분의 연구들이 흔히 봉착하는 정체 국면에서도 연구를 진전시킨다. 나는 논문 과정에 있는 학생들에게 "(연구를 진행하는 과정에서 확신이 없고) 의심이 일어나면 되돌아가서 실행하고 있는 주기에 대한 지침을 다시 읽어 보고, 정확히 그 지침에 따라 그대로 실행하라."고 누누이 반복하곤 한다.

직관적 탐구는 모든 연구자 혹은 모든 주제를 위한 것이 **아니다**. 직관적 탐구 과정에서 종종 있는 일이지만, 모든 연구자가 자연스럽고 경이로운 의식의 본질을 탐구하고 싶어 하거나 탐구할 필요를 느끼는 것은 아니다. 인간과학의 많은 주제들은 직관적 탐구에서 요구되는 심층적인 성찰 과정을 요구하지 않는다. 물론 직관적 탐구의 측면들은 어느 연구에서든 사용할 수 있고, 다른 질적 연구 및 양적 연구의 방법과 결합해서 사용할 수도 있다. 그러나 이 장에서 제시한 바와 같이, 이상적인 직관적 탐구는 이 다섯 개의 주기를 모두 적용한다. 이 주기는 복잡한 인간 경험을 분석하고 해석하는 데 적합한 하나의 완전한 해석학적 순환 고리를 제공하기 때문이다.

시작 시점부터 나는 자아초월 심리학 분야의 관심사를 연구하는 논문 과정에 있는 학생들이 제기한 문제의 해결을 도와주기 위해 직관적 탐구를 개발했다. 초기에 연구했던 주제들 가운데는 여성에게 맞는 '최적의 신체치수'(Coleman, 2000), 심리치료사의 치유 현존(healing presence)(Phelon, 2001), 자연 속에서 느끼는 비애 또는 다른 깊은 정서적 반응(Dufrechou, 2002), 신비주의 기독교에서의 신과의 결합에서 오는 진정한 기쁨(Carlock, 2003), 스토리텔링 및 자애로운 연결(Hoffman, 2003) 그리고 현대 여성 신비주의자들 간의 변증법적 체화(Esbjörn, 2003) 등이 있다. 나는 이 논문들을 비롯하여 이 장에서 다루고 있는 개인적·집단적 전환과 관련된 거의 30개에 달하는 직관적 탐구 주제들의 대부분을 지도했다. 과학적 논의 안에서 나는 인간 경험에 관한 통찰력과 이론을 생성하는 방법의 가능성 및 하나의 연구 실천으로서 직관을 배양하는 잠재력에 대해 확신하면서 미묘한 의미에 대해 집필하고 설명할 것이다. 연구에 심상과 직관적 요소가 가미되면 과학은 새로운 윤리와 연민 차원으로 고양될 것이다. 우리 시대는 그것을 절박하게 요구하고 있다. 이제 시작해 보자.

직관이란 무엇인가

라틴어에서 *intuitus*라는 용어는 지식에 대한 직접적 지각을 가리킨다. 제러미 헤이워드(Jeremy Hayward, 1997)는 "관념이라는 여과 장치를 넘어 세상을 직접적으로 경험할 때, 우리는 비로소 그 세상을 **산다**."라고 설명하면서, 직관을 "사물을 있는 그대로 직접 인식하는 것"이라고 정의한다(ix). 나는 직관에 관한 헤이워드의 포괄적인 정의에 동의하는데, 직관은 개념적 혹은 심리학적 해석에 앞서 직접적이고 체화된 방식의 앎을 허용하기 때문이다. 흔히 직관은 합리적이고 초점화된 마음이 의미를 찾기 시작하여 이 자각이 인식의 배경 속으로 사라졌을 때조차도 사물의 본질을 뚜렷하고 명료하게 지각하게 한다. 융 심리학의 관점에서, 마리 루이스 폰 프란츠(Marie Louise von Franz, 1971)는 직관을 '무의식이나 혹은 잠재의식적 감각의 지각을 통한 일종의 감각지각'이라고 기술했다(p. 37). 이는 일상적 감각이 확장되는 것이다. 종종 개인은 마치 앎의 집단적 혹은 무의식적 원천을 끌어내는 것으로 느낀다. 직관적 지각의 의미를 포착하기 위해 직관은 흔히 직관, 분석적 추론, 성찰을 동반하는 분산된 혹은 몽환적 상태 사이를 항해하는 고유한, 때로는 특이한 방법을 학습한다. 연습을 통해 직관적 지각을 발견하고 앎의 다른 방식과 통합하는 방법을 익힐 수 있다. 종종 직관적 통찰력은 분석적 추론으로부터 얻은 지식과 인간의 다섯 가지 감각을 증대시키고 통합하여 보다 높은 수준의 이해로 나아가도록 한다.

심리학적 유형론의 관점에서, 칼 융(Carl Jung, 1933)은 직관을 비합리적 기능이라고 소개하였다. 그 이유는 직관이 그 특성을 이해하려는 시도를 흐리는 측면이 있기 때문이다. 우리는 직관을 알아차리고 그 유발요인을 분별할 수 있다. 우리는 종종 직관적 통찰력이 어떻게 삶의 결정을 지지하기도 하고 혼란스럽게도 하는지 설명할 수 있다. 때로 직관의 의미는 즉각적으로 해석되기도 한다. 그러나 대체로 그 의미는 규정하기 어렵고, 의지대로 반복할 수 없으며, 일정 기간의 성찰과 분별을 거친 후에야 합리적 사고를 통해 이해할 수 있다. 직관은 악기를 연주하는 동안이나 사랑하는 사람을 어루만지고 시를 쓰는 것과 같은, 심신의 손끝에서 충동이 샘솟는 특별한 순간과 매우 유사하게 나타난다. 그 순간은 찰나이고, 때로는 경이로운 속성을 갖는다. 그 순간은 수 초 안에 빠르게 스쳐 지나가거나 몇 시간 내지 며칠간 지속되기도 한다. 스페인의 시인 프레데리코 가르시아 로카(Frederico Garcia Lorca, 1992, p. 165)는 음악, 무용 그리고 시 낭독을 특히 신비롭고 웅장한 예술이라고 묘사했다. "왜냐하면 그것은 끊임없이 생멸하는 모습이고, 그 음조는 분명한 현존 속에서 드러나기 때문이다." 어떤 순간에는 직관은 생동감이 넘치고 숨이 멎을 지경이었다가 사라진다. 물론 직관이 갖는 매력의 상당 부분은 신비하면서도 변화무쌍하기까지 한 속성에 있다. 직관적 통찰력에 대해 언급하면서, 에밀리 디킨슨(Emily Dickinson)은 우리에게 "모든 진실을 말하되 편파적으로 말하라."(Franklin, 1999, p. 494)라고 지시하였다. 이는 사물을 직접 인식하는 경이로움과 때로는 수수께끼 같은 특성을 반영한다.

바스틱(Bastick, 1982)은 직관의 본질에 관한 광범위한 연구를 실행하면서 참여자에게 자신의 경험을 심층적으로 묘사해 보라고 요청하였다. 그는 직관적 경험은 대개 아홉 가지 공통적인 속성을 지닌다는 결론을 내렸다.

1. 직관적 과정 자체에 대한 확신

2. 파생된 통찰에 대한 확실한 지각
3. 자각 속에서 갑작스럽거나 즉각적인 출현
4. 경이로움 혹은 빛나는 느낌 수반
5. 파생된 통찰의 게슈탈트(형태)와 비합리적 특성
6. 공감의 수반
7. 직관적 체험에 대해 형언할 수 없는 감각
8. 창조성과 직관의 본질적 관계
9. 파생된 통찰이 정확하지 않은 것으로 밝혀지는 느낌

직관적 체험에 대한 현상학적 연구에서 클레어 프티망겡 푸조(Claire Petitmengin-Peugeot, 1999, p.69)는 직관적 통찰을 경험하는 맥락과 내용의 차이에도 불구하고, 모든 면담에서 네 가지 '내적 표현'이 놀랍게도 유사했다고 설명하였다. ① 내려놓음, 속도의 감소, 내적 자기 통제의 표현, ② 사람, 사물, 문제 혹은 상황과의 연결성의 표현, ③ 개방적이고 주의 깊은 감각과 지각으로 경청하는 표현, ④ 직관 그 자체로, 직관은 "어떤 이미지, 운동 감각적 느낌, 소리 혹은 단어, 심지어 맛 혹은 냄새 등과 같이 대부분 여러 가지 동시다발적인 혹은 연속적인 많은 감각 형태로 밀려온다." 직관은 종종 확신, 일관성, 의미심장함, 전체성, 조화 및 예측 불가능한 느낌을 수반한다. 프티망겡 푸조는 다음과 같은 결론을 내렸다.

> 이 연구는 시작하면서부터 우리가 세웠던 가설을 확인한다. 직관은 경험, 즉 존재 전체와 관련된 일련의 내적 표현인 경험과 일치한다. 직관이 예측 불가능하고 변덕스러운 특성을 가질지라도, 매우 세심한 내적 준비에 의해 직관의 출현을 촉진하면서 그 전개에 동참할 수 있다. 이 준비는 학습이나 지식을 지속적으로 축적하는 데 있지 않다. 그것은 표상화, 범주화 그리고 추상화하는 습관을 비우고 내려놓는 데 있다. 이러한 내려놓음을 통해서 우리는 진정한 즉흥성과 자발성을 발견하고 세계와 관계를 맺을 수 있다 (p. 76).

세계 각지 출신의 대학원생들과 함께 진행한 직관의 다문화적 표현에 관한 최근 연구에서, 나는 각자의 지역사회에서 상당히 직관적이라고 알려진 인물들에 대한 심층적인 면담 자료를 수집하고 있다. 면담한 사람들 가운데는 산업화된 제1세계(First World)와 토착원주민(First Nation) 국가의 사람들이 포함되어 있다. 초기 관찰결과를 보면, 직관은 그 상황이 통념적으로 좋든 나쁘든 상관없이 어느 상황에서든 인간의 가슴과 정신이 사물의 전체성, 선량함 혹은 바름을 경험할 수 있는 역량으로 여겨진다. 직관은 사물의 표면 아래를 들여다보고, 만물에 내재된 사랑의 힘을 직접적으로 경험하는 것으로 보인다. 직관은 현실적인 상황(자동차 키를 찾는 것과 같은)과 숭고한(현실의 본질을 이해하는 것과 같은) 상황 모두에 가치를 두면서도, 항상 전체성과 완성을 추구하는 직접적 창조 경험과 맥을 같이 한다. 사물에 대한 지각을 있는 그대로 비추는 직관적 통찰력은 종종 비범하다기보다는 오히려 자연스럽게 여겨진다.

직관의 다섯 가지 유형

로베르토 아사지올리(Roberto Assagioli, 1990), 아서 데이크만(Arthur Deikman, 1982), 피터 골드버그(Peter Goldberg, 1983), 칼 융(Carl Jung, 1933), 아서 케스틀러(Arthur Koestler, 1976), 프란시스 보건(Frances Vaughan, 1979) 등은 직관의 본질을 탐구하면서 다양한 형태와 표현을 기술해 왔다. 다음에 제시된 다양한 종류의 직관유형론은 생생한 체험 속에서 직관이 스스로를 드러내는 다양한 방법을 내가 어떻게 이해하게 되었는가에 대해 설명한다. 한 가지 유형의 전형적인 경험은 다른 유형에는 특수하고 일상적인 경험과 종종 혼합되어 나타난다. 다음에 나열된 다수의 유형에 대해서는 이 책의 자아초월적 연구기법을 다루는 섹션에서 연구기법으로서 심층적으로 탐구해 볼 것이다.

1. 무의식적, 상징적 그리고 심상적 과정들: 무의식적, 상징적 그리고 심상적 과정은 예지적 체험(visionary experience)(Hildegard von Bingen, 1954; Chicago, 1985;

Cirker, 1982; Luna & Amaringo, 1991), 융과 원형심리학(archetypal psychology)(Burneko, 1997; Edinger, 1972, 1975; Jung, 1959, 1973), 보다 최근에는 심상심리학(imaginal psychology)(Romanyshyn, 2002, 2007)에서 심층적으로 연구해 왔다. 직관적 과정을 경험한 사람들은 상징적 삶을 능동적으로 살아가는 경향이 있고, 종종 신비한 꿈, 적극적 상상, 원형적 경험 등이 동반된다. 헬렌 루크(Helen Luke, 1995)는 우리 모두의 내면에는 '영원한 여성성'이 있다고 기술하면서 새로운 문화적 이미지의 출현에 대해 다음과 같이 기술한다.

> 우리들 각자의 내면에는 이미지의 샘이 있고 그 이미지는 현실 구제에 관한 것으로서, 그 이미지로부터 삶의 의미를 담고 있는 개인적 신화가 탄생한다. 그러한 새로운 이미지가 현재 우리 시대의 소설과 시 속에 등장하고 있음은 의심할 여지가 없다. 그러나 진정으로 효과적인 그 어떤 '새로운 신화'도 합리적으로 만들어지지 않는다. 신화는 반드시 우리 자신의 투쟁과 고통으로 이루어진 시련의 장을 통해 탄생되어야만 한다……. 따라서 성찰하고 분별할 수 있으며, 자유에 대한 권리를 주장하는 모든 여성은 스스로 "어떤 종류의 자유정신이 나를 통해 숨 쉬고 있는가……?"에 대해 질문할 책임이 있다(p. 9, p. 30).

산업화된 국가의 서구인들이 묘사하는 무의식적, 상징적, 심상적 과정은 토착문화에서 자연, 특히 황야에서 직접 느껴지고 보이는 패턴, 상징 그리고 환영을 경험하면서 지구의 감각중추에 뿌리 내리는 경향이 있다. 어떤 토착민족 전통에서는 그와 같은 심상적 과정은 보편적이다(Luna & Amaringo, 1991; Sheridan & Pineault, 1997). 산업화된 국가의 경우, 사람들은 심상적 과정을 인간의 집단적 정신 안에 내포된 상징과 원형의 작용으로 흔히 경험한다. 토착문화에서 사람들은 환각성 식물의 도움을 받을 수도 있고, 받지 않고도 자연환경의 활동이나 움직임, 동식물 그리고 일상의 사건에서 이 과정을 종종 경험한다. 공기, 흙, 불, 물은 인간과 상호작용한다. 식물, 동물 그리고 인간은 서로를 구성하는 공통요소를 통해 대화를 나눈다. 생명은 상호 의존의 망을 통해 이루어지고, 인간의 활동은 그 힘 안에서 이루어진다. 산업화된 국가에서도 자연 신비주의자인 존 뮤어(John Muir), 시인 에밀리 디킨슨(Emily Dickinson), 사진작가 앤설 애덤스(Ansel Adams), 화가 조지아 오키프(Georgia O'Keeffe) 그리고 자연예술가 앤디 골즈워디(Andy Goldsworthy)와 같은 이들은 자연의 패턴 안에 있는 무한한 영적 힘을 표현함으로써 세계적인 명성을 얻었다.

2. 초자연적 혹은 초심리학적 경험: 어떤 사람들에게는 흔히 발생하는 일임에도 불구하고, 초자연적이고 초심리학적인 현상을 과학적 연구의 통찰로 발전시켜야 할 필요성은 인정받지 못한다. 직접적이고 개입 없이 일어나는 이 경험은 시간적 또는 공간적으로 멀리에서 발생하는 텔레파시, 투시력 및 예지적 경험을 포함한다. 이러한 경험은 레아 화이트(Rhea White, 1997)가 '예외적인 인간 경험(EHE)'이라고 불러온 측면이다. 최근 윌리엄 브로드(William Braud, 2002b, 2003a)는 그 경험이 발생하는 데 영향을 미칠 수 있는 신체적, 생리적, 심리적 조건과 함께, 실험적 연구의 주제가 되어 온 경험의 전 범위를 상세하게 열거했다. 그러한 경험은 전형적으로 타자들이나 특별한 상황과의 진정한 연결감에 의해 고무된다. 따라서 연구주제와 연구 참여자들에 대해 연구자가 갖는 개인적 연결감은 그 경험을 고무시킬 가능성이 있다.

> 시간과 공간을 관통하여 멀리서도 정보에 접근할 수 있다는 사실은 우리가 멀리 떨어진 장소, 시간, 그 내용들과도…… 어떤 미묘하고 심오한 방식으로 서로 연결되어 있다는 사실을 의미한다. 이러한 가능성과 능력은 우리가 기존에 생각해 왔던 것 '이상'의 존재임을 시사한다. 그와 같은 부가적인 앎의 방식은 정보 및 사건이 알려진 영역에 신선한 방식으로 접근하도록 해 줄 뿐만 아니라, 아마도 **다른 영역**들에 대해서도 접근 가능하도록 해 줄 것이다. 이러한 가능성에 대해 현대의 연구자들은 거의 탐구하지 않았다……. 이는 미래 연구를 위해 흥미롭고 유익한 분야가 될 수 있다(Braud, 2003b, p. 8).

3. 감각적인 직관모드: 시각, 청각, 후각, 미각 및 촉각의 다섯 가지 감각에 더해 운동감각(공간적 움직임의 감각), 자기수용감각(공간적 방향감각) 그리고 신체기관 및 조직에 있는 감각수용기에서 발생하는 내장감각은 사고하는 마음이 보통은 직용할 수 없는 미묘한 형태의 정보를 전달하는 직관적 수용체로서 기능할 수 있다. 일반적으로 관절, 인대, 근육 및 내장의 수용체에서 나오는 정보는 인간의 잠재의식적인 자각이다(Olsen, 2002). 그러나 이러한 잠재의식적 감각, 오감의 자각 그리고 이를 형태화하는 감각중추는 위험, 아름다움과 참신함을 전달하면서도 직관과 상상을 제공하는 양쪽 모두를 수행한다. 더 나아가 토착전통은 흔히 사물을 있는 그대로 직접 지각할 수 있도록 해 주는 감각지각을 머리를 복잡하게 만드는 생각보다 더 심오한 것으로 묘사한다(Abram, 1996; Luna & Amaringo, 1991; Sheridan & Pineault, 1997). 또한 '마더'라고 불리는 스리 오로빈도(Sri Aurobindo)의 영적 동반자는 인간의 몸이 어떻게 완전히 깨어 있을 수 있는지에 대해 확장된 예시를 제공한다(Satprem, 1981).

자기수용감각 및 운동감각 신호에 대한 자각은 심리학자 유진 젠들린(Eugene Gendlin, 1978, 1991, 1992, 1997)이 개발한 '포커싱(Focusing)', 신체치료사 메리 화이트하우스(Mary Whitehouse), 재닛 아들러(Janet Adler) 및 조안 초도로(Joan Chodorow)가 개발한 '어센틱 무브먼트(Authentic Movement)'(Adler, 2002; Pallaro, 1999) 등의 기법과 여타 많은 연습방법을 활용한 주의집중과 특별한 훈련을 통해 계발시킬 수 있다. 나 자신의 연구에서, 나는 체화된 글쓰기(embodied writing)를 통해 몸의 자각을 향상시키고자 했다. 체화된 글쓰기는 생생한 경험에 대해 정교하게 조직화된 미묘한 차이를 기록하는 연구기법으로서, 작가의 감각을 일깨우고 독자들에게도 유사한 공명을 불러일으킨다(Anderson, 2001, 2002a, 2002b).

4. 공감적 동일시: 자애로운 앎 혹은 공감적 동일시를 통해 작가, 배우, 심리치료사 및 과학자는 타인이나 연구 대상이 살고 있는 세계 안에 거주한다. 훌륭한 배우는 제스처와 목소리의 음색을 완벽하게 보여 줌으로써 관객들로 하여금 주인공이 실제로 현존한다고 믿게 한다. 심리치료사는 내담자의 삶 속으로 들어가서 그들의 눈을 통해 세상을 보고, 그들이 스스로 볼 수 없었던 것

을 볼 수 있도록 돕는다. 마찬가지로 생화학자 조너스 소크(Jonas Salk, 1983)는 그가 '역관점(inverted perspective)'이라고 불렀던 방법을 통해 자신을 훈련했다. 그는 자신이 바이러스 혹은 암세포라고 상상하면서, 그 바이러스나 암세포라면 어떻게 행동할지를 자문했다. 또 유전학자 바버라 매클린톡(Barbara McClintock)은 현미경을 통해 옥수수 곰팡이를 들여다보면서 마치 자신이 '현미경 아래 있으면서 곰팡이와 친구인 것'처럼 염색체를 관찰하고 있었음을 발견했다고 말했다(Keller, 1983, p. 117에서 발췌). 위대한 예술가들과 과학자들이 사용했던 공감적 동일시에 대한 광범위한 고찰은 **천재의 탄생**(Sparks of Genius)(Root-Bernstein & Root-Bernstein, 1999)에서 찾아볼 수 있다.

나 자신의 경험으로 볼 때, 공감적 동일시는 마치 관찰 대상이 우리의 앎에 자신을 내맡기는 듯한 부드러움을 가지고 있다. 거기에는 침범이나, 객체 그리고 주체가 존재하지 않는다. 심오한 경험에 속하지 않는 경험의 측면은 서서히 사라진다. 연구 경험에 진폭과 충만함을 주는 측면은 그것이 지닌 복잡성과 상호 연결성 안에서 응집하기 시작한다. 그 경험을 사랑하고 철저하게 살아봄으로써 연구자는 경험의 내부에서 주변을 둘러보면서 타자의 본질적 특성이 자신의 경험으로 살아나는 것을 목격한다. 이때, 타자의 전체적인 파노라마가 점점 더 선명하게 드러난다.

감각적 자각의 전체 스펙트럼과 마찬가지로, 공감적 동일시 또한 연민의 감정을 불러일으키는 경향이 있다. 한 가지 예를 들어보자. 연구주제를 명료화하는 초기 단계가 진행되는 1번 순환에서, 연구 초점과 연관성이 높은 대상에 대해 연구자의 공감적 동일시를 촉진할 수 있도록 설계된 실습을 나는 종종 안내한다(주기 1, 실습 #1: 상상력을 불러일으키는 텍스트 혹은 이미지의 선정). 이 실습을 진행하는 동안 장거리 하이킹의 심리적, 전환적 효과를 연구하고 있었던 연구자 메리 코번(Merry Coburn, 2005)은 자신이 오래 신었던 하이킹 부츠와 동일시해 보기로 했다. 그렇게 함으로써 그녀는 이전에는 의식적으로 알아차리지 못했던 장거리 하이킹의 신체적·정서적 속성을 발견했다.

5. 우리의 상처를 통해: 나는 30년 넘게 연구를 실행하고 지도해 오면서, 연

구자의 직관적 스타일은 그의 성격에 자리한 '단층선(fault line)' 혹은 상처를 따라 자리 잡는 경향이 있음을 뼈저리게 자각해 왔다. 이는 가톨릭 성직자이며 명상가였던 헨리 나우웬(Henri Nouwen, 1990)과 로시 조안 할리팍스(Roshi Joan Halifax, 1983)가 기술했던 '상처받은 치유자(wounded healer)'라는 개념과 유사한 방식이다. 나우웬에 의하면, 우리의 인간적 상처는 신성으로 가는 길목에서 만나는 고통과 환대의 두 지점이다. 영적 관점에서 보면 이러한 상처는 세계를 향해 열린 통로로 성격의 단층선을 따라 개인적이고 연구적인 탐색을 가능하게 함으로써 타자들을 위한 영감의 원천으로 전환되도록 한다.

라마 초감 트룽파(Lama Chögyam Trungpa)는 연민과 이해라는 열린 상처에 대해 다음과 같이 설명한다(Gimian, 1999).

> 연민은 우리 안의 '부드러운 부위'에 대한 감각에 기반을 두고 있다. 이는 마치 우리 몸에 난 매우 따가운 뾰루지와 같다. 너무 따가워서 문지르거나 긁고 싶지 않을 정도로 말이다……. 우리 몸에 있는 그 따가운 지점은 연민과 유사하다. 왜 그럴까? 그 이유는 엄청난 공격성, 삶의 무감각, 혹은 게으름의 한가운데에서조차 우리는 언제나 자신을 성장시킬 수 있는 부드러운 부위 또는 최소한 멍들지는 않는 어떤 요소를 가지고 있기 때문이다. 모든 인간은 그와 같은 기본적인 아픈 부위를 가지고 있고, 동물도 마찬가지다……. 보다 생생한 비유인 열린 상처는 항상 거기 있다. 이 열린 상처는 보통 매우 불편하고 고통스럽다. 우리는 이를 좋아하지 않는다……. 때때로 사람들은 이 아픈 지점 혹은 열린 상처를 '종교적 신념' 또는 '신비한 경험'이라고 해석한다. 그러나 그 관점은 접어 버리자. 이는 불교, 기독교와는 아무 관련이 없고, 더 나아가 그 무엇과도 전혀 관련되지 않는다. 이는 그저 열린 상처이고 매우 단순한 열린 상처일 뿐이다. 아주 좋은 점이라면 최소한 우리가 어딘가를 통해 자신에게 접근할 수 있다는 점이다. 우리는 항상 갑옷으로 완전히 무장하고 있지는 않다. 어딘가에 아픈 지점, 어떤 열린 상처를 가지고 있다(pp. 118-119).

따라서 나의 박사 과정 학생들이 연구에서 탐색하기 위해 선택한 주제들은 종종 그들 자신의 내면에서 혹은 전반적인 문화 안에서 혹은 이 둘 안에서 치유를 갈구하는 성격적 측면이다. 이 주제들은 밝게 타오르는 자신의 정신이나 혹은 문화 전반에서 자리 잡고 있는 것 같다. 결국 그들의 연구결과는 우리 모두가 인간으로서 고군분투하는 영역을 밝히는 경향이 있다. 종종 이 연구자들은 그들이 수년간 회피해 왔던 바로 자신의 개인사적 측면이 통찰과 기쁨의 일차적 원천이었음을 발견하고 괴로워하고 당황하고 놀란다. 아동기의 행동으로 퇴행하여 자각의 빛으로 서서히 데려오는 방식은 심리치료 과정과 다르지 않다. 때로는 이 과정과 통찰은 아주 개인적이고, 또 때로는 탐구 주제에 직접적으로 빛을 비춘다. 또는 이 둘 모두가 일어난다. 지도교수로서 나는 연구자들이 개인적 통찰과 연구적 통찰 간의 차이를 구별할 수 있도록 돕는다. 가끔은 그들에게 치료사 혹은 영적 지도자로부터 전문적인 도움을 받으라고 제안하기도 한다.

로버트 로마니신(Robert Romanyshyn)은 『상처받은 연구자(The Wounded Researcher)』(2007)라는 제목의 최근 저서에서 유사한 주제를 다룬다. 로마니신의 경우, 상처받은 연구자는 연구 작업에 의해 자신을 표현한다. 자신이 가져왔던 입장을 버리고, 시간이 흐름에 따라 연구 작업 자체가 상처에 대해 말할 수 있도록 초대한다. 연금술적 해석학은 연구자를 무의식적 과정으로 초대하고 관여하도록 하는데, "상처받은 연구자는…… 다리 밑의 영역, 즉 상처받기 쉬운 관찰자가 다리를 놓는 깊은 심연 속으로 내려가고자 한다. 차이점은 상처받기 쉬운 관찰자는 자신이 의식하고 있는 주관적 요인만 포함하고 있는 반면, 상처받은 연구자는 자신의 무의식적 콤플렉스 속으로 들어가서 이를 의식화하기 위해 노력한다."는 점이다(p. 108). 이러한 관점에서 보면 재탐색은 영혼의 작업 또는 영적인 작업이다. 왜냐하면 개인적인 관심과 작업을 시작했을 때의 편협한 관점을 버림으로써 재탐색은 그 자체로 살아 있는 특성을 취하기 때문이다. 연구자의 마음을 사로잡는 과거는 다시 탐색하는 행위에 의해 전환된 언어로서 우리에게 미래를 향하라고 이야기한다. 연구자는 "결국 누가 이 작업을 하고 있는가?"라고 질문하기 시작하면서 저작권에 대해 의문을 불러일으키기까지 한다. 로마니신은 이러한 과정을 감명 깊게 설명한다.

> 연구자 자신이 이해하는 만큼 연구자가 하는 작업은 연구자를 이해시킨다. 실제로 우리가 하는 작업을 이해하기 전에는 그 작업은 우리를 기다리고 있다. 하나의 소명으로서의 연구는 역사의 기다림과 무게만큼 우리를 개인적 · 집단적으로 짓눌러 왔던 미완성된 이야기를 위해 봉사한다. 하나의 소명으로서의 연구란 바로 그 작업이 무엇을 알려 주느냐다. 연구는 이미 우리를 사로잡아 왔던 것과 미래를 사로잡고 있는 것을 다시 탐색하는 재탐색이다(p. 113).

해석학적 설명의 다섯 주기

직관적 탐구는 해석학적으로 연구에 접근하는 방법으로써 다섯 가지 순환적인 해석주기를 활용한다. 1번 주기에서 연구자는 다음에서 설명된 창조적 과정을 통해 연구주제를 명확히 하고, 그 주제의 정확한 논지를 명료화한다. 2번 주기에서 직관적 탐구자는 연구주제에 관해 기존 문헌에서 발견한 특정 텍스트에 비추어 자신의 이해를 성찰해 보고, 숙고한 내용을 바탕으로 예비적 해석렌즈(interpretative lenses)를 목록으로 작성한다. 이 2번 주기의 렌즈는 자료 수집에 앞서 연구주제에 대한 연구자의 이해를 기술하는 것이다. 3번 주기에서 연구자는 원 자료 혹은 기록물을 수집하고, 기술적 발견을 제시하여 독자들이 4번 및 5번 주기의 연구자 해석을 읽기 전에 연구결과에 대해 그들만의 결론을 도출하도록 한다. 4번 주기에서 연구자는 일련의 해석렌즈를 제시하고, 2번 주기와 4번 주기의 렌즈를 렌즈별로 비교한다. 4번 주기의 렌즈들은 3번 주기에서 수집한 자료에 대한 연구자의 개인적 관여에 비추어 정제되고 전환된다. 5번 주기에서 연구자는 4번 주기의 렌즈들을 연구주제의 경험적 및 이론적 문헌에 통합시켜 제시하고 그 의미에 대해 논한다.

직관적 탐구의 다섯 가지 주기는 [그림 1-1]에 제시되어 있다. 직관적 탐구를 실행하고 지도해 온 나의 경험에 비추어 볼 때, 각 주기의 타원 크기는 다른 주기들과 상대적으로 비교하여 소요되는 시간과 노력의 양을 나타낸다.

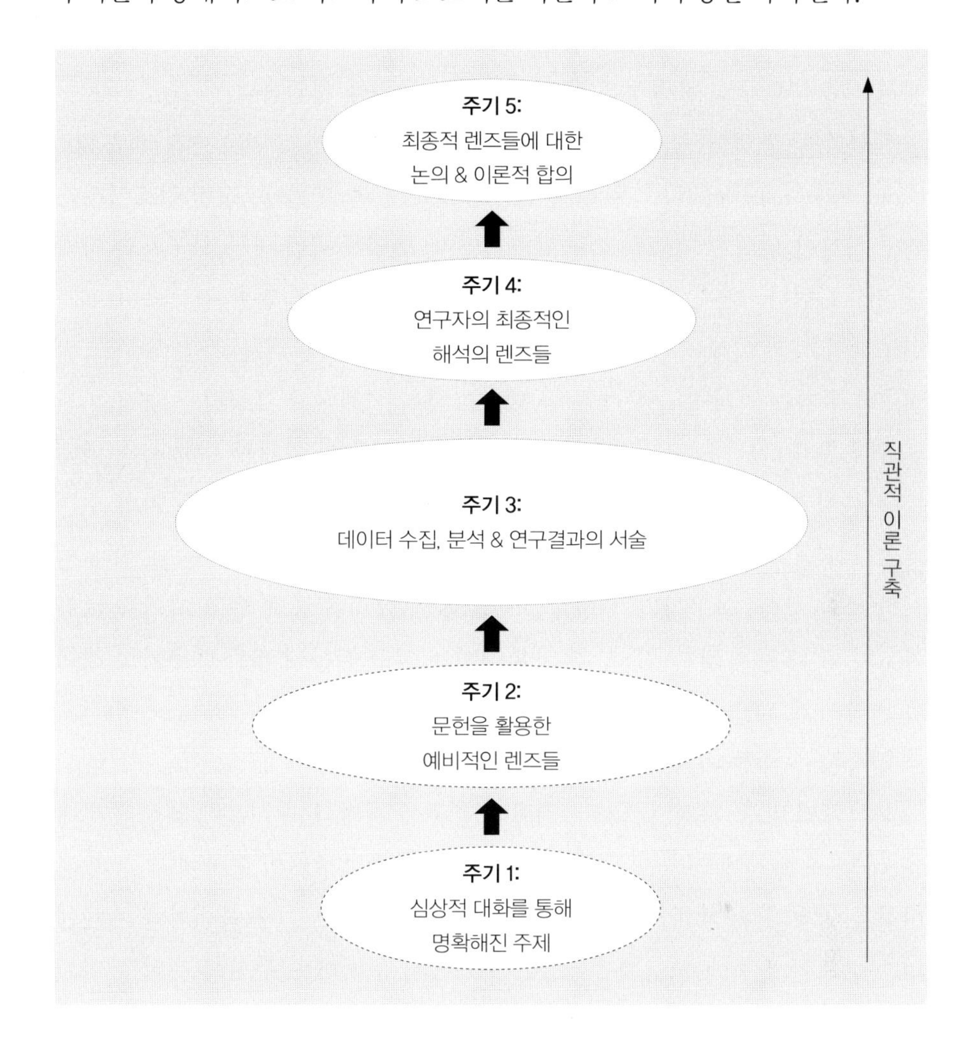

[그림 1-1] 직관적 탐구: 다섯 가지 해석주기와 전진 · 회귀 원호(forward-and-return arcs)

타원의 테두리에 표시된 점선은 1번 및 2번 주기의 전진 원호를 나타내고, 실선은 3번, 4번 및 5번 주기의 회귀 원호를 나타낸다.

해석학에서 해석은 자료의 부분과 전체 사이를 오가는 반복적인 과정을 요구하는데, 이는 **해석학적 순환**으로 알려져 있다. 해석학 철학자들은 해석학적 순환에 대해 다양한 정의를 제공하는데, 가장 기본적인 형태는 부분과 전체 사이의 해석 과정과 관련이 있다(Ramberg & Gjesdal, 2005). 연구자가 5번 주기의 최종 해석에 도달하기 위해 다양한 텍스트와 텍스트의 부분을 비교하는 과정에서 식관적 탐구의 불변성은 많은 해석학적 순환에 개입한다.

해석학적 분석의 중심이 되는 해석학적 순환의 한 측면은 **전진·회귀 원호**(*forward-and-return arcs*)라고 알려져 있다(Packer & Addison, 1989). 전진 원호에서는 연구 자료를 면밀히 검토하고 숙고하기 전에 연구주제에 대한 연구자의 이해를 정교화한다. 회귀 원호에서는 고찰한 자료에 대한 면밀한 검토와 숙고가 연구자의 사전 이해에 질문을 던지고 이를 전환시킨다. 직관적 탐구에서 1번 및 2번 주기는 각각 연구주제를 규명하고 사전 이해를 명료화하는 과정의 전진 원호를 나타낸다. 3번, 4번 및 5번 주기는 타자들의 이해를 통해 사전 이해를 전환시키는 과정의 회귀 원호를 나타낸다. 이러한 해석학적 주기의 수는 브로드와 앤더슨(Braud & Anderson, 1998)이 타당성에 대한 내용(이 책의 제8장)에 명시한 바와 같이, 연구자가 공명패널(resonance panels)을 통해 연구 작업을 보강하고자 할 때 증가될 수 있다. 각 반복주기는 연구 현상에 대한 연구자의 해석을 변화시키고 정제하며 확충한다. 연구자만이 알고 있는 내적 자료와 외적으로 검증할 수 있는 자료는 모두 각 주기에서 문서화된다.

해석학적 탐구 과정으로서의 직관적 탐구에 관해 내가 처음에 제시했던 내용(Anderson, 2000)에 익숙한 독자들을 위해, 나는 반복주기의 순서에 세 가지 큰 변화를 적용했다. 첫 번째, 수집된 자료를 조직화하고 연구 참여자들 개개인의 목소리를 존중하며 독자들이 4번 주기에서 제시한 연구자의 해석을 읽기 전에 그들 스스로 자료를 탐구할 수 있도록 하기 위해, 많은 연구자가 해석렌즈의 최종 세트를 도출하기에 앞서 연구 발견을 서술한 요약본을 작성할 필요가 있다고 생각했다. 3번 주기의 연구결과는 가능한 그리고 합리적인 수준까지 기술적이고 비해석적이어야 한다. 두 번째, 기존의 '3번 주기'에서 제시한 연구자의 최종 해석렌즈를 4번 주기로 이동시키는 것으로, 이는 3번 주기에서 보다 전통적인 자료를 추가적으로 제시하는 데 따른 논리적인 결과다. 세 번째, 5번 주기를 하나 더 추가하는 것이다. 나의 동료인 윌리엄 브로드(William

Braud)가 몇 년 전에 제안한 바와 같이, 이는 이론적이고 경험적인 문헌에 비추어 연구자의 해석렌즈를 통합하여 공식적으로 제시하는 것이다. 나는 연구결과와 사전 연구 및 이론의 통합이 갖는 중요성을 명료화하고 강조하기 위해 이 주기를 추가했다. 이런 방식은 전형적으로 모든 학술적 보고의 논의 부분에서 다루어진다.

직관적 탐구에 내포된 해석주기를 고려할 때, 그 다섯 주기를 연구 보고서의 어느 부분에 제시하느냐는 항상 일정하지는 않다. 관례적으로 석·박사 학위 논문에서 챕터(장) 제목은 '서론' '문헌연구' '연구방법' '연구결과' 및 '논의'라고 불린다. 아쉽게도 다섯 주기는 이러한 챕터(장)의 명칭과 자연스럽게 맞아떨어지지는 않는다. 따라서 나는 직관적 탐구자들에게 각 다섯 주기를 연구 보고서의 챕터(장) 제목으로 사용하라고 조언한다. 만일 전통적인 챕터(장) 제목을 선호하고 1번 주기가 간략히 전달될 수 있는 경우라면, 가장 확실한 제시는 1번 주기를 '서론'에서 보고하고, 2번 주기의 해석렌즈를 전통적인 '문헌연구'의 말미에서 보고하는 것이다. 만일 1번 주기에서 제시하는 양이 많은 경우, 1번 주기를 '연구방법'이나 '연구결과'의 서두에서 보고한다. 3번 주기의 연구결과의 기술은 항상 '연구결과' 부분에서 보고한다. 4번 주기의 렌즈와 5번 주기는 4번과 5번 주기에 대한 명료한 해석학적 본질을 존중하기 위해 항상 '논의'에서 보고한다. 2번과 4번 주기의 렌즈를 비교할 때는 2번 주기의 렌즈를 간략하게 반복하거나 독자를 2번 주기의 렌즈의 위치로 안내한다. 어떤 쪽이든 독자에게 더 편한 방식을 선택한다. 2번 주기와 4번 주기 렌즈 사이의 변화에 대한 고찰은 일반적으로 상세하고 길다. 목차에서 각 다섯 주기 각각에 라벨을 붙여, 직관적 탐구의 절차 요건에 익숙지 않은 독자가 이 주기들을 쉽게 식별할 수 있도록 한다. '서론' 혹은 '연구방법'에서는 연구주제에 대해 분명하게 밝히면서 석·박사 학위논문 연구계획서에는 1번 주기만을 간단히 제시할 수도 있다.

몇 년 전 나는 직관적 탐구에 관한 『인본주의 심리학자(The Humanistic Psychologist)』(Anderson, 2004a) 발간호의 객원 편집자를 맡은 적이 있다. 이 발간호는 여러 논문 연구(Jay Dufrechou, 2004; Vipassana Esbjörn-Hargens, 2004; Sharon Hoffman, 2004;

Cortney Phelon, 2004)를 바탕으로 인간과학 연구에 적용할 수 있는 해석학적 접근으로서 직관적 탐구(Anderson, 2004b)에 대한 검토와 최신 동향, 사례를 다룬다. 이 사례들은 학술지 논문에 적합한 직관적 탐구에 대한 간결한 보고서 작성 양식을 보여 준다.

주기 1: 연구주제의 명료화

기존 연구들의 경우에는 연구자는 보통 학문적 관심 영역에서 이루어지고 있는 최신 연구를 바탕으로 연구주제를 선택한다. 다시 말해서, 연구자는 전공 분야의 기존 경험적 및 이론적 문헌을 조사하고 관련 후속연구를 파악하고자 시도한다. 대조적으로 이 책에서 제시하고 있는 세 가지 자아초월 방법에서 연구자는 본인의 고유한 관심사와 열정을 바탕으로 연구주제를 발견한다. 직관적 탐구의 경우 연구주제를 명료화하고 정교화, 규명하기 위해 직관적 탐구자는 반복적으로 주의를 끌거나 요하는 텍스트나 이미지를 선택하고(때로 초기에는 모호하다.), 일반적으로 이를 자신의 연구 관심과 연결시킨다. 그런 다음에는 기존 문헌에 대한 철저한 조사가 뒤따르는데, 그전에 연구자의 주제 혹은 질문을 1번 주기의 마지막 부분에 정확하게 진술해야 한다.

직관적 탐구를 지도할 때, 나는 '상상력을 불러일으키는 텍스트 혹은 이미지의 선정'이라는 제목의 실습을 안내하면서 첫 번째 수업을 시작한다. 이 실습은 박사 과정 학생들이 관심을 끄는 텍스트나 이미지를 그들의 전반적인 연구 관심사에서 찾을 수 있도록 돕는다. 이러한 실습을 진행하는 동안, 학생들은 그들의 상상 속에 떠오르는 것을 목격하고 놀라곤 한다. 예를 들면, 기독교 신비주의자들의 진정한 기쁨에 대한 연구에서 수전 칼록(Susan Carlock, 2003)은 이 실습을 진행하는 동안 미켈란젤로(Michelangelo)의 **피에타**를 명료한 시각적 이미지로 보고 놀랐다고 했다. 그녀는 자신의 연구에서 환희에 찬 기독교 신비주의자들이 진정한 기쁨의 필수적인 요소로서 고통을 발견했다는 사실을 연구 후반부에서 발견했는데, 인간 고통의 체험과는 상반된 요소로 기쁨을 인식했기 때문이다. 1번 주기를 위한 텍스트 및 이미지로는 사진, 그림, 만다라, 콜라주, 스케치, 상징, 조각, 노래 가사, 영화, 시, 신성한 텍스트 혹은 경전, 면담 대화록, 꿈 기록 그리고 의미 있는 전환적 체험에 대한 설명을 포함시켰다.

모든 실습을 위한 기본 지침

준비

1단계: 외부 요인으로 방해받지 않을 시간과 장소를 선택한다.

2단계: 당신의 생각을 기록하기 위한 노트나 일기장, 실습 동안 자발적으로 떠오르는 이미지와 상징을 표현하기 위한 미술용품을 챙기거나 구입한다. 미술용품은 흰 종이, 색종이, 스케치북, 풀, 잘 드는 가위, 수성 파스텔, 수채화 물감세트, 매직펜, 크레파스, 좋아하는 사진, 콜라주에 사용할 사진 및 오래된 컬러 잡지 등이다.

3단계: 차분한 성찰을 위해 깨끗하고 정돈된 자신만의 공간을 마련한다.

4단계: 시작 전에 각 실습을 읽어 본다. 대안적으로는 이 지침을 자기 목소리로 녹음할 수도 있다. 녹음할 때는 체험이 일어날 수 있도록 적당한 멈춤과 시간 간격을 둔다. 그다음은 지침 녹음을 재생하면서 눈을 감고 안내에 따른다.

집중

1단계: 허리를 세우고 편안한 자세로 앉는다. 눈을 감고 몸의 긴장을 풀어 차분히 한다. 몇 차례 심호흡을 하고 들숨과 날숨을 알아차린다. 몸이 점점 더 깊이 이완할 수 있도록 한동안 계속 호흡을 주시한다. 호흡을 바꾸거나 통제하려고 하지 않는다. 그저 호흡에 주의를 기울이고 호흡을 알아차린다. 아주 편안하고 평온한 상태에 머물도록 한다. 모든 근육을 이완시킨다. 마음을 평온하고 차분하게 하며 고요히 한다.

2단계: 숨을 내쉴 때마다 긴장, 방해요인, 의심, 자기 판단을 놓아 버린다고 상상한다. 숨을 들이쉴 때마다 웰빙, 확신, 당면 과제를 성취하는 능력, 원하는 유익한 결과를 상상하고 시각화하는 능력이 향상된다고 상상한다.

3단계: 스스로 너무 심각해지지 않기 위해 치아를 드러내고 활짝 웃기보다는 살짝 웃는 정도의 아주 작은 미소를 짓는다. 결국 평온함, 긴장 이완 그리고 알아차림은 성취를 위해서라기보다는 기쁨을 위해서다.

4단계: 일단 몸의 긴장을 풀고 잡념과 감정이 잠잠해지면, 자각이 자연스럽게 확장될 수 있도록 한다. 때로는 넓은 내적 공간이 열리는 것처럼 느껴질 수도 있다. 때로는 모든 생명, 자연의 만물이 수렴되는 우주의 모든 요소와의 일체감을 느끼기도 한다. 또 때로는 단지 내면이 평온하거나 고요하게 느껴질 수도 있다. 확장된 자각 안에서 쉴 수 있도록 자신에게 잠시 시간을 준다.

주기 1, 실습 #1: 상상력을 불러일으키는 텍스트 혹은 이미지의 선정

1단계: 앞에서 언급한 <모든 실습을 위한 기본 지침>을 마친다.

2단계: 의식이 이완되고 깨어 있다고 느끼면, 현재 가장 영감을 준다고 생각하는 연구주제에 대한 자신의 의식을 살펴본다. 아마도 그 연구주제는 지난 며칠 혹은 몇 주 사이에 변화해 왔는데, 당신은 이를 인식하지 못했을 것이다.

3단계: 다음에는 그 연구주제를 예시하는 경험을 찾기 위해 자신의 삶을 살펴본다. 상상력을 발휘하여 가능한 감각적·인지적·정서적 세부내용을 많이 포함하는 경험을 떠올려 본다. 그 경험이 일어나는 동안 촉감과 압력을 통해 보고, 냄새 맡고, 맛보고, 듣고 그리고 감지한 것을 기억해 본다.

4단계: 연구주제가 마음속에서 명료해지고 회상을 통해 그 경험을 다시 체험하게 되면, 어떤 식으로든 자신에게 연구주제를 표상하는 예술품, 조각, 그림, 사진, 시, 경전 혹은 산문의 낭독, 영화, 통계방정식 혹은 그래프의 형태 그 무엇이든, 상상력을 동원하여 '텍스트'를 자연스럽게 일깨우도록 한다. 상상력이 불러일으키는 대상을 검열하지 않는다. 텍스트는 합리적으로 납득되지 않을 수도 있다. 하나 이상의 사물, 이미지 혹은 그래프가 떠올랐다면, 이번에는 연구주제를 가장 잘 떠올리게 하는 것을 선택한다. 집에 해당 예술품이나 텍스트가 있는 경우에는 그것을 가져와서 눈앞에 놓는다. 얼마간 시간을 할애하여 받은 인상을 탐구한다.

5단계: 예술품 혹은 텍스트와 상상의 대화를 시작하여, 대화가 주제에 대해 정보를 제공하도록 허용한다. 당신의 자각 중 일부가 이 대화를 관찰하여 나중에 기억할 수 있도록 한다.

6단계: 미술용품을 사용하여 그림을 그리고 색칠하거나 글, 노래 혹은 움직임으로 자신을 표현함으로써 미술작품 혹은 텍스트와의 대화를 지속한다. 이러한 상상의 대화에 약 15분을 할애한다.

7단계: 대화를 마쳤으면 일상적인 자각으로 천천히 돌아와 생각, 통찰 및 인상을 일기장이나 포트폴리오에 기록한다. 이 실습을 진행하는 동안 춤을 추었거나 노래를 부른 경우에는 할 수 있는 최대한 글이나 이미지로 그 경험을 표현한다.

8단계: 몇 주간 텍스트와 상상의 대화를 자주 진행하고, 받은 인상을 진행 중인 상상의 대화만을 위한 노트, 스케치북, 컴퓨터 파일 등에 기록한다.

트라우마 생존자의 심층구조에 관한 캐서린 언생크(Katherine Unthank, 2007)의 연구에서, 언생크는 렘브란트의 '물에 빠지는 베드로를 구하는 예수(Jesus Saves Peter from Drowning)'(1632)라는 제목의 스케치에서 주기 1의 이미지를 우연히 발견했다. 그 스케치를 본 경험과 더불어, 그녀는 깊은 트라우마의 생존자들에게 나타나는 수치심을 어떻게 이해하여 사신의 연구문세를 구체화했는지 설명한다.

> 나는 시각적 경험의 섬뜩한 적막 속으로 들어갔다……. 그것은 나를 압도적이고 형언할 수 없는 익사의 체험으로 몰아넣었다……. 내가 베드로의 움켜잡은 손과 예수의 뻗은 손 사이의 공간에 집중하고 있음을 발견했다. 이 선택의 순간에 베드로의 절망적인 무력함과 예수의 평온하고 우아한 현존의 대비를 보았다……. 몇 주 동안 (그 스케치를) 매일 바라보면서…… 어떤 비밀이 그 속에 견고하게 자리하고 있는지를 스스로에게 질문했다……. 익사하는 베드로의 이미지와 함께, 또 망설임에 사로잡혀 있는 베드로로부터 아주 가까이 있으면서도 거리가 먼 예수 이미지와 함께, 매일매일 나의 무의식은…… 수치심 때문에 나 자신을 거부하도록 한 것처럼, "너를 사랑한다."고 말하는 사람들이 나를 거부하기 바라고 있었음을 서서히 발견하기 시작했다(pp. 83-85).

마찬가지로, 다이앤 리커즈(Diane Rickards, 2006)는 친구가 빌려 주었던 제2차 세계 대전 당시 영국 첩보원들에 대한 마커스 비니(Marcus Binney, 2002)의 최근 저서에서 여성의 문화적 그림자(feminine cultural shadow)라는 자신의 연구주제를 발견했다. 영국에서 출간된 이 책은 최근 기밀이 해제된 정보를 바탕으로 저술되었다. 이 책은 그녀의 침실에 있는 탁자 위에 놓여 있었다. 몇 주 동안 그녀는 만족스러운 논문 주제를 찾다가 포기하였다. 얼마 지나지 않아 이 책을 집어 들어 펼쳤다. 그녀의 눈이 멈춘 구절은 "첩보원들은 야간 비행에 필요한 빛이 충분한 보름달 뜨기 일주일 전후인 달 주기 동안 프랑스로 수송되었다."라는 구절이었다(p. 22). 리커즈는 자신의 연구주제를 발견한 것이다.

> 나는 어쩔 수 없이 ……나를 발견하고 인내심 있게 나를 기다려 왔던 그

주제를 향했다……. 가슴이 조여드는 것 같았다. 숨을 멈췄다. 달…… 어둠과 밝음, 그늘과 빛, 하현달과 상현달, 여성, 주기, 창조, **여성의 역사**(herstory)에 대한 상상 속으로 걷잡을 수 없이 빠져들었다(p. 45).

이론적으로 통계분석, 그래프 혹은 통계분석에 기초한 수치가 주기 1을 위한 텍스트로 적합할 수도 있으나, 지금까지 그 텍스트에 주목한 직관적 탐구자는 없었다. 주기 1을 위해 사용 가능한 텍스트는 〈표 1-1〉에 나열되어 있다. 존 크레스웰(John Creswell)의 제안(사적 대화)에 따라, 나는 주기 1에 양적 텍스트를 선택사항으로 추가하여 직관적 탐구에 양적 그리고 혼합적 연구방법을 적용할 수 있도록 했다. 나는 실험 사회심리학자로서 나 자신의 연구에서 그래프와 컴퓨터 출력물을 바라보고 난 후, 종종 아이디어 및 개념적 관계를 직관하곤 했다. 나는 출력물을 연구실 벽에 붙여 놓는다. 보통 누군가 나타나기를 기다리면서 시간을 보내는 동안, 유레카를 외치게 된다. 잠재한 패턴을 파악하고 답을 발견한다. 통계 텍스트가 주기 1의 텍스트를 충족시킨다는 크레스웰의 제안에 동의한다.

일단 대략적으로 정의된 텍스트를 발견하면 직관적 탐구자는 예술품 혹은 텍스트를 매일 활용하여 통찰 내용을 기록함으로써 주기 1의 해석에 착수한다. 연구자들은 최소한 하루에 20분(혹은 격일로 약 40분)을 할애하여 해당 텍스트

〈표 1-1〉 1번 주기 혹은 2번 주기에서 사용 가능한 텍스트의 유형

- 양적 연구의 통계분석, 그래프 및 수치
- 수학 방정식 및 공식
- 질적 연구의 기술적 설명
- 연구결과의 요약
- 이론적 혹은 철학적 저술
- 역사적 서술 혹은 이력 자료
- 문학적 서술
- 종교적 텍스트, 경전 및 신비주의적 서술
- 그림, 조각, 사진, 이미지, 소묘, 만다라, 상징 등
- 앞 요소들의 조합

를 읽고, 듣고, 본다. 회기가 진행되는 동안이나 다른 시간에 일어나는 생각, 아이디어, 백일몽, 대화, 인상, 환영 및 직관을 침범하지 않는 방식으로 기록하여 종종 직관을 가져오는 무의식의 흐름을 방해하지 않도록 한다. 노트, 휴대용 음성 녹음기와 미술용품을 언제든지 사용할 수 있도록 휴대하여 생각, 기억, 이미지 및 인상을 기록한다. 예술품 혹은 텍스트를 활용하는 이러한 과정을 직관적 탐구자와 텍스트 혹은 이미지 사이의 창조적 긴장이 해소되고 완결되었다고 느껴질 때까지 지속해야 한다.

이러한 변증법적 과정으로 잠재적 텍스트를 반복해서 끌어들임으로써 인상과 통찰은 초점화된 연구주제로 집약된다. 〈표 1-2〉에 설명된 바와 같이 직관적 탐구에 적절한 주제는 흥미진진한, 다루기 쉬운, 명료한, 초점 있는, 구체적인, 연구 가능한 그리고 유망한 주제다. 적절한 연구주제에 대한 이러한 기준은 연구방법과 상관없이 대부분의 연구에 적용된다는 사실에 주목하라.

연구주제에 대한 서술을 더욱 명료화하기 위해 나는 대상 청중 또는 독자층을 연구 프로젝트의 시작 시점부터 결정하라고 조언한다. 이를 통해 연구의 전반적인 방향 및 의도를 설정할 수 있다. 그 결과로 결정한 주제는 종종 더 정확해지면서 연구 설계는 프로젝트의 의도를 밀접하게 반영한다. 연구가 장기적으로 추구해야 할 방향이 명확해지면, 연구 프로젝트 과정 중에서 필요한 의사결정과 변경이 이루어지는 것이 더 쉽다.

직관적 탐구에서 대상 청중을 정하는 것 또한 연구 보고서 작성에 생기를 불어넣는 데 도움이 된다. 나는 몇 년 전 성공회 목회자로서 교구에서 처음 설교하는 법을 배울 당시 청중을 이해하는 것이 얼마나 중요한지 배웠다. 설교 능력에 대한 걱정을 멈추고 사랑하는 사람들과 대화를 나눌 때 설교의 질은 눈에 띄게 향상되었다. 나는 더 이상 불안해하지 않았다. 나는 내가 아닌 그들에게 집중했다. 유일한 목적은 내 설교를 듣는 성도들이 어떤 방법이든 그날의 성경 구절을 유익하게 성찰하도록 하는 것이었다. 나는 그들의 삶에 존재하는 기쁨과 고통을 알고 있었기에 성서와 목회적 맥락에서 설교하면서 그들의 즐거움과 도전에 대해 이야기했다. 몇 년 후 나는 유명한 시인들과 소설가들이 유사한 기술을 종종 활용한다는 사실을 알게 되었다. 실제의 혹은 상상의 독자를 향해 글을 쓰며, 글 속에서 대화의 초점을 해당 독자에게 맞춘다. 그들은 실제든 상상의 인물이든 특정인에 대해 글을 쓰므로 글은 생생한 대화의 성격을 띤다.

'대상 독자 정하기'라는 명칭의 실습은 직관적 탐구자에게 창조적 대화를 위한 상상의 독자를 제공하는 데 사용될 수 있다. 연구 프로젝트의 초기 그리고 연구가 진행되는 동안 틈틈이 이 연습을 하면, 연구에는 구체적 의도를, 최종 보고서에는 생생한 문학적 특성을 부여하는 데 도움을 준다.

〈표 1-2〉 당신의 주제는 '연구주제의 적절성'을 위한 기준에 부합하는가

기준	적절성의 고려사항
흥미	연구자의 관심과 에너지를 지속시킬 만한 연구주제로서, 연구자의 동기 및 지적 열정에 영감을 줄 수 있어야 한다.
실행 가능성	연구자가 석 · 박사 학위 논문을 쓰는 학생인 경우 연구 계획서가 완료되면, 연구주제는 풀타임 대학원생이 휴식 및 여가 시간까지 포함하여 1년 동안 수행할 수 있는 것이어야 한다. 물론 대부분의 연구자들이 매우 잘 알고 있듯이, 개인적인 생활 사건과 연구의 세부 계획은 연구를 복잡하게 만들고 지연시킬 수 있다.
명료성	좋은 연구주제는 한 문장으로 쉽게 표현할 수 있다. 연구자가 연구주제를 더 잘 이해할수록 의도의 기본 골격은 더욱 단순해진다.
초점화	인간 경험에 대해 중요한 의미를 가진 단순하고 초점이 있는 주제를 산만하고 모호하게 정의된 주제보다 더 선호한다.
구체성	연구주제는 구체적인 행동, 경험, 혹은 현상과 직접적으로 관련이 있어야 한다.
연구 가능성	일부 주제들은 너무 거창하거나 (아직) 과학적 탐구로 적합하지 않다.
전망	연구주제는 아직 알려지지 않은 또는 이해를 요하는 무언가에 대한 경험을 보여 줄 때 유망하다. 직관적 탐구에서 추구하는 연구주제들은 문화적 이해의 성장점에 있는 경향이 있기 때문에, 탐구 시작 시점에는 직관적 탐구자 자신만이 주어진 주제의 잠재적 중요성을 평가할 수 있는 경우가 종종 있다.

주기 1, 실습 #2: 대상 독자 정하기

1단계: 이 장의 앞부분에서 설명한 <모든 실습을 위한 기본 지침>을 완수한다.

2단계: 의식이 이완되고 깨어 있다고 느껴지면, 당신의 연구주제가 자각의 표면으로 나오도록 한다. 연구하고자 하는 경험의 구체적인 개인 사례를 생각해 봄으로써 연구주제에 대한 감각이 활기를 띠도록 한다. 이 장의 첫 번째 실습에서와 같이, 모든 감각을 이용하여 상상 속에서 그 경험을 재현해 본다.

3단계: 일단 그 경험이 생생하고 활기를 띤다고 여겨지면, 당신의 논문 혹은 연구 프로젝트의 결실을 누릴 대상 또는 예상되는 독자를 상상해 본다. 이 연구주제는 결과적으로 누구에게 기여하고자 하는가? 어떤 특정 개인 혹은 집단이 유익한 정보나 통찰을 얻기를 희망하는가? 이러한 개인 혹은 집단은 어떤 모습인지 정확히 상상하여 구체화한다. 할 수 있는 데까지 한 개인에게 초점을 맞추고 그 모습을 상상한다. 그의 이목구비, 눈동자 색깔, 목소리 특징 등을 상상해 본다.

4단계: 대상 청중인 개인 혹은 집단에 대해 뚜렷한 감각이 오면, 그/그녀 또는 그들과 상상의 대화를 시작한다. 그/그녀 또는 그들이 당신에게 무엇을 말해야만 하는지 알아차린다. 동물 혹은 자연의 모습이 대상 독자에 포함되는 경우, 그에 맞춰 상상의 대화를 조율한다.

5단계: 자신의 타이밍에 맞춰 일상의 의식으로 돌아온다. 이 실습을 일주일에 최소 두 번 실시한다. 당신의 통찰과 반응을 일기장이나 포트폴리오에 기록한다.

6단계: 연구 프로젝트가 진행되는 동안 종종 이 훈련을 실시함으로써 당신의 관심을 끄는 몇몇 독자들을 발견하거나, 그 독자들이 시간이 지남에 따라 달라지거나 변화하는 것을 발견할 수도 있다.

주기 2: 예비적 해석렌즈의 개발

직관적 탐구의 2번 주기는 자료 수집에 앞서 연구주제에 대한 연구자의 개인적 가치, 가정 및 이해를 예비적 해석렌즈로서 글로 표현하는 데 목적이 있다. 2번 주기와 4번 주기 렌즈를 비교함으로써, 최종 연구 보고서의 독자는 연구를 진행하는 동안 연구주제에 대한 연구자의 이해에서 발생하는 변화 및 전환의 과정을 평가할 수 있다.

이러한 렌즈들을 정교화하기 위해, 연구 시작 시점에 연구자가 주제에 대해 갖는 자신의 가치, 가정 및 이해를 스스로 파악할 수 있도록 한다. 이를 위해 특별히 선정된 또 다른 일련의 텍스트들과 상상의 대화를 통해 연구주제와 다시 연결시킨다. 텍스트는 연구주제와 직접적으로 관련된 기존 연구와 문헌에서 선정한다. 2번 주기에서 상상적 대화는 1번 주기의 상상적 대화와 유사하다. 그러나 시간이 지남에 따라 2번 주기에서 연구자의 성찰 및 노트는 주제와의 관계에서 보다 개념적이고 지적으로 된다. 2번 주기에서 이론적·경험적·문학적 혹은 역사적 텍스트를 선정하는 아래의 실습은 2번 주기의 상상적 대화를 위한 텍스트를 선택하는 데 도움을 준다.

주기 2, 실습: 주제에 대한 사전 이해를 명료화하기 위한 이론적·경험적·문학적·역사적 텍스트 선정하기

노트: 이 실습을 수행하기에 앞서, 연구주제와 직접 연관이 있는 경험적·이론적·역사적 및 문학적 텍스트를 숙지한다.

1단계: <모든 실습을 위한 기본 지침>을 완수한다.

2단계: 이완되고 깨어 있다고 느껴지면, 연구주제가 자각의 표면으로 드러나게 한다. 당신이 연구하고자 하는 경험의 구체적인 개인 사례를 생각해 봄으로써 연구주제에 대한 감각이 활기를 띠게 한다. 이 장의 첫 번째 실습과 마찬가지로, 모든 감각을 이용하여 상상 속에서 그 경험을 재현해 본다.

3단계: 일단 그 경험이 생생하고 활기를 띤다고 여겨지면, 연구주제와 관련된 많은 텍스트들을 마음속으로 검토한다. 가능한 선택이 시각적으로 자신 앞에 놓여 있다고 상상해 본다.

4단계: 가능한 선택을 시각화할 수 있다면, 텍스트가 어떤 분명한 방법을 통해 연구에 그 중요성을 신호로 보낼 수 있도록 초대한다. 일부 텍스트는 상상 속에서 밝게 떠오르거나, 시각적으로 돌아다니고 자체적으로 분류되면서 생기를 띠게 될 것이다. 일부 텍스트는 상상 속에서 비중이 더 높아질 것이다. 또는 아무것도 일어나지 않을 수도 있다. 그 경우에는 이 실습을 다음번에 다시 시도해 본다.

5단계: 상상 속에서 텍스트들의 우선순위가 정해지면, 나중에도 이를 기억할 수 있도록 그 가운데의 상대적 중요성 혹은 순서를 주의 깊게 파악한다.

6단계: 일상적 의식으로 천천히 돌아와서 이 실습을 통해 발견한 정보를 기록한다. 이 실습을 진행하면서 춤을 추었거나 노래를 부른 경우에는 글이나 이미지로 그 경험을 최대한 표현한다.

7단계: 자료를 수집하기에 앞서, 연구주제에 대해 현재 이해하고 있는 내용을 탐구하고 예비적 해석렌즈를 생성하는 데 도움이 될 수 있도록 이 실습의 텍스트를 2번 주기의 상상적 대화에 활용한다.

구조적으로, 2번 주기는 세 부분으로 구성된 과정을 포함한다. 첫째, 직관적 탐구자는 자신의 주제와 관련 있는 이론적·경험적·역사적 및 문학적 텍스트 등의 실증적 발견에 스스로 친숙해지도록 하고, 이 다양한 텍스트로부터 나온 주제와 직접 관련된 고유한 일련의 텍스트들을 선택한다. 실증적 문헌은 양적 및 질적 연구를 다 포함할 수 있다. 둘째, 연구자는 주제에 관한 문헌과 연구로부터 2번 주기의 상상적 대화를 위한 일련의 고유한 텍스트를 찾아낸다. 셋째, 이렇게 새로이 선정한 텍스트와의 지속적인 상상적 대화를 바탕으로, 연구자는 자료 수집에 앞서 해당 주제에 대해 자신이 이해한 내용을 표현하는 예비적 해석렌즈를 목록으로 작성한다.

일반적으로 2번 주기의 상상적 대화에 적합한 텍스트를 선택하는 것은 전통적인 연구 보고서와 마찬가지로, 연구자가 주제에 관한 이론적 배경과 선행 연구 고찰을 작성하는 시점과 동시에 이루어진다. 1번 주기처럼 2번 주기 텍스트를 대략적으로 정의한다. 이러한 텍스트들은 양적 및 질적 연구결과, 이론적 저술 그리고 역사, 보관자료, 문학, 예술, 상징, 음악 등을 포함할 수 있다. 예를 들면, 기독교 신비주의자들의 진정한 기쁨에 관한 수전 칼록(Susan Carlock, 2003)의 연구는 네 명의 기독교 신비주의자들의 저술과 삶을 고찰했다. 그녀는 다음 세 가지 기준에 부합하는 기독교 신비주의자들의 기쁨에 관해 집필한 특정 텍스트를 선택하였다. ① 동시대인들은 이 신비주의자들에 대해 기쁨이 흘러넘친다고 묘사했다. ② 신비주의자들은 자신의 기쁨 경험에 대해 서술했다. ③ 그들의 저술은 영문본이 있다. 2번 주기에서 선택한 네 명의 신비주의자들은 아시시(Assisi)의 프란시스(Francis), 클레어(Clare), 마그데부르크(Magdeburg)의 메히트힐트(Mechthild) 그리고 로런스(Lawrence) 형제다. 칼록의 문헌고찰은 경험적 및 문학적 출처 양쪽에서 나온 다양한 자료를 포함하였다. 2번 주기에서 선택한 기독교 신비주의자들의 진정한 기쁨의 본질에 관한 텍스트들은 매우 흥미진진하고 유익했다. 심리치료사의 치유적 현존에 대한 연구의 2번 주기에서 코트니 펠론(Cortney Phelon, 2001, 2004)은 현존을 설명한 다양한 이론적 및 경험적 텍스트를 선택했다. 이 텍스트들은 유럽의 현상학자들이 집필한 철학적 저술, 선불교 스승의 영적 담론, 실존 및 자아초월 심리치료사의 임상적 저술, 환자의 치료와 목회상담 맥락에서 현존의 차원을 설명한 간호와 목회적 돌봄 분야의 연구결과를 포함한다. 이 광범위한 출처 중에서 펠론은 ① 치유의 현존에 대한 참신한 관점, ② 내용의 다양성, ③ 활기차게 소통하는 현존을 제공한 텍스트들을 선택했다. 학문적 텍스트에 더해, 비이원주의(nondualism)와 드러난 실재(manifest reality) 사이의 관계에 관한 연구에서 캐럴 쇼퍼(Carol Schopfer, 2010)는 그녀의 주제에 관련된 특정 질문에 대한 답변으로서 자신이 만든 세 개의 콜라주를 사용했다. 학문적 텍스트 및 콜라주와 함께 상상적 대화를 함으로써, 쇼퍼는 자료 수집에 앞서 해당 주제에 대해 자신이 이해한 의식적·비의식적 과정을 전부 표현하는 네 세트의 예비적 렌즈를 만들어 냈다.

2번 주기를 위한 텍스트를 선택한 후, 연구자는 선택된 텍스트와 함께 상상적 대화를 진행하고, 1번 주기에서 그랬듯이 일기장이나 포트폴리오에 통찰을 기록한다. 텍스트를 활용하는 이 과정은 연구자가 예비적 렌즈의 초기 목록을 생성할 준비가 되었다고 판단할 때까지 몇 주간 계속된다.

2번 주기에서 선택한 텍스트와 상상적 대화를 오래 진행해 왔다고 느낀 후에는 예비적 해석렌즈들이 보통 빠르고 쉽게 정리된다. 이는 공식적인 절차라기보다는 창의적 상상 혹은 브레인스토밍처럼 느껴진다. 연구자가 2번 주기 텍스트를 충분히 통합해 왔음을 알게 되는 특정 시점이 되면, 펜과 종이나 키보드로 그 텍스트를 대충 적는다. 종종 2번 주기 렌즈들은 강도 높게 집중하면 한두 시간 이내에 생성된다. 그러나 이 렌즈들이 생성되는 방식은 상당히 다르다. 나는 목록이 완성되었다고 느껴질 때까지 렌즈들을 종이 위에 키워드 및 그림 단어로 스케치하는 경향이 있다. 그 후 나는 이 렌즈들을 체계화하고 표현하여 다른 사람들에게 잘 전달될 수 있도록 한다. 나에게 지도 받는 학생들 가운데는 낮에 사색할 때, 꿈속에서, 또는 주제에 집중하여 성찰하는 동안 해석렌즈를 장면, 이미지 혹은 상징으로 보는 학생들이 있다. 또 다른 이들은 쉽게 지나칠 수 없는 키워드 또는 생각을 들을 수도 있다. 때때로 예비 목록 렌즈는 수십 개의 문장을 포함하는데, 외견상 연구자가 연구주제에 대해 느끼고 생각하는 모든 것을 순서에 상관없이 나열한 목록이다. 그 목록을 생성한 후 연구자는 목록의 우선순위를 정하고 아이디어의 패턴이나 그룹을 도출한다. 나타나는 패턴을 취합, 재조직, 도출하는 과정을 통해 대개 예비렌즈 목록은 12개 미만으로 줄어든다. 보통 10~12개의 예비렌즈면 대부분의 연구주제의 뉘앙스 및 범주를 포착하는 데 충분하다.

직관적 탐구의 2번 주기 렌즈에 대한 다음의 세 가지 예시는 이 렌즈의 의도가 무엇인지 알려 준다.

1. 켈리 수 린치(Kelly Sue Lynch, 2002)는 에밀리 디킨슨(Emily Dickinson)의 창조적 과정에 대해 연구했다. 그녀는 디킨슨의 삶, 시, 편지를 자세히 읽어 본 후, 디킨슨의 삶과 텍스트를 이해하는 방법으로 네 개의 해석학적 렌즈를 생성했다. 그 네 개의 렌즈는 ① 신체를 통한 인식, ② 자애심으로 경청하기, ③ 관계적 읽기, ④ 창조적 표현의 해석 이다.

2. 수전 칼록(Susan Carlock, 2003)은 역사상의 기독교 신비주의자들의 진정한 기쁨을 연구했다. 그녀는 먼저 33개 렌즈를 브레인스토밍을 통해 찾아냈다. 그녀는 저술에 집중했었던 관심을 철수하고 휴식기간을 가진 후, 33개 렌즈 목록을 최종적으로 2번 주기의 6개 렌즈로 도출하였다. ① 세속적 즐거움을 포기하는 내면의 섭리, ② 그리스도의 삶과 특성의 모방, ③ 신에게 자신을 기꺼이 내맡김, ④ 오직 신만을 위한, 신을 향한 사랑, ⑤ 신의 직접 현존에 대한 열망, ⑥ 신의 명백한 부재 속에서도 신의 사랑에 대한 개방성

3. 캐서린 마노스(Catherine Manos, 2007)는 자연 속에서 일하는 여성 예술가들의 창조적 표현을 연구하면서, 예술적 표현을 통해 자연환경과의 지속적인 유대감을 함양하고자 하는 현대 여성 예술가들을 면담하였다. 그녀가 2번 주기 렌즈들을 개발하는 데 사용한 텍스트는 두 명의 '자연 예술가'로 알려진 빙겐의 힐데가르드(Hildegard of Bingen) 및 조지아 오키프(Georgia O'Keeffe)의 예술작품 및 저서였다. 몇 달 동안 그들의 작품이 전시된 미술관을 매주 방문하고 검토한 후 마노스는 15개의 예비렌즈를 찾아냈다. 이 렌즈들은 다음을 포함한다. ① 자연 예술가들은 알아차리기 어려운 자연의 흐름과 뉘앙스를 종종 알아차린다. ② 자연세계에 대한 감성은 예술작업을 하면서 자연에서 보내는 시간과 함께 높아진다. ③ 자연 예술가들은 동물 혹은 인간의 속성을 띠는 자연의 모습인 시뮬라크르(모방물)를 인식한다. ④ 예술가들의 정신적 삶 및 창조력은 밀접하게 연관되면서 서로를 북돋는다.

앞서 설명한 바와 같이 또 다른 일련의 텍스트들과의 상상적 대화가 2번 주기에서 현재 가장 발전된 절차지만, 미래의 직관적 탐구자들은 이 변증법적

과정을 위해 사회참여적인 활동을 더 많이 고려해야 할 것이다. 예를 들면, 주제에 대한 연구자의 가치, 가정 및 이해는 해당 주제와 직접 관련된 심리극 혹은 사회적 활동에 참여함으로써 얻을 수 있으며, 그것을 녹화하여 나중에 분석한다. 또 다른 방법은 주제에 대해 역시 잘 알고 있는 다른 사람들이 연구자를 여러 차례 집중 면담하는 것이다. 예를 들면, 직관적 탐구자인 샤론 호프만(Sharon Hoffman, 2003, 2004)은 자신의 2번 주기 텍스트와의 대화에 최선의 노력을 기울였음에도 불구하고 렌즈를 분명하게 표현하는 데 좌절을 겪었다. 결국 그녀는 그 주제에 대해 잘 알고 있는 한 친구에게 자신을 면담해 달라고 부탁했다. 면담을 녹음한 후, 그녀는 자신의 렌즈를 쉽게 브레인스토밍할 수 있었다. 질적 연구방법 영역에서는 많은 훌륭한 면담 절차를 활용할 수 있다. 특히, 포커스 그룹(Focus Group)(Fern, 2001; Morgan, 1988, 1993; Stewart & Shamdasani, 1990) 연구에서 비롯된 절차 혹은 실행연구(Action Inquiry)(Fisher, Rooke, & Torbert, 2000; Reason, 1988, 1994)를 이 목적에 맞게 쉽게 조정할 수 있다. 대화적 접근(Dialogal Approach)(Halling, Rowe, & Laufer, 2005) 및 통찰적 대화 탐구(Insight Dialogic Inquiry)(O'Fallon & Kramer, 1998)는 연구주제에 대한 통찰의 원천으로 대화를 활용하는 연구방법이다. 2번 주기를 위해 선택한 대화적 활동이 무엇이든, 그 활동을 녹음하여 2번 주기의 해석렌즈 준비를 위한 성찰의 원천으로 사용해야 한다.

직관적 탐구에서, 렌즈는 연구주제를 바라보는 방법이면서도 무엇이 보이는가를 알 수 있는 방법이다. 우리는 항상 렌즈를 착용한다. 일반적으로 종종 건강하게 기능한다는 이유로, 우리의 개인사, 생물학적 요인, 문화가 우리의 삶의 세계를 지각하고 이해하는 방식에 영향을 미치는 많은 태도를 무시하거나 인식하지 못한다. 직관적 탐구에서 연구자는 이 렌즈를 최대한 포착하고 인식하기 위해 노력한다. 물론 우리의 가치와 가정의 많은 부분이 생물학적 요인, 성격 그리고 문화에 깊이 뿌리 박혀 있으므로 이를 파악하고 분명하게 표현하는 것은 어려울 수 있다. 직관적 탐구에서 렌즈를 표현하려는 의도는 연구 과정에 영향을 미치는 사전 이해를 파악하고 배제하기 위한 것은 아니다. 그보다는 이 방법은 본질적으로 명백히 해석학적이다. 연구를 진행하는 동안 렌즈가 어떻게 변화하고 전환되는지를 추적하고 기록하기 위해서 분명하게 표현하는 것이다. 2번 주기 렌즈를 명료하게 표현하는 데 있어, 직관적 탐구자는 이 렌즈를 철저히 조사하고, 해석주기가 진행됨에 따라 전환, 수정, 삭제, 확장하고 정제한다. 동료들이 나에게 직관적 탐구에 대해 언급할 때마다(짐작하건대, 그들은 직관적 탐구를 좋아하기 때문이다.), 그들은 못 믿겠다는 말투로 "직관적 탐구는 정말 정직해!"라고 말한다.

20대 후반 대학원 과정에 있을 때 체세포학 실험실에서 현미경으로 작업했던 경험을 바탕으로, 나는 이 과정을 설명하기 위해 **렌즈**와 **렌즈들**이라는 단어를 선택했다. 나는 표본 하나를 다양한 배율로 확대하여 드러난 조직층을 보고 깜짝 놀랐다. 나의 고배율 현미경 렌즈를 돌려보니 확대 배율에 따라 다양한 '세계들'이 드러났다. 내가 가졌던 관습적 이해는 산산이 부서졌다. 내가 보고 파악하는 것은 생물학적, 기술적, 지적, 역사적 그리고 문화적으로 나 자신이 누구인가에 의해 독특하게 정해진다는 사실을 점점 더 깨닫게 되었기 때문이다. 이러한 이해는 지속적으로 나를 겸허하게 하며 뇌리에서 떠나지 않게 만들었다. 현미경을 통한 이 경험으로, 나는 인간을 이해하고 해석하는 데 필수적인 인식적 가정을 설명하는 데 광학 용어를 사용하게 되었다. 그러나 광학 용어의 사용은 내 개인사와 선호를 반영하므로 직관적 탐구 자체가 시각적 지각을 선호한다는 점을 의미하는 것은 아니다.

2번 주기의 해석렌즈의 표현은 해석학적 순환의 전진 원호(forward arc)를 완성하며, 그 주기 동안 직관적 탐구자는 연구주제를 분명하게 파악하고 그 주제에 대한 사전 이해를 표현하려고 노력한다. 3번 주기의 자료 수집과 더불어 해석학적 순환의 회귀 원호(return arc)가 시작되면서 연구자의 초점은 타인들의 경험을 고려하여 주제를 이해하는 작업으로 이동한다. 전진 원호(1번 및 2번 주기)는 내부에 초점을 맞추고, 회귀 원호(3번 및 4번 주기)는 타인들, 대부분 연구참여자들이 보고한 경험에 초점을 맞춘다. 5번 주기는 주제에 대한 기존 연구 및 이론과 4번 주기의 최종 렌즈들이 가지는 연관성을 고찰함으로써 해석학적 순환을 완성한다. 내부 과정에 집중한 후 전진 원호에서 회귀 원호로의 해석적 이동은 보통 신선하고 더 활발하며 사회참여적으로 여겨진다. 자료 수집 **전**에 2번 주기 렌즈를 분명하게 표현하는 것이 매우 중요하다. 자료 수집이 시작되면 해당 주제에 대한 연구자의 사전 이해로 되돌아갈 수 없는데, 자료 수집에 참여하는 작업은 직관적 탐구자로 하여금 다른 참여 및 인식 모드에 놓이게 하기 때문이다. 1번과 2번 주기의 전진 원호에 있는 기본 활동방식은 내부를 향하고 성찰적이다. 이와 반대로 3번과 4번 주기의 회귀 원호에 있는 기본 활동방식은 타인들의 경험을 고려하여 자신의 이해를 다시 상상하고 재해석하기 위해 외부로 향하고 있다. 전진 원호와 회귀 원호 사이의 정서적, 지성적 감성은 〈표 1-3〉에 설명되어 있다.

〈표 1-3〉 직관적 탐구의 전진 원호 및 회귀 원호 사이의 지각적 특징의 차이점

전진 원호(1, 2번 주기)	회귀 원호(2, 3, 4번 주기)
성찰적	타인이 개입된
내향적	외향적
자기 비판적 및 분별적	타인에 대한 분별
자신에 대한 명료화	타인을 종합
상상적 대화	가능성을 상상

주기 3: 자료 수집 및 자료 요약 보고서 준비

3번 주기에서 연구자는 ① 연구주제에 가장 적합한 자료 원(들)을 규명하고, ② 그 자료 원으로부터 자료 수집에 대한 기준을 개발하며, ③ 자료를 수집하고, ④ 가능하면 기술적 방식으로 요약된 자료 보고서를 제시한다. 연구자들은 얻기 편리한 데이터를 선택하고 싶은 유혹을 받을 수도 있는데, 그런 방식이 연구에 도움이 되는 경우는 거의 없다. 직관적 탐구에 의한 심층적·직관적 과정의 경우에 그 가능성은 훨씬 더 적다. 따라서 연구주제에 대한 연구자의 고유하고 초점화된 관심에 가장 적합한 자료 원을 선택한다. 자신의 열정과 직관을 따른다. 자신의 관심을 반복적으로 끄는 자료 원에 주목한다. 마음을 끌고 도전을 북돋우거나 도발적이기까지 한 자료 원에 매료되는 이유를 언제

나 알 수 있는 것은 아니지만, 그러한 자료를 선택한다. 직관에 관한 경험적 연구(Bastick, 1982; Petitmengin-Peugeot, 1999)는 직관적 통찰이 추후에 부정확하다고 입증되는 경우에서조차도 직관적 과정은 확실성이 있다는 인상을 일관되게 주는 경향이 있다. 따라서 직관적 탐구자들은 의도적으로 2번 주기 해석렌즈에 대해 도전의식을 북돋는 자료 원을 선택하는 것을 고려할 수도 있다.

직관적 탐구를 사용하는 연구에서는 질적·양적 자료 혹은 질적과 양적을 혼합한 자료를 사용할 수 있다. 양적 연구자이면서 질적 연구자로서, 나는 양적 자료와 질적 자료의 차이가 다소 임의적이며 종종 과장된다는 점을 인식한다. 질적 자료는 보통 의미 단위의 개수, 내러티브 설명 유형 등에 의해 분류되고 분석된다. 양적 자료는 특히 중다변량(multivariate) 혹은 요인분석의 대상인 경우, 연구자 측에서 다수의 질적 혹은 주관적 판단을 내리기를 요구한다. 다시 말해, 질적 연구자들은 분류하고 수치화하며, 양적 연구자들은 그들이 산출한 것이 질적으로 적합한지 판단한다. 양적 및 질적 자료의 해석에는 추론과 직관이 수반된다. '최적의 연구 자료 원(들) 파악하기'라는 제목의 실습은 자신의 연구에 가장 적합하고 연관성 있는 경험적 자료를 선정하는 데 도움이 될 수 있다.

주기 3, 실습: 최적의 연구 자료 원(들) 파악하기

노트: 직관적 탐구에서 연구자는 연구 목적에 맞게 흔히 원 자료라고 알려진 자료를 수집한다. 다른 경우에는 비연구적인 목적을 위해 흔히 역사적 혹은 기록 자료라고 알려진 자료를 수집하기도 한다. 자료는 양적 혹은 질적, 또는 양쪽이 혼합된 형태일 수 있다. 이 실습을 수행하기에 앞서, 당신의 주제에 대해 각자 나름대로 잘 알고 있는 연구 참여자들에 대한 접근성과 가용성을 탐색해 본다. 일반적으로 그들은 당신이 연구하고자 하는 현상을 경험해 봤기 때문이다. 또한 노래가사, 예술작품, 공공·시민의 기록, 신문과 방송면담, 인터넷 계정, 기억 그리고 일기 내용 등과 같이 연구와 직접적으로 관련된 기록물이나 역사적 자료를 사용할 수 있는 가능성도 살펴본다.

1단계: <모든 실습을 위한 기본 지침>을 완수한다.

2단계: 의식이 이완되고 깨어 있다고 느껴지면, 연구주제가 자각의 표면으로 드러나도록 한다. 당신이 연구하고자 하는 경험의 구체적인 개인 사례를 생각해 봄으로써 주제에 대한 감각이 활기를 띠게 한다. 이 장의 첫 번째 실습과 마찬가지로, 모든 감각을 동원하여 상상 속에서 그 경험을 재현해 본다.

3단계: 일단 그 경험이 생생하고 활기를 띤다고 여겨지면, 주제에 대해 잘 알고 있는 연구 참여자들의 가용성과 당신이 소장하고 있거나 구할 수 있는 기록자료 및 역사적 자료를 마음속으로 검토한다. 다양한 자료 원을 고려하면서 특정 원천이 다른 원천보다 더 중요하다고 가정하지 않는다. 어떤 자료 원 그리고 자료 원의 조합이 자신의 주제를 가장 잘 알려 줄 수 있는지에 대해 개방적인 태도를 취한다.

4단계: 가능한 선택을 시각화할 수 있게 되면, 다양한 자료 원이 분명한 방법을 통해 연구에 기여할 중요성에 대해 신호를 보낼 수 있도록 초대한다. 일부 자료 원은 상상 속에서 '밝게 떠오르고' 시각적으로는 이리저리 이동하거나 스스로 분류하면서 생생해진다. 어떤 자료 원은 크기나 색깔로 각자의 우선순위를 설정하면서 상상 속에서 '더욱 커진다.' 일부 자료 원은 함께 '정렬'하고, 자신들이 가장 중요한 자료 원이라는 신호를 보낸다. 또는 아무것도 일어나지 않을 수도 있다. 그런 경우에는 다음번에 이 실습을 다시 시도해 본다.

5단계: 상상 속에서 잠재적 자료 원의 우선순위가 정해지면, 나중에도 이를 기억할 수 있도록 그 상대적인 중요성 혹은 조합을 주의 깊게 인식한다.

6단계: 일상 의식으로 천천히 되돌아와서 이 실습을 진행하는 동안 직관했던 정보를 기록한다. 춤을 추었거나 노래를 부른 경우에는 글이나 이미지로 그 경험을 최대한 표현한다.

7단계: 당신의 경험을 글, 이미지 혹은 스케치로 표현한 후에는, 이 경험이 3번 주기의 자료 수집에 제시하는 가능성을 성찰해 본다.

지금까지 직관적 탐구를 활용했던 대부분의 연구자들은 연구주제에 관련된 정보원으로서 특정 기준에 부합하는 연구 참여자들을 면담하거나 이야기의 방식으로 경험적인 원 자료를 수집해 왔다(Coleman, 2000; Dufrechou, 2002, 2004; Esbjörn-Hargens, 2004; Manos, 2007; Phelon, 2004; Rickards, 2006; Shepperd, 2006; Unthank, 2007). 그러나 기독교 신비주의자들의 진정한 기쁨에 대한 연구에서 칼록(Carlock, 2003)은 현대의 기독교 신비주의자들로부터 자료를 수집하기보다는 3번 주기와 관련된 역사적 신비주의자들이 쓴 일련의 추가적인 저술을 선택했는데, 역사적 신비주의 원천이 갖는 영적 심오함 때문이었다. 리커즈(Rickards, 2006)는 면담과 더불어, 예전 첩보원들에 대한 광범위한 역사적 서술 및 그들의 일기를 활용했다. 언생크(Unthank, 2007)는 질적 자료를 보완하기 위해 트라우마 생존자들을 면담하는 동안 관찰한 보디랭귀지를 기록했다. 몇몇 연구자들은 참여자들로부터 수집한(Dufrechou, 2004; Shepperd, 2006; Netzer, 2008) 체화된 글쓰기(embodied writing)를 활용하거나(Anderson, 2001, 2002a, 2002b), 참여자들이 예술적으로 표현한 예들을 제공해 왔다(Hill, 2005; Hoffman, 2003, 2004; Manos, 2007; Rickards, 2006). 나는 미래의 직관적 탐구자들이 이 방법을 정교화, 확장 및 명료화하기 위해 질적 및 양적 원천 모두를 다섯 주기로 통합하기 바란다.

3번 주기에서 자료의 기술적 분석과 제시는 창의적일 수 있다. 연구 발견을 분석하고 제시하기 위한 기술적 방식은 〈표 1-4〉에 나열되어 있다. 현재까지 이 자료 요약 보고서들은 다음을 포함하고 있다.

- 편집된 면담 녹취록(Esbjörn, 2003; Esbjörn-Hargens, 2004; Esbjörn-Hargens & Anderson, 2005)
- 무스타카스(Moustakas, 1990)의 발견적 연구(heuristic research)에서 개발한 절차를 활용한 참여자들에 대한 인물 묘사(Coleman, 2000; Rickards, 2006)
- 역사적 인물 묘사(Carlock, 2003)

- 참여자들의 예술작품의 실례를 담고 있는 인물 묘사(Manos, 2007)
- 포터와 웨더렐(Potter & Wetherell, 1995)이 개발한 담론 분석(discourse analysis) 측면
- 면담 대상자의 이야기(Unthank, 2007)
- 인물 묘사와 면담의 공통 주제(Brandt, 2007)
- 면담의 공통 주제 및 예술적 표현(Perry, 2009)
- 참여자들의 일련의 체화된 글쓰기(Dufrechou, 2004; Shepperd, 2006)
- 참여자들의 체화된 글쓰기에서 발췌한 내용을 담고 있는 참여자들의 이야기 (Netzer, 2008)
- 공통 주제 및 통합된 만다라 예술작품(Cervelli, 2010)

〈표 1-4〉 3번 주기의 자료 분석 및 제시를 위한 기술적 양식

- 참여자들에 대한 기술적 묘사 및 인물 묘사(Moustakas, 1990)
- 참여자의 이야기 혹은 이야기식 설명
- 텍스트 혹은 면담에 대한 '주제별 내용 분석(Thematic Content Analysis: TCA)'(www.rosemarieanderson.com을 참조)
- 주제별로 구성한 체화된 글쓰기의 발췌
- 해석을 배제한 요약 및 추론 통계
- 체계적으로 제시된 텍스트 혹은 통계 요약
- 참여자들의 이야기, 인물 묘사 등을 그래픽 또는 예술적으로 제시
- 텍스트 혹은 내레이션과 함께 체계적으로 제시된 참여자들의 창조적 표현
- 인용, 시, 체화된 글쓰기, 예술, 사진 작업을 수반한(위와 같은) 요약
- 상기 요소들의 조합

이러한 자료 요약 설명을 가능한 기술적으로 작성하는데, 이때 해석의 몇 가지 기준을 모든 분석 절차에 포함할 수 있도록 한다. 내가 직관적 탐구를 가르치고 있을 때, 3번 주기에서 연구결과의 기술적 설명을 전달하는 은유는 자료 위에서 '나지막이 도는' 그리고 많은 것을 바라볼 수 있는 지점에서 전달한다. 양적 자료를 제시하는 경우에는 3번 주기를 위한 수단, 방식, 표준편차, 범주 및 기타 기본 통계를 제시할 수 있도록 준비하고, 4번 주기에서 추론통계 분석을 제시한다. 3번 주기에서 기술적 분석과 질적 자료를 제시할 때는 수집

한 자료를 요약하되, 해석은 가능한 자제한다. 3번 주기의 목적은 4번 주기에 제시된 연구자의 해석을 읽기 전에 독자가 자료에 대한 자신만의 결론을 도출하도록 하는 것임을 기억한다.

3번 주기에서 자료 수집의 다양성 및 자료의 기술적 제시를 독려하기 위해 직관적 탐구의 다섯 가지 사례는 다음과 같다.

1. 제이 듀프리초(Jay Dufrechou, 2002, 2004)는 자연에 대한 슬픔, 울음 및 다른 깊은 정서에 관한 연구에 참여한 40명과 주로 이메일 교신을 통해 이야기를 수집했다. 노에틱 과학연구소(IONS) 구성원들과 이메일을 교환하면서 대다수의 참여자를 모집하였다. 듀프리초는 참여자들이 감각의, 내장의 그리고 운동감각적 디테일로 채워진 생생하게 체화된 방식으로 삶의 경험을 묘사하도록 했다. 이를 위해 설계한 양식인(Anderson, 2001, 2002a, 2002b) 체화된 글쓰기(제7장을 참조)에 따라 글을 쓰도록 지도했다. 3번 주기에서, 그는 4번 주기에 제시된 연구자 해석을 읽기 전에 독자들이 글에 대해 반응하고 공명하도록 이야기에 대한 주제별 내용분석뿐만 아니라 참여자들의 체화된 글쓰기에서 발췌한 인용과 자료에 대한 기술적 요약을 제시했다. 제시된 주제로는 생태학적 슬픔, 치유, 무가치하다는 느낌, 자양분, 자연과의 깊은 감각적 연결성 혹은 조화를 향한 갈망, 자연과의 깊은 감각적 연결성을 통한 신과의 경험, 원천의 붕괴 혹은 상실에 대한 자각 그리고 자신을 자연의 일부로 경험하는 회귀다.

2. 샤론 호프만(Sharon Hoffman, 2003, 2004)은 개인적인 스토리텔링을 통한 연민적 유대감 모드에 대해 연구했다. 이 연구의 앞부분에는 유방암을 가지고 살아가는 이야기를 들려준 한 여성과 진행한 예술적 공동 작업을 실었는데, 이 여성이 유방암 치료를 받았던 여정을 사진으로 담고 사진 및 내러티브를 통해 그녀의 이야기를 들려주는 작업을 포함하였다. 3번 주기에서 이 여성의 이야기를 샌프란시스코에서 열린 상호작용적 혼합매체를 이용한 갤러리 전시회에 참여한 95명의 개인들에게 소개하였다. 참여자들은 연구자의 초대로 왔거나 거리에서 이 전시회를 발견하고 입장했다. 전시회는 화학요법 전과 후에 찍은 사진, 시, 그림, 이야기 서술, 유방주조물[鑄物], 캐스팅, 화자의 오디오 녹음 그리고 해당 이야기와 직접적으로 관련된 음악을 선보였다. 전시의

중요한 디자인적 특징에는 ① 공간으로 들어가는 종교의식과 같은 입구, ② 심미적으로 기쁨을 주는 공간, ③ 참여자들의 개인적 성찰 및 창조적 표현을 위한 스테이션의 위치 선정, ④ 미술관 수준에 맞는 스토리 재료, ⑤ 해당 재료를 실제로 다룰 수 있는 기회 등이 포함되었다. 마지막 항목에는 화자가 화학요법을 받은 후 머리카락이 빠지면서 썼던 모자를 직접 써 볼 수 있는 기회도 주어졌다. 각 전시물 근처의 스테이션에서 참여자들은 글로 피드백을 작성하거나 그림을 그릴 수 있었다. 전시공간을 떠난 후, 참여자들에게 이 전시와 자신의 반응에 대한 설문지를 작성해 달라고 요청하였다. 참여자들의 창조적 표현에 대한 연구자의 심미적 반응도 자료에 포함시켰다. 자료는 주로 이야기 형식으로 제시되었다.

3. 오로라 힐(Aurora Hill, 2005)은 12명의 북미 원주민 여성들로 구성된 그룹에서 체험했던 기쁨에 대한 기억을 연구했다. 부족장인 그랜드머더 도리스 리버버드(Grandmother Doris Riverbird)의 지원을 받아, 힐은 터들 아일랜드 셔터쿼 그리고 펜실베이니아의 이스턴 레나페 네이션의 여성들을 기쁨의 기억 말하기 의식(joy-memory-telling ritual)에 초대했다. 이 의식에서 여성들은 각자 기억하는 기쁨을 이야기하고 공유했다. 비원주민인 캡션 필사 전문가는 이 의식과 이야기를 목격하고 기록했다. 힐의 자료는 도리스 리버버드와의 면담, 여성 집단면담에 대한 필사 그리고 캡션 필사 전문가와의 면담으로 구성되어 있다. 참여자의 이야기로부터의 인용을 비롯하여 그 여성 집단과 그들이 기억하는 기쁨에 내재된 전일주의를 존중하기 위해, 힐은 기술적 분석과 자료의 상당 부분을 자세히 제시하였다.

4. 다이앤 리커즈(Diane Rickards, 2006)는 제2차 세계 대전 당시 운반책, 무기 전문가, 정보원 및 파괴 공작원 등 첩보활동에 자원했던 벨기에, 네덜란드, 프랑스, 아일랜드, 폴란드, 터키, 미국 출신의 여성들을 면담했다. 그녀의 연구는 적군의 영토에서 첩보활동을 수행한 여성들의 실제 이야기를 통해 서구문화의 전통적인 여성의 그림자(feminine shadow)로부터 여성의 본질을 이해하려는 관심에서 비롯되었다. 연구 당시 80대 및 90대였던 이 여성들을 다음과 같이 인터넷 자료, 신문기사, 네트워킹, 입소문, 보관자료, 군 관련자 접촉 등 다양한 방법으로 모집했다. 리커즈는 다음 기준에 부

합하는 여성들을 선정하고 면담했다. ① 그들은 제2차 세계 대전 중 저항단체 혹은 군사조직을 위해 위험지역에서 첩보활동을 수행했다. ② 면담 질문에 분명하고 자신 있게 대답할 수 있었다. 기밀을 엄격히 준수하기 위해 리커즈가 접촉한 이들에 대한 일부 기록을 연구 마지막 시점에 파쇄했다. 자료는 전쟁 상황에 대한 또는 전쟁 시기에 쓴 문서 또는 서신, 여성들의 사진, 예술작품, 수집품, 글 및 편지를 포함하거나 그에 대한 반응을 심층 면담의 형태로 수집했다. 리커즈는 필요한 경우에 인구통계학적 및 역사적 자료도 수집했다. 무스타카스(Moustakas, 1990)가 개발한 절차를 활용하여 리커즈는 3번 주기의 기술적 분석 및 자료를 제시했는데, 각 여성에 대해 문학적으로 세밀히 묘사했다. 이 중 한 참여자에 대한 묘사는 몇 회기 면담의 실제 세부 정보를 합친 형태였는데, 여성에 대한 개인적 신상이 포함된다면 너무 민감하거나 비밀유지를 위협할 수 있는 것이었다.

5. 도리트 네처(Dorit Netzer, 2008)는 영적 해방의 자각에 영감을 주기 위해 신비주의 시가 가진 잠재적인 심상적 속성을 연구했다. 그녀는 다섯 번의 그룹 회기를 진행했다. 이 회기에서 28명의 참여자들은 선정된 신비주의 시를 경청한 후 이 시에 대한 심상적 공명 과정에 참여했다. 이 그룹 회기들은 오프닝 의식, 신비주의 시 경청, 그들의 초기 심상에 대한 그룹 보고와 시에 대한 창조적 표현과 체화된 글쓰기 반응, 종결로 구성되었다. 시에 대한 참여자들의 반응을 회상해 내기 위해 각 참여자를 회기가 끝난 후 최소 한 차례 이상 접촉했다. 3번 주기의 기술적 발견에는 현상학적 및 해석학적 분석의 측면, 시에 대한 반응을 통해 생성된 참여자들의 구두 보고서, 체화된 글쓰기 및 예술작품에 대한 연구자 본인의 심상적 공명에 대한 직관적 통합을 포함했다.

많은 질적 접근이 각각의 특정 자료 분석 방식을 요하는 반면, 직관적 탐구의 3번 주기에서는 자료 분석 및 자료 제시의 기초로서 폭넓고 다양한 분석 절차를 사용할 수 있다. 현재까지 많은 직관적 탐구자는 참여자에 대한 다양한 형태의 묘사, 편집된 면담대화록, 주제별 내용분석(Anderson, 2007)에 주로 의존해 왔다. 그러나 행동연구, 사례연구, 포커스 그룹, 민속학지, 근거이론, 발견적, 서술적 그리고 경험적 현상학 연구를 포함하는 많은 질적 분석 절차를 직관적 탐구의 3번 주기에서 자료를 묘사하고 제시하는 데 사용될 수 있다. 최근 개인의 자아(self) 및 무아(no-self)의 본성을 탐구하는 연구에서, 로럴 매코믹(Laurel McCormick, 2010)은 구성주의에 근거한 이론의 코딩(자료의 분류와 분석), 범주화, 이론적 절차(Charmaz, 2006)를 3번 및 4번 주기에서 사용했다. 앤더슨(Anderson, 2011)의 연구에서, 나는 스스로 '직관적으로 파생된 주제별 내용분석의 형태'라고 부르는 방식을 사용했다. 이는 직관적 탐구에 적합한 방법을 통해 주제별 내용분석을 자세히 설명하기 위한 하나의 모델로 사용될 수 있다. 3번 주기를 위한 분석적 접근 중 이 선택은 연구주제의 본질을 반영하고 연구의 목적에 부합하도록 선정되어야 한다. 따라서 나는 3번 주기를 위한 서술적 분석 혹은 자료 제시를 특정 형태로만 규정하지 않는 폭넓고 다양한 접근을 권장한다. 때로는 참여자에 대한 인물 묘사나 다른 이야기 방식이 주제를 가장 잘 드러낸다. 다른 경우에는 내용을 세밀하게 검토할 필요가 있는데, 이를 위해서는 근거이론 혹은 경험적 현상학의 분석 절차를 제안한다.

주기 4: 해석렌즈의 전환 및 정교화

4번 주기에서, 직관적 탐구자는 3번 주기에서 수집된 자료를 어떻게 활용했는지를 고려하여 2번 주기에서 개발한 예비적 해석렌즈를 정제 및 전환시킨다. 주제에 대한 연구자의 더욱 발전되고 섬세한 이해를 연구 결론에서 반영하여 2번 주기 렌즈를 수정, 제거, 재작성, 확장한다. 연구의 목적은 주제에 대한 확장되고 정제된 이해다. 따라서 연구자들은 2번 주기와 4번 주기 사이에서 렌즈의 의미 있는 변화를 예측해 보고, 그 변화를 상세하게 설명해 보라는 조언을 듣는다.

직관적 탐구에서, 2번 주기와 4번 주기에서 렌즈를 두 번 표현하면 순환성, 즉 연구자가 시작할 때 믿었던 것을 되풀이하지 않을 수 있다. 2번 주기와 4번 주기 렌즈 간의 변화 정도는 부분적으로는 자료의 영향을 받아 주제에 대한 이해를 수정하고자 하는 연구자의 의도를 나타내는 척도다. 어떤 변화는 중대하고 나머지는 사소할 수 있다. 4번 주기에서 연구자는 독자가 변화를 분명히 파악할 수 있도록 2번 주기와 4번 주기 렌즈 각각을 비교할 준비를 한다. 2번 주기와 4번 주기 렌즈를 비교함으로써 직관적 탐구의 독자는 연구가 진행되는 동안 주제에 대한 연구자 이해의 어떤 측면이 변화했는지 평가할 수 있다. 에스뵈른(Esbjörn, 2003)이 제안한 초기 렌즈와 새로운 변화에 대한 그녀의 섬세한 논의 그리고 새로운 통찰을 통해 독자는 실질적이고 미묘한 변화를 4번 주기에서 쉽고 분명히 파악할 수 있다. 마찬가지로 현대의 황야 통과의례인 '비전 퀘스트[영계(靈界)와의 교류를 구하는 의식]' 경험을 탐색하는 연구에서, 로버트 우드(Robert Wood, 2010)는 강화, 확장, 변화된 측면과 렌즈별 비교를 위한 하나의 모델로서 사용할 수 있는 새로운 렌즈에 대해서 광범위한 논의를 제공한다. 해석학적 본질을 고려하여 4번과 5번 주기는 연구 보고서의 논의 부분에서 다룬다.

직관적 탐구의 그 어떤 주기에서보다도, 4번 주기의 성공 열쇠는 연구자가 자신의 고유한 직관유형을 친숙하게 파악하는 것이다. 자신의 직관적 과정이 어떻게 작용하는지를 알면, 번뜩이는 통찰을 계발하고 일으키기 더 쉽다. 수년간 나는 다양한 직관유형에 대해 매우 깊이 감명 받았는데, 세상 사람 숫자만큼이나 수많은 유형이 있다고 믿게 되었다. 직관의 종류에 대해 앞부분에 명시한 바와 같이, 직관유형은 우리의 고유한 성격, 개인사 및 재능을 조합하며, 연구자가 생각하는 자신의 최악의 속성까지도 활용한다. 예를 들어, 나는 개인 및 단체 간 의사소통 패턴에서 일어나는 변화에 대단히 민감하다. 아마도 뉴욕 외곽의 소수 민족이 살면서, 충돌이 자주 벌어지는 동네에서 자랐기 때문일 것이다. 합기도를 수련한 연구자들은 자신의 고유한 관심과 능력을 반영하는 운동감각, 자기수용감각의 직관모드에 상당히 숙련된 것으로 보인다. 트라우마와 학대를 경험한 연구자들은 면담 동안 비언어적 신호를 포착하고, 면담의 정서적 내용을 파악하는 데 매우 능숙한 것 같다.

'직관이란 무엇인가'라는 제목의 이 장의 앞부분에서, 나는 다섯 가지 일반적인 직관의 종류를 규명했다. '당신의 직관유형은 무엇인가'라는 제목의 실습을 통해 자신의 직관유형을 탐색하고 파악할 수 있다.

주기 4, 실습: 당신의 직관유형은 무엇인가

노트: 이 실습을 실행하기에 앞서, 삶의 구체적인 상황 혹은 일어날 일에 직면했을 때 자신이 평소와 달리 창의적, 직감적이라고 느꼈던 순간, 관련된 사실 정보가 없는 상황에서조차 훌륭한 결정을 내릴 수 있었던 순간, 직관적이라고 여기는 다른 개인적 반응들을 전반적으로 살펴본다.

1단계: <모든 실습을 위한 기본 지침>을 완수한다.

2단계: 이완되고 깨어 있다고 느껴지면, 자신의 창의적 활동 및 지각이 특히 직관적이라고 느꼈던, 또는 사실적 정보가 전혀 없는 조건에서도 결정을 내릴 수 있었던 상황을 살펴본다. 주의를 끌면서 현재 생생하게 일어나는 이 상황의 세부 내용을 상상 속에서 재현해 본다. 감각, 인지 및 감정에 대해 가능한 많은 세부 내용을 포함하는 경험을 상기한다. 그 경험이 이루어지는 동안 촉각과 압각을 통해 보고, 냄새 맡고, 맛보고, 듣고, 지각했던 것을 기억해 본다. 시간을 들여 직관적이라고 느꼈던 많은 순간들을 기억해 본다. 한 회의 실습으로 진행하기에 너무 많다면, 전부 살펴보았다고 느껴질 때까지 이 단계의 실습을 반복한다.

3단계: 각각의 직관적 상황을 상상 속에서 살펴보았다고 느껴지면, 마치 그 상황 전체가 방대한 배열로 눈앞에 펼쳐져 있다고 상상해 본다. 이러한 직관적 상황들 간의 유사점과 패턴을 알아차린다. 직관을 촉발하는 공통적인 사건, 사람 혹은 상황이 있는가? 직관을 보았거나 들었는가? 직관과 관련된 냄새나 맛이 있는가? 몸이나 움직임에서 직관이 느껴지는가? 어떤 식이로든 유사점과 패턴을 파악할 때까지 직관적 상황의 배열을 계속 살펴본다.

4단계: 일상의 의식으로 천천히 돌아와서 자신의 직관유형에 대해 이 실습에서 발견한 통찰을 작성한다. 이 실습을 진행하면서 춤을 추었거나 노래를 부른 경우에는 글이나 이미지로 그 경험을 최대한 표현한다.

5단계: 이 실습에서 발견한 통찰을 활용함으로써 3번 주기의 자료를 분석하고 해석하는 활동에 집중할 수 있다. 연구를 지속하면서 자신의 직관유형을 더 충분히 탐색하는 작업을 때때로 반복할 수 있다.

직관적 탐구 동안 자료 해석의 가장 중요한 요소는 직관적 돌파구로서, 이는 연구자의 눈에서 자료가 스스로 모양을 갖추기 시작하는 순간을 명료화한다. 일반적으로 알지 못하고 이해해야만 하는 상황에서 연구자는 당황하고 혼란스럽다. 시간을 두고 성찰하다 보면, 패턴이 스스로 드러날 것이므로 걱정할 필요는 없다. 연구자가 자료의 패턴을 보기 시작하면, 4번 주기 렌즈의 형태로 해석을 시작한 것이다.

4번 주기의 해석렌즈를 생성하는 나만의 과정은 보통 시각적이다. 종이에 연필을 가지고 주제 혹은 아이디어를 나타내는 크고 작은 동그라미를 그리고, 패턴을 바꾸며, 유동적인 벤다이어그램(Venn diagram)처럼 동그라미의 관계와 크기를 수정한다. 나는 마치 자신에게 이야기하는 것처럼, 더 서술적이거나 청각적 방식으로 작업하는 연구자들을 알고 있다. 그들은 서로 연관된 개념, 주제, 이야기, 순서, 혹은 환원할 수 없는 경험적 속성을 반복적으로 아이디어를 동원해 배열하고 모은다. 때때로 직관적 탐구자는 최종 렌즈에 대해 꿈을 꾸거나 상징 또는 이미지로 상상하기 시작한다. 진행 과정에서 일어난 통찰을 문서화한다. 이 해석 과정은 작업 회기 사이의 휴식기 혹은 잠복기를 포함하여 며칠 혹은 몇 주 동안 지속될 수도 있다.

4번 주기 렌즈를 설명하기 위해 네 가지 직관적 연구의 예를 다음과 같이 제시한다.

1. 위파사나 에스뵈른-하겐스(Vipassana Esbjörn-Hargens, 2003, 2004)는 현대 여성 신비주의자들의 심리영적 발달에서 신체의 역할을 연구했다. 2번 주기와 4번 주기 렌즈 사이의 변화를 분명하게 파악하고 4번 주기 렌즈를 제시하기 위해서 ① 새로운 렌즈, ② 변화된 렌즈, ③ 씨앗 렌즈의 세 가지 범주를 도출하였다. 새로운 렌즈는 완전히 새

롭고 예상하지 못했던 이해의 돌파구를 의미한다. 변화된 렌즈는 2번 주기 렌즈가 변화되고 상당히 진전되는 것을 의미한다. 그리고 씨앗 렌즈는 2번 주기 렌즈 안에서 초보적이었으나 직관적 탐구 과정에서 미묘한 의미로 발전된 렌즈를 의미한다. 4번 주기렌즈를 이렇게 세 가지로 제시함으로써 독자들은 2번 주기와 4번 주기 렌즈를 심층적으로 비교하는 데 필요한 시간과 노력을 절감할 수 있다. 에스뵈른-하겐스는 네 개의 새로운 렌즈를 규명했다. ① 비전에서 트라우마까지 유년 시절의 경험은 신체의 영적 감수성을 위한 촉매 역할을 한다. ② 직관이 형태를 갖추게 되면, 신체는 바로미터의 역할을 한다. ③ 신체의 변화는 세포 수준에서 발생한다. ④ 체화됨은 의도적 선택이다. 변화된 렌즈에는 '중심 해석(central interpretation)'이 포함되는데, 영성의 길에 헌신하는 여성들은 "신체와의 탈동일시 및 재동일시의 과정을 거치는 경향이 있다." 두 개의 부가적인 변화된 렌즈는 다음을 포함한다. ① 성정체성은 체화의 필수요소이며, ② 정신성을 형체화하는 목적이 있다. 그녀의 6개 씨앗 렌즈는 다음을 포함한다. ① 영적 성숙은 신체의 역동적 각성을 포함한다. ② 당신과 나, 세계와 자신 사이의 경계는 투과적인 것으로써 경험한다. ③ 자기 참조 혹은 '나'에 대한 자각은 유동적이고 유연하며 신체 안에 고정되지 않는다. ④ 죽음에 대한 관조는 삶의 즉시성으로 초점을 옮긴다. ⑤ 여성은 의식적인 체화의 스승이다. ⑥ 신체와 정신의 관계에 대한 탐구는 하나의 육신으로서 살아 있는 경험을 심오하고 활기차게 만든다.

2. 오로라 힐(Aurora Hill, 2005)은 인디언들이 자신의 삶에서 기쁨을 느꼈던 순간을 이야기하고 공유하는 스토리텔링 그룹의 기쁨 체험을 연구했다. 그녀의 4번 주기 렌즈는 기쁨을 종종 강렬한 감정을 일으키는 사건 혹은 존재함의 상태 등의 다면적 경험으로 묘사한다. 기쁨의 특성은 다음과 같다. ① 선과 미의 현존으로 드러난 진실한 특성, ② 마술적이고 일시적이고 규정하기 어려운 느낌으로 드러나는 신비로운 특성, ③ 여성들 사이의 자기수용감각, 운동감각 언어로 드러나는 신체적 특성, ④ 고마움과 감사로 드러나는 긍정적 특성, ⑤ 인디언들의 가르침과 살아가는 방식으로 드러나는 영적 특성, ⑥ 무조건적 받아들임과 축복받은 느낌으로 드러나는 삶의 긍정성, ⑦ 공동체 안에서 공유하는 삶을 통해 드러나는 공동 창조적 특성, ⑧ 에너지와 현존의 감지된 느낌, ⑨ 삶의 기쁨을 느끼지 않을 때의 상실감 자각, ⑩ 스토리텔링 동안 의식 상태의

범위 및 다양성의 현저한 증가, ⑪ 특정 시간과 장소의 연합, ⑫ 다양하고 미묘한 의미로 빛과 기쁨의 강한 연합.

3. 코트니 펠론(Cortney Phelon, 2001, 2004)은 심리치료사의 치유적 현존에 대해 연구했다. 개인 및 그룹 면담에서, 펠론은 전문 심리치료사들로부터 심리치료 맥락에서 경험한 그들만의 치유적 현존에 대한 이야기를 수집했다. 2번 주기 렌즈는 다음을 포함한다. ① 내담자와의 동맹, ② 주의력, ③ 통합 및 일치, ④ 내적 자각, ⑤ 영적 수련과 믿음, ⑥ 수용성. 이 2번 주기 렌즈를 4번 주기에서 미묘한 의미로 표현하고 확장하였다. 또한 세 개의 새로운 렌즈가 4번 주기에서 등장했다. ① 개인적 성장에 대한 약속, ② 현존의 운동감각적 측면, ③ 다년간의 수련을 통한 숙련된 심리치료사의 숙성.

4. 퍼트리샤 브란트(Patricia Brandt, 2007)는 여성들이 분만하는 동안 심리적, 영적 지지를 제공하는 '둘라(doula: 비의료 출산전문가)'에게 있어 출산의 영적 의미는 무엇인지에 대해 연구했다. 브란트는 14명의 여성 둘라를 면담했고, 각 둘라의 개인적 묘사 및 면담 대화록에 대한 주제별 내용분석을 3번 주기에서 제시했다. 둘라의 작업에 대해 존경심을 가졌던 브란트는 면담 자료를 쉽게 묘사하고 분석할 수 있었다. 그러나 3번 주기에서 면담 내용을 기술하고 4번 주기의 해석으로 관점을 이동하는 것이 어려운 과제였다. 이메일을 주고받으면서, 브란트는 그들의 고충을 다음과 같이 표현했다.

연구하면서 둘라들과 공감하고 존경하면서, 그들과의 면담으로부터 떠오른 주제를 4번 주기 렌즈로 도출하려고 했다. 4번 주기는 내가 무엇을 배웠는지, 무엇을 믿는지에 대해 서술하는 기회라고 당신(R. A.)은 계속 말한다. 한동안 이를 가지고 씨름했다. 어느 날 컴퓨터 앞에서 좌절한 채 앉았다. 미사 가이아(Missa Gaia)(Earth Mass) 앨범을 넣고 볼륨을 높였다. 그 음악을 따라 부르고 움직였다. '미스터리'의 가사를 반복해서 타이핑하기 시작했다. 프로젝트 진행 내내 이 음악을 종종 들었지만, 내가 1번 주기에서 레오나르도 다빈치의 그림 <동정녀 마리아와 아기 예수 그리고 성 안나(The Virgin and Child with St. Anne)>에 사로잡혔던 것과 마찬가지로, 미사 가이아에 사로잡혀 있었음을 깨닫지 못했다(사적 대화).

이렇게 브란트는 둘라들의 경험을 자신의 경험과 통합시킴으로써, 그들이 이 주제에 대해 말했던 것으로부터 자신이 느끼고 아는 것으로 관점을 이동시켰다. 따라서 그들의 경험에 대한 해석을 자신만의 방식으로 시작할 수 있었다. 브란트의 4번 주기 렌즈는 ① 아이를 출산할 때의 여성, ② 분만 동안에 일어나는 직관, ③ 다른 여성을 보살피고 지원하는 여성의 타고난 능력, ④ 둘라가 되는 여성의 소명, ⑤ 타인에 대한 희생이다(pp. 184-202). 이 최종 렌즈는 3번 주기 분석에서는 나타나지 않았던 명료하고 생생한 표현이다.

주기 5: 연구결과와 문헌고찰의 통합

1번 주기부터 4번 주기에 걸친 해석학적 과정의 작업을 바탕으로, 직관적 탐구자는 연구주제와 관련된 권위 있는 이론적 추론 및 개념을 제시한다. 모든 연구 보고서와 마찬가지로, 연구의 마지막 시점에 연구자는 자료 수집 이전에 검토했던 문헌 검토로 되돌아가 연구 발견에 비추어 이론적 및 경험적 문헌을 재평가한다. 다시 말해, 해석학적 주기의 자산과 부채를 구분함으로써 연구의 무엇이 가치 있고 없는지를 결정한다. 이제 연구주제에 대해 무엇을 말할 수 있는지를 결정해야 하는데, 자신이 무엇을 느꼈는지는 여전히 공개하지 않는다. 어떤 의미에서 보면 연구자는 지금까지의 전체적인 연구 과정으로부터 물러서 그 연구의 모든 측면을 처음부터 다시 숙고한다. 마치 연구 자체의 전진 및 회귀 원호로 규정한 해석학적 순환의 주위에 큰 해석학적 동그라미를 그리는 것과 같다.

또한 직관적 탐구는 연구 프로젝트 과정에 대해 완전한 진실을 말할 것을 요구한다. ① 저지른 실수, ② 효과가 없었던 절차와 계획, ③ 연구 및 연구결과에 대해 연구자가 가졌던 우려와 난감함, ④ 사용한 직관적 해석 유형, ⑤ 연구주제 혹은 연구방법에 대해 미해결되거나 해결해야 하는 사안을 포함한다. 성공적인 직관적 탐구에서는 연구 보고서의 독자들이 연구자의 직관적 처리 유형과 해석주기의 과정에서 직관이 드러난 방식을 이해할 수 있다. 여기에는 반전, 둔화, 막다른 지점 그리고 무의식적 여정의 흐름이 포함된다. 연구자의 직관적 과정을 드러내는 가장 간단한 방법은 중요한 직관이 어떻게 연구에 영향을 미치는지에 대한 하나의 예를 제공하는 것이다(Esbjörn-Hargens, 2004).

더 나아가 직관적 호기심에서만 특별히 볼 수 있고, 그 전환적 관점과 완벽히 연계되어 직관적 탐구자는 세상에서 인간이 되는 새롭고 더욱 정제된 방법의 궤적을 발견하기 위해 가능한 상상력을 동원한다. 따라서 직관적 탐구자는 두말할 것도 없이 인간 경험의 보다 깊은 회복과 전환적 요소에 대해 더 잘 이해할 수 있도록 자료에 내포된 가능성을 사유한다. 직관적 탐구가 지닌 함축성은 연구자에게 크게는 문화 전반으로부터 주의를 요하는 주제를 탐구하도록 요청한다. 그 주제에 대한 연구자의 개인적 탐색이 인간 경험을 새로운 시각으로 그려 내리라고 희망한다. 이런 점에서 직관적 탐구는 실용적이면서도 비전적인데, 항상 변하고 새롭게 드러나는 세상에 새로운 선택을 제공하는 발견을 허용한다. 이 과정을 통해서 직관과 비전은 기존의 과학적 담론과 통합된다. 직관적 탐구의 예지적 측면에 대해서는 연구방법의 미래 방향성을 고찰하는 이 장의 마지막 부분에서 더 고찰해 볼 것이다. '다루어지지 않은 것은 무엇인가? 상상해 보지 않은 가능성은? 이 연구에 기초한 비전적 궤도는?'이라는 제목의 실습은 명료하게 표현하지는 않았으나, 당신의 연구 발견이 내포한 가능한 해석을 탐구하는 데 도움이 될 수 있다.

주기 5, 실습: 다루어지지 않은 것은 무엇인가? 상상해 보지 않은 가능성은? 이 연구에 기초한 비전적 궤도는?

노트: 이 실습을 시작하기에 앞서, 여러분의 4번 주기 해석렌즈를 검토한다.

1단계: <모든 실습을 위한 기본 지침>을 완수한다.

2단계: 이완되고 깨어 있다고 느껴지면, 연구 발견이 자각의 표면에 드러나도록 한다. 상상 속에서, 주의를 끄는 것은 무엇인지 알아차리면서 할 수 있는 만큼 연구 발견을 완전히 탐구해 본다. 연구 및 연구 발견의 특정 측면에 초점을 맞추고자 하는 경우에는 이를 먼저 탐구하고, 이 실습을 바탕으로 추후 회기에서 연구 발견 혹은 연구의 다른 측면을 다시 충분히 살펴본다. 자신의 연구결과가 가진 복잡성을 상상 속에서 넓게 펼치면서 유지할 수 있다고 느낄 때까지 이 과정을 지속한다.

3단계: 현재까지의 연구 발견을 구성하는 다양한 요소를 완전히 상상할 수 있다면, 4번 주기의 해석렌즈를 생성했던 것과 유사한 방법으로 연구 발견 간의 연관성 및 패턴을 파악해 본다. 중요한 무언가를 놓치지 않았는지 파악하기 위해 이 방법을 통해 유사점을 찾는 과정을 반복한다. 연구 발견에서 기존에 인식하지 못했던 연관성과 패턴이 있는지 알아차린다.

4단계: 활발한 상상 속에서 연구 발견을 계속 유지하면서, 연구 발견 및 그 상호 연관성보다는 결과 사이의 공간으로 주의를 초대하여 한 방에 있는 가구, 가구 사이의 공간이라고 생각해 본다. 연구결과와 그 상호 연관성에 주의를 두기보다는, 연구 발견이 나열되어 있다고 상상하면서 그 사이에 생성된 공간에 주의를 집중해 본다. 그 사이 공간의 크기와 모양을 주지한다. 공간의 색채, 명도, 밀도, 움직임 등에 주의를 두면서 중요해 보이는 틈새 공간에 주목한다.

5단계: 사이 공간이 생생하게 느껴지면, 중요하게 여겨지는 공간과 상상의 대화를 시작한다. 각 공간에게 현재 혹은 미래를 향해 이야기할 내용이 있는지 질문한다. 다 마쳤다고 느낄 때까지 이 실습을 반복하면서, 모든 중요한 사이 공간을 탐구할 때까지 이 과정을 지속한다.

6단계: 일상의 의식으로 천천히 돌아와서 이 실습을 통해 직관했던 정보를 작성한다. 이 실습을 진행하면서 춤을 추었거나 노래를 부른 경우에는 글이나 이미지로 그 경험을 최대한 표현한다.

7단계: 연구 발견에 내포된 미묘한 해석을 글로 표현하면서 시간을 두고 이 실습에서 파생된 통찰을 성찰해 본다. 이 세상의 보다 진정한 인간이 되기 위한 새로운 가능성을 제시하는 비전적 궤도에 특히 주의를 집중한다.

직관적 탐구의 네 가지 고유한 속성

연구자와 타자들을 위한 전환적 잠재력

자아와의 상호 주관적 관여 및 타자들에 대한 이해를 통해, 직관적 탐구자는 자신의 삶과 연구에 참여하는 사람들의 삶 그리고 연구결과를 읽은 이들의 삶 속으로 전환을 가져온다. 아마도 직관적 탐구를 피상적인 방식으로 수행할 수도 있을 것이다. 그러나 지금까지 30여 개의 직관적 탐구를 지도하거나 조언해 오면서 이 과정에 의해 개인적으로, 종종 전문적으로 의미 있는 변화가 없었다는 직관적 탐구자를 만나지 못했다.

직관적 탐구에서, 전환에 대한 연구자의 의도와 다섯 주기 각각의 변증법적 절차는 전환 과정을 지지한다. 직관적 탐구의 각 주기는 텍스트나 자료와의 끊임없는 성찰과 개입을 요한다는 점에서 명백히 변증법적이다. 1번과 2번 주기에서, 연구자는 주제와 관련되거나 대략적으로 규정한 하나 혹은 여러 텍스트를 가지고 능동적인 변증법적 과정에 참여해야 한다. 3번과 4번 주기에서, 연구자는 자료를 변증법적으로 활용한다. 5번 주기에서, 연구 전반에 걸쳐 더 큰 해석학적 원을 그림으로써 연구자는 자료와 4번 주기 렌즈에 비추어 주제와 관련된 경험적·이론적 문헌을 재해석한다. 모든 전환적 과정과 마찬가지로, 이렇게 앞뒤로 오가는 변증법은 종종 재미있고 유쾌하며 혼동되고 불안정하다. 때로는 동시에 발생한다. 나의 논문 과정 학생 중 한 명인 다이앤 리커즈(Diane Rickards, 사적 대화)에 의하면, 자신이 4번 주기 렌즈를 생성하는 데 몰두하고 있을 때, 변증법적 과정은 산발적으로 빠른 안구 운동 패턴을 촉발시켰는데, 그녀는 이를 복합 물질의 보다 고차원적 통합과 연결시켰다.

이 책에서 제시한 세 가지 자아초월 연구방법 및 절차 모두 연구자의 개인적 전환을 지지하나, 직관적 탐구에서 요구하는 변증법은 개인적 전환을 위한 특별한 자극이 될 수도 있다. 에스뵈른(Esbjörn, 2003)은 자신이 경험한 변증법을 다음과 같이 묘사한다.

> 직관적 탐구는 변증법을 모방한 방법으로서, 이는 결과적으로 변증법에 참여하거나 유지하는 과정으로 연구자를 초대한다. 여기서 심리치료사들은 연구자가 변증법을 유지하는 과정에서 내재된 전환의 가능성을 인식할 수도 있다. 이 변증법은 (선과 악, 사랑과 증오, 주관과 객관, 정신과 육체 사이를) 이분법적으로 나누는 인간의 지속적이고 공통적인 본래의 경향성에 저항하도록 요구한다……. 만일 연구자를 위한 직관적 탐구의 일부 과정에서 변증법을 유지하는 연습을 포함할 수 있다면, 연구자는 '대상관계론자들'이 하나의 전체 대상관계라고 부르는 역량을 강화하고 있음을 의미한다(Ogden, 1990; Winnicot, 1992). 이 논의의 목적을 위해, 여기서 고려 중인 전체 대상관계 측면은 바로 내면의 대립적 힘을 견뎌 낼 수 있는 역량이다. 많은 발달학자들은 존재와 앎의 단계를 지적한다. 거기에는 로버트 케건(Robert Kegan, 1994)의 네 번째 의식(fourth order of consciousness), 켄 윌버(Ken Wilber, 1995)의 비전-논리 단계(vision logic stage), 장 겝서(Jean Gebser, 1986)의 통합적-비조망적 발달 단계(integral-aperspectival stage of development) 등이다. 이 이론가들이 제시하는 바와 같이, 자신의 내면에 존재하는 대립적 힘을 견뎌 내기 위한 심리적 발달 과제는 단순하지 않다(pp. 282-283).

상서로운 당혹감

직관적 탐구(Anderson, 1998)를 처음 소개했을 때, 나는 미처 예상하지 못했던 통찰에 너무 놀랐던 연구 경험을 묘사하기 위해 '**상서로운 당혹감**'이라는 용어를 만들었다. 연구주제를 이해하는 데 깊이 빠져들면, '트릭스터(trickster: 신화나 이야기 속에서 신이나 자연계의 질서를 벗어나 이야기에 파란을 일으키는 존재)'가 내 작업에 들어온 것처럼 느껴지곤 했다. 전 세계의 토착문화에서 트릭스터는 장난기가 가득하고 짓궂으며 별난 인물로서, 즐거운 혹은 위험한 추격에서 누군가와 충돌

하지만, 그 과정에서 자각과 통찰의 관문을 열어 주기도 한다. 문화에 따라 그 형태는 다르나, 코요테(개과에 속하는 북미산 야생동물), 갈까마귀, 요정, 레프라온(아일랜드 민화에 나오는 작은 요정), 푸카(아일랜드 도깨비) 등은 보통 터무니없거나 어리석다고 느끼는 맥락에서 인간에게 통찰을 선물해 주기도 하고, 우리가 늘 이해하던 방식에서 벗어나도록 충격을 준다. 코요테는 장난을 건다. 갈까마귀는 훔친 물건을 다른 무엇으로 바꿔 놓는다. 요정은 연인처럼 등장한다. 레프라온은 만지면 사라지는 금을 준다. 푸카는 신나게 우리를 시끄러운 길로 데려간다. 직관적 탐구는 그 상서로운 당혹감으로 가득 차는 경향이 있다.

전형적으로 이러한 상서로운 당혹감은 새로운 이해를 시사한다. 우리는 모순되는 이야기, 면담, 자료 및 성찰을 통해 탐구 주제의 복잡한 내용 속으로 더 깊이 빠져든다. 잘 맞아떨어지지 않는 뉘앙스는 새로운 통찰을 만들어 낸다. 혼란은 우리를 예상치 못한 방향으로 데려간다. 역설은 우리의 추측에 이의를 제기한다. 방법론적으로, 직관적 탐구의 본질은 새로운 아이디어를 창조할 수 있는 장을 마련한다. 아이디어는 종종 그렇게 발생한다. 연구 프로젝트에는 더 오랜 시간이 걸리고, 더 많은 작업이 필요하고, 아마도 더 많은 비용이 들 테지만, 결국에는 더 완벽해지고 유용해질 것이다. 직관적 탐구자는 몇 주, 몇 개월 동안 흔히 상서로운 당혹감을 느낀다. 당혹스럽다면 기록을 남기고 있는 그대로 그 과정에 머무른다. 만약 너무 부담스럽다면 잠을 자고 휴식을 취하거나 잠시 연구 프로젝트를 미루어 둔다. 생기를 되찾았다고 느끼면 다시 프로젝트로 돌아간다.

직관적 탐구에서 더욱 위험한 일은 스스로 무엇을 하고 있는지 안다고 판단하면서 이 모든 것을 훤히 알고 있다고 자신하거나, 전체 자료를 완전히 수집, 분석 및 해석하기 전에 결과에 대한 고정관념을 가지는 것이다. 전환 경험의 본질은 종종 보다 완벽하게 이해하기 위한 혼란의 기간을 요구한다. 오랜 기간 동안 신선함을 느끼지 않았다면 주의하라. 무엇인가 잘못되었을 수도 있다. 주제를 잘 이해하고 있어 새롭게 할 말은 없는가? 모순된 정보에 대해 무엇이 일어나고 있는가? 따분함을 느끼는가? 기진맥진한가? 아니면 정신이 팔려 있는가? 부정하는 상태에 있는가? 불가피하게 맞닥뜨려야 하는 연구주제의 핵심을 피하고 있는가? 그렇다면 당황하지 않아도 된다. 휴식을 취한 다음 상쾌한 기분이 들고 에너지를 그릇된 방향으로 쏟고 싶지 않을 때 복귀한다.

직관적 탐구의 다섯 주기를 진행하는 절차는 놀라운 통찰을 불러일으키는 것으로 보인다. 어떤 의미에서 다섯 주기는 훌륭한 심리치료사와 마찬가지로 경계와 안전을 제공한다. 직관적 탐구는 방법론적으로 새로운 아이디어가 생성할 수 있는 장을 마련한다. 아이디어는 종종 그렇게 나온다.

자신의 목소리로 글쓰기

연구자들이 그들 자신의 독특한 목소리로 작성한 학술 보고서는 이해하기 더 쉽고 더욱 흥미롭다. 물론 지금도 그렇지만, 내가 1970년대 초 실험 사회심리학자로서 훈련을 받고 있을 당시에는 학술 보고서를 작성할 때 감정을 배제해야 하는 것으로 여겨졌다. 이는 모든 보고서가 정서적으로 동일해지는 결과를 초래했다. 연구자들은 과학적 탐구로부터 개인을 분리하는 데 지나치게 몰두했기 때문에, 연구 보고서의 결론에서조차도 솔직한 의견을 제시하지 못하는 경우가 허다했다. 학술 보고서 작성에 영향을 미치는 논리적 실증주의의 가치는 외부로부터 행동으로 관찰될 수 있는 정확성이므로 연구자의 주관을 감춘다. 다행히도 현재의 질적 연구자들은 참여자들로부터의 풍부한 기술적 보고 및 보고서 작성을 선호한다(Denzin & Lincoln, 2003).

직관적 탐구는 실재의 본질은 구성된 것이라고 주장하는 포스트모던적 방법이다. 관습적인 실재(conventional reality)는 객관적으로 존재하는 것이 아니라 우리가 거주하는 생물학적, 인지적 그리고 문화적 구조와 습관에 의해 구성된 것이다(Johnson, 1987; Varela, Thompson, & Rosch, 1991). 실재는 특정한 생리학, 역사, 성격, 문화를 몸으로 체득하면서 고유한 인간 존재가 되는(being a specific human being) 것과 별개가 아니라 상호 해석적이고 상호 주관적이다. 인간의 주관성은 앎의 원천이지, 자기중심적 표현이나 의견으로 경시될 수 있는 것은 아니다.

직관적 탐구는 진정성으로 안내한다. 탐구자의 마음, 몸 그리고 정신의 진정한 목소리가 보고서에 드러나지 않으면, 연구는 타자들에 의해 해석될 수 없으므로 직관적 탐구로 타당하지 않다. 연구방법의 성공 여부는 연구자가 자신을 독특하고 대담하게 표현하고자 하는 능력과 의지에 달려 있다. 기법이 학술 보고서를 제시하는 방식을 변화시키고 있는 와중에도, 이 보고서는 여전히 기본적으로는 쓰인 텍스트다. 따라서 직관적 탐구자는 정서적 정직성을 전면에 드러냄으로써 자애롭고 생생하게 글을 써야 한다. 연구 보고서는 ① 연구자가 주제에 대해 갖는 독특한 감정과 경험을 전하고, ② 연구결과에 대해 연구자가 중요하고, 고무적으로 느끼는 것을 전달하며, ③ 연구결과에 내재된 미래에 대한 가능성과 비전을 추측하고, ④ 독자들이 연구 보고서를 읽을 때 공감적 공명이 일어날 수 있는 방식으로 작성해야 한다(Anderson, 1998, 2000). 체화된 글쓰기와 같은 문체(Anderson, 2001, 2002a, 2002b)와 자서전적 민속지학(autoethnography: 연구자가 개인적 삶의 경험을 민속지학적으로 분석)(Ellis, 2003)은 연구자가 결과를 제시하는 데 있어 독자들의 주의를 환기시키고 적극적으로 참여시킬 수 있는 선택을 제공한다. (타당성 평가에서 공감적 공명의 적용에 대한 면밀한 고찰은 제8장 '타당도에 대한 확장된 관점'을 참조한다.) '목소리 찾기'라는 제목의 실습은 여러분이 예상하는 독자들의 개인적, 전문적, 혹은 영적 요구에 따라 연구 발견을 제시하도록 도움을 줄 수 있다.

실습: 목소리 찾기

노트: 이 실습은 이 장의 앞부분에 소개된 '대상 독자 정하기'라는 제목의 실습과 관련 있다. 예상치 못한 연구 발견 혹은 새로운 통찰로 인해 연구 보고서의 대상 독자를 연구 진행 과정에서 변경할 수도 있다. 따라서 앞서 소개된 실습 중 일부는 아래의 실습에서도 반복 수행한다.

1단계: <모든 실습을 위한 기본 지침>을 완수한다.

2단계: 이완되고 깨어 있다고 느껴지면, 연구주제가 자각의 표면으로 드러나게 한다. 연구하고자 하는 경험의 구체적인 개인 사례를 생각해 봄으로써 주제에 대해 활기찬

감각을 느껴 본다. 이 장의 첫 실습과 같이, 모든 감각을 사용하여 상상 속에서 그 경험을 재현해 본다.

3단계: 일단 그 경험이 생생하고 활기를 띤다고 느끼면, 당신의 논문 혹은 연구 프로젝트의 결실을 누릴 대상 또는 예상되는 독자를 상상해 본다. 이 연구주제는 결론적으로 누구에게 기여하고자 하는가? 어떤 특정 개인 혹은 집단이 유익한 정보나 통찰을 얻기를 희망하는가? 이러한 개인 혹은 집단은 어떤 모습인지 정확히 상상하여 구체화한다. 할 수 있는 데까지 한 개인에게 초점을 맞추고 그 모습을 상상한다. 그의 이목구비, 눈동자의 색깔, 목소리의 특징 등을 상상해 본다.

4단계: 대상 독자인 개인 혹은 집단에 대해 선명한 감각이 오면, 그/그녀 또는 그들과 상상의 대화를 시작한다. 자연스러운 목소리로 4번 및 5번 주기의 연구결과에 대해 대화를 시작한다. 독자가 연구 발견에 대해 질문하고 발언하도록 유도한다. 그/그녀 또는 그들이 당신에게 무엇을 말하는지 알아차린다. 또한 시각적 상상 속에서 비언어적 의사소통이 일어나는지 주목한다. 대상 독자에 동물 혹은 자연의 모습이 포함되는 경우, 그에 맞춰 상상의 대화를 조율한다.

5단계: 독자와의 대화가 지속되면, 그들에게 발견을 제시하는 다양한 방법을 탐구해 본다. 그 제시 내용에 독자가 어떻게 반응하는지 주목한다. 그들의 관심과 반응을 끌어내는 제시 방식 혹은 특정 연구 발견에 특별히 주목한다. 이 대화를 다 마쳤다고 느낄 때까지, 또는 독자가 당신과 소통하기를 멈출 때까지 이 상상의 대화를 계속한다.

6단계: 일상의 의식으로 천천히 되돌아와 이 실습을 진행하는 동안 직관한 정보를 작성한다. 춤을 추었거나 노래를 부른 경우에는 글이나 이미지로 그 경험을 최대한 표현한다.

7단계: 결과를 정제, 확장 및 간소화하여 제시하기 위해 이 실습에서 도출한 정보와 통찰을 사용한다. 연구 보고서에 체화된 글쓰기를 사용하는 것과 관련된 추가적인 제안과 실습은 이 책의 제7장을 참조한다.

직관적 탐구의 이론 개발 잠재력

직관적 탐구의 유망한 측면은 바로 하나의 주제에 대해 기존 이론과 연구를 종합하고, 4번과 5번 주기에서 이론적 통합을 제공하는 잠재력에 있다. 근거 이론(Grounded Theory)(Strauss & Corbin, 1990)과 매우 유사하게, 직관적 탐구를 통해 주제에 대한 귀납적 이론을 정리할 수 있다. 솔직히 말해, 연구를 진행하는 내내 큰 그림의 관점을 유지한 채 직관적 탐구를 수행하는 것은 가능하지 않다. 그보다는 자발성과 직관적 통찰이 핵심이기 때문에, 환원주의적 과정은 직관적 탐구에 적합하지 않다. 지금까지 두 명의 직관적 탐구자(Phelon, 2001, 2004; Unthank, 2007)는 1번 주기부터 5번 주기에 걸쳐 연구주제에 대한 그들의 이해가 발전해 온 점을 바탕으로 귀납적 이론을 생성하는 잠재적 방법을 적극적으로 연구해 왔다.

앞서 이 장의 4번 주기에서 요약한 바와 같이, 펠론(Phelon, 2001, 2004)은 연구 결론에서 임상가 훈련을 위한 제안과 함께, 심리치료사의 체화된 치유적 현존을 이해하기 위한 이론적 모델을 전개했다. 언생크는 트라우마 회복 전문치료사로서 수년간 쌓아온 임상 실무를 바탕으로, 암묵적 지식으로 트라우마 생존에 대한 연구를 시작했다. 그녀의 연구는 "체화된 수치심과 마주하였고, [지각된] 통제력을 갖는 것에 안전감을 느끼는 생존 습관과 마주했다(Unthank, 2007, p. 226)." 연구의 마지막 부분에서 다음과 같은 결론에 도달했다. ① 깊은 생존 구조는 학습된 기능성 신경증으로, 특히 견디기 힘든 두려움과 연합된 취약성, 부적응적인 죄책감과 연합된 안전감을 수반하는 이중적 접근-회피 콤플렉스, ② 수치심이 섞인 죄책감은 외상 후 생존을 위해 부여된 핵심 임파워먼트이다. 부적응적 죄책감, 즉 만성적으로 잘못에 대한 책임을 느끼는 대가를 지불하고 얻은 일종의 지각된 안전감의 세계를 생성한다. 새롭게 부상하는 모든 이론과 마찬가지로, 추가적인 검토를 요한다.

직관적 탐구의 도전 과제 및 한계

나는 이 장에서 전반적으로 직관적 탐구에 대한 경고사항을 언급하였다. 현시점에서는 직관적 탐구에 대한 두 가지 일반적인 도전 과제 및 한계를 강조하고자 한다.

첫째, 직관적 탐구는 지적·정서적·영적으로 많은 것을 요구한다. 이 연구 방법은 우뇌와 좌뇌 과정의 균형을 유지하면서 춤을 춰야 하는 높은 성숙을 요구한다. 한편에서 직관적 탐구자는 직관적·예술적·심상적 과정 등 우뇌 과정을 다섯 주기 모두에서 사용하도록 독려받는다. 다른 한편으로는 1번 주기에서 명확한 연구주제를 분명히 표현하는 것, 2번 주기 내내 문헌고찰을 준비하는 것, 2번과 4번 주기에서 렌즈를 분명히 표현하는 것, 3번 주기에서 자료를 수집 및 분석하는 것, 4번 주기에서 연구결과를 기존의 경험적·이론적 문헌과 통합하는 것은 전통적인 고된 지적 작업으로, 보통 좌뇌 과정과 관련된 선형적 과제로 인식한다. 직관적 탐구를 진행하는 사람은 누구든 균형을 유지하는 춤이 쉽지 않다는 점에 대해 미리 경고를 받는다. 어떤 점에서는 심리영적 성숙이 우뇌와 좌뇌 과정의 통합을 촉진하면서, 하나의 과정으로부터 다른 유형의 과정으로 극단적으로 치우치는 것을 관리하기 위해 점점 더 높은 수준의 통합을 요구하면서 우뇌와 좌뇌의 기능적 자질 자체가 깊어지거나 확장되는 것이다.

둘째, 직관적 탐구는 본질적으로 내러티브 형태의 자료에 활용하기에는 적합하지 않을 수도 있다. 렌즈를 생성하는 직관적 탐구 요건은 의미를 가진 이야기나 기술을 요하는 자료를 구성하는 것을 방해할 수 있다. 따라서 그 경우에는 연구자들에게 내러티브 연구 방식을 사용하라고 조언한다(Josselson, 1996; Mishler, 1991, 2000).

직관적 탐구, 해석학 그리고 기타 해석학적 연구 접근

직관적 탐구는 주로 프리드리히 슐라이어마허(Friedrich Schleiermacher, 1768~1834)와 한스-게오르그 가다머(Hans-Georg Gadamer, 1900~2002)가 사용한 철학적 해석학의 용어와 개념을 활용한다. 신학자이자 철학가로서 슐라이어마허는 성서와 비종교적인(세속적인) 고대 텍스트를 해석하고 번역하는 데 관심을 가졌다(Schleiermacher, 1977, 1998). 텍스트 해석의 성패는 해당 텍스트의 언어적, 문화적 요소에 대한 포괄적인 정밀조사 그리고 동시대 및 지역의 다른 텍스트와 비교하여 작가가 이 요소들을 어떻게 사용하는지에 따라 좌우된다. 슐라이어마허는 원저자가 텍스트에 부여하는 의미를 이해하는 데 해석의 의도를 둔다. 이는 참여자가 사용하는 단어의 의미 및 그 단어의 사용을 파악하려고 노력하는 현대의 질적 연구자에게는 친숙하게 느껴지는 과정이다. 슐라이어마허는 분석적 및 직관적 과정 모두를 권장하는데, 타자의 의도와 다른 문화에 대한 이해는 당연하게 받아들일 수 있는 것이 아니기 때문에 결코 최종적이거나 완벽하게 만족스러운 것이 아님을 인정한다. 슐라이어마허와는 대조적으로, 가다머(Gadamer, 1998b)는 해석을 과거와 현재 사이의 대화로 이해한다. 텍스트는 과거를 제시하고, 텍스트는 해석자를 통해 드러난다(Bruns, 1992). 텍스트는 우리에게 말을 걸고, 우리는 텍스트를 통해 과거와의 대화 관계 속으로 들어간다. 그렇게 함으로써 텍스트와 우리 자신에 대해 보다 나은 이해를 얻게 된다(Bruns, 1992; Ramberg & Gjesdal, 2005).

직관적 탐구 외에도 질적 연구에 대한 많은 해석학적 접근들이 존재하며(Denzin, 2001a; Moustakas, 1990; Packer & Addison, 1989; Romanyshyn, 2007; Smith, 2004, 2007; van Manen, 1990, 2002), 특히 최근 몇 년간 많은 연구자들이 인간과학 연구에 철학적 해석학을 적용하는 것을 성찰해 왔다(Josselson, 2004; Rennie, 2007).

이 연구자들이 제시하는 각 방법론적 해석학과 직관적 탐구의 관계에 대한 완벽한 탐색은 이 장의 범위를 넘는다. 직관적 탐구와 가장 잘 맞는다고 여겨지는 해석학적 접근은 조너선 스미스(Jonathan Smith, 2004, 2007)가 개발한 해석학적 현상학 분석이다. 해석학적 현상학 분석 및 직관적 탐구는 모두 해석에 대한 역동적이고 귀납적인 접근을 주장하는데, 이 접근들은 질적 자료의 미묘한 의미를 살려 해석하면서 슐라이어마허 및 가다머의 해석학과 유사한 적용 방법을 사용한다.

직관적 탐구의 미래 방향

나는 직관적 통찰의 적극적인 기여를 위해 과학적 탐구 안에 창조적 공간이나 역량을 포함하는 직관적 탐구를 개발했다. 직관적 탐구의 주기를 평가하고, 명료화하고, 직관적 탐구방법론을 완성하면서 고등학교를 졸업하는 아이를 지켜보는 부모와 같은 기분을 느낀다. 이제 손을 놓고 다른 이들이 직관적 탐구를 어떻게 사용하고 다듬어 가는지 지켜볼 시점에 와 있다.

직관적 탐구를 정식으로 개발한 지는 12년밖에 지나지 않았지만, 직관적 탐구의 씨앗이 뿌려진 시점은 50년 전이다. 당시 체조선수였던 나는 네트와 스포터(새로운 스턴트를 배울 때 도와주는 사람)의 도움으로 위험을 무릅쓸 수 있었다는 사실을 깨달았다. 봉을 놓치거나 평균대에서 미끄러졌을 때 나를 잡아 주는 네트와 스포터 덕분에 더 나은 체조선수가 될 수 있었다. 이와 마찬가지로 직관적 탐구의 다섯 가지 해석주기는 직관적 탐구의 창조적 연구 과정을 이끌어 주고 잡아 주며, 계속 나아가게 하는 지원적 구조를 나타낸다. 이 주기들은 연구자와 연구 참여자들이, 더 나아가 결과를 읽는 독자들이 직관적 앎의 방법을 확신하면서 정착시키고, 자료와 연구자의 해석이 제시하는 비전적 관점을 그들 자신을 위해 해석하도록 안내한다. 현대 과학의 실증주의적 패러다임 안에서 기성의 문화를 벗어나 수행하는 연구는 위험이 있으므로 안전감과 그들보다 먼저 이 길을 여행했던 누군가로부터 허락을 요한다. 1990년대 초부터 직관적 관점에서 연구를 수행했던 내 경험에 기초하여, 그 요구를 충족시킬 수 있도록 돕고자 직관적 탐구를 개발했다. 각 해석주기는 직관적 탐구자의 이해를 증진시키는 데 있어 특별한 목적을 가진다. 미래의 직관적 탐구자들이 시간과 편의를 위해 이 주기들 중 어느 부분도 건너뛰지 않길 바란다. 아울러 나는 연구자들이 그들만의 직관유형을 최적화하기 위해서 직관적 탐구 방법 및 절차를 조정하기 바란다. 또한 이 절차를 질적 및 양적 연구방법과 혼합하여 새로운 적용 방법으로 확장하고, 내가 지금까지 작업해 온 것보다 직관적 탐구를 더 발달시키기 바란다.

여러 가지 방식으로, 직관적 탐구의 개발은 나 자신의 연구와 지도학생들의 연구가 서로 얽히고 안팎으로 순환하는 과정에서 그 자체로 직관적 탐구가 되었다. 그리고 이것은 큰 즐거움이 되었다. 직관적 탐구는 자발성, 뜻밖의 발견 그리고 상서로운 당혹감으로 가득 차 있다. 나는 다음에 무엇이 올지 결코 알지 못했다. 솔직히는 놀라움을 가장 많이 즐겼다. 직관적 탐구자들 모두 내가 직관적 탐구 방법을 발전시켜 오면서 느꼈던 만큼 큰 즐거움을 느끼기 바란다.

직관적 탐구의 가장 큰 잠재력은 힘든 세상에서 인간이 살아가는 새로운 방식의 비전에 영감을 불어넣는 역량이라고 믿는다. 다섯 주기마다 직관적 자극과 가까이하는 것은 결코 쉬운 여행길은 아니다. 너무나 자주 서구의 과학적 담론은 직관적 과정, 특히 자기수용감각과 운동감각 등 신체에 기반한 앎을 억압하고 좌절시킨다. 연구 과정에서 직관에 깊이 귀를 기울이면 세계 문화와 과학적 담론의 상당 부분을 장악하고 있는 합리주의적 유형보다 살아 있는 경험에 더 가까운 새로운 이론화 및 상상력의 길을 여는 데 훨씬 더 큰 역량을 발휘할 수 있었다. 깊은 경청 및 관찰의 반복적 주기들은 시간이 흐르면서 유진 젠들린(Eugene Gendlin, 1991, 1992, 1997)이 설명한 '패턴 너머의 사고'와 유사한 방식으로 확장되어 이론을 정립한다. 특히 직관적 탐구가 제공하는 넓은 공간과 허용성은 연구자들이 아이디어와 이론의 영역 안에서 타자들과 더불어 비전적이고 고무적인 새로운 영역을 만들어 가는 과학적 담론으로 초대한다. 우리의 세계는 새로운 비전을 필요로 한다. 용감해져라!

1960년대 말, 에이브러햄 매슬로(Abraham Maslow, 1968, 1971)는 잠재력을 최고로 발휘하여 자기를 실현한 사람들을 연구함으로써 우리에게 인간 경험의 더 넓은 범위를 탐구할 것을 권유했다. 마찬가지로 직관적 탐구는 연구자들로 하여금 연구 수행과 일상적 삶 모두에서 타자들과의 창조적인 교류 속에 잠재한 창조적 가능성을 상상하도록 초대한다. 앤더슨(Anderson, 2011)에서, 나는 이러한 초대를 '잠재력의 해석학'이라고 부른다.

제2장 통합적 탐구
- 포괄적이고 통합적인 연구 접근의 원리 및 실행 -

윌리엄 브로드(William Braud)

만약 궁극적 진리와 같은 것이 존재한다면, 그 진리는 많은 목소리의 협주곡을 요구한다.

-칼 융(Carl Jung, 1993, p. xiv)

통합적 탐구 소개

이 접근의 개요

이 방식은 기존 연구방식들이 의도적으로 분리해 왔던 연구 설계의 여러 측면을 포함하고 통합한다. 이 포함과 통합은 세 가지 주요 영역에서 일어난다. 첫째, 연구 기간은 그 학문 분야에 대한 지적 성과, 연구 참여자를 위한 임상적, 교육적, 다른 유익한 점 그리고 연구자의 심리영적 성장 및 전환적 변화(transformative change)의 가능성(연구 참여자들과 연구 결과를 접할 최종 독자들까지도 포함하여)을 위한 기회를 동시에 제공한다. 둘째, 연구주제에 대한 심도 깊은 이해는 경험의 본질과 역사, 개념화, 경험을 촉진하거나 방해하는 역동적인 전개와 과정, 그 결과와 결실에 대해 주의를 집중함으로써 가능하다. 셋째, 통합적 탐구자는 연구해 나가는 과정에서 많은 보완적 형태의 앎, 존재, 행위를 실행한다. 이때 관습적, 암묵적, 직관적, 신체 기반의, 감정 기반의, 직접적 형태의 앎을 포함한다. 의식의 일상적이고 비일상적인 상태, 분석적/선형적, 비분석적/비선형적 자료조사 그리고 연구 발견을 드러내는 대안적 방식들(주제, 이야기, 은유, 직유, 상징, 비언어적인 창조적 표현 등)을 포함한다.

이 장에서는 자료의 계획과 수집, 처리와 해석 그리고 결과물 발표와 연구 프로젝트의 전달 단계에 통합적 탐구방식의 각 부분을 어떻게 활용할 수 있는지에 대해 사례를 통해 설명한다. 연구방식의 각 주요 구성요소에 대해 체험식 연습을 제공하기 때문에 연구자와 학생 모두 이 요소들을 쉽게 배울 수 있다. 이 장에서 독자는 통합적 탐구의 핵심 요소와 적절한 활용법을 익힐 수 있으며, 도출된 연구문제 및 주제에 구성요소 및 접근을 전반적으로 적용함으로써 전문성을 개발할 수 있다.

현재의 연구 접근은 다음의 특징을 따른다는 면에서 **통합적**(*integral*)[(즉, **포괄적이고 통합된**(*inclusive and integrated*)]이다.

- 연구자의 전인적 참여
- 연구 기간에 얻는 다양한 기능과 유익
- 연구자의 광범위한 영감의 원천
- 연구자, 참여자, 독자의 대안적인 앎의 양식
- 탐색해야 할 연구 질문의 본질
- 다양한 방식의 자료 수집, 자료 분석, 자료 및 발견의 제시

이 장의 후반부에 이러한 특징들을 상세히 다룰 것이다.

이 접근의 기원과 발전

통합적 탐구의 기원은 1990년대 초반의 두 가지 경험으로 거슬러 갈 수 있다. 그중 하나는 다른 두 명의 교수진과의 만남이었다. 우리는 자아초월 심리학연구소(the Institute of Transpersonal Psychology: ITP)의 커리큘럼 및 교육이 인간의 여섯 가지 기능적 측면(지적·신체적·정서적·영적·관계적·창조적 표현)을 어떻게 다루어야 할지, 만약 이 모든 측면을 존중한다면 이상적인 ITP 논문의 속성은 무엇이 되어야 할지에 대해 논의했다. 나는 그 논문은 일반적인 방식(인터뷰와 평가를 통해 글과 숫자를 수집하는 전통적인 방식)으로 일반적인 자료를 수집하고, 일반적인 방식으로 자료를 분석하는 등 일반적인 단조로운(linear) 글쓰기를 통해 연구결

과를 제시하는 것뿐만 아니라, 이에 더하여 연구의 주요 단계에서 다양한 대안적 방식의 앎과 존재, 행위를 사용해야 한다는 점을 제안하였다. 논문 프로젝트를 '다중 눈(multiple eyes: 앎의 방식)' '다중 두뇌(multiple brains: 자료를 연구하고 이해하는 방식)' '다중 입(multiple mouths: 연구결과를 표현하고 전달하는 방식)'을 활용해서 실행해야 한다고 은유적으로 표현하였다. 오직 '하나의 눈(one eye), 하나의 두뇌(one brain), 하나의 입(one mouth)'을 이용한 일차원적이고 전통적인 접근은 충분하지 않았다.

두 번째 경험은 1992년 그리스 아테네에서 개최된 '과학과 의식에 관한 제2차 국제 심포지엄[과학과 인간 발달을 위한 아테네인들 사회와 브라마 구마리스 세계 영성대학(the Second International Symposium on Science and Consciousness)]'(Athenian Society for Science and Human Development and the Brahma Kumaris World Spiritual University 1992년 참조)에서였다. 그 모임의 소그룹 작업의 한 세션에 참석한 연구자들에게 '의식이란 무엇인가'라는 질문이 주어졌다. 나는 잠시 조용히 앉아 그 문제에 대해 깊이 숙고했는데, 그때 이러한 생각이 떠올랐다. 의식은 **경험**이고, 의식은 **개념화** 작업이고, 의식은 주변 조건과 더불어 일어나는 **과정**이고, 의식은 결과 또는 **결실**을 맺는다—모든 것이 발생하고, 모든 것이 상호작용하고, 모든 것이 변화하고, 모든 것이 존중받아야 한다. 각각은 나머지가 없으면 불완전하며, 모든 것은 전체에 기여한다. 이후 나는 이 네 겹의 생각을 의식뿐만 아니라 연구하고자 하는 어떤 주제나 경험에도 적용할 수 있음을 깨달았다. 어떤 경험도 경험 그 자체의 본질에 근거해서 접근할 수 있다. 즉, 경험은 어떻게 개념화되고 그 개념은 시간의 흐름에 따라 어떻게 변해 왔는가; 경험은 어떻게 전개되고 발전되며 경험과 함께 일어나는 것은 무엇이며, 어떤 조건이 경험을 촉진하고 방해하는가(경험의 과정 및 주변 조건); 그리고 경험의 결과 또는 결실은 무엇인가 등에 접근한다.

이 접근을 개발하는 과정에서 첫 번째 경험은 주제를 **어떻게** 연구할 것인가, 두 번째 경험은 **무엇을** 연구할 것인가에 대해 아이디어를 주었다. 방법과 내용의 양 측면에 다원적 방식을 도입하는 것은 보다 완전하고 만족스러운 프로젝트와 결과물을 가져온다. 나는 이 접근의 포괄적이고 통합적인 특성을 존중하여 **통합적 탐구**(*Integral inquiry*)라고 명명하였다. 1990년대 초 이 방식을 개발하고 있을 때 **통합적**(*integral*)이란 용어는 이미 사용되고 있었다. 스리 오로빈도(2000)의 통합요가와 통합요가 심리학(the Integral Yoga and Integral Yoga Psychology of Sri Aurobindo), 장 겝서(Jean Gebser, 1986)가 기술한 의식의 통합적 구조(the integral structure) 등이다. 그리고 나중에 켄 윌버(Ken Wilber, 2000)의 통합심리학(the Integral Psychology)에서 사용하였다. 통합적 탐구라는 명칭은 이 세 가지의 출처로부터 영감을 받은 것은 아니나 이 관점들과 상당 부분 겹친다.

통합적 탐구 접근을 1994년 연구 중 논문(Braud, 1994b)에서 초안 형태로 작성하였고, 일련의 논문 및 책의 몇몇 장(Braud, 1998a, 1998b, 1998c, 2002c, 2006, 2008, 2010)에서 보다 심도 있게 발전시켰다. 몇 해에 걸쳐 이 방식은 나 자신의 생각과 연구, 다양한 대학원 연구 과정의 수업, 학술지 및 학위 논문 프로젝트를 지도하면서 나온 정보들을 기반으로 수정하고 확장하였다. 이 장은 이 연구방식의 특성과 활용에 대한 최근의 동향 보고라고 할 수 있다.

이 접근에 가장 적합한 주제

통합적 탐구는 대부분의 연구주제에 활용할 수 있지만, 이 접근에 특별히 더 잘 맞는 주제가 있다. 그것은 연구자에게 매우 개인적인 의미가 있는 주제, 깊이 이해하기를 원하는 주제, 체험 수준이 높은 주제로, 특히 예외적, 자아초월적, 영적 주제 등을 포함한다.

통합적 탐구자들은 잠정적으로 하려고 하는 연구 프로젝트가 다음의 의미 있고 만족스러운 프로젝트의 기준에 부합할 가능성이 있는지 신중하게 검토할 수 있다.

만족스러운 연구 프로젝트는 ……

연구자에게 의미가 있다. 그 주제는 연구자 자신의 중요한 이슈를 다룬다. 이상적으로는 연구자 개인의 경험과 관심으로부터 출발한다.

연구 참여자들에게 의미가 있다. 참여자들이 그들 삶의 중요한 이슈를 좀 더 소화하고 이해하도록 돕는다.

최종 연구결과를 접하는 **독자들**(청중들)에게 의미가 있다. 미래의 독자는 연구 참여자, 연구자 그리고 탐구된 주제와 동일시하면서 연구결과물로부터 개인적인 혜택을 얻을 수 있다.

선호하는 연구 분야와 **관련성이 큰** 주제를 다룬다. 그 주제는 선택된 특정 분야의 지식 축적과 실무적 적용이라는 이점을 가져온다.

새로운 정보 외에도 그 프로젝트에 참여한 사람들(연구자, 참여자)과 독자들(청중들), 그들의 연구 분야, 사회에 전체적으로 **전환**의 기회를 제공할 수 있다.

인간의 본성 및 세상의 본질을 이해하는 데 풍부한 **함의**를 가진다.

전문적 성장 및 연구자의 발전에 기여한다. 프로젝트는 현재의 강점과 기술을 기반으로 진행되고 확장되며, 새로운 기술과 능력을 획득하고 개발할 수 있는 기회를 제공한다. 또한 프로젝트는 다음 연구의 디딤돌 역할을 할 수 있다.

잠정적인 통합적 탐구자로서, 스스로에게 아래의 구체적인 질문을 던지고 잠정적인 프로젝트가 앞에서 언급한 기준에 부합하는지, 그리고 자신의 고유한 성격, 목표, 주변 환경에 적합한지 결정할 수 있다.

- 그 주제가 개인적인 진정성과 의미를 담고 있는가? 당신의 흥미를 지속시킬 만큼 충분히 친숙한 것인가? 그러나 당신을 압도하여 연구 자체로부터 멀어지게 할 정도로 미해결된 이슈에 가깝지는 않은가?
- 그 주제를 탐구하는 것이 당신의 심리영적 발달에 도움이 되리라 생각하는가? 연구자로서 의미 있는 주제를 탐구하면서 중요한 변화나 전환까지도 경험할 마음 자세를 갖추라.

- 의미 있는 주제를 연구할 때, 당신은 연구 과정 내내 자신의 모든 이슈와 직면할 것이다. 당신의 연구가 바로 당신을 만들어 갈 것이며, 당신은 모든 연구 작업으로부터 부가적 혜택을 경험할 것이다. 이 준비가 되어 있으며, 그에 부합하는 주제를 선택할 수 있는가?
- 주제가 연구 참여자들(공동 연구자들)에게 이로울 수 있는가? 당신과 함께 연구주제를 탐구하면서 참여자들은 그들에게 의미 있으며, 자신의 주요 문제를 스스로 작업하고 체화하고 통합하는 데 도움을 줄 수 있는 이슈를 다룰 것이다.
- 그 주제가 당신이 속한 특정 학문 분야의 발전에 도움을 줄 수 있다고 생각하는가? 유용한 주제는 지식의 부족한 부분이나 차이를 메우고, 개념적인 이슈를 해결하고, 이론적 발전으로 심화시키고, 잠재적인 응용으로 이끌고, 그 분야에 중요한 의의를 제시하도록 돕는다.
- 그 주제는 함께 일하는 사람들의 연구적 관심에 부합하는가, 또는 공통적인가? 당신이 속해 있는 기관에서 연구를 실행한다면, 그 기관의 임무와 비전과 함께할 수 있는 주제인가?
- 그 주제는 다룰 만하고 실행 가능한가? 당신은 이 특정 프로젝트를 수행할 만한 충분한 실력을 갖추고 있는가? 필요한 참여자와 자원은 가용한가? 만약 프로젝트가 석사논문이나 박사논문을 작성하는 것이라면, 그것을 대략 12개월에서 18개월 내에 끝낼 수 있는가? 논문은 평생의 작업이 아닌 한정된 기간의 연구 프로젝트임을 기억하라.
- 가장 큰 관심을 끄는 독자들을 상정하고, 당신 연구에 대한 반응과 그것을 통해 얻는 이점이 연구 프로젝트의 모든 단계에 정보를 제공해 줄 수 있도록 그들을 항상 마음속에 간직하라.
- 완성된 연구 프로젝트가 사회에 미칠 수 있는 영향을 고려하라.
- 논문이든 다른 연구 프로젝트이든, 그것을 보다 큰 연구 계획의 한 단계로 자리매김할 수 있는가? 이 프로젝트에서 배운 지식을 토대로 어떻게 확장해 나갈 것인가? 다음 단계는 무엇이 될 가능성이 있는가?
- 주제나 프로젝트를 선정할 때 지적 측면만 고려하지 않도록 하라. 몸, 느낌, 감정, 꿈, 직관, 다른 암시 등의 다양한 자원으로부터 자료를 구하라. 또한 우주가 제공하는 가능한 암시, 확신, 교훈, 지원, 장애물도 고려하라.

실습: 최우선 당면 문제 파악하기

효과적인 연구 프로젝트에서 연구자는 보통 하나의 주요 문제를 다루거나 하나의 주요 가설을 검증하고자 한다(때때로 2~3개 정도의 소수의 하위 문제나 가설을 다루기도 한다). 가능한 연구문제를 의식의 수면 위로 떠올려서 다룰 수 있는 개수로 줄이고 우선순위를 매김으로써, 당신이 특정 연구 프로젝트에서 해답을 얻고자 하는 가장 의미 있는 연구문제를 확인하는 것이 중요하다.

실습을 시작하면서 만약 당신에게 가장 중요한 연구문제를 다룰 프로젝트를 설계한다면, 바로 지금 그 문제는 무엇이겠는가? 연구의 마무리 단계에서 한 가지를 배울 수 있다면 그것은 무엇이겠는가? 만약 소원을 들어주는 요정이 있어, 하나의 연구문제에 대한 해답을 줄 수 있다면 어떤 문제를 요청하겠는가?

나의 가장 핵심적인 연구문제는______________________________

____

연구주제에 열정을 갖는 것은 중요하다. 그 열정을 연구에 대한 많은 관심과 참여로 재구성할 수 있다. 하지만 모든 분야가 그렇듯이 너무 과한 것은 현명하지 않다. 내가 연구주제에 대해 '골디록스 지점(Goldilocks Region: 중간지대)'이라고 명명했던 참여 수준은 주제로부터 너무 멀지도, 너무 가깝지도 않은 '딱 적절한' 거리에 있어야 한다.

실습: 주제 거리-골디록스 지점 탐구하기

연구 영역이나 주제, 문제를 선택할 때 유용한 연습은 많은 주제나 문제를 어떻게 연속선상에 배치할지를 상상해 보는 것이다. 어떤 종류의 영역이나 주제, 문제가 전혀 흥미를 주지 않는지 살펴보고 그것들을 상상한 연속선상의 한쪽 맨 끝에 놓으라. 그다음 어떤 종류의 영역이나 주제, 문제가 지대한 흥미와 즐거움, 의미를 주는지 파악하라. 그것들을 상상했던 연속선상의 다른 쪽 끝에 놓으라. 지금 가장 큰 관심에 가까운 주제들을 검토하라. 어떤 것이 가장 많은 열정을 불러일으키는가? 그것을 주의 깊게 살펴보라. 특정 주제에 대한 열정적인 관심이 그 주제에 대한 연구를 오래 지속시킬 수 있을 만큼 충분하게 다가오는가? 혹시 발생할 수 있는 이슈에 대해 매우 감정적이고 사적인 방식으로 연구하게 되면서 산만해지지 않을 수 있는가? 즉, 그 주제에 대한 학문적 탐구에만 시간과 에너지를 전념하기 어려울 정도로 지나친 열의와 몰입은 아닌가? 만약에 당신이 어떤 영역이나 주제, 문제에 너무 몰두하거나 사로잡혀 있다면, 연구하기로 결정하기 전에 그 이슈에 대한 생각을 진전시켜 어느 정도 매듭지을 때까지 기다리는 것이 최선이다. 이런 상상의 연속선상에서 어떤 영역이나 주제, 문제가 개인적 관심 및 연관성이 지나치게 부족하지도 않으면서 너무 사로잡혀 있지도 않은, 즉 '딱 알맞은' 골디록스 지점에 있는지 살피라.

나의 골디록스 지점에 있는 영역, 주제, 문제는 다음과 같다.____________________

____

최적의 연구자

연구자의 자질과 성격이 연구결과와 관련성이 없으며, 연구자는 기본적으로 교체 가능하다는 관점에 대해 점점 의문이 제기되고 있다. 즉, 연구자와 주제를 분리하여 서로 독립적으로 보는 것은 더는 의미가 없다. 연구자와 연구물의 상호 연관성은 특히 교육, 심리, 사회 연구에서 중요하다. 이른바 '**실험자 효과**(*experimental effect*)' 조사에 의하면, 연구결과는 연구를 수행하거나 더 나아가 멀리서 지도하는 연구자의 태도, 기대, 의도, 믿음에 의해 영향받을 수 있음을 보여 준다(Blanck, 1993; Rosenthal, 1966, 2002b; Rosenthal & Rosnow, 1969; Rosenthal & Rubin, 1978; Rosnow & Rosenthal, 1997). 심지어 무생물 체계를 연구하는 물리학에서조차 양자 얽힘[1]에 관한 연구인 '**관찰자 효과**(*observer effect*)'를 통해 연구결과에 미치는 과학자의 역할을 인정하였다(Aczel, 2003; Gribbin, 1995; Radin, 2006 참조). 실험자, 관찰자 그리고 관련된 효과의 일부는 사용하는 연구 절차의 선택이나 연구자의 행동, 참여자와 상호작용하는 방식과 같이 직접적인 형태로 영향을 받을 수 있다. 다른 영향으로는 초심리학 연구에서 관심을 가져온 더 미묘한 형태일 수도 있다(Palmer, 1993, 1997; Smith, 2003; White, 1976a, 1976b).

이런 문제는 연구자의 **준비도**의 맥락에서 다루는 것이 유용하다. 로마 철학자 보이티우스(Boethius, 1980, p. 157)는 이 원칙에 대해 가장 먼저 명쾌하게 진술했다. "알려진 모든 것은 그 자체의 본질에 따라 이해되는 것이 아니라, 앎을 추구하는 사람의 인식 능력에 따라 이해된다." 최근 질적 연구방법인 근거이론에서는 연구자의 다양한 **민감성**(*sensitivities*)(Skolimowski, 1994), 밝히고자 하는 현상에 대한 연구자의 **적절성**(*adaequatio*)(Schumacher, 1978, pp. 39-60), 연구자의 **이론적 민감성**(*theoretical sensitivity*)(Glaser, 1978) 등의 개념을 통해 연구자의 개인적 자질에 대해 다루고 있다. 질적 연구에서는 연구 현상에 대해 연구자가 사전에 가졌던 친숙함과 관찰, 해석 경험과 능력이 자료 수집과 이론 개발에 유익한 정보를 제공한다. 이러한 견해 또는 기타 관련된 견해의 핵심은 연구자는 오직 스스로 충분히 준비된 것만을 알 수 있다는 점이다. 이 준비도의 일부는 이미 존재하고 있던 속성, 적성, 기질(아마도 유전적으로 물려받은) 등의 형태일 수도 있고, 다른 측면들은 적절한 경험이나 훈련을 통해 개발될 수도 있다.

천문학자나 현미경으로 관찰하는 사람의 발견이 그들의 관찰 능력과 망원경, 현미경, 다른 도구에 대한 능숙함에 달려 있는 것처럼 심리 연구에서 연구자의 성공 또한 그들의 주요 연구 도구의 완벽하고 숙련된 사용에 달려 있다. 질적 연구에서 가장 중요한 도구 중의 하나, 아마도 가장 중요한 도구는 연구자 자신일 것이다. 연구자의 내재된 그리고 습득된 준비도가 탐구할 분야나 주제를 결정하는 데 도움을 줄 것이다. 어떻게 프로젝트를 계획하고 설계할 것인가? 연구 가설이나 문제의 본질, 어떻게 연구 참여자들을 선정하고 찾고 대할 것인가, 어떻게 자료를 수집하고 분석하고 해석하고 전달할 것인가?, 어

1 양자 얽힘(quantum entanglement)은 다른 말로는 양자(量子)의 비장소성(nonlocality), 불가분리성(nonseparability)이라고 한다.

디서, 어떻게 연구 과정 내내 영감과 지지를 구할 것인가? 이 책의 주요 목적(특히, 제2부)은 연구자가 자신의 관찰 능력 및 여타 기술과 역량을 좀 더 인식하도록 돕는 것이다. 이를 확장, 발전시키고 잘 조율해서 그들의 준비도 및 연구의 적절성을 향상시키고자 한다.

연구를 계획하는 데 있어 연구자의 준비와 능력이 중요하다는 인식에도 불구하고, 전통적인 심리학 연구에서는 연구자 존재 자체의 역할에는 거의 관심을 기울여 오지 않았다. 하지만 우리의 준비된 민감성이 허용하는 것만을 우리는 경험하고 지각하고 이해할 수 있으며, 그 민감성과 기질은 바로 우리 존재의 영역에 달려 있다는 인식이 있다.

> 그러므로 신과 아름다움을 보고 싶은 사람은 먼저 스스로 신과 같은 존재, 아름다운 존재가 되라(Ennead 1.6.9). 모든 앎은 그 자체와 동일해지는 데서 온다(Ennead 1.8.1)(Plotinus, 1966~1988).

> 우리는 우리 존재 안에서만 본다……. 오직 존재만이 실재를 알 수 있다(Underhill, 1969, p. 423, p. 436).

> 앎은 존재의 작용이다. 인식 주체에게 변화가 있으면, 그에 따라 앎의 성질과 양에도 변화가 있다……. 주체의 심리적 · 지적 변화가 앎에 영향을 미치는 유일한 것은 아니다. 우리가 알게 되는 것은 또한 도덕적인 존재로서 스스로 어떤 사람이 되는 선택을 할지에 달려 있다(Huxley, 1970, p. viii, p. ix).

> 실습은 우리의 이론적 지평을 변화시킬 수 있으며, 이중의 방식으로 진행된다. 그것은 새로운 세계로 이끌고 새로운 힘을 부여한다. 현재 있는 그대로의 상태에서 도달할 수 없는 지식에, 보다 상위의 힘과 삶의 결과로 도달할 수 있다. 그것은 도덕적으로 성취할 수 있다(William James가 Huxley, 1970, p. viii에서 인용).

앞에서 인용한 사람들은 이후 자아초월 심리학 분야의 선구자들이 되었다. 인식 주체의 **본질적인 속성과 존재**가 지속적으로 이 분야의 주요 연구 중 하나로서, 연구자들의 관심 주제가 된 점은 주목할 만하다. 이 관심을 가장 분명하게 드러낸 것 중 하나는 에이브러햄 매슬로(Abraham Maslow)의 '존재의 가치(being values)'와 '존재의 자질(being qualities)'에 대한 강조다.

무엇을 발견할 수 있을 것인가를 결정하는 데 있어 연구자, 즉 도구로서의 존재에 대한 역할은 물리적 **공명**(*resonance*) 현상에서 악기(피아노나 첼로)의 성질이 하는 역할과 유사하다. 첫 번째 악기가 연주한 소리에 두 번째 악기가 공명하는 소리를 내는가는 두 번째 악기의 성질과 물리적 특성에 달려 있다. 소리의 반향은 충분히 공명할 수 있을 정도의 유사한 시스템일 때만 일어난다.

앞에서 헉슬리와 제임스의 인용구는 인식 주체의 자질은 변화할 수 있다는 점을 함의한다. 즉, 인식 주체는 '전환될 수 있다.' 따라서 이전에는 도달할 수 없었던 지식이 이제는 가능해진다.

실습: 연구자의 준비도 평가하기

새로운 연구 프로젝트를 시작하기 전에 당신이 그 연구를 수행할 만한 준비가 되어 있는지를 평가할 수 있다. 그 주제에 관한 지식뿐만 아니라 자신의 개인적 능력, 특성 그리고 존재 방식과 관련해서도 가능하다. 계획 중인 프로젝트에 부합되는 당신의 자질은 다양한 수준이다. 적합성과 부적합성의 정도를 인식하게 되면 대안적 프로젝트를 고려할 수도 있고, 아니면 계획 중인 프로젝트 탐구에 더 적합하도록 자신의 자질이나 존재 방식을 변화시킬 수도 있다.

조사하고자 하는 주제나 사용하려는 연구방식에 대한 자신의 지식을 검토하라. 또한 자신의 배경과 경험 그리고 연구에 요구되는 기술의 습득 수준을 살펴보라. 만약 그 기술 중 몇 가지를 아직 개발하지 못했다면, 계획 중인 연구를 실행하는 데 필요한 기술을 좀 더 개발할 수 있는 방안이 있는가?

당신의 기질과 성향을 조사하여 계획 중인 프로젝트에 어느 정도 맞는지를 점검하라. 그 방법은 네 가지 **기능**인 생각, 느낌, 직관, 감각의 상대적인 강점을 검토해 보는 것이다. 외향/내향 경향, 판단/인식 경향을 파악한다. 마이어스-브리그스 성격유형검사(Myers-Briggs Type Indicator®)(Myers, 1962, 1980)는 이 특성들을 평가하기 위해 개발되었다. 그 외에도 다른 많은 표준화된 성격 및 능력 평가를 이 목적으로 활용할 수 있다. 스스로 익히 파악하고 있는 강점과 약점을 기초로 한 자가평가(self-assessment)로도 풍부한 정보를 얻을 수 있다. 그 정보를 알면 현재의 강점을 갖고 몰입할 수 있는 주제와 방법을 선택할 수 있을 것이다. 아니면, 더 어려운 연구 프로젝트를 선택해서 자신을 보다 균형 있게 발전시키기 위한 기회로 삼아, 현재 개발하지 못한 능력을 다듬고 향상시킬 수도 있다. 어떤 경우든, 연구를 충분히 수행하기 위해서는 최소한 어느 정도까지는 자신의 모든 기능과 능력을 사용해야 한다는 점을 숙지하라.

연구 프로젝트의 심리적 준비를 돕기 위해, 다음의 실습이 이른바 당신의 **아군**과 **적군**을 확인시켜 줄 수 있을 것이다. 이 실습은 두 가지 방식으로 시도해 보는 것이 유용한데, 처음에는 언어적이고 의도적인 방식으로, 그다음은 비언어적이고 자발적인 방식으로 해 본다.

실습: 아군과 적군(의도적·언어적 접근)

특정 연구 프로젝트를 시작할 때 다음의 네 가지 항목에 대한 당신의 반응을 기술하라. 일단 당신의 반응을 적었으면 보관하고 저장하라. 실제로 당신의 아군과 적군이 나타났다면, 어떻게 나타났는지를 알기 위해 미래의 다양한 상황에서 그 반응을 살펴보는 데 도움이 될 것이다.

항목 1: 연구 프로젝트를 완수하는 데 있어 나의 세 가지 가장 큰 두려움, 저항, 장애물은: ______________________________

____

항목 2: 연구 프로젝트를 완수하는 데 있어 나의 세 가지 가장 큰 강점, 아군, 촉진요소는: ______________________________

____

항목 3: 연구 프로젝트에서 나를 독려할 수 있는 추가적인 생각, 느낌, 실행은: ______

____

____

항목 4: 경계하거나 피해야 할 것은: ______________________________

____

의도적이고 언어적인 접근으로 아군과 적군 실습을 마친 후, 그것을 치워 놓고 기록한 내용은 잊어버리라. 긴장을 더 풀은 후 쉽고 창의적이며 이미지에 기반하는 자발적이고 비언어적인 방식으로 똑같이 실습하라.

실습: 아군과 적군(자발적·비언어적 접근)

눈을 감고 긴장을 풀면서 자신의 다른 면들을 더 알고자 하는 마음으로 시작하라. 이 연구 과정을 도와줄 수 있는 자신의 가장 지혜로운 부분을 이미지 형태로 불러낸다. 마음속 눈앞에 영화 스크린과 같은 빈 스크린이 있다고 상상하라. 이제 연구 프로젝트를 완수하는 데 있어 당신이 가지고 있는 세 가지 가장 큰 두려움, 걱정, 우려, 저항, 예상되는 장애물을 스크린으로 올리고, 한 번에 하나씩 이미지나 다른 표상으로 극화시키라. 그것들이 일어날 수 있도록 시간을 주라. 관찰하고 목격하라. 어떻게 나타나는가? 느낌은 어떤가? 각각에 어떤 신체적 반응이 따르는가? 이 모든 것에 주목하고 이미지, 생각, 느낌을 잘 기억하겠다고 자신에게 암시하라. 그다음, 그 세 가지 이미지를 스크린에서 흐려지게 하라. 그것들을 사라지게 하고 다시 스크린을 비우라.

이제는 당신의 가장 지혜로운 세 가지 가장 큰 아군으로 스크린을 채우도록 하라. 즉, 그것은 두려움과 장애물을 극복할 때 많은 도움을 줄 수 있고 연구를 진전시키고 완성시킬 수 있는 강점과 자질의 이미지나 표상이다. 적군의 경우처럼 아군이 나타나도록 충분한 시간을 주고 관찰하고 목격하라. 그리고 그 각각에 수반되는 생각, 느낌, 신체 감각에 주목하고 그 모든 것을 기억하라.

다음으로, 그 세 가지 아군을 머릿속의 스크린에 남겨 놓은 채 이전의 세 가지 적군을 불러내어 합류시키라. 여섯 개의 이미지나 표상을 동시에 머릿속 스크린에 머무르게 하고 **그들 간에 서로 자유롭게 상호작용하도록 하라**. 상호작용이 충분히 일어나도록 시간을 주면서 보고, 관찰하고, 목격하고, 수반되는 감정에 주목하면서 그 모든 것을 기억하라.

여섯 개의 이미지/표상이 모두 스크린에서 사라지도록 하라. 눈을 천천히 뜨면서 긴장을 완화시키고 주의를 집중하면서 이미지나 표상, 그에 수반되는 감정, 생각, 신체 감각에 대해 기억하는 모든 것을 기록하라. 그림으로 묘사함으로써 자신의 경험을 구체화시키고 간직하라.

일단 이 두 번째(자발적이고 비언어적) 실습을 마쳤으면, 첫 번째(의도적이고 언어적) 실습에서 적은 것과 비교하여 어떤 유사점, 차이점, 정교함 또는 뉘앙스가 있는지 세밀하게 관찰하라.

아군은 당신과 항상 함께 있으며, 이 프로젝트와 다른 모든 연구 작업에서 당신을 돕기 위해 불러낼 수 있다는 사실을 기억하라.

특정 연구 프로젝트를 수행하기 위한 준비도를 평가하는 마지막 실습으로 다음의 사항에 대답하라. 그 응답이 이 프로젝트에 대한 사전지식에 유용한 지표를 주므로 연구를 시작하기 전에 보완해야 할 지식과의 갭(gap)을 확인하는 데 도움이 될 것이다.

실습: 준비도 평가

이 연구 프로젝트의 대략적인 주제는:

나의 구체적인 연구문제 또는 가설은:

이 주제를 연구하는 의의, 가치, 유용성은:

주제/연구문제에 관한 세 개의 논문 또는 책을 가장 중요한 것부터 쓰라:

____

____

____

고려하고 있는 연구방법은:

______ 조사	______ 설문지	______ 인터뷰
______ 자기보고	______ 심층적 단일 사례	______ 복수 사례
______ 실험	______ 평가	______ 관찰, 일지

데이터를 분석하고 결과를 보여 주기 위해 이용할 방법은:

______ 그룹 통계	______ 상관관계	______ 메타분석
______ 주제 내용	______ 주제	______ 구술분석
______ 참여자 진술	______ 발견적/유기적/직관적 접근	

이 연구를 위해 다음의 **방법론적** 혁신을 고려하고 있다.

이 연구문제가 나에게 중요한 이유는?

어떻게 나의 발견을 **개념화하고** 모형화하고 이론화할 것인가?

이 연구 프로젝트는 내가 속한 학문 분야에서 어떻게 이 주제와 관련된 지식 기반의 발전에 기여할 수 있는가?

내가 연구 과정 동안 교류할 동료, 연구 감독자, 기타 관련인들의 관심사와 이 연구는 중첩되고 부합하는가?

만약 위의 질문에 대한 답이 "아니요."라고 한다면, 나는 독자적으로 연구할 충분한 준비가 되어 있는가?

연구 프로젝트를 실행할 때 나를 도와주거나 자원이 되어 줄 사람은 누구인가?

물론 우리 모두는 특정 한계를 가지고 있으므로 어느 누구도 연구 프로젝트에 전적으로 **충분히** 준비된 사람은 있을 수 없다. 하지만 가능한 다양한 방법으로 우리의 준비 상태를 향상시키는 것을 목표로 할 수 있다. 준비도를 최적화할 수 있는 또 다른 추가적 방법은 다양한 강점과 한계점을 가진 몇 명의 연구자들로 구성된 **통합적 연구팀**(*integral research team*)을 구성하는 것이다. 협동연구 프로젝트를 계획, 실행, 보고하면서 함께 일하면, 다양한 구성원의 한계점은 서로 상쇄되고 서로의 강점을 확대시킬 수 있다. 이때, 최적의 수준으로 크게 향상된 연구 프로젝트를 착수하고 완수하도록 해 줄 것이다.

최적의 연구 참여자

우리는 더 이상 연구에 참여한 사람을 '**피험자**(*subjects*)'라고 부르지 않는다. 우리가 대부분 사용하는 용어는 연구 '**참여자**(*participants*)'다. 어떤 연구 접근에서는 참여자를 '**공동연구자**(*coresearchers*)'(연구 프로젝트에서 그들의 중요한 역할을 더 잘 표현하기 위해)라고 일컫기도 한다. 조사연구에서는 '**응답자**(*respondents*)', 관찰 또는 민족지학적 연구에서는 '**정보제공자**(*informants*)'라 부르기도 한다.

연구의 전반적인 목적에 따라 그리고 포함이나 배제의 특정 기준에 따라 참여자들을 선정한다. 만약 연구의 목적이 전체 집단에 무난하게 일반화될 수 있는 현상을 알고자 한다면, 일반인들로부터 무작위로 표본을 추출해야 한다. (또는 무작위 표본에 대해 편차를 두고자 한다면 다양한 유형의 참여자를 비율에 맞게 제한하여 추출해야 한다.) 이런 종류의 연구를 **법칙정립적**[문자 그대로 **법을 만드는**(law-making)] 연구라고 한다. 그 목적은 보편적인 법칙을 발견하는 것이다. 양적 연구방법을 일반적으로 이 법칙정립적 연구에 사용한다.

그러나 특정 현상이나 경험이 존재하는지, 그 경험이 어떤 방식으로 특정 개인이나 환경에서 일어났는지를 더 파악하고 그 현상이나 경험을 정확하고 풍부하게 설명하고자 하는 연구도 있다. 이러한 종류의 연구를 **개별기술적**(idiographic: 문자 그대로 **자신을 묘사하거나 자기 자신의 기술**) 연구라고 한다. 즉, 특정 개인에게 초점을 맞추는 연구다. 연구결과를 전체 집단으로 일반화시키려는 목적은 없다. 개별기술적 연구는 전형적으로 질적 연구방법으로 접근한다. 이러한 연구에서는 무작위 표본추출보다는 **목적 표본추출**을 사용한다. 연구자는 의도적으로 특정 경험을 가진 사람을 찾는다. 개별기술적 연구의 목적은 특정 관심 영역의 경험에 대한 연구자의 이해를 높이는 것이다. 연구 대상 경험은 아주 극소수, 몇몇, 대다수 또는 모든 사람에게 일어날 수 있다. 그 경험의 정도나 분포는 일반적으로 개별기술적 연구의 관심사는 아니다. 만약 그러한 관심사가 있다면 연구자는 법칙정립적 연구를 대신 실행해야 할 것이다.

특히, 이른바 자연과학 분야의 일부 연구자들은 보편정립적이지 않은 가치나 연구 목적은 그 가능성조차 인정하지 않는다. 그들에게 모든 연구는 보편적인 법칙, 즉 일부 집단에만 속한 개인이 아닌, 모든 사람에게 적용되는 법칙의 발견에 초점이 맞추어져야 하는 것이다. 예를 들어, 내가 이전에 알던 한 생물학자는 "모든 사람이 이것(연구에서 탐구하는 현상)을 할 수 있는 것은 아니다."라고 주장하면서 내 연구결과를 비판하고 받아들이지 않았다.

이 내용은 저명한 철학자이자 심리학자인 윌리엄 제임스(William James)의 이야기를 떠올린다.

> 만일 논리학 전문가의 언어를 사용한다면, 보편적인 명제를 하나의 특정 사례에 의해 진실이 아니라고 만들 수 있다. 만약 모든 까마귀가 까맣다는

> 법칙을 부정하기 바란다면, 모든 까마귀가 까맣다는 점을 증명하려고 해서는 안 된다. 하나의 까마귀가 하얗다는 점을 증명하는 것만으로도 충분하다(James, 1956, p. 319).

일반적인 법칙의 오류를 증명하기 위해서는 오직 하나의 반대되는 예가 요구되는 것처럼, 특정 경험의 중요성과 존재를 변론하기 위해 그것이 모든, 많은, 심지어 여러 사람들에게서 일어난다고 증명할 필요는 없다. 오직 하나의 예만으로도 증명될 것이다.

목적 표본추출에서 연구자는 연구 현상을 경험한 것으로 알려진 사람과 만날 수도 있고, 경험해 본 사람을 모집하는 광고도 낼 수 있으며, 다른 사람들에게 그 경험을 해 본 지인을 추천해 달라고 요청할 수도 있다. 구두로 직접 참여해 달라고 간청하거나 눈덩이 기법을 효과적으로 활용하여 한 명의 적당한 참여자의 소개로 또 다른 참여자를 찾을 수도 있다.

일반적으로 윤리적이고 방법론적인 이유에서, 연구자가 잘 알지 못하는 참여자를 연구 대상으로 삼는 것이 가장 좋다. 윤리적인 측면에서 이중관계는 피해야 한다. 즉, 현재 고객이나 직원으로서 또 다른 직업적 관계를 맺고 있는 참여자를 대상으로 연구를 실행해서는 안 된다. 연구자와 친밀한 사람은 진정 자발적인 방식으로 연구에 참여하기 어렵기도 하고, 언제라도 연구를 그만둘 수 있다는 마음을 실제로 갖기도 어렵다(두 요구 조건은 사전 동의서의 필수적인 측면이다). 방법론적인 측면에서, 연구자를 잘 아는 참여자는 연구 기간 동안 자신의 경험에 대해 정확하고 편견 없는 정보보다는, 연구자가 그 주제에 대해 가질 만한 관점에 대해 알고 있거나 짐작하고 있는 정보를 제공할 수도 있다.

앞에서 언급한 바와 같이, 연구자는 자신이 잘 아는 참여자와 연구를 진행할 경우가 있다. 특히, 민감한 주제인 경우 친밀한 참여자는 연구 과제에 대해 의미 있는 정보를 좀 더 개방할 수도 있다. 이것이 참여자와의 친밀한 협조관계를 구축시켜 연구하는 동안 상당히 유용한 정보를 쉽게 교환할 수 있게 해 줄 수 있다. 가까운 사람과 연구하는 상황은 **유기적 탐구**(*organic inquiry*) 접근을 사용하는 연구자에게 가장 흔하다(다음 장에서 기술).

우리는 개개의 연구자들에게 가까운 관계의 사람과 연구할 때의 장점과 단점을 신중하게 고려하고, 관계의 특성, 연구주제의 성격, 관련된 특정 사람과 상황에 기초해서 결정 내릴 것을 권고한다.

연구자와의 친숙도 외에도, 연구주제에 대한 참여자의 친숙도 또한 고려해야 한다. 앞에서 언급한 연구자의 '골디록스 지점(중간지대)'은 참여자에게도 적용된다. 연구에 편안하게 참여할 수 있는 참여자를 선정해야 한다. 주제의 상황에 너무 매몰된 참여자의 에너지나 관심은 연구 현안이나 경험을 충분히 성찰하고 보고하는 능력을 방해할 수 있다. 주제와 관련된 경험이 어느 정도 마무리 단계에 이미 도달한 참여자는 시작 단계에 있거나 경험의 한가운데 있는 참여자보다 경험(특히, 시간이 가면서 점점 전개되는 경험)을 회상하고 성찰하여 더 심층적으로 묘사할 수 있다.

참여를 요청할 때와 선정된 참여자들과 연구 기간 동안 상호작용할 때, 통합적 탐구자는 의사소통하는 방식에 특별한 주의를 기울인다. 광고, 서신, 전단지, 다른 요청자료, 사전 동의서, 그 밖의 서식을 다양한 범위의 사람들이 이해할 수 있도록 의미 있는 언어로 신중하게 준비한다. 개인적인 대화에서 연구자는 각 참여자의 배경과 관심에 관한 단서에 주의하고, 그들이 이해하고 받아들이기 쉬운 방식으로 이야기하도록 한다. 그 단서를 발견하고 참여자로부터 적절하고 때로는 미묘한 피드백을 얻기 위해서 연구자는 전통적인 연구의 전형적인 방법보다는 대화하고, 의도하고, 집중하는 기술을 좀 더 충분하고 미묘한 방식으로 사용한다. 다음 섹션에서는 통합적 탐구자가 그 기술을 확인하고 한 단계 더 개발할 수 있도록 도움을 줄 것이다.

실습: 참여자를 찾고 의사소통하는 대안적 방법

보다 심층적으로 탐구하고 싶은 경험을 선택하고, 그것을 신중하게 관찰하기 위한 연구 설계를 구상하라.

어떤 경험인가?

경험의 어떤 측면을 더 알기를 가장 원하는가?

연구를 위해 연구 참여자는 어떻게 찾을 것인가?

잠재 참여자들이 스스로 이 연구에 적합한지 아닌지를 알게 해 주기 위해, 전단지나 다른 의사소통 방식을 어떤 식으로 설계할 수 있는가?

이 연구에 잠재 참여자들을 포함할지 아닐지를 결정하는 선별 작업을 위해 어떤 종류의 질문을 사용할 것인가?

연구를 실제로 진행하는 기간 동안 참여자와 의사소통하고 상호작용하는 가장 좋은 방법을 어떻게 결정할 것인가?

이러한 문제를 다룰 때, 명시적으로 드러나는 언어적 의사소통 방식뿐만 아니라 보다 미묘하고 비언어적 방식으로 잠재 참여자들 및 실제 참여자들에게 주의를 기울이면서 의사소통하는 것을 검토하라.

다중 목적의 연구 기간

연구 기간 동안 일어난 일들은 현재 연구방식의 통합적 본질을 가장 잘 드러내는 예다. 일반적으로 연구, 내담자와의 실제적인 작업, 연구자 자신의 개인적이고 심리영적인 성장과 발달은 완전히 다른 영역으로 여겨졌으며 의도적으로 실행 상황에서 분리시켜 왔다. 그러나 통합적 탐구자에게 이 접근방식은 설득력이 없다. 그것은 인위적 구분을 조장할 뿐만 아니라, 이 세 가지 인간적 관심사에 나타나는 많은 과정의 유사성을 인식하지 못하게 한다. 이와 대조적으로 통합적 탐구는 이 관심 영역 간의 공통되고 중첩되는 부분을 부각

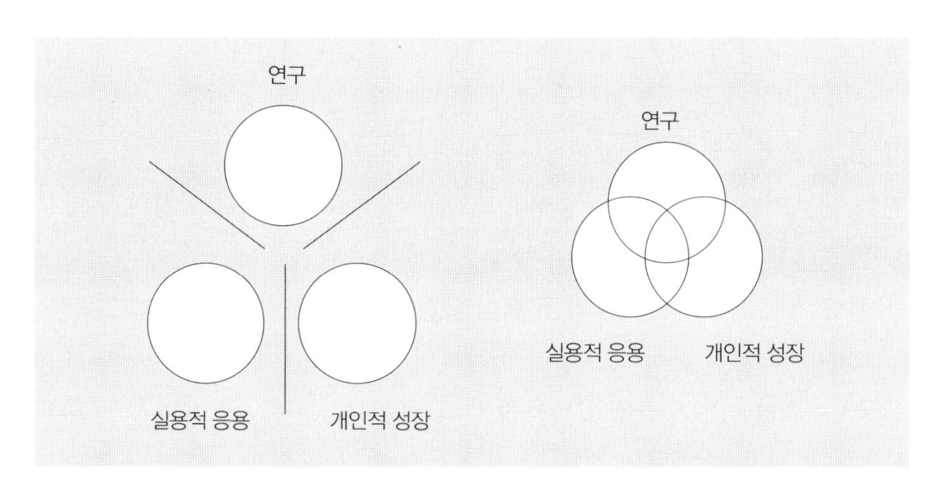

[그림 2-1] 인간 관심 영역에 대한 분리적 접근방식 대 통합적 접근방식

시키고 강조한다.

연구, 실무(치료, 상담, 지도, 교육, 간호, 훈련 회기), 일상생활에서 그리고 심리적 발달과 영적 수행을 추구하는 데 있어 유사한 과정은 자연스럽게 일어난다.

이러한 과정은 지적 관심사뿐만 아니라 느낌과 직관적인 숙고, 마음챙김 상태, 주의 깊은 관찰, 분별력 훈련, 패턴 인식, 사건의 가능한 원천 확인, 과도한 집착이나 편견, 선입관을 배제하면서 실행하려는 노력을 통해서도 정보를 얻는다. 그렇게 함으로써 우리와 타자들은 학습의 유익을 얻을 수 있다. 이 모든 것이 학문적 탐구에 관여한다. 우리는 **연구**에서 이것을 더 주의 깊게, 더 공식적으로 진행한다. 민속학자이자 작가인 아프리카계 미국인 조라 닐 허스턴(Zora Neale Hurston, 1996, p. 143)은 이에 대해 적절히 표현했다. "연구는 형식화된 호기심이다. 목적을 가지고 의문을 제기하면서 살펴보는 것이다."

연구방식이 신중하게 준비되고 충분히 포괄적이면 그 연구 기간은 여러 목적에 부응할 수 있다. 연구 참여자들에게 학문적·임상적·교육적 이익을 제공함과 동시에 연구자의 심리적·영적 성장과 전환의 가능성을 제공한다.

연구의 목적은 일반적으로 전공 분야에 도움을 주는 새로운 정보나 지식의 습득이다. 통합적 탐구에서도 이 정보 습득의 목적은 마찬가지이나, 모든 관심사의 동화, 통합, 전환이라는 추가적인 목적으로 확대된다.

인위적이거나 좁은 범위의 주제나 평가에서는 연구자 자신이나 연구 참여자, 또는 독자(거의 전문성이 없는 경우)를 개인적이고 의미 있는 방식으로 개입시키는 것을 기대하기 어렵다. 당연히 그 관행은 실험실 연구나 실험의 짓은 불투명한 관점 그리고 정확하지만 불충분하게 연관된 조작적 정의와 평가도구를 설명한다. 참여자들에게 매우 의미 있는 주제를 적절히 선택하면, 그들은 삶의 중요한 부분, 관심사, 현안을 회상하면서 검토하고 통합한다. 이는 대개 연구자에게도 마찬가지로 밀접하게 연관되면서도 진정성과 의미 있는 주제를 선택하는 것과 관련된다. 연구 기간은 실제 적용의 기회, 즉 임상적 또는 교육적 기회가 될 것이다. 이는 특히 **질적** 연구방식을 활용할 때 이루어질 가능성이 높은데, 연구 참여자들에게 더 많은 자기탐색과 자기표현, 자기작업을 허용하기 때문이다.

페네베이커(Pennebaker, 1995)와 위크레마세케라(Wickramasekera, 1989)와 같은 연구자들은 연구 참여자들이 의미 있는 경험을 드러내고 깊이 이해하는 것이 그들의 건강과 웰빙에 주는 이익에 대해 저술해 왔다. 특히 이전에 남들과 공유해 본 적이 없는 경험, 심오한 자아초월적, 영적, 예외적 경험이 여기에 속하는 흔한 경우다. 이와 동일하게 연구자에게 중요한 현안과 주제를 질적 방식으로 연구할 때도 새로운 것을 배우고 익숙한 것에 공명하여 전환의 기회를 가질 수 있다. 만약 독자들에게 아주 풍부하고 특수화된 방식으로 연구결과를 제시한다면 그들 또한 전환을 경험할 수도 있다. 그러므로 연구와 실제 적용(특히, 임상적 적용), 심리영적 성장과 발달 사이를 구분했던 일반적인 경계는 의미 있는 주제에 대한 풍부한 질적 연구 과정에서 녹아 사라진다. 전형적으로 분리되었던 각 영역의 목표는 자연스럽게 상호 연결됨과 동시에 충만해진다.

개인적으로 의미 있고 중요한 주제를 선택하는 것은 그 발견이 다른 이들에게도 적용 가능하며(충분히 일반화될 것이다.) 유용하다는(실용적인 유효성을 가질 것이다.) 점을 확신시킨다. 자아초월적이고 영적인 문제와 예외적인 인간 경험이 논의된다면 사실상 그 점을 보장받을 수 있다. 크고 중요한 이슈를 다루는 것은 확실히 많은 사람들에게 적용된다. 이러한 주제는 상대적으로 적은 표집으로 진행된 연구에서도 모든 관련된 사람들에게 효용성과 이점을 줄 수 있다.

연구자가 영감과 정보를 얻는 원천

연구자가 자신의 이슈에 대해 연구하는 경우를 종종 볼 수 있다. 개인적인 삶에서 문제시하거나 관심이 높은 주제나 영역은 그들의 연구 프로젝트에 어떤 식으로든 영향을 미치곤 한다. 연구자가 이 과정에 대해 인식하는 정도는 다양하다. 어떤 연구자는 그 점을 인식하고 보고서에 그 연관성을 논의한다. 다른 이들은 그 관련성 자체를 부인한다. 또 다른 연구자에게 그 과정은 전혀 관심 밖이기도 하다.

질적 연구자들에게 이러한 삶의 이슈와 연구 이슈 간의 일치는 매우 중요하다. 이는 아주 적합한 주제다. 왜냐하면 질적 연구방식은 인간 경험의 기술에 초점을 두기 때문에 연구자 자신의 유사한 경험은 도움이 된다. 이는 연구자가 연구하고자 하는 경험에 대한 이해를 크게 확장하고 심화함으로써 일반적인 3인칭 관점의 발견에 더하여 1인칭 관점의 인식도 얻을 수 있다.

따라서 특정 경험에 대한 연구를 위한 영감과 정보를 얻는 주요 원천 가운데 하나는 동일하거나 유사한 경험을 가진 연구자 자신의 이야기다. 이러한 경험은 연구자의 자각을 더 확대시켜 그 경험을 보다 풍부하게 탐구할 수 있는 연구를 설계하도록 만든다. 아마 다른 사람들이 어떻게 자신과 유사한 경험을 했으며, 대처해 왔는지에 대해 더 많이 배우게 될 것이다. 이러한 강렬한 연구 주제가 떠오르지 않으면, 연구자는 과거에 가장 의미 있는 경험들 중에 어떤 것이 가장 공식적인 연구 가치를 지닌 주제가 될 수 있는지 곰곰이 성찰해 볼 수 있다.

관련 문헌 검토

개인적이고 경험적인 지식을 보충하기 위해 연구자는 광범위한 다른 원천으로부터 영감과 정보를 얻을 수 있다. 물론 선정된 주제를 가장 직접적으로 다루고 있는 전공 분야의 기존 문헌이 가장 확실할 것이다. 그러나 통합적 탐구자는 그와 같은 제한된 방식에 만족하기보다는, 전공 문헌 외에도 다양한 출처 안에서 주제를 광범위하고 심도 있게 탐구한다. 그 출처는 자연과학, 심리학, 사회학, 인류학, 일반 사회과학과 인간과학, 철학, 문학, 미술, 다양한 영적 지혜, 민속 전통의 문헌 등이 될 수 있다. 통합적 탐구자는 연구주제를 담고 있는 개인적이고 일화적인 증거의 탐색을 주저하지 않는다. 또한 특이한 꿈, 비일상적 의식 상태, 영적 수행 자료와 같은 자아초월적 출처의 정보도 환영한다.

이렇게 조사한 결과를 보고서의 문헌 검토 부분에 작성하는 유용한 방식은 먼저 다양한 영역의 가장 기본적인 정보를 대략적으로 검토하여 현재 연구에 대한 개요와 개념을 구성하는 것이다. 그 후에는 가장 밀접하고 핵심적 영역에만 초점을 맞추어 더 깊이 있고 상세하게 서술하는 것이다. 또한 처음의 문헌 검토를 잠정적인 것으로 여기면서 연구 초기에 연구자가 관련성 있다고 생각하고 느끼는 것을 파악하는 것이 유용하다. 연구가 진행됨에 따라, 특히 자료를 수집하고 분석한 후, 연구자는 연구결과의 마지막 해석과 보고를 위해 추가적인 자료가 필요하다는 사실을 대부분 인식한다. 모든 훌륭한 연구 프로젝트는 이전에 예상하지 못했던 새로운 정보를 생성한다. 결국 그것이 발견이다. 예상하지 못했던 뜻밖의 발견이 있다면, 새로운 문헌을 매우 초점화된 방식으로 탐구하게 될 것이다. 이것을 초기에 **잠정적으로** 제시한 문헌 검토 자료에 추가하거나 이 새로운 정보를 연구 보고서의 논의 부분에 더 충실하게 제시할 수 있다.

연구주제와 관련해 알려진 문헌 검토를 계획하고 작성할 때, 너무 제한된 시기의 자료만을 한정해서 살펴보려는 유혹이 일어나기도 한다. 이는 가장 최신의 자료를 과대평가하는 신드롬의 일면이 될 수 있다. 시기를 제한하여 문헌을 검토한다는 것은 지식에 만기가 있다는 점을 의미한다. 즉, 5년 이상 더 오래된 발견이나 사고는 더 이상 유효하지도 않고 적용 가능성이 없는 것으로 경시될 수 있다. 많은 분야에서 발전이 이루어졌다는(주로 과학기술적인 면에서) 점은 의심할 나위가 없으나, 많은 경우 최신의 성과에 필적할 만하고, 심지어는 능가하는 초기의 아이디어나 작업이 있었다. 단지 오래 전에 출판되었다는 이유만으로 중요한 발견을 무시하거나 경시하는 것은 현명하지 않다. 현재의 연구자들은 자신의 연구와 관련된 초기 연구가 존재한다는 사실조차 모르는 경우도 있다. 이러한 경시는 훌륭한 학문적 관행에 대한 모욕이다.

우리는 오래된 연구를 보다 깊이 탐구할 수 있다. 식료품 사업에서 '재고를 회전시키는' 것은 흔한 관행이다. 손이 닿지 않은 곳에 두어 유효기간을 넘기기보다는 오래된 상품을 구매하고 사용할 수 있도록 눈에 더 잘 띄는 곳에 두는 것이다. 우리는 학술적이고 실증적인 작업에서 이 관행을 역으로 하는 경향이 있다. 막 나온 최신의 보고서, 방법, 자료를 강조하면서 그보다 오래된 생각이나 성과는 마치 만기일이 지난 것처럼 무시한다. 초기의 아이디어, 발견, 기록에 대한 자각의 부족이나 경시는 이미 그것이 존재하고 있다는 사실도 모른 채, 현재의 연구자들이 쓸데없는 시간을 계속 낭비하는 결과를 가져온다. 아마도 덜 영속적이고, 덜 효과적인 자료일 것이다. 이런 관행이 어떻게 현명할 수 있겠는가?

일반적으로 지식 축적의 성장 곡선은 **기하급수적**이다. 즉, 초기에 지식 증가는 상대적으로 작지만 이후에는 점점 상승한다([그림 2-2] 참조). 이 사실은 과학기술 분야와 최근 기술에 의존하여 현상을 발견하고 연구(물리학, 천체물리학, 생물학, 의학에서의 매우 작고, 크고, 빠른 것에 대한 연구)하는 경우에는 확실히 적용된다. 그러나 다른 분야에는 지식 축적을 규정하는 두 가지 다른 형태의 성장 곡선이 있다. 그중 하나가 **선형**(*linear*) 곡선이다. 여기에서 시간에 따른 지식 증가는 상당히 일정하며, 이전 시기와 비교하여 속도가 더 나지도 않고 후반기에도 더 느려지지 않는다. 또 다른 하나는 **로그**(*logarithmic*, **대수**) 곡선이다. 그 특징은 지식 성장이 초기 단계에는 매우 높은 지점으로 빠르게 도달하지만 그 이후부터는 아주 느리게 성장한다.

심리학과 철학 분야에서 가장 중요하고 의미 있는 지식의 성장 곡선은 그 본질상 로그 곡선일 것이다. 대부분 아주 초기에 획득되고 그 이후에는 조금씩만 증가된다.

왜냐하면 이 분야의 주제들(우리 자신의 행위, 느낌, 이미지 등)은 아주 초기 발전 단계에서 관찰과 개념화를 통해 쉽게 가능했기 때문이다. 그 과정과 관찰은 초기 시기의 인류와 개인에게조차도 일상생활의 한 부분이었다(천문학 및 동식

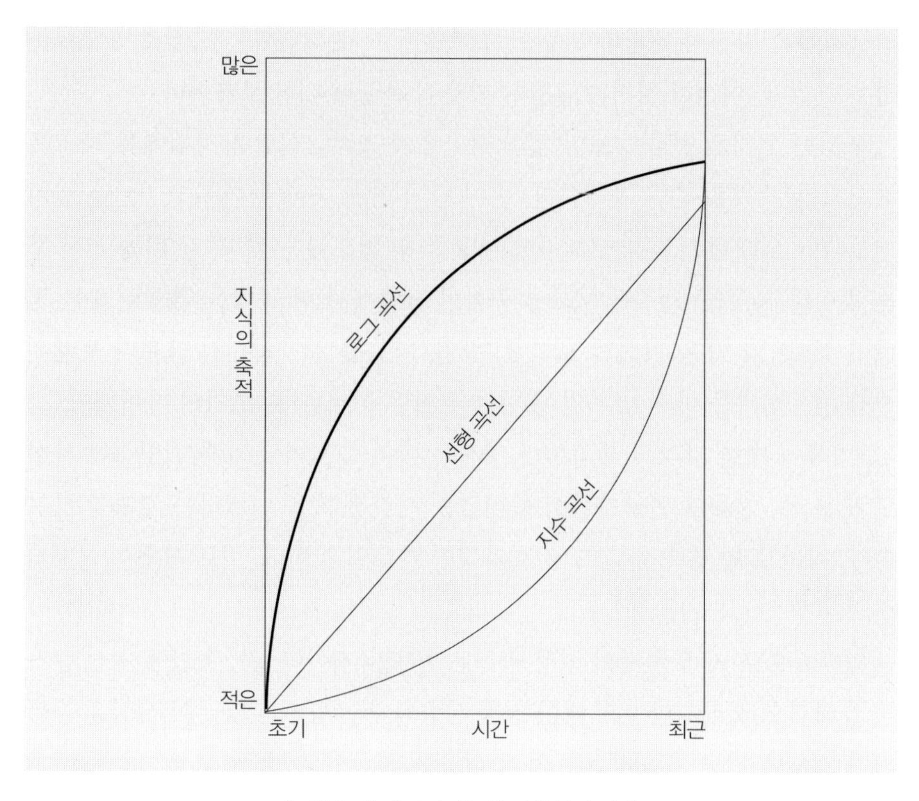

[그림 2-2] 세 가지 가능한 지식 축적 과정

물의 자연세계를 육안을 통해 관찰하는 데도 똑같은 결론이 적용된다. 이 경우 아주 초기 시대의 모든 것에 대한 주제가 가능하고 접근할 수 있다). 지식 축적에 대한 이러한 관점은 세계적으로 유명한 철학자 알프레드 노스 화이트헤드(Alfred North Whitehead, 1929)의 "유럽 철학 전통의 가장 안정적 특징은 플라톤에 대한 일련의 각주다(p. 63)."라는 말과 일치한다. 나는 초기 지식들이 단지 낡고 오래되었다는 이유만으로 소홀히 하거나 평가절하해서는 안 된다는 점을 지적하기 위해 이러한 고려사항을 언급하는 것이다.

아주 오래된 문헌을 탐구하고 인용하는 데서 얻는 또 다른 가치는 이 초기 자료 속에서 최근 아이디어를 발견하면 **겸손한** 태도를 갖추는 데 도움이 된다는 점이다. 이것은 누군가 다른 상황에서도 생각할 수 있다는, 즉 자신만이 독창적이거나 영리한 것은 아니라는 점을 확실히 인식하는 데 도움을 준다. 그 아이디어는 아주 오래전에도 다른 사람이 생각했었던 것이다. 종종 이전에 사라져 버린 것을 우리는 단지 재발견할 뿐이다.

증거 자료의 다양성

통합적 탐구자는 다양한 출처로부터 나온 증거에 가치를 둔다. 이 책의 뒷부분에서 다루게 되는 전체적/통합적 연구 기술은 대부분의 전통적인 연구에서 무시하고 소홀히 해 왔던 대안적 형태의 앎을 통해 정보에 접근할 수 있도록 해 준다.

연구자가 관련 자료를 검토할 때, 연구자 및 다른 사람들의 사적 경험을 통해 얻는 지식도 고려해야 한다. 문헌 검토에서 그 자료를 제시하는 유용한 방법은 '개인적, 일화적 배경(Personal and Anecdotal Evidence)'이라는 제목의 특별한 섹션을 만드는 것이다. 이 부분에 연구주제와 관련된 연구자 자신의 경험 및 관련 정보와 다른 사람들의 이야기를 함께 제시할 수 있다. 이 자료를 별도의 섹션에 포함시키면 두 가지 목적을 동시에 달성할 수 있다. 이와 같이 덜 공식적으로 수집하는 정보의 유형과 다른 정보의 유형을 연구자가 구별할 수 있다는 점이다. 그러나 비록 다른 종류일지라도 그 정보가 사실적 **증거**임을 보여 준다.

증거의 본질에 대해 언급하자면, 나는 수년 전 한 물리학자와 나누었던 대화가 생각난다. 그는 나의 몇몇 연구결과에 대해 증거의 본질을 들어 의문을 제기했다. "누군가 한 장소에서 어떤 변화를 일으키고 다른 장소에서 사람의 말, 글, 그림 등의 반응으로 그 순차적인 변화를 기록하는 것을 가정한다면, 그것은 과학적인 활동인가?"라고 내가 물었다. 그는 "아니다."라고 대답했다. 그래서 나는 "누군가 한 장소에서 똑같은 변화를 주고 다른 장소에서 물리적인 추적 장치의 순차적 변화나 기록 장치의 출력물을 기록한다면, 그것은 과학적인 활동인가?"라고 물었다. 그는 "맞다."라고 대답했다. 나는 이 물리학자의 대답이 과학적 탐구의 본질에 대한 잘못된 이해를 드러내는 것이라고 생각한다. 그에게 과학은 탐구 과정이라기보다는 종속변인의 물리적 성질과 관련이 있었다. 통합적 탐구자에게 진정한 과학적 탐구는 매우 광범위하게 평가된 현상을 적절히 다루는 것이다.

실습: 관련된 영감, 정보, 개인적 경험

당신이 완전하고 깊이 탐구하기 원하는 경험을 생각하라.

나는 ____

경험에 관심이 있다.

그 경험에 대해 가장 이해하기 바라는 것은 무엇인가?

관심 있는 경험을 더 이해하기 위해 자신의 어떤 개인적 경험을 기억하고 되살려서 더 깊이 숙고할 것인가?

만약 연구하려는 경험을 정확하게 해 보지 않았다면, 유사한 경험은 있는가? 그 경험은 무엇이고, 그 경험들 간의 공통점 그리고 관심 있는 경험과의 공통점은 무엇인가?

당신의 개인적 삶에서 이러한 유형의 경험 또는 그 경험을 연구로 설계하려는 프로젝트와 연관되는 또 다른 측면이나 이슈가 있는가?

다른 사람들이 흥미로워하는 경험과 동일하거나 유사한 경험을 했다면, 그들의 정보, 일화, 이야기를 당신과 공유한 적이 있는가?

이러한 유형의 경험을 더 이해하기 위해 영감과 정보를 찾을 수 있는 다른 출처는 무엇인가?

관심 있는 경험을 탐색하는 데 초점을 둔 연구 프로젝트를 계획, 실행, 결과 보고를 하기 위해 위에서 작성한 정보를 어떻게 활용할지 생각하라.

연구문제의 주요 유형과 적합한 접근 및 방법

일반적인 고려사항

모든 학술적·과학적·학문적 탐구는 중요한 질문에 대한 답을 구하기 위해 헌신한다. 혹자는 질문의 본질이 얻는 답보다 더 중요하다고 말한다. 양적 연구와 질적 연구는 질문을 만들고 다루는 방식에 있어 공통점과 차이점 둘 다 존재한다. 양적 연구는 **가설**을 세운다. 이것은 연구자의 질문에 자연이 어떻게 답할 것인가에 대한 사실상 추론이다. 어떤 측면에서 가설은 세상이 어떻게 작동하는지에 대한 연구자의 지식 및 총기의 시험대다. 연구자는 가설을 세우고 연구(일반적으로는 실험) 설계를 하는데, 그 결과는 가설을 검증하거나 기각한다. 기술적으로 연구결과는 가설을 검증하거나 기각하느냐다. 후자의 경우를 보통 '가설 검증'이라고 일컫는다. 그러나 그것은 정확한 표현이 아니다. 가설은 특정 형태의 결과를 포함하는데, 그 범위는 제한적이고 초점이 있다. 양적 연구 설계는 연구자가 가설을 **실험**하여 어느 쪽이 정확하고 가치 있는지, 어느 쪽이 그렇지 않은지를 결정한다는 측면에서 **증거지향적**이다. 질적 연구는 가설보다는 **연구문제**를 수립한다. 연구문제는 가설보다 덜 제한적이다. 특정 결과나 답을 예상하기보다는 그것이 무엇인가에 대해 묻는다. 이러한 의미에서 연구문제의 접근은 본질상 증거지향적이기보다는 **기술적**이다. 예를 들어, 가설의 경우는 "임사체험을 겪은 사람은 죽음의 공포를 덜 느끼는 경향이 있다."이다. 연구문제의 경우는 "임사체험을 겪은 사람은 죽음에 대해 어떠한 태도를 갖는가?"가 된다. 첫 번째 경우는 특정 결과를 예상하거나 추측하지만, 두 번째 경우는 단순히 어떤 결과가 나올 것인가를 묻는다.

양적 접근과 질적 접근은 가설이냐 질문이냐를 강조한다는 점에는 차이가 있지만, 중첩되는 특성이 많다는 점도 인식하는 것이 중요하다. 그 특성 중 하나는 연구 과정의 전후 단계가 반복된다는 점이다. 양적 가설 실험에서는, 초기 관찰(발견)을 특정 개념(이론)으로 발전시킨다. 그 이론으로부터 새로운 발견을 예측한다. 새로운 발견이 예측과 일치하는 경우에는 이론은 오류가 아님을 입증하거나 기각되지 않는다. 예측과 일치하지 않는 경우에는 이론적 측면은 오류로 입증되고 기각되거나 변화된다. 이론(이해)과 관찰(발견)은 서로에게 정보를 제공하면서 앞뒤로 순환한다.

중요한 차이는 있지만 질적 **근거이론**(*grounded theory*) 접근(Glaser & Strauss, 1967; Strauss & Corbin, 1990)은 앞에서 설명한 내용과 매우 유사하다. 이 접근에서는 인터뷰 또는 다른 형태의 자료를 수집하는 동안의 발견(기술적·경험적 발견에 있어서 접근의 근거)과 그 발견의 의미에 대한 개념화(이 방식의 이론적 측면) 사이에 계속적인 상호작용이 일어나고, 그것을 통해 주제에 대한 이해는 지속적으로 증대한다. 이런 대화적 과정은(상호 교환하고 교류하는) 다양한 방식의 해석학 연구에서 일컫는 **해석학적 순환**(*hermeneutic circle*)에서도 관찰할 수 있다. 즉, 전체와 관련하여 개개의 부분을 연구하고 개개의 부분과 관련하여 전체를 연구함으로써 한 텍스트의 의미에 대한 이해를 확장할 수 있다(Ormiston & Schrift, 1990; Packer & Addison, 1989). 여기에서 텍스트는 꼭 문서일 필요는 없고, 해석을 요하는 경험이나 다른 주제 또는 상황일 수 있다.

전체와 부분 간의 이동 및 자료와의 대화적 과정은 로즈메리 앤더슨(Rosemarie Anderson)의 직관적 탐구방식의 주요 요소다. 여기에서 연구자는 초기 이해(또는 관점, 즉 초기 개념화나 이론)를 통해 수집한 자료를 새롭게 수집하는 자료의 특성에 부합되도록 제거 또는 증가시키고 전환, 정제시킨다.

해석학과 직관적 탐구에서 연구자들은 연구 과정에 대한 그들의 매우 사적인 이해를 솔직히 표명하고 적극적으로 활용한다. 이러한 이해 그리고 관련된 접근방식에서 해석자의 개인적 특성, 배경, 경험은 매우 중요하다. 현재 활용 가능한 다양한 질적 연구방식에 대한 해석의 본질에 대한 논의는 이 책의 목적을 넘어서지만, 질적 연구방식(예를 들어, 현상학적 심리학, 근거이론, 이야기 연구, 유기적 연구)은 연구 텍스트의 용어와 표현에 가까운 해석을 선호하는 경향이 있다. 하지만 이 방법들조차도, 실제 연구의 해석학적 부분에서 많은 차이를 보여 준다. 어떤 연구는 단지 연구 텍스트로부터 인용구만 제시하며, 또 다른 연구는 심리학적 개념이나 이론에 근거하여 해석한다. 또한 이 두 가지 방식 사이에도 많은 가능성이 존재한다.

질적 연구방식과 양적 연구방식에서 중첩되는 또 하나는 둘 다 하나의 속성만을 갖는 것은 아니라는 점이다. 각각은 최소한 다른 방식의 몇몇 속성을 포함한다. 예를 들어, 많은 구별되는 특성(사건의 유형화)은 양적 연구 및 발견의 역할을 통해 조사할 수 있다. 그리고 많은 질적 연구에서 나타나는 주제는 참여자 보고서에 드러난 다양한 밀도나 정도를 기록하고 제시함으로써 수량화할 수 있다(사건의 수량화). 양적·질적 방식은 어느 정도 상호 간에 존재하고 그림자를 드리우며 섞인다. 이것은 중국의 음양을 상징하는 검은색과 흰색의 보완과 다르지 않다([그림 2-3] 참조). 이 상징이 또한 이전에 설명했던 해석학적 순환을 연상시키는 것은 아마 우연의 일치가 아닐 것이다.

[그림 2-3] 상보성을 의미하는 음양 상징

연구 질문의 구체적인 유형

〈표 2-1〉은 특정 경험이나 연구주제에 대해 질문할 수 있는 연구 질문의 네 가지 주요 유형을 요약하고 있다. 또한 각 유형이 연구하고자 하는 경험 및 현상에 대해 무엇을 밝혀 줄 수 있는지 그리고 어떤 연구방법이나 접근이 각 유형의 질문에 가장 적합한지를 설명한다. 네 가지 유형의 질문은 각 경험 자체의 본질을 잘 드러내도록 설계되었다. 어떻게 그 경험을 이해하고 해석하고 설명할 수 있을까? 그 경험에 수반되는 것과 부수적 효과는 무엇인가? 경험,

개념화, 과정, 결실의 측면은 과학과 전통적 연구에서 잘 알려진 네 가지 목적, 즉 연구하는 측면에 대한 기술, 설명, 예측, 통제와 밀접하게 상응한다.

경험의 본질

일반적으로 질적 연구자들이 가장 관심을 갖는 첫 번째 질문 유형은 경험의 본질 자체를 다루는 것으로, 연구 참여자가 주관적으로 인식하는 경험을 심층적으로 기술하는 데 초점을 둔다. 통합적 탐구자는 이 유형의 질문을 통해 연구 참여자의 특정 경험을 이끌어 내고, 이에 대해 매우 풍부하고 '심층적이고' 포괄적으로 기술한 연구 보고서를 독자들에게 제시하고자 한다. 이상적으로는 가능한 많은 측면, 인지적·감정적·심상적·신체적 측면을 포함하여 기술한다.

경험은 두 가지 의미를 갖는다. 첫 번째 의미는 상대적으로 개별적·한시적·주관적 경험이다. 이는 특정한 시점이나 환경에 대해 **경험자의 내면에서 일어나는 순간적 인식 또는 이해다.** 어떤 철학자는 이것을 '**퀄리아**(*qualia*)'라고 부른다. 이는 특정 형태의 의식적인 자각이다. 명확한 예를 들자면, 고통, 불편함, 걱정, 좌절감, 비현실, 기쁨, 편안함, 경이로움, 경외감, 평정 등이다. 좀 더 복잡한 경험의 예는 다음을 포함한다. 누군가에 대한 연민, 내담자와의 공명, 자연과의 깊은 연결감, 깊은 감사, 진정한 용서, 무조건적으로 사랑받는 느낌, 이해받지 못하는 느낌, 누군가 들어주고 이해해 주는 느낌, 어떤 사람, 장소, 상황과 처음 마주했을 때의 편안한 느낌, 데자뷔 경험, 죽음의 문턱에서 신성한 존재와의 조우하는 것 등이다.

경험의 두 번째 의미는 좀 더 복잡하고 **장기간의 내적 사건**과 관련된다. 이 오래 지속되는 경험의 예로는 외동으로 살아가는 것, 자폐아를 가진 부모가 되는 것, 오른손잡이의 세계에서 왼손잡이로 사는 것, 나이 들어 대학교나 대학원에 가는 것, 세계관이 점점 변해 가고 전환되는 것, 매력적인 삶을 살아가는 것, 알츠하이머병에 걸린 부모와 함께 사는 것, 보다 소박하고 진정한 삶의 방식으로 전환하는 것, 수줍어하는 것, 만성통증을 갖고 살아가는 것 등이다.

〈표 2-1〉 첫 번째 열에 있는 연구 접근이나 방법은 이 두 가지 유형의 경험

〈표 2-1〉 네 가지 유형의 연구 질문과 그에 따른 연구 접근

질적 방식--양적 방식
개별기술--법칙정립

기술	설명	예측	통제
경험	개념화	과정	결실
X라는 경험은 무엇인가? 참여자는 X를 어떤 식으로 인식하는가?	어떻게 X를 개념화할 수 있는가? X에 대한 유용한 해석, 설명은 무엇인가? 어떻게 그 해석이 역사적으로 변해 왔는가?	X는 어떤 과정으로 전개되는가? 무엇이 X와 동반되는가? 무엇이 X가 발생하도록 무대를 만드는가? 무엇이 X를 촉진시키는가? 무엇이 X를 방해하는가?	X의 결과, 영향, 결실은 무엇인가? 어떤 식으로 X 자체가 다른 경험이나 사건의 결실이나 결과가 될 수 있는가?

질적 접근/양적 접근

현상학적	이론적인	상관적	실험적
경험적	역사적	인과-비교	준실험적
발견적	근거이론	현지조사*	단일사례 연구
이야기	텍스트 분석	민족지학*	액션리서치*
인생스토리	담화분석	자민족지학*	
사례연구	해석학의		
여성해방적 접근			
유기적 탐구			
직관적 탐구			
민족지학*			
자민족지학*			

*의 접근은 보통 본질상 질적 방식이다. 이 방식을 표로 배치하는 것은 경험에 대한 설명(1열)에 도움을 줄 뿐만 아니라 경험의 과정과 전개, 결과를 관찰하는 데도 적절하다는 점을 알려 준다.

을 모두 다루는 데 특히 적합하다. 연구 결론에서 연구자는 이 접근 중 하나를 사용해서 간결한 이야기, 자서전, 기술, 핵심 주제 목록의 형식으로 연구하고

자 하는 경험을 풍부하고 충분하게 기술할 수 있다. 연구자는 경험의 공통적인 측면 및 고유한 측면 둘 다를 보여 준다. 제시되는 정도 및 다양한 측면의 밀도를 알려 주고 이러한 측면에 대한 적절한 예를 참여자의 언어로 제시할 것이다.

여기에서 강조점은 참여자 스스로 인식하고 보고한 원 자료와 해석되지 않은 주관적 경험을 풍부하게 기술하는 데 있다. 그러므로 이 경험에 대한 설명이나 해석, 또는 부수효과나 결과를 강조하는 연구 접근, 즉 객관적, 외부적, 3인칭 관점에서 평가하는 접근은 이 목표에 적절하지 않다. 여기에는 중요한 자격이 요구된다. 최소한 몇몇 참여자들은 특정 경험이나 경험 유형의 결과 또는 부수효과에 대한 자신의 경험, 인지, 생각, 느낌을 포함시킬 수 있다. 참여자가 기술하는 설명에 그러한 1인칭 정보를 배제하는 것은 현명하지 않을 수 있다. 비록 그 정보가 특정 경험이 다른 경험 또는 사건과 어떻게 관련되는지에 대한 관점을 포함하더라도 마찬가지다. 달리 말하면, 경험의 해석, 이해, 설명 그 자체도 약간 다른 종류이기는 하나 경험이다. 단지 그 경험이 다른 경험보다 더 인지적이라는 이유만으로 배제할 필요는 없다(또 달리 말하면, 머리는 신체의 부분이고 생각은 경험의 중요한 측면일 수 있다). 이와 같이 연구자는 참여자 **스스로 지각한** 경험의 수반물이고 결과이고 해석을 의미하는 참여자의 개인적인 관점을 포함시킬 수 있다.

실습: 경험에 기초한 질문에 대한 숙고

이 실습을 수행할 때 <표 2-1>을 참조하라.

특정 경험에 대한 풍부한 기술을 목표로 하는 연구 프로젝트를 설계하려 한다고 상상하라.

어떤 경험을 선택할 것인가?

그 경험과 어떤 개인적 연관성이 있는가?

당신이 그와 동일한 경험을 했다면, 시간을 어느 정도 들여 그 경험을 떠올린 후 가능한 풍부하고 완전하게 그 경험의 본질을 서술하라.

연구 질문의 틀을 어떻게 만들면, 그 경험에 대해 풍부하고 포괄적인 기술을 이끌어 낼 수 있는가?

그 경험에 대한 유용한 기술을 이끌어 내는 가장 적절한 연구 접근을 어떻게 선택하겠는가?

어떤 연구 접근이 이 목적에 가장 부합하지 않는 것처럼 보이는가?

다음은 경험에 기초한 연구 사례다. '경이로움과 기쁨의 눈물에 대한 경험: 마음의 눈으로 보기'(Braud, 2001a)

이 보고서에서 연구자는 자신과 12명의 연구 참여자들이 기술한 '경이로움과 기쁨의 눈물(wonder-joy tears)'에 대한 경험을 발표하였다. 참여자들은 그 경험에 대해 감지된 느낌(felt-sense)을 묘사하였고, 경험의 요인, 의미, 해석, 삶의 영향에 대한 그들 자신의 관점을 함께 제시하였다. 경이로움과 기쁨의 눈물은 고통, 슬픔, 비통의 눈물과는 다르다. 그 눈물은 경이로움, 기쁨, 깊은 감사, 경외심, 동경, 통렬함, 강렬함, 사랑, 동정의 감정과 함께 온다. 사람 또는 눈앞에 펼쳐진 심오한 상황에 가슴이 열리는 것이다. 전율과 특별한 감정을 수반하는 이 눈물은 진, 선, 미와의 깊은 만남을 나타내는 신체방식일 수 있다. 즉, 가슴, 영혼, 영성의 눈으로 직접 보는 것을 의미한다. 또한 심오한 통찰의 순간을 보여 주기도 한다. 연구자는 그 경험이 가지는 잠재적 지향성과 전환적 측면을 논의하였다.

참여자들은 소규모 연구그룹에서 임의로 추출된 학생들 및 그 경험을 했을 만한 가능성에 기초해서 의도적으로 선정된 동료들이었다. 원 자료는 반구조화된 설문지에 대한 서술식의 응답으로 구성되었다. 이 응답을 질적인 주제 내용분석으로 분석하였다. 먼저 연구자와 응답자는 각자 작업을 통해 주요 주제를 도출하였다. 그룹 회의를 통해서 그 주제와 발견을 심도 있게 논의하고 발전시켰다. 연구자는 그 발견을 통합, 정리하고 도표 형태로 작성하여 참여자들의 확인과 승인을 받은 후(구성원 점검), 논문에 제시할 발견을 재구성하였다. 이 연구에서 사용한 질적 연구방법으로는 현상학적(Valle, 1998), 발견적(Moustakas, 1990), 경험적(Barrell, Aanstoos, Richards, & Arons, 1987), 직관적(제1장 참조), 통합적(제2장) 탐구 접근을 혼용하였다. 추가적으로 브로드와 앤더슨(Braud & Anderson, 1998)이 제시한 다양한 자아초월적 연구방법의 가정과 원리에 근거하였다.

경험의 개념화 및 그 이해의 역사

두 번째 세트의 질문은 경험을 개념화, 해석, 설명하려는 시도와 어떻게 그 시도가 일어나고 시간에 따라 변해 왔는가를 다룬다. 이 질문은 이론 영역을 다루는데, 이 접근에 관심을 가지는 연구자들은 경험이 발생하거나 드러나게 된 이면, 또는 중요한 원리나 기제를 발견하고자 시도한다. 또한 경험이나 사건을 단지 묘사하는 데 만족하지 않고 **왜, 어떻게** 그 경험이 발생했는지에 대해 더 알고자 노력한다. 이 접근은 **기술-플러스**(*description-plus*)라 부른다. 물론 묘사할 현상을 반드시 먼저 명시하고 설명한 후 연구자는 왜 경험이 그 형태를 갖추는지, 왜 특정 방식으로 나타나는지, 즉 본질과 작용 등을 어떻게 설명할 수 있을지를 해석하고 이해하는 추가적인 절차를 밟는다.

두 번째 열의 접근은 이 개념화 목표에 가장 밀접하게 부합한다. 그러나 다른 열의 접근도 관련된 추가 정보를 통해 이론적 이해에 기여할 수 있다.

실습: 개념화에 기초한 질문에 대한 숙고

이 실습을 수행할 때 <표 2-1>을 참조하라.

특정 경험에 대해 개념화, 설명, 해석하거나 이론적 설명을 제공하는 연구 프로젝트를 설계한다고 상상하라.

어떤 경험을 선택할 것인가?

당신은 그 경험과 어떤 개인적인 연관성이 있는가?

그 경험 이면에 있는 자신의 생각은 무엇인가?

그 경험을 개념화하고 이론적인 이해를 증대시키는 데 도움을 줄 연구 질문의 틀을 어떻게 만들 것인가?

그 경험에 대한 유용한 개념화, 해석, 설명을 이끌어 내는 데 가장 적절한 연구 접근을 어떻게 선택하겠는가?

어떤 연구방식이 이 목적에 가장 적절치 않다고 보는가?

어떤 유형의 근거 또는 중요 원리, 절차를 조사할 것인가?

최근 완성된 논문 프로젝트인 '성격의 신체심리 진단에 대한 자아초월적 접근: 발달, 장애 성향 및 체화된 초월에 대한 기여(Bento, 2006)'의 다음 설명을 개념적 이론에 기초한 연구의 한 예로 제시할 수 있다.

연구자는 공간적 방향 측면에서 신체 움직임이 성격장애 경향성에 미치는 영향을 탐색했다. 연구자는 다양한 공간 차원에서 움직임을 통해 운동/감각 체계를 자극하는 것이 자아와 타자 그리고 세계에 대한 지각에 상당한 영향을 미친다는 이론을 세웠다. 이 지각은 성격 발달의 토대를 형성할 수 있고, 고정된 특성이라기보다는 자아와 타자 그리고 세계에 대한 적응의 연속선상에 있는 의식의 상태로 볼 수 있다. 연구 발견은

3차원 공간에서의 고정된 움직임이 성격 고착과 연관된다는 연구자의 이론적 개념화와 일치한다.

연구 실행에서 12개의 고정된 공간 방위와 12개의 임상적으로 알려진 성격장애 사이의 가능한 관계를 규정하기 위해 인과-비교적 방식을 사용하였다. 총 70명의 참여자들이 그 연구에 참여하였다. 그들은 참여자와 관찰자의 자격으로 모든 12개의 공간/움직임 실습에 경험할 기회를 가졌다. 연구자는 주관적 관점과 객관적 관점 둘 다를 포함하기 위해 참여자의 경험과 관찰자의 경험에서 오는 자료를 모두 기록하였다. 각 운동 실습의 마지막 단계에서 각 참여자들은 서술형 설문을 작성하였다. 운동 실습 동안 경험했던 다양한 인지, 감정, 행동 반응과 변화에 대한 질문과 만약 참여자가 움직임의 12개 공간 방위 중 하나에 갇히는 경우, 자아와 타자 그리고 세계를 경험하는 가능한 방식에 대한 질문에 응답하였다. 12개 성격장애와 관련된 특성을 평가하기 위해 다른 도구들도 사용하였다. 12개의 공간/움직임 실습과 관련된 경험과 12개의 성격장애 특성 사이에 의미 있는 관계가 존재함을 발견하였다.

전개, 촉진, 저해 요소 및 수반물

세 번째 세트의 질문은 경험의 과정 및 역동성을 포함하는 이슈를 다룬다. 어떻게 경험이 전개되고 과정으로 드러나는가? 경험이 발생할 수 있는 배경을 만드는 것은 무엇인가? 어떤 요소가 그 경험을 촉진하거나 저해하는가? 경험에 수반되는 것은 무엇인가? 이런 종류의 질문은 소위 경험의 **분위기**를 드러내는 데 그 목적이 있다.

상호관계를 다루는 연구 접근이 이 세 번째 세트의 질문을 탐색하는데 가장 적절하다. 상호관계는 **상관적**(*correlational*), **인과-비교**(*causal-comparative*) 방법을 통해 **양적으로** 연구될 수 있다. 상관연구는 두 개 또는 그 이상의 변수 간 관계의 방향과 정도를 정형화시키기 위해 안정된 통계적 방법을 사용한다. 이 접근에서는 연구하고자 하는 경험의 수량화 측면(발생빈도, 나타나는 정도나 강도 측정)은 다른 관심 변수와 상호 관련될 수 있다. 예를 들어, 경험자의 개인적 성향은 그의 신체적, 정신적 건강과 웰빙의 표준화된 지수와 관련이 있는가? 이런 유형의 경험을 많이 하는 사람은 다양한 '다른 경험(다른 사람, 다른 문화, 다른 관점, 다른 믿음, 다른 방식의 생각·존재·행위)'에 대해 열려 있고 수용하는 경향을 보이는가를 파악하는 것이다.

인과-비교 연구에서는 어떤 식으로든 차이가 있다고 이미 알려진 그룹이 다른 방식에서도 차이가 있는지를 측정하기 위해 그룹통계 방식을 사용한다. 예를 들면, 특정 경험 X의 가능성이나 강도 면에서 '높다' 또는 '낮다'라고 이미 알려진 두 그룹의 참여자들은 타자에 대한 자애심에서 다른 경향을 보이는가? 다른 문화의 구성원들은 X를 경험할 가능성에서 차이를 보이는가? 등이다.

질적 영역에서 연구자나 연구팀은 어떤 종류의 요소가 관심을 두는 경험과 관련 있는지 현장 조사와 민족지학 방법을 활용하여 관찰할 수 있다. 연구자는 민족지학 접근을 이용해서 특정 문화의 구성원으로서 자신 안의 어떤 요소가 관심을 둔 경험과 관련되는지를 파악할 수 있다.

보다 기술적인 몇몇 연구 접근(표의 첫 번째 열과 위에서 언급된)을 사용할 때도 연구자는 **참여자가 지각하는** 어떤 요소가 함께 일어나거나 중요한 상호관련성이 있는지 조사할 수 있다. 성찰과 회상을 통해 참여자들은 어떤 요소가 특정 경험을 가장 촉진하거나 가장 덜 촉진하는지를 보여 줄 수 있을 것이다. 참여자들은 시간이 지남에 따라 발전해 나간 그 경험이 어떻게 역동적으로 전개되었는지, 어떤 것이 그 발전에 도움을 주었는지 또는 방해를 했는지에 대해 유용한 설명을 제공할 수 있다. 그들은 경험 X와 어떤 종류의 경험이 함께 일어났는지에 대해 묘사할 수 있다. 즉, 경험에 수반되는 것에 대한 효과적인 설명을 제공한다.

요약하면, 경험에 선행되거나 수반된 주변 상황은 표준화된 관찰 또는 평가를 사용해서 규정할 수 있고, 객관적이고, 3인칭 방식(표의 세 번째 열에 기재된 접근처럼)으로 실행할 수 있다. 뿐만 아니라 주변 상황에 대해 참여자 자신이 인식하고 규정한 것을 1인칭 기술적 보고를 통해서 파악할 수 있다(표의 첫 번째 열에 기재된 접근처럼).

그러나 한 가지 주의사항이 있다. 상관적, 인과-비교 조사에 기초하여 인과적 결론을 도출하는 것은 위험한 특성을 내포한다. 그런 연구의 발견이 인과적 주장, 특히 **방향적** 인과 주장을 정당화할 수 없다. 우리는 연구결과로부터 연결성 또는 관계가 존재한다는 것은 알 수 있지만, 관련된 요소들 중의 하나가 다른 요소에 어느 정도 영향을 주었는지에 대해 확실하게 알 수는 없다. 만약 요소 A와 B 사이에 지속적 관계가 발견된다면 A가 B의 원인일 가능성이 있거나 B가 A의 원인일 수도 있다. 또한 A와 B 둘 다 아직 밝혀지지 않은 요소 C에 의해 야기되거나, A와 B가 더 광범위하고 포괄적인 과정의 부분으로서 동시에 나타날 수도 있다. 이 이슈에 대한 구체적인 예로, 적당량의 레드와인 섭취와 건강 지표의 향상 간에 높은 통계적 관련성을 보였다고 가정해 보자. 실제로 와인의 어떤 성분은 건강을 향상시킬 수 있다. 하지만 보다 건강한 사람은 적당량의 레드와인을 마시게 하는 기질, 성격, 또는 후천적 특성을 가질 수도 있다. 몇 가지 다른 요인이 적당량의 와인을 마시게 하는 경향성과 더 나은 건강을 추구하는 경향성 둘 다를 야기한 경우도 있다. 또는 적당량의 와인 섭취와 좋은 건강이 더 체계화된 전체 패턴의 한 부분으로 동시에 일어날 수도 있다. 이 여러 대안 중 어떤 것이 사실이라고 예단하는 것은 현명하지 않다. 그보다는 일련의 추가 조사를 신중하게 설계하여 이 대안적 가능성 각각을 검증하는 것이 현명하다. 이렇게 더 철저한 조사가 이루어졌을 때만이 신뢰도가 증가한 결론에 도달할 가능성이 있을 것이다. 요소 간 관계에 대한 참여자의 자기인식 보고에 따라 결론을 내리는 것도 마찬가지로 유의해야 한다.

실습: 과정에 기초한 질문에 대한 숙고

이 실습을 수행할 때 <표 2-1>을 참조하라.

특정 경험의 과정과 관련된 질문을 탐구하는 연구 프로젝트를 설계하려 한다고 상상하라.

어떤 경험을 선택할 것인가?

당신은 그 경험과 어떤 개인적인 관련성이 있는가?

그 경험을 출현시키는 배경에는 무엇이 있는가? 그 경험의 계기나 촉매가 있어 보이는가?

시간의 흐름에 따라 어떻게 그 경험이 전개되었던 것 같은가? 시간이 지나면서 어떻게 발전해 갔는가?

그 경험과 함께 어떤 다른 경험이 일어났는지 인식했는가? 만약 그렇다면, 어떤 경험이 증가했거나 감소했는가?

그 경험을 더 일어나게 만드는 것은 무엇인가? 그 경험을 덜 일어나게 만드는 것은 무엇인가?

시간의 흐름에 따라 그 경험이 어떻게 전개되고 나타났는지 파악하는 데 도움이 되는 연구 질문을 어떻게 구성할 것인가?

그 경험을 촉진하거나 저해하는 요소를 알기 위해 어떤 종류의 질문을 할 것인가?

어떻게 그 경험의 상관성, 수반성, 동시성을 탐구할 수 있는가?

앞의 질문을 탐구하기 위해 어떤 연구 접근이 가장 적절해 보이는가?

앞에서 언급한 목표에 어떤 연구 접근이 가장 부적절해 보이는가?

여기에 경험의 수반물에 초점을 맞춘 연구 프로젝트의 사례로 두 가지의 연구를 요약하였다.

첫 번째 사례는 양적·상관적 요소와 질적 주제분석 요소를 혼합한 연구로서, '유럽계 미국 백인의 자아초월적, 교차문화적 적응 요인: 기술적, 상관적 분석'(Broenen, 2006)이다.

연구자는 141명의 유럽계 미국 백인이 참여한 연구에서 자아초월 요인과 교차문화 적응 요인과의 상관관계를 탐구하였다. 양적 연구 부분에서, 참여자들은 두 개의 표준화된 영성 척도와 한 개의 표준화된 교차문화 적응성 척도를 작성하였다. 상관 통계와 다중회귀분석(multiple regression analysis)은 심리측정 점수 간, 특히 영성과 교차문화 적응성 간에(r=.66) 중요한 관계가 있음을 밝혔다. 두 개 하위척도의 짝은 이 관계의 대부분을 설명해 주었다. 내적 자원의 하위인 영적 자질, 통합적 상호연결성은 각각 정서적 탄력성, 유연성/개방성이라는 교차문화적 자질과 높은 상관성을 보여 주었다. 참여자의 나이는 평가 척도와 특정 부분과 상당한 관련성이 있었다.

질적 연구 부분에서, 참여자들은 다른 사람과 관계를 맺는 능력에 도움이 되거나 방해가 되는 요소를 보고하였다. 주제 내용분석에서는 응답 항목을 다섯 개의 범주로 도출하였고, 주제를 조력 요인과 방해 요인으로 더 세분화하였다. 교차문화 적응성에서 높은 점수를 받은 참여자들은 일반적으로 조력 항목이 더 많았고 방해 항목은 거의 없었다. 다섯 개의 조력 주제(수용성, 개방성, 긍정적 자아인지, 연결성, 공감)가 참여자 응답에 빈번하게 나타났으며, 자아초월과 교차문화 적응성 구성개념에 대한 조작적 정의와의 높은 개념적 일치를 보여 주었다.

두 번째 사례는 질적 연구 프로젝트로서, '예외적 인간 경험(EHEs)의 유발요인, 수반물, 부수효과: 탐색적 연구'(Brown & White, 1997)다.

연구자는 50명의 참여자들이 예외적 인간 경험(exceptional human experiences)에 대해 글로 자세히 기술한 내러티브를 조사하였다. 그 경험들은 신비로운/합일의, 심령적, 특이한 죽음 관련, 직면, 고양된 경험(더 흔한 이례적 경험으로 절정체험, 몰입체험 등)의 다섯 가지 주요 범주 중 하나에 해당되는 것이었다. 그들의 이야기를 통해 그 경험이 전환적이라는(참여자의 인생관이나 세계관이 질적으로 바뀐) 점을 시사하였다. 그러한 경험의 유발요인, 수반물, 부수효과와 관련된 주제를 확인하기 위해 질적인 주제-내용분석 접근을 사용하였다. 여기서는 유발요인(배경을 구성하는 것들로서)과 수반물만 제시할 것이다.

총 189개의 유발요인이 확인되었다. 예외적 인간 경험은 명상과 기도, 교착상태, 놓아버림, 탐구, 인간적 교류, 정신적 위기, 다른 이의 죽음, 우울, 피로, 개인적 관계 위기, 문제에 대한 통찰 등의 상태에서 자주 유발되었다. 몇몇 특별한 유발요인으로는 고통, 극심한 피로, 신체적 질병의 진단, 수면 등이 있었다.

예외적 인간 경험에 수반되는 경험은 신체적·생리적·정신적·영적 범주로 분류되었다. 핵심적인 이야기에서 도출된 89개 유형의 **신체적** 수반 경험 중에서 가장 많이 언급된 것은 환영, 타인의 신체적 광채, 환경의 광채, 침묵, 백색광, 광선, 색채, 촉감, 투명한 신체 등이다. 97개로 도출된 **생리적** 수반 경험 중 가장 빈번한 것은 에너지 유입, 흐느낌, 무중력, 극도의 예민함, 피로, 신체 발광, 감각의 전환, 얼얼함, 시간감각 상실이었다. 다른 생리적 경험들은 타는 듯한, 달아오르는, 공중부양, 투명해지는 신체감각이었다. 그밖에는 내적인 빛, 불수의적 움직임, 통증의 사라짐, 빙빙 도는, 녹아내리는, 넘쳐흐르는, 붕 뜨는, 당기거나 당겨지는 느낌, 체온의 급격한 변화 지각 등이다. **심리적** 수반물 83개 중 가장 많은 경험은 지각과 인식의 전환, 놀라움, 경계가 사라짐, 확신, 깨달음(아하!), 경이로움, 접속, 명징함, 사유, 이미지 그리기, 생각이 끊김 등이었다. **영적**으로 수반되는 86개 유형의 경험 중 가장 자주 언급된 것은 자아의 내려놓음, 압도적인 경이로움, 경외감, 기쁨, 놀람, 빛을 느끼거나 빛이 되는 경험, 압도적인 사랑, 초월적 자아의 인식, 황홀경과 무아지경, 아연실색, 무조건적인 사랑이 있었다. 자주 언급된 다른 영적 경험들은 진리의 발견, 간결함, 심오함, 감사, 신성함, 초고속의 느낌, 흥분, 핵심을 꿰뚫는, 용서받거나 고양된 느낌, 가슴 벅찬 축복, 평화, 내맡김 등이다.

경험의 결과 또는 결실

네 번째 세트의 질문은 경험의 잔여효과, 결과, 또는 결실을 다룬다. 이런 종류의 질문은 두 가지 방식으로 구성될 수 있다. ① 경험 X의 잔여효과는 무엇인가? 또는 ② 어떻게 경험 X 자체가 다른 경험이나 사건의 결과 또는 잔여효과일 수 있는가? 이 유형의 질문을 자신 있게 다루기 위해서는 실험적인 또는 준실험적인 접근이 가장 좋다. 이것은 전통적인 실험실 실험, 개입 또는 효과 연구, 무작위적 임상실험의 형태를 취할 수 있다. 단일사례 연구(스키너 이론/행동 연구의 실험분석에서 사용된 유형)와 액션 리서치도 여기에 해당될 수 있다.

인과-비교와 상관관계 프로젝트에서 연구하고자 하는 경험과 사건은 이미 자연발생적으로 일어난 것이다. 그것은 마치 자연이 이미 실험을 했고, 연구자가 후에 그 결과를 조사하는 것과 같다. 실험, 개입 시도, 결과 연구에서 연구자는 적극적이고 의도적으로 몇몇 변수를 설정하고 그것이 다른 변수에 미치는 영향에 주목한다. 그런 접근은 익숙하고 일반적인 경험을 연구하는 데 직접적으로 사용될 수 있다. 관심을 두는 경험과 사건을 독립변수나 종속변수로 다룰 수 있으며 그 영향을 수량화할 수 있다.

그러나 통합적 탐구자는 영적, 자아초월적, 예외적·비일상적 경험에 관심을 가질 가능성이 있다. 그런 경험은 노력이나 의도적인 유도보다는 축복의 상황에서 자연발생적으로 더 빈번하게 일어나는 경향이 있다. 따라서 일반적으로 전통적인 양적 실험과 개입 방식은 이 유형의 경험을 연구하는 데 적절하지 않고 실행 가능성이 떨어진다. 대신 그 경험을 했던 사람들에 대한 관찰 연구와 그들의 성찰과 회고에 대한 질적 조사를 통해 얻는 다양한 결과에 주목하고자 시도할 수 있다. 참여자는 자신의 심오하고 의미 있는 경험이 가져온 잔여효과나 삶과 일에 미친 영향을 설명할 수 있다. 또 다른 대안으로 연구자는 그 경험 자체가 다른 경험 또는 사건의 결과나 결실이었는지 관찰이나 자기보고를 조사함으로써 탐구할 수도 있다. 앞에서 이미 논의한 바와 같이 참여자들이 직접 지각한 경험이나 사건의 결과는 〈표 2-1〉 첫 번째 열에 있는 경험 관련 방법을 이용해서 연구할 수 있다. 그런 연구에서는 장기, 단기 여파 둘 다를 탐구하는 것이 유용하다. 왜냐하면 그 둘이 꽤 다를 수 있고 특히 일어날 당시에는 부정적으로 보이는 경험이었으나, 후에는 긍정적인 결과로 이어지는 예가 있기 때문이다.

실습: 결과에 기초한 질문에 대한 숙고

이 실습을 수행할 때 <표 2-1>을 참조하라.

특정 경험이 가져올 수 있는 여파나 결과, 결실을 탐구하는 연구 프로젝트를 설계한다고 상상하라.

어떤 경험을 선택할 것인가?

당신은 그 경험과 어떤 개인적인 관련성이 있는가?

그 경험에서 가장 중요한 여파나 결과로 보이는 것은 무엇인가? 그 기간은 오래되었는가? 짧았는가?

그 경험의 장·단기 결과를 알 수 있도록 도와주는 연구 질문을 어떻게 설정할 것인가?

어떤 연구 접근이 위에서 설정한 질문을 탐구하는 데 가장 적절해 보이는가?

어떤 연구 접근이 위에서 언급한 목적에 가장 부합하지 않아 보이는가?

결과 연구의 한 예로, 점점 대중화되고 있는 **긍정심리학**에서 실행한 실험을 요약하였다.

> 긍정 정서는 관심 영역과 사고-행동의 전 범위를 확장시킨다(Fredrickson & Branigan, 2005, pp. 313-332).

연구자들은 긍정 정서는 관심 영역과 사고, 행동 경향을 확장시킨다는 주저자의 이론을 검증하기 위해 104명의 연구 참여자들을 대상으로 두 가지 실험을 하였다. 각 실험에서 참여자들은 즐거움, 만족감, 중립성, 분노, 불안을 일으키는 영화를 관람하였다. 첫 번째 실험에서 관심 영역을 지구적-지역적 시각처리 과세로 평가하였다. 두 번째 실험에서는 사고-행동 범위를 평가했는데, "나는 ~을 하기 원한다."라는 문장에 대해 참여자가 응답한 개수를 단순히 확인하였고, 그것은 0에서 20까지 다양하게 나타났다. 첫 번째 실험에서는 긍정 정서가 중립 상태에 비해 관심 영역을 확장시켰다. 두 번째 실험에서는 긍정 정서는 중립 상태에 비해 사고-행동 범위를 확장시켰고, 부정 정서는 중립 상태에 비해 사고-행동 범위를 축소시켰다. 연구의 다양한 조건에서 점수를 비교하고 대조하는 데 변인과 *t*검증분석을 사용하였다.

질문 유형 및 접근의 혼합

앞에서 언급한 연구 프로젝트의 예들은 네 가지 주요 연구 질문세트 중 한 가지를 어떻게 다루는지 보여 주기 위해 선정되었다. 그러나 이 프로젝트들은 한 가지 이상의 질문세트를 다루었음을 주목할 필요가 있다. 브로드(Braud, 2001a)는 경이로움-즐거움의 눈물에 대한 본질에 초점을 맞추었을 뿐만 아니라 그 경험의 유발요인, 수반물, 결과도 탐구했다. 벤토(Bento, 2006) 연구는 개념적/이론적 부분을 설명하기 위해 언급했으나, 이 프로젝트는 인과-비교 방식을 실행하고 효과와 연결된 의도적인 움직임/공간적 개입(실습)도 사용함으로써 양적, 질적 측면 둘 다를 포함시키는 연구를 했다. 브로엔넨(Broenen, 2006) 연구는 양적 상관관계 요소뿐만 아니라 질적 요소도 포함시켜 참여자들로부터 교차문화적 적응성과 자아초월 경험의 몇 가지 과정적 측면(자신과 차이가 있는 사람들과 관계 맺는 능력을 가장 촉진하거나 가장 방해하는 요소)을 조사했다. 브라운과 화이트(Brown & White, 1997)는 예외적 인간 경험의 본질뿐만 아니라 유발요인과 수반물, 그들 스스로 지각한 여파(결과)도 다루었다. 또한 연구에서 나타난 다양한 질적 주제의 상대적인 분포도 수량화하였다. 프레드릭슨과 브레니겐(Fredrickson & Branigan, 2005) 연구는 개입 또는 효과 연구를 보여 주었으나 긍정 정서의 기능(Fredrickson, 2001 참조) 이론으로부터 상당한 정보를 받았다. 이 다섯 연구는 관심 있는 경험의 다양한 측면을 조사하고 그에 적절한 연구 접근 및 방법을 사용했다는 면에서 최소한 어느 정도의 통합적 특성을 가지고 있다.

통합적 탐구자는 네 가지 주요 유형의 질문 중 어느 것이 가장 관심을 끄는 경험을 다루는 데 적절한지 고려할 수 있다. 연구자는 질문 유형 중 단 한 가지, 가장 중요한 하나의 영역만을 심층적으로 탐구하는 데 초점을 둘 수 있다. 연구자는 네 가지 질문 유형에 대해 우선순위를 매기고, 가장 순위가 높은 한 개 또는 두 개만을 탐구할 수도 있다. 또 다른 가능성으로 가장 포괄적이고 완벽한 통합의 가능성을 보유한 경우, 연구자는 네 가지 유형의 질문 전부를 다룰 수도 있다. 질문 유형은 연구자의 관심과 실용적인 고려, 제약 가능성에 따라 정도의 차이를 두고 다룰 수 있다. 마지막으로 연구자는 한 번에 너무 많은 측면들을 탐구하려고 시도한 나머지, 충분히 깊이 있게 각각의 특정 측면을 철저히 탐구하지 못하는 위험을 경계해야 한다.

방법 관련 용어, 선택, 혼합 그리고 주의사항

연구자들은 연구와 관련된 다양한 용어를 다르게 사용한다. 종종 **방법**(*methods*)과 **방법론**(*methodologies*)은 서로 혼용된다. 나의 이해를 바탕으로 이 장의 목적을 위해서 나는 **방법론**이란 용어를 택했는데, 이는 방법의 형식을 갖춘 조사라는 측면과 그와 관련된 철학적인 가정 및 함의를 의미한다. **방법**은 연구자가 지식을 습득하고 지식적 주장을 실험하며 새로이 획득한 지식을 다른 사람들과 소통하는 실제적인 과정, 기술, 행위다. 방법은 숙련된 연구자들이 연구에 사용하는 **도구**다. 이 예로는 설문지, 인터뷰, 표준화된 평가, 통계 분석, 질적인 주제 분석 등이 있다. 〈표 2-1〉의 하단에 있는 다양한 연구 방식(현상학적 연구, 발견적 연구, 사례연구, 직관적 탐구, 근거이론, 실험 등)은 나에게는 방법보다는 더 큰 범위로 여겨진다. 이 연구방식들은 '**접근**(*approach*)'이라는 용어가 더 적절해 보인다. **접근**은 더 크고 포괄적이며 대개 여러 방법을 포함한다. 논문 수업을 지도할 때 나는 **방법**을 **도구와 도구박스**로, **접근**을 아우르는 **우산**으로 비유했다. 접근은 풍부하고 상호작용하는 부분(우산의 각 살들)의 조합을 포함한다. 그것은 각각의 고유한 철학적 가정과 입장을 취하면서 연구자를 포함시키는(또는 포함시키지 않는) 방법, 참여자와 상호작용하는 방법, 자료와 발견을 수집하고 처리하고 전달하는 방법을 포함한다. 이런 구체적인 방식과 도구(방법)는 이후의 별도 섹션에서 다룰 것이다.

최근에는 심지어 접근보다 더 크게 연구를 명시적으로 구분하는 방식이 추세다. 이것이 바로 **패러다임**이고 그 안에서 작업할 연구를 선택한다. 이것은 **실증주의/후기실증주의**(*positivist/postpositivist*), **구성주의**(*constructivist*), **전환적인**(*transformative*), **실용적인**(*pragmatic*) 패러다임이라는 이름으로 불려왔다. 초기 연구에서(Braud & Anderson, 1998, pp. 240-255) 우리는 또 다른 패러다임인 **자아초월**(*transpersonal*) 패러다임을 제시하였다. 이 큰 체계들은 메타-우산(meta-umbrella) 또는 **서커스 텐트**(circus tents)로 비유되는데, 이들은 포괄적인 세계관 또는 사고방식이며 각 패러다임은 선호하는 존재론적(현실관), 인식론적(앎의 방식) 접근과 방법을 가지고 있다.

통합적 탐구자는 하나의 연구나 일련의 연구에서 각기 다른 방법 또는 접근을 혼합하고 결합시키는 중요성을 인식한다. 이러한 실행의 이점은 각기 다른 측면들이 서로 부족한 면들을 보완해 주므로 연구주제를 보다 광범위하게 다룰 수 있다는 데 있다. 이는 다양한 방식으로 '코끼리 더듬기(feeling the elephant)'로 비유되는데, 코끼리의 성질을 더 완전히 파악하고 이해하기 위해서 코끼리의 많은 다른 부분을 느껴 보는 것과 유사하다. 사실, 이것이 바로 이 책의 제2장에서 다양한 연구 기술과 실천을 보여 주는 주요 이유다.

방법이나 접근의 여러 측면들을 선택하고 혼합할 때 가장 중요한 지도 원칙은 연구자의 질문이 방법이나 접근을 이끌고 규정해야 한다는 점이다. 먼저 자신에게 가장 중요한 연구 질문을 확인한 후, 그 질문 및 이후의 질문에 가장 잘 부합하는 방법이나 접근을 찾으라. 이 과정을 결코 거꾸로 해서는 안 된다.

나는 논문 수업에서 세 가지 방식으로 연구 프로젝트를 설계할 것을 제안하고 있다. 첫 번째, 간단히 프로젝트에서 사용하고자 하는 도구/방법(인터뷰, 설문지, 표준화된 평가, 도구들, 데이터 처리과정)을 구체화시키고 그에 따라 연구의 명칭을 정할 수 있다. 두 번째, 만약 연구 목적에 완전히 부합하는 연구 접근을 파악할 수 있으면, 그 접근(발견적 연구, 직관적 연구, 내러티브 연구, 실험적 접근)을 선택하고 모든 측면을 고려하여 그에 따른 연구 제목을 붙일 수 있다. 세 번째, 방법이나 접근의 여러 측면을 혼합하여 연구 목적에 가장 부합하는 것을 선택할 수 있다. 이 경우에 특정 방법이나 접근의 측면이 다른 접근의 측면으로부터 영향받는다는 점을 표현할 수 있다(이것은 영향력을 행사하는 우산의 특정 우산살을 강조하는 것과 같다). 이 후자의 경우, 혼합된 것이 공존할 수 있으므로 방법이나 접근의 측면을 부적절한 방식이나 맥락으로 왜곡하여 사용하지 않도록 주의가 요구된다. 방법, 접근, 패러다임, 혼합 방법에 대한 유용한 논의는 머튼스(Mertens, 2009) 그리고 크레스웰과 플라노(Creswell & Plano, 2006)에서 찾아볼 수 있다. 결코 방법에 종속되어도 안 되고 연구하고자 하는 주제의 내용보다 방법을 강조해서도 안 된다는 점이 중요하다. 즉, 항상 마음챙김과 분별력을 익혀서 방법을 숭배하는 태도를 피하도록 한다.

> 만약 당신이 가진 유일한 도구가 망치라면, 모든 것을 못처럼 다루고 싶어지는 유혹에 끌린다(Maslow, 1966, pp. 15-16).

> 방법만을 추구하는 사람은…… 실을 뜯고 나와서 자신을 감는 누에고치와 같다(Cleary, 1999, p. 10).

대학원에 있을 때 내가 알았던 한 연구교수는 연구가 끝나면 학생들에게 연구 프로젝트에서 사용했었던 물리적 장치들을 부수도록 시켰다. 그 장치를 쉽게 이용할 수 있다는 단순한 이유 때문에 학생들이 이전에 해 왔던 틀에 맞춰 후속 연구를 설계하고 싶은 유혹을 떨쳐 버리게끔 하기 위해서였다. 익숙한 연구방법이나 접근에 대해서도 유사한 유혹이 있다. 하나의 연구 계획에 필요한 새로운 장치를 만드는 것과 마찬가지로, 때때로 연구하고자 하는 관심주제에 기존의 방법이 적합하지 않거나 불충분하면 새로운 연구방법을 만드는 것이 필요하다. 통합적 탐구는 방법 및 연구 작업의 모든 측면에서 혁신을 장려한다.

앎의 양식

통합적 탐구자는 연구의 모든 측면에서 앎의 다양한 대안적 양식을 인식하고 존중한다. 그것은 정보를 알고 다루고 표현하는 익숙한 지적 형태뿐만 아니라 감정이나 신체, 이미지를 기반으로 하는 앎과 일반적인 학문적 탐구에서는 진가를 인정받지 못하는 직관적 형태의 앎도 포함된다. 전체론적인 기술로서 이 추가적인 앎의 양식에 대해서는 이 책의 제2부에서 매우 상세히 다룰 것이다.

대안적인 앎의 양식은 다음과 같은 다양한 영역의 이론과 연구를 통해 다루어져 왔다. 다중지능 양식(Gardner, 1983, 1993, 1999), 감성지능(Goleman, 1994), 사회지능(Goleman, 2006), 영적 지능(Vaughan, 2002), 앎, 존재, 행위의 '여성적' 방식(타자와 세계에 대해 배우고 상호작용하는 방식으로 느낌, 감수성, 주관성, 다양성, 양육, 협동, 관련성, 연결성으로 특징지어진다; Belenky, Clinchy, Goldberger, & Tarule, 1997; Shepherd, 1993), 다양한 의식 상태(정상적인 또는 일상적인, 변성된, 비일상적인, 순수한; Forman, 1997, 1999; Grof, 1972; Tart, 1975 참조)에서의 기능 등이다. 또 다른 방식의 앎은 **암묵적 앎**(분명한 개인적·사적 특징을 갖는 무언의, 모호한, 함축적인 앎; Polanyi, 1958, 1966 참조)과 **미메시스**(mimesis: 청중으로서 공연을 관람하면서 공연자와의 모방, 개인적 동일시, 공감적인 울림을 통한 앎; Havelock, 1963; Simon, 1978 참조)가 있다. 미메시스와 관련해서 의례(ritual)에 참여하는 방식이 있는데, 이는 다른 방식으로는 얻지 못하는 앎의 형태를 제공해 준다(Deslauriers, 1992).

암묵적 앎의 한 예는, 어린아이들이 움직이는 물체의 궤적을 아는 것이다. 어린아이들은 던져진 공의 궤적을 매우 정확히 예측해서 거의 실수 없이 볼을 잡을 수 있다. 그러나 그들은 공의 궤적에 대해 어떻게 잘 아는지 말로 표현하지는 못한다. 과학자들이 이 궤적에 대한 지식을 공식적으로 표현하는 데 수 세기가 걸렸으며, 방정식을 통해 놀라울 정도의 정확성으로 먼 우주 공간 안에 발사체를 위치시키는 것이 가능해졌다. 암묵적 앎의 또 다른 예는, 말로 표현할 수는 없지만 사람의 얼굴을 알아보는 능력이다. 앞의 두 예는 우리가 알고는 있으나 말로 표현할 수 없는 많은 예 중 극소수에 불과하다. 가장 드라마틱한 형태의 암묵적 앎은 신비로운 합일 경험에서 발생하는데, 그것은 형언할 수 없는(묘사할 수 없고 표현할 수 없는, Braud, 2002d 참조) 것으로 알려져 있다. 이런 예들은 우리의 흔하고 익숙한 수많은 경험과 행위능력이 그 자체의 성질이나 실행 방법을 말로 표현할 수 없다는 사실을 드러낸다.

연구와 학문적 탐구의 맥락에서 상대적으로 관심을 거의 받지 못한 또 다른 형태의 앎은 **직접적 앎**(*direct knowing*)이다. 이러한 앎은 교감적인 공명, 공감적 동일시, 초심리학적 과정(텔레파시, 초능력, 예지력과 같은)과 특정 형태의 직관을 통해 일어날 수 있다. 이 과정들은 이 책의 제2부에서 자세히 다루어진다. 아마 가장 극단적이고 쟁점적인 직접적 앎의 형태는 그저 존재함으로써, 되어 감으로써 그리고 대상과 동일시함으로써 아는 것이다. 이 앎의 양식에 대한 한 가지 설명은 파탄잘리 요가전통의 **삼야마**(*samyama*: 삼매경) 과정이다. 이 과정에서 깊은 몰입, 명상, 한 점에 집중하는 수련을 하거나 의도와 주의에 초점을 맞춤으로써 대상과 동일시된다. 인도 철학자 스리 오로빈도는 이 직접적 앎의 양식을 '**직관**' '**동일시에 의한 지식**(*knowledge by identity*)'이라는 용어로 불러 왔다(인도 철학과 심리학에서 이러한 양식의 앎을 논의한 Braud, 2010 참조).

연구의 모든 측면에서 다양한 방식의 앎을 사용하는 것은 철학자이자 심리학자인 윌리엄 제임스(William James, 1976)가 주장한 **근본적 경험론**(*radical empiricism*)의 원리와 상당히 일치한다. 이는 **오직** 경험에 기초한 것만을 포함하면서도 경험에 기초한 **모든 것**을 포함하는 인식론적 태도다. 한편 제임스는 **근본적 존재론**(*radical ontology*)(한 번도 이 용어를 사용한 적은 없었을지라도)도 주장하였다. 이는 진실은 우리가 어떤 식으로든 고려해야만 하는 것으로 간주된다는 의미다(James, 1911). (주의: **인식론**은 앎의 방식과 관계가 있고, **존재론**은 존재와 실존에 대한 연구와 관계가 있다.)

실습: 지능 및 앎의 양식

[그림 2-4]의 10가지 지능 양식은 앎을 습득하는 방법과 관련이 있다. 각기 다른 지능은 다른 종류의 정보를 포함하고, 정보를 접근, 처리, 표현하는 방식이 다르기 때문이다. 이 다중지능의 각각의 이름에 함축된 기능을 고려하라. 우리 모두는 이 모든 지능 양식을 소유하고 있으나, 그 양식이 나타나고 사용되는 정도는 다르다.

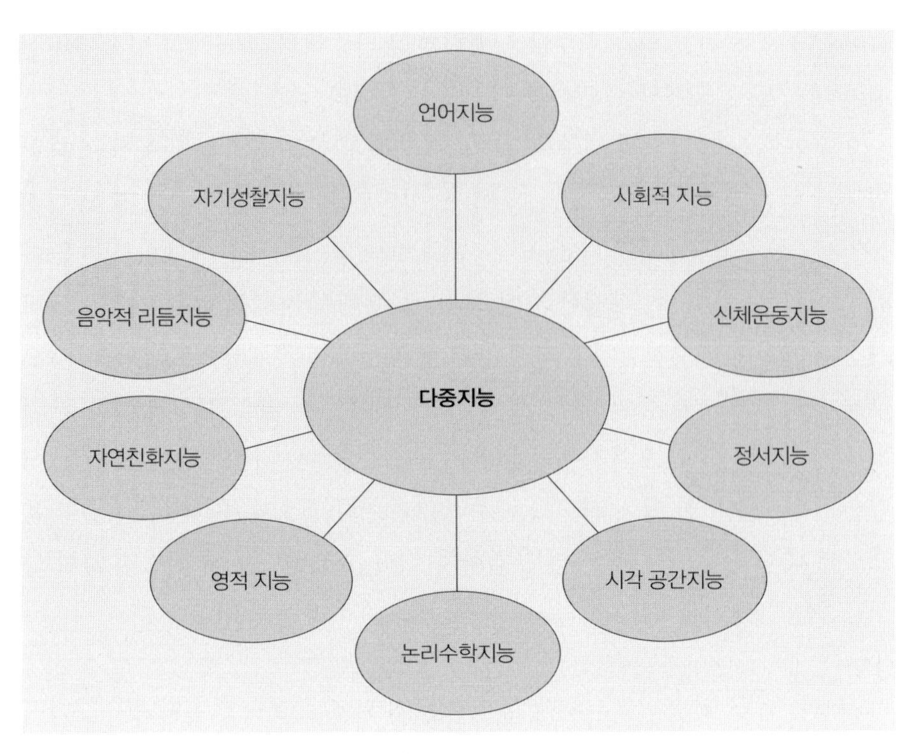

[그림 2-4] 10가지 다른 지능 양식

당신은 이 각각의 방식(자신과 타인에 대해 인식하는 방식과 세상 속에서 기능하는 방식)의 작용을 어떻게 인식하고 있는가?

이들 중 어느 것이 당신 안에서 가장 익숙하고 숙련되고 계발되었는가?

이들 중 어느 것이 효과적으로 접근하거나 사용하는 데 훨씬 더 어려운가?

어떻게 덜 계발된 지능을 좀 더 계발하고 쉽게 접근하여 활용할 수 있겠는가?

마찬가지로, 이전 섹션에서 언급한 다른 앎의 양식도 고려하라. 감정에 기초한, 이미지에 기초한, 직관적인, 의식의 전환 상태의, 암묵적인, 모방에 기초한, 직접적인 앎 등이다. 이들 중에서 몇 가지를 당신 안에서 발견할 수 있는가? 어떻게 이것들과 더 친숙해짐으로써 당신의 삶에 더 많이 활용할 수 있는가?

이러한 다양한 능력, 관련된 능력, 앎의 양식은 이 책의 제2부에서 상세히 다룰 것이다.

자료 수집 방법

이전 섹션에서 나는 접근과 방법 간의 차이를 강조했으며, 연구자가 사용하는 다양한 기술, 과정, 도구와 **방법**을 연관시켰다. 통합적 탐구는 연구의 자료 수집 단계에서 넓은 범위의 방법을 사용하는 것을 인식하고 지지한다. 자료 수집 방법은 연구자가 다양한 출처로부터 정보를 얻어 연구주제, 현상, 경험을 보다 포괄적으로 기술할 수 있도록 도와준다.

연구의 정보습득 단계에서 원 자료(original data)는 다음의 방법과 기술을 이용하여 수집할 수 있다.

- 표준화된 평가도구(심리학, 생리학, 생의학, 행동주의, 초심리학)
- 설문지
- 인터뷰
- 조사
- 제3자에 의한 관찰
- 자기보고(자기관찰 또는 자기회고)
- 제3자에 의한 보고
- 문헌자료; 공식적이고 기록된 자료
- 참여자들에게 예술작품이나 사진 등의 비언어적 자료 제출을 요구하기
- 자아초월적 자료(무의식적 자료들, 꿈, 직관, 심상, 느낌, 신체적 자료, 초심리학적 앎, 직접적 앎 등에 대한 접근)
- 연구 참여자들을 적절하고 자비롭게 대하기
- 마음챙김, 분별력의 연습과 차이를 인정하기

통합적 탐구자는 다양한 출처로부터 자료를 수집할 뿐만 아니라, 그 정보

에 접근하고 다루기 위해 (앞에서 언급한) 다양한 양식의 앎을 활용할 것이다. 또한 관련 정보를 수집할 때 공식적인 연구 참여자들뿐만 아니라, 참여자를 알고 있는 사람이 그 경험에 수반된 것과 결과에 대해 '외적인(external)' 관점에서 기꺼이 제공하는 추가적인 정보를 얻을 수 있다. 이 사람들은 참여자를 매우 잘 아는 사람들(가족 구성원, 사랑하는 사람)과 참여자를 약간 알고 있는 사람들(직장 동료, 지인)일 수 있다. 이렇게 다양한 출처로부터 정보를 얻는 접근은 다양한 조직의 맥락에서 생산성을 평가할 때 사용되는 소위 **360도 피드백**의 변이다.

실습: 가장 적절한 자료 수집 방법

당신이 크게 흥미를 갖는 특정 경험을 탐구하기 위한 연구를 설계한다고 상상하라.

이전의 체험적 실습에서 언급한 자료 수집 방법을 검토하라.

그 방법 중 어떤 것이 당신의 연구 프로젝트에 가장 알맞은가?

어떤 방법이 가장 부적합하게 보이는가?

다음 예들은 연구자들이 연구 자료를 수집하는 다양한 방식의 작은 표본만을 보여 준다. 수많은 프로젝트는 표준화된 평가도구를 활용하여 자료를 수집해 왔다. 이 방식은 매우 일반적이므로 구체적인 예를 제시할 필요가 없다. 그러나 통합적 탐구자에게 흥미를 주는 많은 자아초월적, 영적 경험과 구성개념을 다루는 표준화된 평가에 대한 세 가지의 뛰어난 논평을 다음의 문헌에서 참고하는 것은 유용하다(MacDonald, Friedman, & Kuentzel, 1999; MacDonald, Kuentzel, & Friedman, 1999; MacDonald, LeClair, Holland, Alter, & Friedman, 1995).

다음은 자료 수집에 흔히 사용되지 않는 접근에 대한 예다.

비언어적 꿈 작업에 대한 연구의 한 부분으로, 낸시 페이건(Nancy Fagen, 1995)은 연구 기간 동안 꿈 그 자체가 그녀의 연구 및 연구 참여자들의 경험을 비언어적 방식으로 해설할 수 있게 할 의도를 갖고 꿈의 비언어적 상징을 수집하였다.

지니 파머(Genie Palmer, 1999)는 이례적인 인간 경험의 개방과 통합에 대한 연구를 진행할 때, 모든 연구 단계에서 연구자로서 주변에서 일어난 일에 주의를 기울이면서 그녀가 경험한 우연성과 동시성에 대한 묘사를 포함시켰다.

수전 칼록(Susan Carlock, 2003)은 기독교적 신비주의에서 신과의 합일을 통한 진정한 기쁨에 대한 체험을 연구할 때, 초기 기독교의 신비에 대해 기술한 문헌을 선정하여 분석하였다.

라이언 로밍거(Ryan Rominger, 2004)는 임사체험의 후유증을 통합하기 위한 영적 안내와 표현예술의 활용에 관한 연구를 실행하였다. 소규모 그룹을 진행하는 동안 참여자들의 체험과 후유증의 주제를 그림으로 명료화하기 위해 그들이 만든 표현적 예술작품을 활용하였다.

초기에 요약된 신체심리 진단 연구에서, 윌리엄 벤토(William Bento, 2006)는 연구 참여자들을 다양한 동작 실습에 참여하게 하고 그 속에서 그들이 경험하고 인식한 것에 대한 1인칭 정보를 수집하였다. 그는 또한 연구 참여자들이 연습하는 동안 그들의 움직임과 행동을 외부에서 관찰한 3인칭 정보도 포함시켰다.

환각제 복용 후 롱 댄스(Long Dance) 의식에 관한 연구에서, 제이슨 클락(Jaysen Clark, 2007)은 롱 댄스에 참가자들로 하여금 천으로 만든 배너(cloth intention banner)에 의도를 표현하게 하고, 그것을 수집하여 분석하였다. 그는 연구 보고서에서 이 배너 사진을 포함시켰다.

죽음과 연관된 비일상적 경험을 연구하는 과정에서 알시오네 라이트(Alcione Wright, 2010)는 임종 경험의 관찰을 제안하였다.

많은 연구자는 프로젝트를 시작하기 전 원하는 참여자 유형과 관련해서 구체적인 계획을 세운다(때로는 절차화한다). 계획과 절차의 활용은 이 책의 제2부에서 상세히 다룬다.

자료 처리 및 해석 방법

직관적 탐구자들이 자료를 수집할 때 다양한 출처를 활용하는 것처럼 그들은 연구의 두 번째 주요 단계인 자료 처리 과정에서 다양한 개인적 역량과 방법을 활용한다. 이 단계에서 연구자들은 가능한 자료와 발견을 충분히 조직, 분석, 처리, 통합, 요약, 이해, 해석하고자 한다.

연구의 **자료 처리 및 해석** 단계에서 연구자는 다음과 같은 방식으로 자료와 발견을 다룰 수 있다.

- 평가 채점하기, 질적 응답에 관해 평가하기
- 자료 정리하기
- 양적 자료에 대한 통계 분석 실행하기(메타분석 포함)
- 질적 자료에 대한 주제 분석 및 해석 실행하기
- 참여자의 경험이나 이야기에 대한 간략한 내러티브와 상세한 묘사, 표현 등을 준비하기
- 연구자의 자기 회고 이용하기
- 전체적 능력과 자원을 이용하기[패턴 인식, 연역법, 귀납법, 분석, 통합, 인식력, 분별력, 다양성 인정, 직관, 게슈탈트적 이해(전체 패턴의 이해), 꿈, 이미지, 감정, 움직임, 창조적 표현, 상징, 은유, 원형 이론의 전개]
- 연구 질문 및 기존 문헌자료와 발견을 연결시키기

각 자료 처리 단계에서, 연구자는 자료를 분석적이고 선형적으로만이 아니라 통합적이고 게슈탈트적(전체 패턴의 이해)으로도 처리할 수 있다. 연구자는 다양한 의식 상태에서 자료와 발견을 검토하고 처리하고 해석할 수 있다. 다양한 의식 상태의 예는 민감하게 깨어 있는 의식, 이완된 자각의 상태, 적극적 상상과 유도된 상상을 하고 있는 상태, 명상 후의 상태, 소홀히 취급될 수도 있는 미묘한 감정을 드러내기 위한 **포커싱 기법**(Gendlin, 1978 참조)을 사용하거나 사용한 후의 상태, 동작 실습 전과 후의 상태, 꿈꾸는 듯한 또는 어렴풋한 자각의 상태, 적극적인 의식 처리 과정을 멈추고 자신에 대한 이해를 확장시키기 위

해 무의식적 과정을 배양하고자 노력하는 동안과 이후의 상태 등이다. 이것들은 주의를 적절하게 분배하는 다양한 방식이다. 이 많은 방법에 대해서는 이 책의 제2부에서 좀 더 자세히 다룰 것이다.

실습: 가장 익숙하고 익숙하지 않은 또는 가장 선호하고 선호하지 않는 자료 처리 방식

이전 실습에서 언급된 다양한 방식의 자료 처리 및 해석을 검토하라. 마친 후에는 다음 질문을 던진다.

이 방법들 중 어떤 것이 당신의 연구 프로젝트에 적절히 사용할 만큼 충분히 익숙하고 준비되어 있다고 느끼는가?

이 방법들 중 어떤 것에 대해 추가적인 정보나 훈련이 요구되는가?

이런 절차와 기술을 사용하는 능력을 배가시키기 위해 어떤 자원을 모색할 것인가?

이 방법들 중 어떤 것이 당신의 관심과 선호에 가장 잘 들어맞는가?

이제 두 번째 주요 연구 단계에서 연구자들이 자료를 독창적인 방법으로 처리한 소수의 사례를 소개한다.

수집된 질적 자료를 전통적인 분석 방법으로 처리하기 전 도러시 에틀링(Dorothy Ettling, 1994)은 명상 상태에서 녹음된 참여자의 인터뷰 자료를 들으면서 그녀 자신의 감정과 직관에 주의를 기울였다. 여러 번 테이프를 들으면서 매번 다른 측면의 소재, 즉 감정적인, 직관적인, 이성적인 또는 특정 내용에 관심을 기울였다. 그녀 안에서 은유나 다른 형태의 창조적 표현이 일어나도록 함으로써, 단선적이고 이성적인 방식으로는 쉽게 표현되지 않는 의미를 전달하고자 하였다.

자료를 처리하는 전통적인 방법을 사용하면서도, 알작 암라니(Alzak Amlani, 1995)는 조용히 명상 상태에서 참여자의 인터뷰 테이프를 듣는 동안 그의 감정적, 직관적 반응뿐만 아니라 청각적, 시각적 이미지와 함께 자기수용적(proprioceptive) 감각 이미지에 주의를 기울였다. 그는 떠오르는 이미지의 은유적·상징적·원형적 면을 탐구하고 정교화함으로써, 참여자들에 대한 교차문화적이며 신화적인 의인화를 개발하였다.

영적 수행으로서의 춤을 연구하면서, 잔 피셔(Jan Fisher, 1996)는 연구 프로젝트의 여러 단계에서 그녀 자신이 직접 춤 동작에 참여함으로써, 연구 참여자와 똑같이 움직이는 순간의 경험을 연구자로서 자신 안에서 재생시키려고 노력하였다.

전일성을 향한 여정에서 필리핀 이주 여성들이 겪는 문화적 고립, 동화, 통합에 대한 연구에서 소피 아라오-응우옌(Sophie Arao-Nguyen, 1996)은 연구 참여자들이 그룹 모임에서 자아정체성 방어(identity shield)에 대해 이야기할 때, 말뿐만 아니라 비언어적 이미지도 사용하도록 했다. 그녀는 이것을 연구의 주요 세 단계에서 전부 사용하였다. 또한 자료를 처리하면서 자신의 몸 자각, 창조적 표현, 직관뿐만 아니라 의례와 꿈 작업도 활용하였다.

영적 체험을 촉진시키는 환각 물질과 함께 롱 댄스 의식에서 참여자들의 경험이 자아초월적 특성을 가졌는지 알아보기 위해, 제이슨 클락(Jaysen Clark, 2007)은 다양한 모형을 만들어 냈다. 이것을 통해 그는 롱 댄스의 특징과 출간 문헌에서 찾은 자아초월적 본질과 성격을 갖는 몇 가지 치료의 특징을 비교하였다.

세대를 넘는 홀로코스트 이후의 정신적 외상에 대한 연구에서, 마크 요스로(Mark Yoslow, 2007)는 연구 대상 경험의 신체적·심상적 표현을 담고 있는 그림자 박스(shadow box)를 만들었다. 이 단계와 다른 연구 단계에서 이 그림자 박스는 그의 연구 경험에 대한 이해의 지평을 넓히는 데 도움을 주었다.

발견을 표현하고 전달하는 방법

연구의 세 번째 주요 단계에서 발견을 표현하고 전달하기 위해 선택하는 방법은 연구자 자신의 선호 및 전달하고자 하는 청중의 특성에 달려 있다.

연구의 **보고와 전달** 단계에서 연구자는 발견을 기술하기 위해 다음의 방법을 사용할 수 있다.

- 양적 연구 프로젝트에서는 통계 결과, 표, 그래프
- 질적 연구 프로젝트에서는 내러티브, 주제, 은유, 직유, 상징
- 비언어적인 창조적 표현
- 시청각 자료(CD, DVD 포함)
- 독자들이 발견을 특정 방식으로 이해할 수 있도록 스스로 준비할 것을 제안(의식 변성을 위한 제안 포함)
- 논문, 책의 장, 책 등을 통한 발표
- 강의, 워크숍, 트레이닝을 통한 발표
- 활동 결과물(후속 활동, 미팅, 그룹, 프로젝트, 조직)

연구자와 청중의 선호에 따라 다양한 발표 형식을 문서와 구두로 전달되는 보고에서 활용할 수 있다. 정보를 제공하고 얻을 때의 선호 방식이 사람들에 따라 다르므로 내러티브 자료, 도표 제시, 시각적 그래프와 다이어그램을 다른 목소리와 다른 언어로 표현할 수 있다. 전통적인 논문에서는 공간적 제약으로 인해 정보를 제공하는 방식에서 불필요한 중복은 삼간다. 그러나 통합적 탐구자는 똑같은 정보를 다양한 방식으로 전달하는 것이 보다 많은 사람이 편안하게 정보를 얻고 평가하는 데 유용하다는 점을 안다.

다양한 유형의 청중들(의도된 정보 수용자)은 의사소통에 있어 다양한 선호와 습관을 가지고 있다. 연구 보고는 그 선호도에 적절히 맞춤화될 수 있다. 예를 들면, 의학이나 임상 분야에 있는 사람들은 결과 연구, 개입 연구, 무작위 임상실험에서 나온 양적 발견에 가치를 두는 경향이 있다. 만약 연구자가 그런 사람들이 자신의 연구와 발견에 참여하기 원한다면 양적으로 틀을 짜고, 통계, 표, 그래프를 사용하는 것이 특히 효과적일 수 있다. 또 다른 사람들은 풍부한 이야기와 개인적 일화에 더 흥미를 보이고 감명받을 수 있다. 이 경우에는 질적인 틀과 간결한 내러티브 발표가 진가를 더 인정받을 수 있다.

질적 연구결과를 보고할 때, 내러티브 형식으로 주요 발견을 간결한 이야

기, 사례(vignettes) 또는 묘사, 세밀한 서술(발견적 연구에서 추천하는 것처럼)로 제시하면서 전개할 수 있다. 다른 방식으로는 주제를 파악하고 각 주제별로 가능하면 참여자 자신의 말 속에서 몇 가지 훌륭한 예시를 가져와 표나 내러티브 방식으로 보여 줄 수도 있다. 주제들은 준 수량화(quasi-quantified)시킬 수도 있는데, 각 주제를 보고한 참여자 수를 포함시킴으로써 그 주제가 얼마나 공통적인지 아니면 희소한지를 보여 준다. 이 숫자는 다양한 주제의 상대적인 분포 상태(아마도 상대적인 중요성)를 제공한다. 발견하리라 기대했던 주제(예상된 주제)와 꼭 기대하지는 않았던 주제(새로운 주제) 전부를 서술하는 것이 유용할 수 있다.

발견을 보고할 때 연구자는 종종 다른 전문가 또는 좁은 영역의 전문가로 전달을 제한한다. 통합적 탐구자는 그들의 연구가 다양한 분야의 전문가들뿐만 아니라 일반 대중까지 보다 쉽게 접근할 수 있도록 더 광범위하게 확산되기를 희망한다. 따라서 전문적인 논문과 책 외에도 연구자는 그들의 연구와 발견을 보다 대중적인 언어로 표현함으로써 대중적이거나 준대중적인 논문이나 책을 준비할 수 있다. 그들은 발견과 사상을 전문적인 콘퍼런스나 모임뿐만 아니라 전시회, 대중강연, 워크숍, 매체를 통한 발표 등을 통해서도 공유할 수 있다.

자신의 전문적인 연구 영역에서 '분야의 발전'을 가져오는 최선의 방법은 동료 전문가들 대상의 **정보 제공적인** 논문이라는 주장을 종종 접한다. 이는 전문적인 분야에서는 사실일 수 있다. 그러나 철학, 심리학, 영성, 사회, 인간과학 등의 통합적 탐구자의 관심 영역에서는 그 분야를 발전시키는 추가적인 방법이 있다. 그 가운데 하나가 이 영역의 주제에 높은 관심을 보이는 많은 대중에게 전달함으로써 그들의 지식과 지지를 확대하는 것이다. 또 다른 접근은 연구자, 참여자, 발견을 수용하는 사람들의 **전환적인** 변화를 촉진할 수 있는 방법으로, 연구를 계획하고 실행하고 보고하는 것이다. 이들 존재 그 자체의 변화는 우리가 완전히 이해할 수 없는 방식으로 개인, 사회, 문화, 지구의 변화에 중요하게 기여할 수도 있다.

실습: 연구 발견을 발표하기 위해 가능한 사항

당신이 가장 관심을 갖는 특정 경험을 탐구하기 위해 연구를 설계한다고 상상하라.

연구를 완성했고, 그 결과물을 특정 목적으로 특정 청중에게 전달하기를 원한다고 상상하라.

청중은 누구이고, 목적은 무엇인가?

이전 실습에서 제시한 연구 발견의 발표, 전달에 관한 다양한 방법 목록을 검토하라.

선택한 청중에게 발표하기 위해 어떤 방식을 사용할 것인가?

이 특정 청중에게는 어떤 발표 방법이 가장 부적합해 보이는가?

다음의 예는 결과물을 발표하고 전달하는 몇 가지 대안적인 방식이다.

이전에 언급한 연구에서 소피 아라오-응우옌(Sophie Arao-Nguyen, 1996)은 연구 발견을 표현하는 한 가지 방식으로 자아정체성 방어를 사용했다. 그녀의 연구는 또한 개인적·단체적 실행 계획, 워크숍, 집중수행 등 다양한 실행 관련 후속 작업을 포함했다.

출산 시기의 불임 경험에 관한 연구에서, 웬디 로저스(Wendy Rogers, 1996)는 연구 결과를 발표하면서 독자와의 상호적이고 창의적인 통합의 일환으로 돌 위에 경험의 핵심 속성을 그리게 했다. 돌은 연구 경험의 구체적이고 중요한 촉감적인 측면의 표현물을 제공했다.

유기적 탐구 프로젝트를 실행했던 연구자들의 경험을 탐색하는 연구 프로젝트의 한 부분으로, 마이클 휴잇(Michael Hewett, 2001)은 단막극과 비디오의 형태로 자신의 발견을 발표했다.

몇몇 연구자들은 연구 보고서에서 독자가 결과 부분을 읽기 전에 특정 의식 상태에 들어감으로써, 연구에서 발견했던 내용을 보다 충분히 이해할 수 있도록 설계된 지침을 포함시켰다. 연구자들은 연구 보고서에 CD, DVD, 웹 사이트 링크를 포함시키기 시작했으며, 독자들은 이를 통해 추가 정보를 얻고, 때때로 연구의 몇몇 단계에서 상호적으로 참여할 수 있다. 제1장에서 서술한 것처럼 연구자들은 점점 그들의 발견을 다른 이들에게 제시할 때 **체화된 글쓰기**(embodied writing)를 활용하고 있다.

통합적 접근의 도전 과제

통합적 탐구의 광범위하고 포괄적인 성격은 이 연구 접근을 사용하는 사람들에게 주요한 두 가지 도전을 제시한다. 첫 번째 도전 과제는 각 연구 단계마다 고려되고 채택될 수 있는 방법 및 측면이 광범위하므로 연구자가 그것을 완벽하고 충분히 실행하는 것은 부담이 클 수 있다. 따라서 한 명의 연구자가 진행할 때는 전문성의 증대가 필요하고, 아니면 각자의 개인적인 재능을 연구 작업에 기여할 수 있도록 연구팀 구성원 간의 협동이 필요하다. 또 다른 어려운 측면은 연구자가 개인적으로 관심이 높은 주제를 전인적 방식으로 연구하기 때문에 연구자는 실제로 두 프로젝트에 동시에 참여하게 된다. 즉, 외적 탐구(표면상으로 연구 프로젝트 그 자체)와 내적 탐구(이 안에서 연구자는 자신의 개인적인 이슈와 전환적 가능성을 마주할 것이다)다. 이 두 가지 탐구는 그 순간의 요구에 따라 주의를 기울이는 것이 중요하다. 이것이 순조롭게 진행되지 않는다면, 주의를 요하는 다른 차원의 탐구에 충분한 에너지와 시간을 몰입할 수 있도록 한쪽 차원의 작업을 미루거나 변경하는 것이 필요할 것이다. 두 번째 도전 과제는 연구자의 노력이 너무 피상적으로만 퍼질 위험이 있다는 점이다. 연구 설계에서 너무 많은 구성요소를 포함시키려 하기 때문에 각 요소를 충분하게 완전히 다룰 수 없는 위험을 의미한다.

이 두 가지 도전 과제를 해결하기 위해서는 연구자의 준비도에 대한 세심한 고려와 연구자가 필요한 능력을 가지고 있는지, 아니면 그 능력을 쉽게 습득할 수 있는지에 대한 결정이 이루어져야 한다. 또한 각각의 잠재적 구성요소에 대해서도 세심히 숙고하여 선정된 주제, 경험 또는 연구문제의 풍부한 탐구에 가장 필요한 것만을 포함시키는 것이 좋다.

'피상적으로 퍼지는(spreading thin)' 문제를 다루는 또 다른 방법은 단일 연구에 모든 측면과 구성요소를 한 번에 포함시키는 대신에, 프로젝트를 선형적/순차적 측면의 연구 **프로그램**, 즉 시간 흐름에 따라 구성요소를 배열하는 방식으로 설계하는 것이다.

인문학의 본질 내용에 대한 함의

이 장은 연구 현상에 대해 보다 완전하게 설명하기 위한 학문적 **탐구** 과정을 확장시킬 수 있는 많은 방법에 대해 논의해 왔다. 이 장에서 설명한 실제와 원리가 갖는 함의는 지금까지 인문학의 **본질적 내용** 자체가 소홀히 다루어 온 주제, 사안, 출처를 똑같이 포함시켜 확장해야 한다는 것이다.

연구자들은 다양한 연구 영역을 정립하면서 종종 이 영역의 경계선을 다소 좁게 규정해 왔다. 이 영역, 즉 익숙한 학문은 하위 학문이라 불리는 것으로 좀 더 세분화되어 왔다. 예를 들면, 심리학은 인간의 기능과 경험에 관련된 영역에서 분리되었다. 심리학 그 자체는 많은 학파와 세력(행동주의/인지, 정신분석학/심층심리학/인본주의/실존주의/자아초월)으로 세분화되었다. 그 후 전문화된 관심 영역으로 보다 세분화되었다(예를 들어, 미국 심리학회는 56개로 분류되고, 영국은 10개의 분파와 13개의 영역이 있는 것을 생각해 보라). 학문 영역을 세분화하여 그에 따른 결과물을 얻는 논리적 근거는 때로는 유용하고 이롭지만, 때로는 그렇지 않다.

통합적 탐구가 광범위한 방법, 실습, 원리를 포함한 가치를 인식하는 것과 마찬가지로, 심리학도 다양한 범위의 강조점을 포함시키기 위해 확장되었을 것이다. 그 확장된 형태의 심리학, 즉 **포괄적이고 통합적인 심리학**은 앞에서 언급한 많은 학문으로부터 방법, 발견, 이론, 의미, 응용에 관한 정보를 얻을 수 있고, 통합심리학, 긍정심리학, 초심리학, 심리연구, 훌륭한 영적 지혜의 전통, 인문학, 예술 등의 관련 영역으로부터의 정보 또한 환영할 것이다. 독자들도 명백히 알게 되겠지만, 이러한 포괄성과 통합성은 이 장에서 이미 다루어진 접근과 기술에서 그리고 이 책 전반에서 찾아볼 수 있다. 마찬가지로 이는 학문 그 자체의 본질적인 내용을 확장시키는 모델로서 기능할 수도 있을 것이다.

제3장 유기적 탐구
- 영성과의 파트너십 연구 -

제니퍼 클레먼츠(Jennifer Clements)

> 믿음은 앞으로 나아가게 만든다. 의심은 경로를 바꾸게 한다. 둘 중 하나가 부족하면 발전은 불투명하다.
>
> -J. B. Clements(사적 대화)

유기적 탐구는 심리영적 성장에 관심을 갖는 사람들 및 주제에 적합한 질적 연구로서 최근의 접근이다. 연구자의 정신이 연구의 주관적 도구가 되어 자아 경계 너머의 영적 영향력을 가진 파트너십으로 작용한다. 준비, 영감, 통합의 세 단계 과정이 자료 수집 및 분석 방향을 제시한다.

살아 있기 때문에 변할 수 있다는 의미에서 '유기적 탐구(organic inquiry)'라 불리는 이 접근은 전환적인 변화(transformative change)를 불러오고, 정보뿐만 아니라 마음과 가슴의 변화를 가져오는 전환을 포함한다. 이때, 연구자와 참여자뿐 아니라 더 중요하게는 연구의 독자들에게도 동일한 변화를 배양할 수 있는 과정을 제공한다. 독자들에게 전환적인 해석의 기회를 제공하기 위해서 이야기는 느낌과 생각의 두 가지 방식을 모두 이용해서 결과를 제시한다.

1993년 봄에 도러시 에틀링(Dorothy Ettling, 1994), 리사 실즈(Lisa Shields, 1995), 노라 테일러(Nora Taylor, 1996), 다이앤 제넷(Dianne Jenett, 1999)과 나는 성스러운 여성성을 포함할 수 있는 연구방법을 모색하면서 유기적 탐구의 개념을 발전시키기 시작했다. 우리는 협동과 상호의존성의 긍정적 가치가 인정받을 수 있고, 다양성이 우리를 분리시키는 것이 아니라 평등하게 만들며, 영적 경험이 이성적 사고의 그림자에 가려지지 않는 작업 방식을 원했다(Clements, Ettling,

Jenett, & Shields, 1998, 1999).

그때 이후로 유기적 탐구는 자아초월 심리학연구소(the Institute of Transpersonal Psychology: ITP) 학생들과 함께 작업하는 맥락 속에서 발전해 왔다. 지금은 다른 학교에서도 수행하고 있지만 여기에 세시된 방법은 주로 ITP 학생들의 연구 작업을 통해 개발한 것이다.

아마 유기적 탐구의 가장 핵심적이고 주목할 만한 측면은 정보뿐만 아니라 전환에 그 강조점이 있다는 점이다. 그 방식은 생각 외에도 영혼, 신체, 느낌을 연구에 포함시킬 수 있다(Braud & Anderson, 1998). 자아초월 심리학의 다양한 인간발달 모델의 영향을 받은 유기적 탐구는 **전환적인 변화**(*transformative change*)를 가져오는 특별한 주제의 맥락을 사용한다. 전환적인 변화란 세계관이 재구성되는 결과로 자아초월적 발달을 향한 삶의 여정을 따라 어느 정도의 움직임을 제공하는 것으로 정의된다. 즉, 유기적 탐구는 머리와 가슴의 전환적인 변화로 초대한다.

가슴의 전환적인 변화, 경계를 넘어 영적 원천과의 협력을 감내하고 지지하는 에고의 훈련은 에고가 개입하지 않는 정보에 접근할 수 있도록 비판적 사고를 일시적으로 중지할 것을 요구한다. 그 후 에고는 새로운 재료를 연구에 통합시키기 위해 나아간다. 이 방식에서 세계관의 재구성은 내적·외적 양쪽 측면에서 인식될 수 있는데, 세상에 도움이 되고자 하는 열망과 동시에 자아(self)와 영혼(Spirit)과의 연결을 증진시킨다.

아름다움(beauty)에 관한 연구에서, 마자 로드(Maja Rode, 2000)는 "연구의 목적인 전환에 완전히 함께하지 못했다."고 했을 때, 이 사실이 현재의 자아를 수용하지 않는 것이고 영적인 길의 선택과는 모순을 의미한다고 믿었다. 하지만 연구 과정을 거치면서 전환은 현재 자아에 대한 평가에 의한 것이 아니라 전체성을 향한 자연스러운 움직임으로 볼 필요가 있다는 인식으로 바뀌었다.

실습: 전환적인 변화

이전 장에서 기술한 이완 방법을 사용하면서 호기심을 갖고 자각 상태로 이동하라.

당신의 인생을 살펴보면서 인생의 기복 및 삶을 변화시켰던 순간을 살펴보라. 그것이 대중 속에서 일어났는가, 아니면 혼자 있을 때 일어났는가? 거친가 아니면 평화로운가? 즐거운가 아니면 비극적인가? 그 목록을 작성한다.

목록을 검토하라. 그 순간들이 어떻게 인생을 바꾸었는가? 마음과 가슴에 변화를 가져왔는가?

그 목록을 다음 실습에 사용할 수 있도록 보관하라.

유기적 지향성은 마음이 열려 있는 사람에게는 신성과 인간성이 상호 교류할 수 있다는 가정을 포함한다(Van Dusen, 1996, 1999). 이 장은 에고가 거의 지각되지 않는 상태의 유용한 경험을 모으기 위해서, 개별적인 정신이 경험할 수 있는 에고 너머의 상태를 설명하기 위해서 **경계**(*liminal*)와 **경계영역**(*liminal realm*)이라는 용어를 사용한다(Hall, 1987; Hopcke, 1991; Turner, 1987; van Gennep, 1960). **경계**(*liminal*)라는 용어는 라틴어(*limen*)에서 나왔고 한계점, 역치를 의미한다. 우리는 에고를 초월하는 한계를 건너 경험을 쌓고 다시 돌아와 '더 깊은 원형의 본질을 보고 경험하며 꽃피울 수 있도록 허용하는 것'을 배울 수 있다(Hopcke, 1991, p. 118). 한계를 건너면 정신은 덜 구조적이고, 덜 익숙한 상태가 된다. 거기서는 경험을 관찰할 수 있지만 에고가 그 경험을 생성하거나 통제하지 않는다.

영성(*Spirit*)과 **영적**(*spiritual*)이라는 용어는 자아를 넘어선 영향력과 원천을 나타내고 눈에 두드러지게 유익한 영향을 미치며, 종종 경외감과 직접적 의도를 동반한다. 영성은 어떤 보편적인 정의를 뛰어넘지만, 특정 성격, 믿음, 연구자의 경험과 연구방법의 설정 속에서 만날 수 있다. **경계**라는 용어는 자아를 초월한 보다 중립적인 영향력을 가리키는 데 사용된다.

실습: 경계 너머 및 영적 체험

호기심 어린 자각 상태에서 이전 실습에서 작성한 경험 목록을 검토하라.

그것은 경계 너머의 경험인가, 영적 경험인가?

경계 너머의 경험과 영적 경험은 어떻게 다른가?

이 논의가 삶의 변화를 가져오는 추가적인 경험 목록, 예를 들어 꿈, 비전, 내면의 대화, 비일상적 동시성 등을 마음속에 떠오르게 하는가?

어떻게 그 경험이 마음이나 가슴에 변화를 가져왔는지 숙고하라.

전통적 연구 맥락에서 유기적 탐구에 관해 논의하는 데 있어 주요 도전은 지적 능력으로는 완전히 이해할 수 없다는 점이다. 예를 들어, '사랑에 빠지다'와 같은 지적 능력 이상을 요구하는 개념을 완전히 분석할 수 있는가? 많은 자아초월 주제와 마찬가지로 완전한 이해는 개인적인 체험적 만남을 필요로 한다. 우리가 경험하지 못한 것에 대한 혼란과 판단은 이해를 위한 어떤 기반도 없기 때문에 나오는 공통적 반응이다.

간단히 요약하면, 유기적 탐구는 최신의 질적 연구 접근으로서, 특히 심리영적 성장과 관련된 주제 및 사람들에게 유의미하다. 자신의 정신이 도구가 되어 경계 너머와 영적인 자료들, 연구 경험에 관련된 이야기를 제공할 수 있는 참여자들과 주관적 파트너십으로 연구한다. 경계 너머의 자료에 대한 인지적인 통합에 관여하는 분석은 주제에 대한 연구자의 이해와 경험에 전환적인 변화를 가져온다. 이야기는 생각뿐만 아니라 느낌을 불러일으키는 매개로서 각 독자들이 전환적인 해석에 대해 공감대를 이룰 수 있도록 주제를 다양하고 친밀한 시각으로 제시한다.

유기적 심상

이야기와 은유는 느낌과 직관의 참여를 불러일으키는데, 이것이 유기적 탐구의 묘미를 느끼는 경험을 촉진한다. 특별히 은유적 묘사의 사용은 이 접근 개발 초기에 등장했다. **유기적**(*organic*)이라는 용어는 자연의 맥락에서 성장 개념으로부터 발전했고, 이것은 인간의 이해를 포함하기도 하고 뛰어넘기도 하는 과정이다. 우리는 나무의 성장이라는 이미지로 유기적 탐구의 특성과 전개를 볼 수 있었다. 유기적 탐구의 다섯 가지 특성, 신성한, 개인적인, 어둡고 신비로운, 연관된, 전환적인 특성은 연속적 과정이기보다는 누적되는 성질을 가진다. 즉, 특정 순서가 아니라 동시에 발생한다.

신성한(*sacred*): **토양 준비하기**(preparing the soil). 씨앗을 심기 전에 먼저 흙을 준비한다. 이와 마찬가지로 유기적 방식에 참여하는 것은 신성한 시각을 배양하기 위해 오래된 습관과 기대를 삽으로 퍼낼 것을 요구한다.

개인적인(*personal*): **씨앗 심기**(planting the seed). 씨앗을 심는 것은 연구자가 주제를 처음으로 경험하는 것을 나타낸다. 가장 좋은 주제는 연구자 자신의 심리영적 성장을 위한 것이기 때문에 강렬한 의미를 가질 수 있다.

어둡고 신비로운(*chthonic*): **뿌리가 뻗어 나오기**(the roots emerge). 자라나는 나무의 뿌리는 보이지 않고 우리의 의도와 상관없이 뻗쳐나가는 것처럼 유기적 탐구는 주관적이고 영적인 원천 자체로서 땅 아래의 삶을 가지고 있다. 살아 있는 나무처럼 그 과정은 발전하고 변화하는 것을 허용한다.

연관된(*related*): **나무 기르기**(growing the tree). 참여자의 이야기는 연구 이야기 본체에 합쳐지고 정보를 제공하는 가지다.

전환적(*transformative*): **열매 추수하기**(harvesting the fruit). 유기적 탐구의 열매는 유기적 탐구가 제공하는 전환적 변화로서, 특히 독자들에게서 일어나는 마음과 가슴의 변화들이다.

선행조건

이 접근은 모든 사람을 위한 것이 아니다. 주제, 과정, 연구자, 참여자, 독자가 갖추어야 할 태도는 많은 연구자 및 주제와 양립하지 못할 수도 있다.

많은 질적 연구가 이 방법의 지향성을 이해함으로써 혜택을 받을 수 있으나, 이 접근에서 사용하고 있는 존재와 앎의 방식은 특별히 심리영적 본질을 갖는 주제에 적합하다.

이 접근은 연구자 자신의 정신에 대한 심층적 이해를 강점과 약점 양쪽에서 요구한다. 왜냐하면 정신이 바로 연구의 도구이기 때문이다. 이 접근의 주관적이고 영적인 특성 때문에 자료에 대한 이해를 흐리지 않기 위해서는 분별력이 중요하다. 연구자는 자신의 반응과 자료 속에서 주관과 객관, 영성과 물질, 자신과 타자 사이의 차이를 인식할 필요가 있다. 그들은 자아 그 너머로 발을 내딛기 위해 건강한 자아가 필요하고, 경계 너머의 경험을 인식하기 위해 발달된 느낌과 직관적 감각이 요구된다. 유기적 과정이 진행됨에 따라 그 타당성을 평가하기 위해 강한 지적 능력도 필요하다. 이 과정의 통합을 방해할 수 있는 특성은 경직성(inflexibility), 비진정성(inauthenticity), 자만심(hubris), 영적 물질주의(spiritual materialism) 등이다.

선불교 수련생 사이의 배반(betrayal)에 대해 연구한 칼 고퍼트(Caryl Gopfert, 1999)는 자아의 도구적 접근의 장점과 단점에 관해 논의했고, 주제와 관련된 자신의 개인적인 경험이 참여자가 이야기를 기꺼이 드러내게 하는 필수조건으로 보인다고 서술했다. 또한 참여자들의 경험에 대해 더 깊은 공감적 이해를 제공했다고 썼다. 자신의 경험이 있기 때문에 그들이 무엇을 느끼는지를 감지할 수 있었다.

참여자 선정 기준은 연구주제에 대해 의미 있는 경험을 하고, 그 경험을 열린 마음으로 이해할 수 있으며, 정확히 표현할 수 있는 의도와 능력을 가진 개인을 찾는 것을 포함한다.

이상적인 독자는 자료에 기꺼이 지적으로, 정서적으로 참여하여 전환적인 변화의 영향을 받는 것을 허용한다.

추가적인 영향

앞에서 언급한 바와 같이 페미니스트 연구는 유기적 탐구의 탄생에 중요한 역할을 했다. 그것은 내용뿐만 아니라 과정에서도 객관성과 주관성 간의 조화의 중요성을 제시했다(Behar, 1996; Belenky, Clinchy, Goldberger, & Tarule, 1997; Brown & Gilligan, 1992; Gilligan, 1982; Miller, 1986; Nielsen, 1990; Reinharz, 1992; Shepherd, 1993). 유기적 탐구는 또한 도구로서의 자아와 클라크 무스타카스(Clark Moustakas, 1990) 그리고 클라크 무스타카스와 부르스 더글라스(Clark Moustakas & Bruce Douglass, 1985)의 발견적 연구에서 함축한 자아초월 강조점을 반영한다. 로즈메리 앤더슨(Rosemarie Anderson, 1998, 2000)이 개발한 직관적 연구, 윌리엄 브로드(William Braud, 1998c)의 통합적 연구, 존 헤론(John Heron, 1996, 2000)의 협동 연구방식도 지대한 영향을 미쳤다.

자아초월 심리학의 영향으로부터 자아의 경계를 넘는 영적 원천과 함께하는 작업을 강조하게 되었다. 그 방식은 초월적, 내재된, 자생적이고 의도적인, 경계 너머의 영적 원형적인 경험, 즉 에고 너머의 모든 경험을 초대하고 통합한다. 유기적 탐구의 신성하고 전환적인 방향성은 분석심리학자 칼 융(Carl Jung, 1966, 1969, 1971, 1973), 인류학자 아놀드 반 주네프(Arnold van Gennep, 1960)와 빅터 터너(Victor Turner, 1987)로부터 영향을 받았다. 내러티브 이론가 에드워드 브루너(Edward Bruner, 1986), 스티븐 크리츠(Steven Crites, 1986), 마이클 화이트와 데이비드 엡스턴(Michael White & David Epston, 1990), 레아 A 화이트(Rhea A. White, 1997, 1998)로부터도 영향을 받았다. 자아초월 이론가 힐레비 루메트(Hillevi Ruumet, 1997, 2006)의 저서와 신비주의자인 에마누엘 스베덴보리(Emanuel Swedenborg, 1963) 그리고 윌슨 반 두센(Wilson Van Dusen, 1996, 1999) 또한 중요하다.

전환적 변화와 관련된 개념을 연구하는 연구자들을 인정하는 것이 중요하다. 잭 메지로와 그 동료들(Jack Mezirow et al., 2000)은 어떻게 그들이 '관점의 전환'이라고 부르는 것을 제공하는 임계반사[1]가 세계관을 재구성하는지를 탐색

---

1 임계각에서 파동의 반사. 임계각 부근에서 반사된 파의 진폭은 급격히 커지게 된다.

하였다.

유기적 탐구는 **이야기**를 매우 강조하기 때문에 이 접근의 과정은 심리학 연구에 대한 다양한 내러티브 접근과 주요 공통점을 갖는다. 이러한 내러티브 접근에 대한 설명은 브루너(Bruner, 1987, 1990), 리플리히, 두발 메시아와 질버(Lieblich, Tuval-Mashiach, & Zilber, 1998), 미실러(Mishler, 2000), 사르빈(Sarbin, 1986), 요셀슨(Josselson, 2004)에서 찾아볼 수 있다.

유기적 탐구에 기여한 연구 목록은 1994년과 2003년 사이에 수행되었는데, 그 대부분은 자아초월 심리학회에서 수행한 것으로 브로드(Braud, 2004)에서 찾아볼 수 있다. 또 다른 유익한 논문 프로젝트로 2003년 이후에 쿠퍼스(Kueppers, 2004), 매그너슨(Magnussen, 2004), 카플란(Kaplan, 2005), 마르티레(Martire, 2006), 콜드웰(Caldwell, 2008) 등이 수행해 왔다. 유기적 탐구의 이론 및 과정에 대한 보다 상세한 설명은 ITP 도서관에서 찾아볼 수 있다(Clements, 2002).

더 가까이 들여다보기

유기적 탐구는 학문적 탐구의 맥락 안에 자아초월적 영향력을 포함시키는 반-체계적 방식을 제공한다. 이 연구의 목적은 연구자와 참여자들의 전환적인 변화를 보여 주는 연구 보고를 통해 개별 독자에게도 유사한 변화를 고무시키고 제공하는 것이다. 마음뿐만 아니라 가슴을 사용해 독자가 자신의 경험과 주제를 연결시켜 영향을 받도록 초대한다.

연구자는 전환적인 변화가 의지 하나만으로 일어나리라 희망하지는 않는다. 유기적 연구의 과정은 영적이고 자아경계 너머의 원천에서 수행되기 때문에 전통적 연구에서 예상되는 일관성을 기대하기는 힘들다. 이 접근을 선택함으로써 연구자는 전환의 원형(an archetype of transformation)을 활발히 촉진시킬 수는 있지만 통제할 수는 없다. 꿈, 동시성, 자아초월성에 기인한 창조적 표현 등 에고를 초월한 원천을 초대할 수 있으나 지시할 수는 없다.

실습: 경계 너머/영적 경험의 예측 불가능성

당신이 작성한 목록 중 경계 너머 그리고 영적 경험에 대해 생각하라.

당신이 그 경험을 일어나게 했는가? 아니면 초대받지 않은 채로 일어났다고 생각하는가?

그 경험이 일어났을 때 당신이 통제하고 있다고 느꼈는가? 때때로 그 경험이 당신을 놀라게 했는가?

연구를 진행하면서 연구자는 세 단계의 과정을 반복적으로 따른다. **준비**(*preparation*), **영감**(*inspiration*: 자료를 수집하기 위해 자아 경계선 너머의 영역으로 진입), **통합**(*integration*: 자아가 개입된 상태에서 자료에 대한 인지적 검토). 연구자의 정신은 경계 너머 지혜의 경험과 연구자의 이해 사이에서 함께 작업하기 위한 적극적 설정이 된다.

유기적 탐구의 목적인 독자들의 전환적인 변화는 참여자들의 이야기뿐만 아니라 연구의 결과로서 연구자가 어떻게 변했는지에 대한 이야기를 통해서도 제공된다. 이 이야기들은 개별의 독자를 유익하고 전환적인 성장이라는 유사한 과정에 참여하도록 초대한다. 이야기는 생각뿐만 아니라 느낌도 불러일으키기 때문에 개념화 및 기술의 귀한 재료가 된다. 이야기는 우리를 전환이 가능한 경계 너머 영역으로 데려다주는 매개로서 기능하고 새로운 경계 너머를 경험할 때 변하는 자아를 위한 인지적 컨테이너(cognitive container)를 형성한다. 우리 인생 이야기의 구체적 내용에 대한 우선순위는 새로운 경험에 기초하여 재해석할 때 변한다(Crites, 1986; Hopcke, 1989).

이 개념을 설명해 주는 하나의 이야기가 있다. 몇 년 전에 나는 ITP에서 유기적 탐구에 관한 수업을 하고 있었다. 이 수업에서 종종 했던 것처럼 그 분기에 진행할 프로젝트를 위해 학생들에게 명상을 통해 자아 너머의 접촉, 즉 **연구의 뮤즈**(*a muse of the research*)[2]를 생각하라고 독려했다. 고요 속에서 나는 익숙

2 고대 그리스로마 신화에서 시, 음악 및 다른 예술 분야를 관장하는 아홉 여신들 중의 하나. 작가나 화가

한 영적 연결이 일어나도록 했다. 호기심으로 이미지가 형태를 갖출 때까지 앉아 있었다. 마음의 눈으로 호피와 주니족(Hopi & Zuñi) 인디언의 큰 키를 가진 춤의 신인 **카치나**(*kachina*)[3]를 보았다. 그때 우리 그룹 구성원 한 사람 한 사람이 카치나의 원으로 둘러싸이는 것을 보았다. 그들은 손에 깃털을 쥔 채 몸을 앞뒤로 움직이며 흔들었다. 그들의 열망이 우리와 함께 존재함을 느꼈다. 그들은 아무 감정 없이 왔다. 그러나 내 감정은 물밀듯 올라와 눈물이 되어 조용히 흘렀다. 이런 종류의 자아초월 경험에 수반하는 경외감을 느꼈다. 눈을 떴을 때, 내가 본 것의 의미에 대해 생각했고 직관적으로 이해했다. 이 장에서 사용되는 것처럼 직관은 논리적 사고와는 달리, 어떤 의문도 없이 순식간에 무엇인지 안다. 반드시 유일한 진실은 아닐 수도 있지만 즉각적이고 확실한 느낌이 있다. 이 순간에 카치나의 출현은 학생들이 자신의 에고를 초월해 개인적인 연결을 할 수 있으리라는 나의 희망을 확인시켜 주는 것이라고 직관적으로 이해했다. 명상을 마무리하면서 내가 보았던 것을 말했고, 우리는 그 의미에 대해 토론했다.

이 이야기는 경계 너머의 영적 경험이 만들어 낼 수 있는 하나의 예다. 통제하는 마음을 한곳에 접어두고 경계 너머의 경험을 의식으로 초대한다. 그 후 그 경험의 의미를 숙고하고 의식적 경험의 한 부분으로 포함시킴으로써 에고의 자각 안에서 그 경험을 지적으로 통합할 수 있다.

실습: 연구의 뮤즈

현재 연구주제를 조사하거나 프로젝트에 관한 연구를 진행하고 있다면 마음속에서 그 프로젝트를 검토하면서 편안한 이완상태가 되라.

등에게 영감을 주는 존재.

3 Pueblo 인디언의 수호신으로서 춤의 신.

영감을 불러일으키는 프로젝트의 어떤 측면을 초대하라.

경험 후에는, 설사 어떤 영감을 느끼지 못했더라도 그 경험에 대해 글로 쓰라. 경계 너머의 경험은 예측 불가능하고 종종 타이밍이 있고 그 자체의 언어를 갖는다.

경계 너머의 과정에 대한 타당성

경계(liminality)는 잠재의식적 자아(subliminal self)(Myers, 1903)와 초월적 경계(transliminality)(Sanders, Thalbourne, & Delin, 2000; Thalbourne, Bartemucci, Delin, Fox, & Nofi, 1997)로서 연구 대상이 되어 왔다. 그것은 개방성의 증대(Costa & McRae, 1985)와 더 얇아지거나 투과적인 경계(Hartmann, 1991) 개념과 비슷하다.

자아초월 연구에서 자주 등장하는 주제인 경계 너머의 활동은 방법의 한 부분으로 거의 자리 잡지 못했다. 명상, 꿈, 천재, 이례적인 스포츠 경험, 심령 능력, 창의성 등의 경험을 연구하고 특정 상태에 따른 경험도 고려해 왔으나(Tart, 1972), 경계 너머의 경험은 연구 절차로서 항상 받아들여져 온 것은 아니다. 그러나 경계 너머의 영향에 대해 마음의 문을 개방하는 것은 연구자에게 연구의 주제, 방법, 목적에 대한 다른 태도를 요구한다. 정신이 경계 너머의 영역을 방문하는 동안 에고는 통제를 포기한다. 경계의 문턱을 다시 되돌아 나올 때 통제하는 에고는 경험한 것을 검토하고 통합한다.

자아 너머의 경험은 본질적으로 연구하기 어렵다. 그들은 기억 외에 어떤 증거도 남기지 않는다. 따라서 그러한 유형의 만남에 대한 세부 사항에 의심이 드는 것은 당연하다. 때때로 나는 경험 이후 그와 관련된 느낌이 가라앉았을 때 그 타당성을 의심한다. 나의 에고는 그것을 믿을 수 없고 궁극적으로는 쓸모없는 것으로 일축해 버린다. 칼 융(Carl Jung, 1973)은 회고록에서 이와 같은 불신에 대해 논의하고 자신의 영적 동반자에 대해 기술했다.

내 환상 속의 필레몬(Philemon)[4]과 다른 형상을 통해 정신세계에는 내가 만들어 낸 것이 아니라, 스스로 만들어 삶을 영위하는 것이 있다는 결정적 통찰을 깨닫게 되었다. 필레몬은 힘을 드러내지만 나 자신은 아니었다. 환상 속에서 나는 그와 대화를 나누었고, 그는 내가 의식 영역에서 한 번도 생각해 본 적이 없는 것을 이야기했다. 왜냐하면 말하는 사람이 내가 아닌 그라는 점을 명백히 목격했기 때문이다(p. 183).

윌리엄 브로드(1998a)는 다양한 실재에 관해 논했다.

자연과학자에게 실재는 외재적이고, 측정 가능하며, 감각 또는 물리적 도구에 의해 접근할 수 있고, 다른 사람들의 감각 또는 물리적 도구에 의해 입증할 수 있는 것이다. 인간에게 외부에서는 관찰할 수 없는 내면의 사건이 외부의 사건만큼이나 실재적이거나 더 실재적일 수도 있다(p. 236).

자아초월 과학자에게 실재는 물리적이고 내면의 경험으로 존재하는 것뿐만 아니라 무아 의식 상태로부터 나온 것도 포함한다.

유기적 과정의 세 단계에 대한 이론적 선례

인류학자 아놀드 반 주네프(Arnold van Gennep, 1960)는 '통과의례의 완성된 설계는 이론적으로 경계 이전의 의례[preliminal rites; 분리의례(rites of separation)], 경계 너머의 의례[liminal rites; 전환의례(rites of transition)], 경계 이후의 의례[postliminal rites; rites of incorporation(통합의례)]'라고 규정했다(p. 11). 시작 의례는 이 모든 세 단계

4 그리스 신화에 나오는 착한 농부다. 필레몬과 그의 아내 바우키스는 나그네로 변신하여 인간 세상을 여행하는 제우스와 헤르메스를 반갑게 맞아주고 정성스럽게 대접한 유일한 사람들이다. 제우스는 매정한 인간들을 홍수로 벌할 때 두 사람은 화를 피하게 해 주었다.[출처: 네이버 지식백과(그리스로마신화 인물백과)]

를 포함한다. 빅터 터너(Victor Turner, 1987)는 이 모델의 두 번째 단계인 경계 너머로 들어가는 '중간 시기(betwixt and between)'(p. 3) 경험에 초점을 맞추었다. 이 단계에서 개인은 밀랍에 낙인찍는 것과 같은(p. 11) 변화를 가져오는 심오한 성찰의 무한성에 연결하기 위해 자신의 정체성, 지위, 소유물, 기대를 버린다. 이 묘사는 의도적인 경계 너머 경험의 잠재력을 암시하고, 그로 인해 우리는 일상 수준의 활동을 떠나 위대한 존재와 연결할 수 있다.

칼 융의 초월적 기능의 개념은 의식과 무의식 내용의 연합으로부터 나온(Jung, 1969, p. 69) 개인적이고 집단적인 전환 모델이다. 초월적 기능에 도달하기 위해 우리는 무의식의 원천에 접근한다. 칼 융은 이 과정을 '적극적 상상(active imagination)'이라 불렀고, 일종의 지배적인 무드의 맥락 안에서 스스로 드러나는 환상과 연상에 주의를 기울였다. 이때 그 분위기의 내용이 상징적이거나 구체적인 표현으로 나타난다고 말했다. 그는 오직 내면의 재료를 경험한 후에만 의식적인 마음이 그 재료와 관계를 맺을 수 있다고 주장했다. 서로 반대되는 것(무의식의 경험과 의식적인 해석)이 만나 결합할 때 초월적 기능이 생성되어 '살아 있는 제3의 존재'(p. 90)가 된다.

칼 융은 우리가 경험을 수집하기 위해 의도적으로 자아 경계 너머의 영역을 방문할 뿐만 아니라 에고의 세계로 돌아와 통합하면서 '인격의 변화'(Jung, 1966, p. 219)에 영향을 주는 과정에 대해 묘사했다.

자아초월 심리학은 유아에서 성인 시기(그리고 그 이후)에 이르는 인간발달의 다양한 모델을 제공하고 영적 발달단계를 포함한다(Ruumet, 1997, 2006; Wade, 1996; Washburn, 1995; Wilber, 1995). 힐레비 루메트(Hillevi Ruumet)의 연구는 영적 성장이 필수적으로 그에 상응하는 심리적인 발달을 수반한다는 훌륭한 모델을 보여 준다.

그 모델은 일련의 두 가지 작업을 포함한다. 첫 번째 작업 기간에는 강한 에고를 계발하고, 두 번째 작업 기간에는 에고의 자아초월적 잠재력을 인식하는 것을 배운다. 첫 번째에서 두 번째로 이동하기 위해서는 과도기가 필요하다. 첫 번째 작업 기간에 열정적으로 완벽을 추구했던 에고는 위대한 무언가의 한 부분이라는 인식에 이른다. 이는 자주 기대하지도 반갑지도 않은 과정이다.

두 번째 과업을 다루기 위해서 초기 단계의 시기로 반복적으로 되돌아간다. 각각의 새로운 수준의 영적 성장은 초기의 에고 발달단계에서 미해결된 심리적 이슈를 다루기 위한 회귀를 요구한다. 결국 영적 작업은 심리적 발달과 함께 가지 않으면 이룰 수 없다.

유기적 연구의 세 단계 절차–준비, 영감, 통합

아놀드 반 주네프는 경계 너머의 경험에 대해 정의하였다. 칼 융은 그 경험을 수단으로 활용하자고 제안하였다. 그리고 힐레비 루메트는 어떤 규칙성을 가지고 그것에 도달하는 방법을 배우는 일생의 발달과정에 대해 설명하였다. 이 세 가지 경우는 다양한 관점으로 에고와 경계 너머 영역 사이를 즉각적이고 의도적으로 연결하는 신비체험이 모두에게는 아닐지라도, 많은 사람에게는 실재이며 가능하다는 점을 시사한다.

유기적 탐구의 주제를 선택하고 최종 연구결과를 보여 주는 전 과정에서 모든 방법의 기저에 놓여 있는 기본 모델인 세 단계의 과정을 보여 주기까지의, 이것이 전환적인 변화를 위한 가능성을 제공한다. 이 과정을 간단히 말하면, 개인이 에고통제 영역에서 경계 너머의 영역으로 이동해서 경험을 수집하고 되돌아와 진행 중인 연구에 그 경험을 통합시키는 것이다.

1단계–준비

세 단계에 걸쳐 경계 너머의 경험을 방문하고 되돌아오는 과정은 의도적일 수도 있고, 자연발생적 경험일 수도 있다. 의도적인 경우는 아마도 연구 설계의 미리 계획된 절차의 맥락 속에서 일어날 것이다. 여성들의 평생 직업을 찾는 경험을 연구한 로빈 실리(Robin Seeley, 2000)는 연구 참여자를 선택하는 설계 단계에서 의도적으로 영적 조력자를 초대하는 비전 패스트(vision fast)를 포함시켰다.

연구자가 의도적으로 경계 너머 영역으로 향하기 전, 에고의 세계에서 완수해야 할 과제가 있다. 이 과제 중 몇몇은 의도적으로, 다른 것은 의도를 넘어 일어날 수 있다. 이는 연구자마다 다르고 경험마다 다를 수 있다.

첫째, 연구 질문 또는 의도를 인식하는 것이다.

둘째, 에고가 호기심을 갖되 무지의 상태를 선택하도록 독려한다. 에고가 맡은 일에 강한 애착을 가진 사람은 이 작업이 어려울 것이다. 그렇지 않은 사람에게는 더 쉽다. 데니스 후터(Denise Hutter, 1999, p. 28)는 이 작업을 완수하기 위한 자신의 타고난 능력을 회상했다. "때때로 이 연구가 그 자체의 생명력으로 모든 연구 단계를 감독하고 있는 것처럼 느꼈다."

셋째, 에고는 존경심, 협력, 상호성의 가치를 존중하는 태도를 취한다. 자신이 연구의 능동적인 도구가 된다. 준비의 마지막 단계는 경계 너머의 경험에 문을 활짝 여는 것이다.

두 명의 개인은 동일한 방식으로 경계 너머의 경험에 도달하지 않는다. 칼 융(1971)은 인생 경험의 네 가지 기능 또는 성향인 사고, 감정, 직관, 감각에 대해 정의하였다. 이 네 가지는 경계 너머의 경험에 들어가고 나오는 방식을 설명한다.

그 기능 중 사고와 감정은 선택하는 방식이다. 사고는 논리적인 선택을 하는 반면, 감정은 주관적인 평가와 가치를 바탕으로 선택한다. 감각은 물리적 세계를 통해 경험을 얻지만 내면의 반응으로 채색된다. 직관은 어떻게 아는지 자각하지 못하지만 안다. 칼 융은 그것을 '일종의 본능적인 이해'라 불렀다.

전통적인 과학의 절차와 개념은 이 네 가지 기능을 전부 이용하지만, 보통 두 가지 기능인 사고와 감각 기능만을 신뢰한다(Shepherd, 1993). 얼마나 길고, 얼마나 멀고, 얼마나 많은지 측정하여 자료를 얻는 과학자는 감각을 사용한다. 사고에 중점을 두는 과학자는 이론적 체계를 위한 개념과 모델을 분류하고 개발하는 데 논리를 사용한다. 연구 과정에서 거의 이해하고 받아들이지 못하는 것은 알베르트 아인슈타인(Albert Einstein)의 직관적 천재성인데, 그는 논리보다는 직관을 통해 발견에 더 자주 도달했다고 인정했다[수학자 아다마르(Hadamard)의 논의에서, Vaughan, 1979에서 인용]. 과학은 감정 기능의 역할을 거의 신뢰하지 않는다. 실제로 과학자들은 과학은 모든 인간 행위에 일상적인 가치를 전해 주는 느낌으로부터 자유로워야 한다고 주장한다(Shepherd, 1993, p. 51).

융의 이론은 우리 각자는 본성상 다른 기능에 비해 하나 또는 두 개의 기능을 더 선호한다는 점을 시사한다. 균형에 관심을 기울이는 유기적 탐구는 비록 연구자에게 상대적으로 덜 개발된 기능이 있다 해도, 모든 기능의 잠재력을 의식적으로 검토할 것을 권한다. 준비 단계에서 네 가지 기능의 역할에 대한 논의는 다음과 같다. 그러나 현실적으로 네 가지는 거의 독립적으로 작용하지 않는다.

사고를 통한 준비

명상(초점화된 주의)과 관조(특정 문구나 주제에 초점화된 주의)는 영적 체험으로 가는 전통적인 방식이다. 윌리엄 브로드(William Braud, 1995a)는 '영원의 경험(an Experience of Timelessness)'에서 경계 너머의 경험으로 이동하기 위해 사고를 활용하는 또 하나의 방식을 기술했다. 시간과 관련된 현상에 대한 논문을 읽는 동안 시간의 맥락은 피할 수 없다는 저자의 주장을 실험해 보기로 결심했다. 초점화된 주의를 이용해서 그는 시간과 공간을 뛰어넘어 에고 너머의 경험으로 이동하기 위해 사고를 이용했다. "시간 부재의 경험을 지적인 실습으로 의도적으로 구성하기 시작했다고 느낀다……. 실습의 시작은 통제했으나, 곧 예기치 않은 통제 불가능한 어떤 경험으로 변화해 갔다."(p. 65)고 기술했다. 사고는 매개체로서 역할을 한 후 자리를 내주면서 그의 정신이 경계의 문턱을 넘게 해 주었다.

다이앤 제넷(Dianne Jenett, 1999)은 인디언 의식인 *Pongala*[5]에 대한 연구에서 '마치' 연구에 정보를 주는 여신이 작용하는 것처럼 자신의 사고하는 마음을 사용했다. 오랫동안 성공적인 파트너십을 만들어 준 초대장 같은 역할이었다.

5 퐁갈라(Pongala)는 케랄라(Kerala)와 타밀 나두(Tamil Nadu)의 추수 축제다. '퐁갈라'라는 이름은 '끓인다'는 의미로, 쌀, 달콤한 갈색 당밀, 코코넛 격자, 견과류 및 건포도로 만든 죽을 제물로 올리는 것을 말한다.(출처: 위키백과)

감정을 통한 준비

영적이거나 경계 너머 경험으로 가는 방법으로서 감정 기능의 일차적 사용은 이야기를 통해서다. 연구의 자료와 발견을 수집하고 이해하고 해석하고 설명하는 데 이야기를 사용할 수 있다. 이야기는 방법인 동시에 결과다. 토양, 씨앗, 식물, 뿌리, 열매 그 모든 것이다. 이야기는 본질적으로 사고하는 마음의 개념적 과정보다는 평가 판단의 수준에서 더 효과적이고 효율적으로 의사소통한다. 신비주의자들은 전통적으로 영적인 영감을 고무시키기 위해 지적인 묘사보다는 시, 그림, 음악, 이야기를 사용해 왔다.

칼 융의 원형이론은 효과적인 이야기의 뿌리에는 '모든 인간에게 공통된 정신적 이해와 지각 패턴'(Hopcke, 1989, p. 13)이 자리하고 있다는 점을 시사한다. 전환의 원형은 개인에 대한 인간 경험을 조직화하면서 이야기를 통해 의사소통하는데, '이야기가 자율적으로, 거의 자연의 힘으로 기능할 때'다(p. 16).

실습: 사고 대 감정

사고와 감정은 선택하는 방식이다. 사고는 논리적이고 선형적이며, 감정은 호불호와 가치에 그 바탕을 둔다.

호기심을 가지고 이완된 자각의 상태에서 자신의 성격, 즉 선택 방식에 대해 생각하라. 어떻게 중요한 결정을 하는지, 어떻게 매일의 결정을 실행하는지 숙고하라.

더 논리적인가 아니면 더 감정적에 가까운가? 어떤 유형에 더 강점이 있고, 어떤 유형이 더 실행하기 어려운가?

감각을 통한 준비

감각은 의도적으로 홀로트로픽 호흡작업(holotropic breathwork)[6](Grof & Bennet, 1992) 같이 형식적 절차를 통해 영적이거나 경계 너머의 경험을 촉발시킬 때 사용될 수 있다. 덜 형식적인 방법으로 많은 사람들은 창의적인 기술이나 움직임을 사용한다. 연필 깎기, 촛불 켜기, 자동적 글쓰기(automatic writing)[7], 특정 시간이나 일자에 일을 시작하는 것 등이다. 이 모든 것은 이성적 영역 너머의 영향력으로 안내한다. 운동, 음악 또는 명상 등의 반복적인 실행은 경계 너머의 경험을 자극할 수 있다.

직관을 통한 준비

직관은 구체적 사항에 대한 감각의 호불호와는 반대로 큰 그림을 전달한다. 직관적 정보는 예지적일 수 있다. 통찰 또는 이해일 수도 있다. 직관의 사용은 행동을 취하는 것이기보다는 길을 더 확실하게 보여 주는 것에 가깝다. 초기 단계 준비 이후 직관을 사용할 때, 개인은 종종 즉각적이고 확실한 느낌의 통찰이 나타나기를 기다린다. 직관적인 경계 너머 또는 영적 경험에 자주 성공적으로 접근한 예는 앞에서 언급한 칼 융(1973)과 그의 내면 필레몬(Philemon)과의 대화를 통해서 예시하였다. 오작동하는 장비나 바로 그 시간에 나타나는 사람과 같이 자연발생적 동시성(spontaneous synchronicities: 외관상으로, 무의식의 직관적 의미를 전달하는 우연의 일치)은 많은 유기적 탐구에 중요한 역할을 해 왔다. 꿈은 보통 자생적이나, 경계 너머 경험에 의도적으로 직관적인 연결을 하는 진입로 역할을 할 수 있다. 데이비드 소워비(David Sowerby, 2001)는 그의 직관적 연구에서 자료 분석 시점에 꿈 배양(dream incubation)을 잘 활용했다.

---

6 홀로트로픽 호흡법은 호흡 및 기타 요소를 사용하여 비일상적 의식 상태에 대한 접근을 허용하는 치료 방법이다. 이 방법은 스타니슬라브 그로프(Stanisiv Grof)에 의해 개발되었다. (출처: 위키백과)

7 글쓴이의 의식적 사고를 벗어나 무의식적 생각의 힘을 따라가는 글쓰기의 과정 혹은 그 과정의 산물. (출처: 상담학 사전)

실습: 감각 대 직관

감각과 직관은 정보를 지각하고 받아들이는 방식이다. 감각은 촉각, 청각, 시각의 세세한 사항을 포함하고, 직관은 전체적이고 즉각적이다.

당신이 어떻게 지각하는지 생각하라. 감각 중심적인가 아니면 더 직관적인가? 어떤 것에 더 강점이 있으며, 어떤 것이 덜 편안하고 덜 자연스러운가?

본질적으로 경험의 주관적 속성을 연구한 의식 연구자 상기타 메논(Sangeetha Menon, 2002)은 자신의 연구방식을 "똑같은 양의 영적 수행, …… 명상적 성찰 그리고 …… 토론"(p. 69)으로 묘사했다. 그녀는 연구를 위한 마음 준비로 명상, 스터디, 기도, 영적 스승과의 대화, 미술작업, 시, 웹디자인, 사진을 사용했다.

린다 루스(Linda Loos, 1997)는 분석 시점에 직관을 불러오기 위해 사고 접근을 사용한다고 기술했는데, "다양한 원천으로부터 엄청난 양의 정보를 흡수하고, 다양한 형태로 그것을 배치하고 놀면서 밀려오는 영감 속에 **의미의 만다라**가 떠오르기를 기다리곤 했다."(p. 86)고 썼다.

데니스 허터(Denise Hutter, 1999)는 통과의례에 대한 연구에서 자신의 가장 우월한 기능인 감정을 시작 부분에 사용함으로써 네 가지 모든 기능을 활용했다. 경험적으로 배우고 감정이 신체에 정보를 전해 주고 직관적 경험을 유발시켜 자신을 깊은 수준의 내면 작업으로 이끌게 해 준다고 설명했다. 일정 수준의 시간이 지나 무의식의 창의적 반응이 일어나면, 혼돈으로부터 비판적 사고가 참여할 수 있는 통합의 단계로 넘어가곤 했다. 자신의 정신을 정확히 인식할 수 있었기 때문에 상대적으로 더 우월한 기능을 사용하고, 열등한 기능의 개발을 촉진하는 연구를 설계할 수 있었다.

2단계–영감

유기적 탐구의 세 단계 과정 중 두 번째 단계에서 연구자는 경계 너머의 영역으로 옮겨 간다. 에고의 영역 밖에 있다. 우리는 그 경험의 결과를 알 수 없을지도 모른다. 빅터 터너(Victor Turner, 1987)는 그 영역에서 개인은 역설적 영역인 '순수 가능성(pure possibility)' 안에 있으며, 심오한 내면의 변화를 가져올 수 있음을 시사했다. 칼 융(Carl Jung, 1969)은 깨어 있는 정신(the aware psyche)이 아닌 통제하는 에고와 경계를 이루는 영역으로 묘사했다. 에고는 대체로 무력함을 견뎌 내야 하나, 정신은 기꺼이 탐험을 할 것이다.

린다 루스(Linda Loos, 1997)는 경계 너머 경험의 예측 불가능한 속성에 대해 묘사했다. 종종 자신이 어떤 생각을 갖고 어디로 향하는지 알 수 없거나, 자신의 예상과 정반대되는 의미를 발견하는 것을 견뎌야 했다. 경계 너머의 원천에서 어떠한 의미를 끌어내려고 한다는 것은…… '늪에 허우적거리며 빠져 들어가는 소처럼'(p. 441) 자신을 점점 꼼짝달싹 못하게 하는 결과를 초래했다. 마찬가지로 리사 실즈(Lisa Shields, 1995)는 장기간 컴퓨터에 앉아 아무것도 쓰지 못한 채 '아무짝에도 쓸모없는 것'이라 불리는(p. 252) 마녀의 원형이 자신을 점령하는 것을 알아차렸다.

그와 반대로 필리파 콜드웰(Philipa Caldwell, 2008)은 연구와 관련된 감각 중심의 작업 목록을 작성했다. 그녀가 하나의 작업을 마치지 못하면 '우주를 위한 목록(list for the universe)'으로 배정되었고, 이후에 종종 해법이 저절로 쉽게 나타났다.

티베트 불교 스승의 요가 수행이 심리치료에 미치는 영향을 연구한 샌드라 매그너슨(Sandra Magnussen, 2004, p. 87)은 스승과 그 제자들을 참여시켜 "연구 과정 내내 만트라를 암송하면서 명료함과 지혜로운 안내를 염원했다."

윌슨 반 두센(Wilson Van Dusen, 1999)은 "경험 자체는 작은 사건부터 이 세계와의 모든 접촉이 한동안 끊어지면서 삶을 변화시키는 비전까지 다양할 수 있다."(p. 3)고 썼다. 경계 너머와 영적 경험 모두는 나중에 언어로 표현하기 어렵다. 그는 신성의 힘으로 영감을 받은 시에 대해 묘사했다.

> 나는 무언가 올라옴을 느꼈다. 이 경험이 일어나고 있는 가운데 핵심 어구가 떠올랐다. 그 경험이 완전히 사라지기 전까지는 중심 주제와 구조를 전혀 이해하지 못했다. 그 후 시의 주제와 구조가 뜻밖에 예기치 않게 드러

났다. 마치 시가 나에게 주어지는 것 같은 느낌이었다(p. 25).

친밀감 및 확인 신호

모든 직관적인 만남은 다음 만남을 보다 쉽게 만드는 것 같다. 데이비드 소워비(David Sowerby, 2001)는 어떻게 전문적인 직관이 영감받은 정보를 인식하고 해석하는지에 관한 조사에서, 그 성공이 영적 원천과 시행착오를 겪으면서 맺는 개인적인 관계를 통해 발달하는 **친밀감**에 달려 있음을 발견했다. 개인과 영적 원천의 관계는 우정처럼 발전한다. 이는 이전에 언급한 연구의 영적 뮤즈(muse of the research)의 형태를 띨 수 있다. 진저 마티르(Ginger Martire, 2006)는 생리기 의식 상태에 대한 연구에서 PMS(생리전 증후군) 동안 화난 느낌과 친구가 되어 매달 일어나는 이 경험을 **생리의 뮤즈**(*menstrual muse*)와 함께하는 기회로 전환시켰다. 이것은 연구 설계의 중요한 부분이 되었다.

몇 년 전 나는 영적 파트너십에 대한 개념을 탐구했다(Clements, 1999). 다양한 방식으로 영성과 관련된 직업을 가진 13명을 인터뷰하면서 어떤 사람들은 말을 듣고, 다른 사람들은 환영을 보았다는 사실을 알았다. 어떤 사람들은 직관으로 정보를 얻었고, 다른 사람들은 동시성에 의존했다. 천사, 샤먼적 영혼, 신, 고인이 된 친척, 여신 등이 즉각적인 도움을 주는 영적 동반자였다.

나와 함께 이야기한 사람들은 영혼과 접촉했을 때의 **비자발적 확인 신호**(*involuntary confirming signals*)를 보고했다. 어느 작가는 신성과의 대화 속에서 주체할 수 없는 눈물이 흘러내렸다고 했다. 어느 영화감독은 온몸의 털이 곤두섬을 느끼면서 영혼과의 접촉이 제대로 이루어지고 있다는 것을 알아차렸다. 어느 목사는 신체적 떨림을 경험했다. 인도의 어느 연구자는 영적으로 파생된 진실의 순간에 의미심장한 확신을 느꼈다. 동시성 또한 그녀의 접속을 확인시켜 주었다. 또 다른 사람들의 확인 신호로는 강렬한 환희, 만족, 사랑, 전일성이 포함되었다.

이 많은 것은 꾸며낼 수도 없고, 꾸며낼 필요도 없는 반응이다. 이 신호는 각 개인의 본성마다 다르게 나타나며, 어떤 생각이 영적으로 고무되었는지, 아니면 에고의 작용인지를 변별하는 방법이기도 하다. 그 신호는 다른 사람이 아닌 바로 그 경험을 한 사람에게만 증거가 된다. 유기적 탐구자는 시간이 흐르면서 이런 유형의 확인에 대한 어휘를 개발할 수도 있다.

로빈 실리(Robin Seely, 2000, p. 9)는 자신의 확인 경험을 묘사했다. "몸이 들뜨는 기분이 들었고, 이후 갑작스러운 에너지의 흐름이 나를 관통하는 것을 느꼈다……." 칼 고퍼드(Caryl Gopfert, 1999)는 "순간의 통찰, [또는] 심장이 팽창되는 느낌, 깊은 공감의 순간, 반복을 통해 나타나는 선명함, 또는 한 단어, 구절, 주제가 사라지지 않는 인상"으로 "때때로 몸에서 감지된 감각과 그에 따른 통찰이 함께 왔다."(p. 159)고 이 확인을 묘사했다.

실습: 확인 신호

삶을 바꿨던 순간의 목록으로 다시 돌아가라.

현재 일어나고 있는 일에 대한 중요성 또는 진실성을 확인해 주는 신호를 경험한 적이 있는가? 눈물, 털의 곤두섬, 들뜸, 심장의 팽창된 느낌, 통찰 등과 같은? 때때로 이 신호는 거의 개발이 안 된 기능에서 일어날 것이다. 감각 중심의 사람에게는 통찰로, 사고 중심의 사람에게는 감정의 솟구침으로 일어날 수도 있다.

이런 경험을 기술하라.

3단계–통합

세 단계의 과정 중 준비와 영감 후의 마지막 단계에서, 연구자는 새로 수집한 경험과 함께 이성 세계로 돌아온다. 이전의 영감 단계에서 에고의 역할은 단지 보호자, 지지자, 관찰자로서 문 밖에 서 있는 것이었다. 그러나 세 번째 단계에서 에고는 새로운 자료를 존중하면서 받아들이고 의미를 파악하는 동시에 그 자료에 의해 변화된다.

융 분석가인 제임스 홀(James Hall, 1987)은 정신의 본질은 계속되는 전환의 여정을 따라 움직인다고 말했다. 에고는 개인적, 집단적 정신의 내적 영역과 외적 세계 모두에서 보다 넓은 장으로 옮겨가는 것을 배운다. 개인의 전환은 모든 인류에 대한 친밀감 및 무의식과의 더 훌륭한 조화를 위한 방향으로 옮겨간다.

통합을 위해 이야기 이용하기

유기적 접근은 경계 너머 또는 영적 만남을 이끌어 내기 위해 준비 단계 동안 이야기를 이용한다. 이야기는 또한 영감 단계에서 수집한 자료를 통합시키는 설정으로도 기능한다.

우리의 삶은 이야기이고, 성장과 전환을 경험할 때 이야기는 변화한다. 과거, 현재, 미래를 포함하여. 우리가 변화하면 과거를 다르게 해석한다. 우리는 새로운 방식으로 현재를 산다. 그리고 미래의 잠재력은 확장된다. 경계 너머의 경험이 선형적이고 논리적인 기대를 방해할 때, 이야기는 이 혼란을 수용하기 위해 변화될 가능성이 높다. 이때 과거의 경험이 다른 의미로 다가올 수 있다(Bruner, 1986; Crites, 1986; Murray, 1986; White, 1997).

실습: 이야기

당신의 목록에서 전환이 일어난 순간의 사건을 고르라.

그 경험 이야기를 쓰라.

그 경험이 처음 일어났을 때는 내용을 어떻게 적었을지에 대해 생각하라. 이야기가 달라졌는가?

이 이야기를 미래의 실습에 사용하기 위해 보관하라.

자아, 영혼, 봉사를 향한 통합

유기적 탐구에서 전환적인 변화의 통합은 세 가지로 나타나는 것을 볼 수 있다. 개인은 자신을 더 알아차릴 수 있다. 경계 너머와 영적 영역으로부터 머리와 가슴의 변화 가능성을 연결하는 보다 큰 기능을 발달시킬 수 있다. 마지막으로 세상에 봉사하고자 하는 더 큰 열망을 느낄 수도 있다.

이 세 가지 지표 중 첫 번째는 자기인식, 능력과 경험, 자원을 최대한 활용하기 위해 자신의 성격을 아는 것이다. 이는 에고와 영적 안내의 협업을 지지하는 에고의 훈련이자 가슴의 변화다. 이야기는 이 변화가 일어날 수 있는 길을 제시한다.

성인의 이야기는 본질적으로 시간적 성질을 갖는다. 전진의 방향성은 이야기를 심리영적 성장을 위한 이상적 설정으로 만든다(Bruner, 1986). "모범적인 이야기는 놀랄 만하게 이중적인 측면을 동시에 갖는다. 그것은 선형적이면서 즉각적이다(p. 153)." 이 즉시적이지만 선형적인 속성이 우리의 개인적 발전을 위해 잠재력을 제공하는 이야기에 쉽게 공감할 수 있도록 해 준다.

케빈 머레이(Kevin Murray, 1986)는 "전기 작가의 관점에 따라 한 사람의 인생 사건을 하나 이상의 가능한 설명으로 구성할 수 있다."고 기술하였을 때 (p. 277), 바로 이야기가 어떻게 우리를 바꿀 수 있는지를 시사했다. 이야기를 말하는 그 순간의 맥락에 따라 모든 사람은 다른 이야기를 가질 뿐만 아니라 무한대의 이야기를 가진다.

이전의 사건은 새로운 의미를 띠면서 우리의 이야기를 변화시킨다. 새로운 발견이나 심지어 새로운 상황에서 회상한 기억조차도 근본적으로 이전 경험을 수정해 쓸 수 있다. 스티븐 크리티스(Stephen Crites, 1986)는 다음과 같이 썼다. "자아는 일종의 심미적 구성물이다(p. 162)." 의식적으로나 무의식적으로 어떤 사건을 계속 진행 중인 자아의 내러티브에 누적하거나 배제할지를 결정한다. "나는 과거를 미래의 관심사로부터 다시 수집한다(p. 163)."

옷장 속의 옷처럼 우리는 자신을 과거의 기억으로 차려 입히고 그 기억을 우리가 추구하는 이미지를 도와주는 쪽으로 주의 깊게 선택한다. 미래에 끌리면서 과거의 기억을 재구성한다. 각각의 새로운 이야기는 완전한 확신을 주는 이전 이야기의 설득력 있는 대체물이다.

필리파 콜드웰(Philipa Caldwell, 2008)은 암이나 만성질환을 가진 여성들에게 미치는 이야기의 전환적인 영향을 탐구했다. 참여자들은 다른 이들의 이야기를 듣는 것이 자신의 경험을 통합하는 데 도움이 된다고 보고했다. 그들은 정서적 치유를 경험했다. 다른 사람들의 이야기는 자신의 스토리를 다시 쓰는 데 도움이 되었다.

이례적인 인간 경험의 통합을 기술하면서, 레아 화이트(Rhea White, 1997)는 전환적인 변화가 다시 두 번째 형태의 전환적인 변화, 즉 영혼과의 접촉을 증가시키는 과정에 대해 설명했다. 우리들 각각은 주어진 상황 속에서 현재의 내러티브와 함께 살아간다. 그 이야기는 자아가 정의한 이상의 현실을 반영하지 못한다. "이 이야기가 의미하는 자아는 대부분 에고-자아(ego-self)다. 전체자아(All-Self)와의 접촉 순간은 거의 언급하지 않는다(p. 108)." 그러나 에고의 이해 수준을 넘는 경험이 자연발생적으로 일어날 때, 그 경험을 포함시켜 우리의 이야기를 다시 쓸 수 있는 선택권이 있다. "우리는 두 자아 중 하나만으로 규정할 수 없다. 두 자아를 분리하지 않으면서 그 둘 사이를 오가거나 그 중간에 있는 의식으로서 자신을 경험하는 내러티브다(p. 101)." "또한 전체 자아는 이미지, 생각, 개념을 때때로 기적적인 방식으로 보여 줌으로써 그 과정에 서로 협력하는 것 같다(p. 103)."

레아 화이트는 영성과의 결합은 우리의 세계관을 전환시킬 수 있는 잠재적이고 장기간의 과정이 시작되는 것이라고 썼다. "이 과정은 개인적으로뿐만 아니라 사회적으로도 의미가 있다(p. 97)." 우리는 유사한 경향을 가진 점점 더 넓은 범위의 사람들과 접촉하게 된다.

윌슨 반 듀센(Wilson Van Dusen, 1996)은 전환적인 변화를 겪는 개인에게 도움이 되고자 하는 열망이 취할 수 있는 형태를 제시했다. 그는 이를 **삶에 대한 사랑**(*love of the life*)이라고 설명했고, 이 개념은 각 개인이 가진 고유한 능력에 대해 기술한 에마누엘 스베덴보리(Emanuel Swedenborg, 1963)의 저서로부터 발전하였다. 그것은 바로 우리가 실행하기 좋아하면서 스스로를 가장 쓸모 있는 존재로 만드는 일이다. "삶에 대한 사랑은 그 사람에 대한 전체적인 설계를 담고 있다(Van Dusen, 1996, p. 90)." "신비로운 경험을 향유해 온 사람들은 창조적인 설계에 도움이 되기 원한다……. 인생의 유용함을 추구하고 전체(the All)에 무언가를 공헌하고자 한다(Van Dusen, 1999, p. 22)."

린다 스펜서(Linda Spencer, 1995)는 연구가 끝난 후 자신이 다른 사람들을 더 보살피고 있다는 사실을 발견했다. 칼리 고퍼트(Caryl Gopfert, 1999)는 자신이 선지도자가 될 준비가 되어 있음을 깨달았다. 로즈 피나드(Rose Pinard, 2000)는 조직 변화의 다양성 이슈를 연구하는 진로를 원한다는 사실을 발견했다.

람 다스와 폴 골만(Ram Dass & Paul Gorman, 1985)은 "우리는 자신을 위해서 일한다. 또한 우리 자신을 위한 작업의 매개체로 다른 사람을 돕는다."고 썼다(p. 227). 인간은 단지 필요에 의해 도울 뿐만 아니라, 돕는 것은 감사와 존경의 행위로 영혼에 바치는 제물이며, 우리 자신의 지속적인 전환의 자연스러운 결과다.

실습: 자아, 영혼, 봉사

방금 적었던 이야기를 생각하라.

그 사건이 당신을 어떻게 변화시켰는가? 자신을 보는 방식을 변화시켰는가? 당신이 영혼과 연결되는 것에 영향을 주었는가? 그 사건으로 다른 사람들을 도와주는 것을 원하게 되었는가?

그 내용에 대해 기술하라.

응용-연구자의 이야기

유기적 탐구의 첫 단계는 일단 주제가 정해지면 연구자의 개인적인 경험 이야기를 적는 것이다. 그 주제는 개인적으로 심오한 의미를 담고 있을 가능성이 크며, 이 단계에서 관찰하고 기록한다. 취약성은 이야기를 성공적으로 기술하는 데 중요한 부분이다. 그러나 취약성의 그늘, 유아론(solipsism)[8]은 피해야 한다. 유기적 탐구는 우리 정신의 심층 탐구를 요구하는 작업이므로 자족적이고 필요 이상으로 드러내려는 유혹에 빠질 수 있다. 연구자의 이야기는 자료를 수집하기 전에 작성함으로써 다른 사람들의 이야기에 의해 영향받기 전의 예비 경험 기록으로 도움이 된다.

실습: 관대한 글쓰기

인생을 변화시킨 순간에 관해 이전에 썼던 이야기를 검토하라.

당신이 배운 이점을 독자들에게 제공할 수 있는 방식으로 다시 이야기를 쓰라. 이때, 이야기는 이해하고자 하는 자신의 필요보다는 독자들을 위해 봉사한다.

응용-자료 수집

유기적 탐구에서 이루어지는 면담에서, 연구자는 참여자들의 특별하고 구체적인 경험을 요청한다. 어떤 연구자는 면담 전에 참여자들이 질문지에 대해 생각해 보고 설문에 답하거나 주제에 관한 자기점검을 하도록 요청한다. 다이앤 슈웨드너(Diane Schwedner, 2003)는 여성들의 심리영적 성장의 매개 역할로서의 신발에 대해 연구할 때 이 방식을 도입했다. 레아 화이트(Rhea White, 1998)의 이례적 인간 경험의 영적 자서전과 유사하게, 다이앤 슈웨드너는 참여자들에게 이례적인 신발 이야기 경험을 쓸 것을 요청하고, 신발이 그들의 개인적인

---

8 자신만이 존재하고, 타인이나 그 밖의 다른 존재물은 자신의 의식 속에 있다고 하는 생각이다.

성장에 미친 역할을 조사했다.

대부분의 연구자는 보충 질문지를 가지고 있을지라도 전체 스토리를 듣기 전까지 그 질문을 던지지 않는다. 스토리텔링 과정에서 이 질문 중 많은 것에 대해 답을 얻을 수 있다는 점을 알기 때문이다. 면담 전에 연구자는 의도적으로 에고뿐만 아니라 영혼도 참여할 수 있는 마음 상태로 들어간다. 면담 그 자체가 전환적인 변화를 불러일으킬 수 있는 경계 너머 또는 영적 경험이 되도록 의도한다. 의식, 제단 만들기, 촛불 켜기, 명상, 침묵, 시 또는 기도를 포함한 다양한 절차가 경계 너머나 영적 경험을 불러오는 데 활용될 수 있다.

에고는 면담에 대한 통제를 포기해야 하지만 무너질 필요는 없다. 면담은 친밀감을 불러일으키지만 참여자와 동일시되지는 않는다. 유기적인 연구 프로토콜에서 질문은 가볍게 참고한다. 모든 참여자에게 모든 질문을 하는 것보다는 관계된 특성의 인터뷰가 더 중요하다. 참여자가 연구자의 기대를 충족시키기보다는 그 기대를 넘어서도록 한다. 면담 동안 연구자는 참여자가 말하는 것뿐만 아니라 자신의 내면 반응에도 집중하는 이중 초점을 유지해야 한다. 인터뷰 후에 기록한 내면 반응에 대한 메모는 분석에서 활용한다. 칼리 고퍼트(Caryl Gopfert, 1999)는 참여자들의 분위기와 감정뿐만 아니라 자신의 지각, 통찰, 직관, 신체 느낌도 기록했다.

또한 그룹 모임에서도 자료를 수집할 수 있다. 어떤 연구는 그룹 모임을 참여자들 각자의 개인 면담에 서로 응답할 수 있는 기회로 삼고, 또 어떤 연구는 그룹 모임에서 초기 자료를 수집한다. 어떤 연구자는 그룹 형식이 자료의 의미를 확충시킨다는 것을 발견했다(Seeley, 2000).

응용-분석

유기적 탐구의 분석은 경계 너머와 주관적 방법을 포함하는데, 그 방법은 개별 독자들이 자료를 읽을 때, 연구자가 바라는 전환적인 변화를 고무시키는 발견을 가져올 것이다. 유기적 분석은 **참여자 이야기, 그룹 이야기, 전환적인 변화**의 보고 등 세 부분으로 구성된다.

참여자 이야기

분석의 첫 번째 부분에서 의도하는 결과는 연구자의 개입 없이 개별 참여자의 경험을 완전히 표현하도록 하는 것이다.

면담 자료를 조사할 때, 이 이야기를 쓰기 위한 준비, 영감, 통합의 세 단계를 사용할 또 하나의 기회가 존재한다. 우리는 경계 너머 또는 영적 영역에 다가가 참여자들의 이야기에 대한 영감적인 이해를 구하고, 이제 그 이야기를 독자들에게 직접적인 영감을 주기 위한 버전으로 편집한다. 균형 잡힌 연구를 위해서 자료를 네 번으로 나누어 조사할 수 있다. 이야기를 듣거나 읽으면서 연구자는 준비를 하고 경계 너머의 느낌, 직관 또는 감각, 생각을 각각 관찰하고 그 가운데 어느 것을 살펴보든지 참여자의 경험을 생생하게 재창조할 용어를 선택한다. 야니크 사프켄(Annick Safken, 1997)은 루미(Rumi)의 시 중 하나에서 참여자의 경험을 문자와 은유적으로 둘 다 이해하기 위해 침묵 속에 앉아 창문이 열리기 기다릴 것을 배웠다.

마이클 휴잇(Michael Hewett, 2001)은 면담에서 자신이나 참여자가 정서적 공명을 느끼는 **핫스팟**을 조사하였다. 제인 숄렘(Jane Sholem, 1999)은 참여자의 경험을 이해하기 위해 시를 썼다. 리사 실즈(Lisa Shields, 1995)는 참여자들에게 각자 가장 좋아하는 동화를 가져오도록 요청하여 그들의 미와 신체 이미지에 대한 경험을 조사하는 맥락으로 사용하였다. 칼리 고퍼트(Caryl Gopfert, 1999)는 매 인터뷰가 끝날 때마다 무의식적 의미를 탐구하는 방법으로 꽃꽂이를 만들어 사용하였다. 디아 시오프리카(Dea Cioflica, 2000)는 비슷한 방식으로 콜라주를 사용하였다.

조사가 완료되면 편집된 이야기가 만들어질 것이다. 의도적이고 창의적인 절차를 활용함으로써, 연구자는 소설가가 되어 독자의 상상력에 호소하기 위해 연구의 명료성을 사용한다. 연구자는 사려 깊은 성찰이나 직관적 통찰보다는 감각 중심의 세밀한 표현과 느낌 표현을 더 많이 쓸 가능성이 있고, 전자는 다음에 기술될 보다 논리적이고 개념적인 그룹 이야기에서 강조할 것이다.

참여자의 경험으로부터 이야기를 이끌어 내는 다양한 방식은 연구자가 연구에 사용한 명칭 속에 나타나 있다. 데니스 허터(Denise Hutter, 1999)는 자신의 이야기를 **마음의 초상화**라 불렀다. 메릴린 벨트롭(Marilyn Veltrop, 1999)은 **내러티브 시**란 말을 만들어 냈다. 소피 자일스(Sophie Giles, 2000)는 **초상화**라 했고, 리사 실즈(Lisa Shields, 1995), 다이앤 제넷(Dianne Jenett, 1999), 마자 로드(Maja Rode, 2000)는 **대화**라고 했다. 아닉 사프켄(Annick Safken, 1997)은 **비네트**(*vignette*)[9]를 제공했다. 칼리 고퍼트(Caryl Gopfert, 1999)는 **짧은 이야기**를 썼다.

그룹 이야기

전형적으로 유기적 탐구는 열 명 이상의 참여자를 포함하기 때문에 독자는 동일시할 수 있는 다양한 주제의 경험을 가질 수 있다. 개별 참여자의 이야기를 쓴 후, 집단의 공통된 의미가 연구된다. 이야기의 유사점과 차이점은 어떻게 더 큰 의미를 가져오는가? 어떤 새로운 통찰이 나타나 이론적으로 연구주제에 유익한 정보를 주는가?

그룹 이야기는 두 부분으로 구성된다. 첫 번째 부분은 면담, 참여자와의 그룹 모임 또는 참여자와의 계속된 만남으로부터 자료를 수집하는 부분으로, 이미 수행했던 분석을 편집한 경험 보고다. 두 번째 부분은 자료에 대한 연구자의 이해를 이론적으로 통합하는 것이다.

필리파 콜드웰(Philipa Caldwell, 2008)은 그룹 이야기의 일환으로, 각 참여자들에게 연구자 자신의 이야기에 대한 은유적 표현을 요청한 후, 그 은유들을 '미국식 퀼트의 정신으로 이미지를 연합'하여(p. 3) 그룹의 이야기로 결합했다. 그 이미지들은 구별되지만 서로 간의 관계 안에서 드러났다.

생각에서 파생된 의미는(융의 유형학을 사용한) 논리적 증류에서 나오는 반면, 직관으로부터 파생된 의미는 갑자기 나타나는데 선형적인 사고과정에서는

---

9 특정한 사람·상황 등을 분명히 보여 주는 짤막한 글이나 행동.

나올 수 없는 전체성에 대한 감각과 타고난 구조를 갖는다. 앞에서 지적했듯이 과학은 때때로 직관적으로 도달한 결론보다는 합리적으로 도출한 의미에 좀 더 높은 가치를 둔다. 유기적 탐구자들은 앞에서 언급했듯이 직관적인 의미를 입증하는 개인적인 확인 신호 용어에 의존할 수 있다.

전환적인 변화

그룹 이야기가 인식의 변화를 가져오는 예일 가능성이 있다면, 전환적인 변화는 자신을 인도하는 에고의 정체성과 세계관이 변할 수 있는 가슴의 변화를 다룬다. 이런 변화는 자생적으로 또는 의도적으로, 즉각적으로 또는 장기간에 걸쳐 일어날 수 있다. 연구자는 그 변화를 자아, 영혼, 봉사라는 개념으로 관찰한다.

칼리 고퍼트(Carly Gopfert, 1999)는 참여자들의 배반당했던 경험이 어떻게 그녀 자신의 배반당했던 경험을 되살렸는지에 대해 설명했다. 시간이 흐르면서 이 기억은 그녀에게 일어났던 사건에 대한 감정을 변화시켰다. 그녀는 자기 스승의 실수를 넘어 그의 가치를 보기 시작했다. 스승에 대한 동정이 일어났고 미래에 선 지도자가 되고자 하는 열망을 느꼈다. 이것은 자아에 일어난 변화이며, 봉사하겠다는 새로운 열망이다.

참여자들의 전환적인 변화는 몇 가지 배경 속에서 발견될 수 있다. 원래 이야기의 부분이나 연구자가 그들의 이야기를 들은 후에 실시한 면담에서, 그룹 모임의 영향으로, 또는 편집된 자신의 이야기나 다른 사람의 이야기를 읽고 난 후 등이다.

연구자는 참여자들보다 개인적으로 훨씬 더 연구에 관여하기 때문에 연구에 의해 더 많이 변화될 가능성이 높다. 연구자는 참여자로부터 수집한 자료를 분석한 후, 최초 이야기나 다른 기록을 참고하지 않은 채 연구 과정을 포함하여 주제에 대한 자신의 경험을 새롭게 쓴다. 연구자의 새로운 이야기와 최초 이야기를 비교하는 것은 연구자의 전환적인 변화를 확인하는 최초의 지표가 될 것이다. 전후 스토리를 비교한 후, 연구자는 다시 연구일지와 반응 메모를 검토하고 참여자의 이야기와 비교함으로써 연구자의 이전 스토리에서 이후 스토리로 이끄는 전환적인 변화 경로를 탐색하고 발표한다.

이혼한 여성들의 꿈에 관한 소피 자일스(Sophie Giles, 2000, p.233)의 연구에서, 그녀 자신의 전환적인 변화에 대한 분석은 이 방법에 단초를 제공했다. 분석을 마친 후, 자신의 최초 이야기로 돌아가서 그 사건에 대한 새로운 이해가 자신의 이야기를 얼마나 많이 변화시켰는지를 확인하고 놀랐다. "이제 더 이상 결혼의 파경을 정당화해야 한다고 느끼지 않았다. 마치 나의 이야기를 어떤 식으로 말해야 하는가에 대해 에고의 집착이 없어진 듯했다." 그녀는 이미 연구 설계 단계에서 자신이 연구의 결과로 어떻게 변할지에 대해 세심한 관심을 기울일 의도를 세웠다.

줄리 고티에(Julie Gauthier, 2003, p. 239)는 영웅의 중년기 여정을 연구하면서 자신의 변화뿐만 아니라 자신의 변화되지 않은 점도 인식했다. 그녀는 "오랜 여정에도 불구하고 여전히 제 자리에 있는 나의 어떤 부분을 새로운 시각에서 볼 수 있었다."

연구자가 특별히 원하는 **초기 독자**들이 경험한 세 가지 전환적인 변화에 대해서는 연구 평가의 마지막 부분에 보고한다. 자아와 영혼, 봉사의 전환적인 변화의 지표를 이용해 스스로를 평가한 후 초기 독자들의 자발적인 성찰을 통해, 연구자는 독자를 위한 연구의 전환적인 잠재성을 예측할 수 있다. 또한 자료가 어떻게 전환적이었는가라는 관점에서 독자들에게 부가적인 자극을 주는 역할을 한다. 연구자가 누구를 선택하느냐에 따라 독자들의 반응은 정서적 반응에서부터 박식한 의견의 범위까지 이를 수 있다. 두 반응 모두 귀중하다.

실습: 이야기 분석

삶을 바꾸는 순간에 대해 기술해 온 이야기를 검토하라.

그 이야기를 사고 대 느낌, 감각 대 직관의 관점에서 살펴보라. 어느 것이 자연스러운 강점으로 드러나고, 어느 것이 자신을 표현하는 일반적인 방식인가?
신중한 개방, 감정 묘사, 감각적인 세부 묘사, 직관적 통찰의 네 가지 전부를 포함하여 그 이야기를 다시 쓰라.

독자에게 발표하기

유기적 탐구는 개별의 독자에게 전환적인 변화를 제공하려는 목표를 가지므로, 연구자는 독자의 관심을 끌고 참여를 고무시킬 수 있는 이야기를 포함하여 연구결과를 발표한다.

이 과정은 유기적 탐구에서 이야기를 위한 세 번째 활용을 시사한다. 첫 번째는 경계 너머와 영적 경험으로 가는 길과 우리 자신의 정체성으로 경험을 통합하는 길을 포함하고 있다. 지금 이 세 번째 가능성에서, 연구자는 의도적으로 독자를 경계 너머와 인지적인 두 방식으로 초대하기 위한 이야기를 만든다. 가장 처음 사용한 이야기는 **유도**(*induction*)를, 두 번째는 **통합**(*integration*)을, 세 번째는 **초대**(*invitation*)를 제공한다.

이야기는 독자에게 자신의 이야기와 보고서 속의 이야기 사이에서 동질성을 경험하는 **상호작용**을 제시한다. 독자는 사고에서 직관적인 앎으로, 논리에서 통찰로 옮겨 간다. 두 개의 동시적이고 동질적인 경험을 갖는 것은 새로운 의미를 갖는 세 번째 경험을 만들어 낸다. 내맡김과 통합의 과정이 일어난다. 에고는 두 경험 간의 상호작용을 논리적으로 이해하려는 능력을 접고, 기존 경험에 새로운 경험을 통합하면서 창조적 통찰을 만들어 낸다. 그것은 독자의 삶의 여러 사실을 새로운 이야기로 재조립하여 새로운 결과를 만들어 내는 새로운 방식을 통해 제시한다. 이전에 연구자에게 일어났던 통합이 아마 지금은 독자에게도 일어날 수 있을 것이다. 하나의 이야기가 또 다른 이야기에 말을 걸어 새로운 이야기가 나온다.

연구를 발표할 때 첫 번째, 연구자는 의도적으로 독자의 참여를 유도한다.

두 번째, 연구자는 전환적인 재료를 제공하고, 경계를 넘어 자아를 초월한 영역으로 초대하는 형태로 참여자의 이야기와 연구의 이야기를 포함시킨다. 세 번째, 독자가 겪었던 유사한 과정의 모델로서, 연구자는 자료를 통합한 자신의 이야기를 제공한다.

실습: 상호작용

좋아하는 동화나 우화 같은 짧은 이야기를 선택하라.

이야기를 읽으면서 당신의 삶과 읽고 있는 이야기 사이의 상호작용을 관찰하라.

이 방식으로 이야기를 읽은 것이 당신의 이야기를 변화시키는가?

그 변화에 대해 쓰라.

전환 타당성

질적 연구는 연구의 타당성을 수적 정확성보다는 텍스트의 권위(textual authority)에 둔다(Denzin & Lincoln, 2003). 또한 일치(consensus) 및 일관성(coherence)을 위해 노력한다(Braud, 1998a). 유기적 방식은 텍스트의 권위, 일치와 일관성의 패턴(유기적 분석에서 더 전통적인 부분, 즉 그룹 이야기의 타당성에 적용된다.) 외에도, 개별 독자의 전환적인 변화를 제안하고 고무시킨다. 모든 독자는 각자의 고유한 발달 여정에 있으므로, 한 독자의 타당한 전환적인 결과는 다른 독자의 결과와는 필연적으로 다를 것이다. 일치의 가능성은 희박하다.

이런 유형의 타당성은 개인적이므로 꼭 반복되거나 일반화될 수 없다. '이것이 나에게 유용한가?'라는 질문을 던짐으로써 타당성을 측정한다. 동일시를 통해 독자들에게 영향을 주고 자아와 영혼, 봉사 영역에서 그들의 중심 이야기의 변화가 관찰될 때 연구는 **전환적인 타당성**을 갖는다. 앞에서 언급한 바와 같이 초기 독자들의 반응은 연구의 전환적인 타당성에 대한 잠재성을 보여 주는 지표가 될 수 있다.

모든 네 가지 수준의 경험인 사고, 감정, 감각, 직관에 대한 연구 과정을 정확하고 상세히 보고할 때 균형 잡힌 평가가 이루어질 수 있다. 연구자는 참여자들의 이야기, 그룹 이야기 그리고 동일한 자료에 대한 세 가지 시각의 전환적인 변화 및 인식과 가슴에서 일어난 변화를 함께 살펴보면서 한쪽으로 치우친 평가를 피하기 위해 노력한다. 높은 수준의 의식은 유익하고 주의 깊은 보고와 자신의 주관적인 평가와 영적 영향, 원 자료의 의도에 대한 지속적인 검토 등의 자기점검을 포함한다. 내적 타당성은 때때로 전율, 확실한 느낌 또는 눈물과 같은 확인 신호를 이용해서 평가될 수 있다.

한계 및 향후 도전과제

유기적 탐구는 주관적이고 영성과 함께 하는 절차이므로 그 본질상 정확하다고 말할 수는 없다. 우리가 에고 너머의 어떤 것에 영감을 받았다고 느낄 때, 그 원천은 진정 무엇이고, 정확하다고 가정할 수 있는가? '**정확한**'이라는 용어는 이 상황에서 진실로 무엇을 의미하는가? 각 연구는 오직 연구 자체의 의도에 한정할 때만 정확하다. 정신의학, 심리학, 신비체험 연구, 초심리학 분야의 연구자들은 정확성에 대한 유용한 지표를 제시하지만, 현재 이 지표에 대한 우리의 이해는 한계가 있다. 영감의 원천과 그 원천의 표현은 연구자마다 다양하므로, 이런 유형의 연구를 똑같이 재현하기는 불가능하고 어렵다. 구조는 불가피하게 주관적일 수밖에 없다. 개인은 단순히 자신의 연구에 경계 너머/영적인 반응을 꾸며내고 있는가? 확인 신호를 사용하는 것 외에는 그 자체로 주관적 평가이기 때문에 우리는 어떤 정확성의 척도도 가질 수 없다. 앞서 언급한 바와 같이 일치에 의한 타당성은 신빙성이 없다.

연구자가 연구의 도구가 되기 때문에 왜곡은 불가피하다. 자만심이 강한 연구자, 어리석은 연구자, 화가 난 연구자, 혼란스러운 연구자, 또는 감상적인 연구자 각각은 연구결과에 해롭고 제한적 영향을 줄 것이다. 균형 잡힌 연구자가 있을지라도 그조차 기대를 충족시키는 결과를 희망한다면, 의도치 않게 왜곡된 방식으로 자료를 해석하고 편집할 것이다. 연구자들은 오직 편견과 가정을 확인할 수 있을 만큼 충분히 자기를 알아차린다. 따라서 그들은 보이지 않는 혼합적 요인이기보다는 유익한 정보를 거르는 필터로서 역할을 하기 바랄 뿐이다.

유기적 탐구를 선택한 연구자는 아마도 힐레비 루메트(Hillevi Ruumet, 1997, 2006)의 심리영적 성장의 많은 단계를 경험한 사람일 것이다. 유기적 탐구를 선택하기 위한 필요조건은 자기자각 외에도 과거의 개인적인 영적 경험, 그 경험을 탐험하고자 하는 관심, 그 과정에 흠뻑 빠져들고자 하는 의지 등을 포함한다. "유기적 탐구의 수행은 힘들고 어렵다. 인식과 가슴에 열의가 없는 사람에게 적합하지 않으며, 전환적인 변화를 기꺼이 경험하고 싶지 않은 사람에게는 적절한 방식이 아니다(Braud, 2002a, p. 10)."

유기적으로 설계한 연구의 성공적 결과에 미칠 수 있는 마지막 제한점은 바로 충분히 집중적인 방식으로 연구에 참여하면서 전환적인 변화의 가능성을 받아들이는 독자의 의지다. 독자가 유기적 탐구의 진가를 알기 위해서는 경험적이고 개인적인 참여가 요구된다. 이상적인 독자는 시간과 노력을 기꺼이 들여 자신의 정체성을 규정하는 내면의 이야기와 상호 영향을 주는 경험을 하기 위해, 지적 능력뿐만 아니라 감각, 감정, 직관적 앎을 포함시켜 인식을 확장한다. 어떤 독자는 영적, 융 심리학적, 페미니스트적, 주관적 방향성으로 인해 유기적 탐구의 유의미함을 이해하는 반면, 다른 독자는 그런 속성이 낯설다고 느낄 것이다. 유기적 탐구의 많은 한계점은 고유하고 불가피하다. 그러나 다른 측면들은 이 접근의 미래를 제시한다.

유기적 탐구의 이론 및 절차는 거의 전적으로 서양의 자아초월적 개념에 기초한다. 인도 케랄라(Kerala) 여성들의 의식 연구를 위해 유기적 탐구를 사용한 다이앤 제넷(Dianne Jenett, 1999)의 경우를 제외하고는, 교차문화적인 유기적 탐구는 거의 이루어지지 않았다. 서양이 아닌 다른 문화권에서는 경계 너머의 경험에 기반한 연구 개념을 어떻게 풀어낼까? 내가 아는 한 유기적 방법은 어떤 양적 연구 프로젝트에서도 사용된 적이 없다. 이 접근은 자료 수집, 분석, 발표에 유용할 수 있다.

이 접근에서 보다 심층적인 연구를 요하는 측면은 경계 너머/영적 경험의 본질과 그 유용성, 전환적인 변화의 매개로서 이야기 효과에 나오는 상호작용 개념, 경계 너머/영적 만남의 지표로서 눈물이나 전율 같은 확인 신호에 대한 신뢰성, 성격유형이 유기적 구조의 연구 설계 및 과정에 미치는 영향, 인식과 가슴의 변화 차이, 전환적인 변화의 효과적이고 충분한 척도로서 자아, 영혼, 봉사의 타당성, 전환적인 타당성의 개념에 대한 검토 등을 포함한다.

나의 가장 큰 관심은 우리의 연구에 신성이 기꺼이 의도적으로 참여하는 경험을 함으로써 얻는 유용성에 대한 탐구일 것이다. 경계 너머의 경험은 유기적 탐구의 토대다. 경계 너머의 경험이 영적일 때, 우리는 중요한 만남에서 오는 경외감 또는 현존을 느낀다. 그 이상의 무언가가 일어난다. 이 현상에 대한 탐구는 많은 결실을 가져올 것이다.

제2부

자아초월적 연구 기술 및 연구자의 준비도

일본 선의 대가인 소가쿠 하라다(Sogaku Harada, 1871~1961)는 그 전통에서 다양한 개인 수행을 한 후, 고마자와 대학교에 부임해서 12년간 불교를 가르쳤다. 그러나 학문적이고 이론적인 측면의 불교만 제한적으로 강조하면서, 선 전통에서 매우 중요한 직접 체험을 할 수 있는 기회가 학생들에게 주어지지 않는 교육 방식이 점차 불만스러워졌다. 그는 대학을 떠나 남은 40년의 인생 동안 호신지 사원의 주지로서 보다 경험적이고 만족스러운 방법으로 수련생들을 양성하였다.

오래된 영적 지혜의 전통(힌두교, 도교, 불교)은 몇몇 관점에서 현대 물리학에서 부상하고 있는 자연에 대한 관점과 명백한 유사점을 가지고 있다. 전자는 그 전통에서 매우 높은 가치를 갖는 개인적인 영적 수행을 통해 경험적으로 도달하는 것이고, 후자는 주로 경험적 결과물과 이성적 사고를 통해 일어난다. 그러나 이 두 접근의 결과론적 관점이 유사점을 가진다 할지라도, 두 방식을 실행하는 사람들이 경험하는 삶은 상당히 다르다. 전자에서는 심오한 개인적·전환적 변화가 일어나고, 후자에서는 학문적·이론적 이해가 증대된다.

우리는 위의 고려사항을 추상적·이론적·학문적·객관적 접근이 구체적·경험적·실용적, 주관적 요소와 동반하지 않을 때 일어나는 많은 한계 가운데 예로서 두 가지를 언급한다.

제2부의 목적은 연구 개입에서 일반적으로 제시하는 균형을 맞추기 위해 광범위한 범위의 개인적인 기술과 실행에 강조점을 두는 것이다. 전통적인 연구 기술은 입장을 배제한 객관성 유지, 예리한 관찰, 사고력 집중, 문제해결 능력의 활용, 관련 정보를 찾고 평가하는 방법, 자료를 효과적으로 분석하고 결과물을 전문가 동료들에게 명확하게 전달하는 능력을 포함한다. 제2부에서 보여 주는 **자아초월적**(*transpersonal*), **상보적**(*complementary*), **전체적**(*holistic*), 또는 **통합적**(*integral*)이라고 불리는 기술은 연구자의 개인적 자질과 모든 조사에 내포된 잠재성을 발휘하도록 해 준다. 따라서 연구주제를 보다 완전히 다루고, 다른 방식으로는 기능하지 않는 더 깊은 이해를 얻게 한다. 이 기술들은 연구자들과 학생들이 연구 실행보다는 개인적이고 영적인 성장에 더 관련된 방식으로 개인적인 자각을 확장시키도록 돕는다. 또한 연구자의 **준비됨**(*preparedness*) 또는 **적절성**(*adequateness*)을 강화시키면서 연구 계획, 자료 수집, 자료 분석과 해석, 연구결과물을 확장된 방식으로 전달하도록 한다.

모든 연구 프로젝트에서 연구자는 결정적인 역할을 하기 때문에 연구자의 준비됨과 민감성의 강화는 상당히 중요하다. 연구자의 자질은 연구의 모든 측면을 통해서 드러난다. 이 자질은 연구주제 및 탐색해야 할 논제를 결정하는 데 영향을 준다. 어떻게 프로젝트의 틀을 잡을 것인가; 연구의 가설 또는 연구 문제의 특성; 어떻게 참여자들을 다룰 것인가; 어떻게 자료를 수집, 분석, 보고할 것인가; 그리고 어디서, 어떻게 연구 과정 내내 영감과 지지를 구할 것인가 등이다. 연구자의 특성은 연구 프로젝트의 주요한 도구로서 연구자의 개인적 자질의 필터링을 통해 모든 자료가 수집, 처리, 해석되는 **질적** 연구에서 특히 중요하다.

연구자들은 분명히 이런 보완적 연구 기술을 연구를 계획하고 실행하면서 비공식적이고 다양한 수준으로 이미 활용하고 있다. 그러나 그들은 이런 기술을 체계적이고 공식적으로 사용하지 않는 경향이 있고, 이 기술과 민감성을 의도적으로 더 충분히 계발하려고 노력하지 않는다. 연구자들이 이런 기술을 사용할 때조차도(연구를 실제로 실행하는 **발견의 맥락**에서), 연구 보고서에서 언급하지 않는다(공식적으로 연구결과를 동료들에게 전달하는 **정당화의 맥락**에서). 연구자들은 이 기술들을 파악하고 실행하고 완수함으로써 더 효과적으로 그들의 전 존재와 온전한 연구물을 만날 수 있다. 연구 보고서에서 이 기술의 사용을 솔직하게 언급할 때, 다른 연구자들이 이 기술에 대해 더 알게 되고 더 광범위하게 사용하는 이점을 얻을 수 있다.

연구자는 이미 제2부에서 언급하는 보완적인 기술을 연구가 아닌 삶의 다양한 측면에서 활용했을 가능성이 높다. 매일의 삶을 최적화하거나 다양한 전문적인 응용에서(임상, 카운슬링, 교육, 건강 관련, 신체 트레이닝) 그리고 심리영적 자기계발을 위한 자기 자각을 증진시키는 데 활용할 수 있다. 이와 같은 기술은 의도적인 연습으로 더 섬세하게 조율되고 더욱 효과적이고 효율적으로 배양할 수 있다. 제2부에서 제공하는 설명, 배경지식, 실습은 모든 연구자가 이 각각의 기술을 강화시키고 연구 프로젝트의 각 주요 단계에서 이 기술들을 더 효과적으로 사용하도록 돕는다. 이 기술들이 익숙해지면, 연구자는 참여자들이 자신의 경험을 정확하고 충분히 묘사할 수 있도록 가르칠 수도 있고, 다양한 개입이나 치료를 보다 효과적으로 실행할 수도 있다. 연구자는 또한 연구 보고서의 독자들도 이와 동일한 기술들을 활용하여 연구 프로젝트의 결과물을 충분히 받아들이고 이해하고 적용하도록 독려할 수 있다.

수년 동안, 우리는 이 보완적인 기술들을 우리 대학원 심리학 프로그램의 첫 순서인 '통합적 연구 기술(Integral Research Skills)' 과정에서 성공적으로 사용해 왔다. 자신의 삶의 경험이 이미 친숙하지만 연구 상황에서는 낯선 이 기술들을 연구에 사용하도록 변환시키는 방법을 배우는 것은 연구에 매우 쉽게 접근할 수 있는 시작점이 될 수 있다. 이 기술들을 함께 사용하면 연구주제에 대한 완전하고 통합적인 이해를 얻을 수 있기 때문에 처음에는 **통합적 연구 기술**이라고 불렀다.

다음에 어떻게 각각의 기술을 실행하고 사용하는지에 대한 짧은 설명과 함께 각 기술에 대한 간단한 개요를 제공한다.

- 의도가 있는 작업: 연구 프로젝트의 모든 단계에 대한 자각, 의도적인 틀 작업, 의도;

연구의 목표 실현을 촉진한다.

- 평온과 느림: 여타의 기술들을 사용하기 위한 장을 마련하고 편안하고 조용한 상태를 유지하며 산만함과 다양한 차원의 소음을 없앤다. 구조와 제약을 감소시키고 변화를 허용하며 연구물의 미묘한 측면에 대해 충분히 관찰하고 이해한다.
- 주의를 기울인 작업: 주의를 배치, 집중, 이동시키는 연습; 타성화되지 않은 주의; 다양한 정보의 형태와 채널에 주의하기; 주의의 초점면 또는 범위를 바꾸기; 의식 관찰력 배양하기
- 청각적 기술: 외부와 내면의 소리, 소리에 대한 기억, 소리를 상상하는 데 충분한 주의를 기울이는 연습
- 시각적 기술, 심상, 시각화, 상상: 외면과 내면의 풍경, 이미지에 온전한 주의를 기울이는 연습; 기억된 이미지, 시각화, 자생적인 심상 그리고 유도된 심상; 적극적인 상상; 힘을 불어넣는 상상력
- 운동감각적 기술: 전체적인 그리고 미묘한 움직임을 통해 얻은 앎과 존재를 인지하고, 기억하고 표현하는 연습
- 자기수용적 감각[10] 기술: 내장과 근육의 미묘한 감각을 확인하고 주의를 기울이는 연습; 감각, 느낌, 감정에 의한 앎
- 직접적 앎, 직관, 공감적 동일시: 앎의 대상과의 동일시; 존재를 통한 앎, 공감, 연민, 동정, 사랑, 존재, 되어 감, 참여; 연민의 공명, 공감의 동일시; 초심리학적 과정
- 무의식적 과정 및 자료와의 접촉: 자아의 통제 축소; 암묵적인 앎; 경계 너머, 과도기적 상태; 배양; 이전에 무의식적이었던 정보를 전달해 주는 매개에 주의; 무의식적 경향성 파악하기
- 놀이와 창조적 예술: 호기심, 창의력, 통찰력 배양하기; 초심 챙기기; 참신성과 새로운 조합 제공하기; 흥미진진, 열의, 모험심 고무시키기

이것들이 왜 **자아초월적** 기술로 적합한지 언급하고자 한다. 첫째, 이 기술의

---

10 자기수용적 감각은 자기를 수용하는 감각, 즉 자기 자신이 받아들이는 감각이라고 할 수 있다.(출처: 위키백과)

많은 부분은 자아초월과 관련된 영적 지혜의 전통에서 중요한 훈련을 위한 기본 지침을 제공해 왔다. 가장 두드러지는 연결점은 의도와 주의가 있는 연구, 평온과 느림, 시각화 그리고 직관에 관한 기술이다. 둘째, 만약 자아초월적 목적으로 실행하거나 자아초월적 성과 및 결과물을 만들어 내는 기술은 자아초월과 유관한 것으로 고려될 수 있다. 즉, 자기 자각의 증가, 정체성의 확장, 일상적인 에고의 기능을 넘어선 앎, 행위, 존재에 대한 확장된 방식과 함께 연합되거나 촉진시킨다. 이 모든 보완적인 기술은 수행자들의 선천적이고 숨어 있는 잠재력의 많은 부분을 촉진시킴으로써 확장된 결과를 만들어 낼 수 있다.

기술 활용을 위한 제안

학생들과 숙련 연구자들은 제2부에서 제시하는 실습과 논문 과정 지도교수가 변형한 방식을 통해 이 기술을 확인하고 실행할 수 있다. 실습은 학생들과 연구자들이 연구자로서 양적·질적 연구 프로젝트의 주요 세 단계(자료 계획과 수집, 자료 처리, 자료 제시)에서 이 기술을 어떻게 사용해야 할지에 대해 설명한다. 또한 개인적 성장과 발전을 위해 그들의 전문적 연구와 삶 속에서 이 기술을 보다 충분히 도입할 것을 격려하고 있다.

이 기술로 연구하는 것 외에도, 연구자와 학생들은 미래의 연구 참여자들이 유사한 기술을 사용할 수 있도록 요청하는 방법을 고려하도록 한다. 이 테크닉을 사용할 때만 가능한 보다 완전하고 자세하고 정확한 방법으로 참여자들이 과거나 현재의 경험을 기억하고 되살려 연구자에게 전달하기 위한 목적이다. 또한 학생들은 연구 보고서에서 제시된 연구결과물을 청중들/독자들이 더 충분히 수용할 수 있도록 유사한 기술의 사용을 그들에게 어떻게 요청할지에 대해 숙고해야만 한다.

기술을 충분히 개발하고 완성도를 높이기 위해서, 단지 몇 주의 특정 코스에서만 이용하는 것이 아니라 지속적으로 실행해야만 한다. 다른 여타 기술들처럼 꾸준한 실천을 통해 점차 향상시킬 수 있다.

우리는 강사들, 학생들, 전문 연구원들이 제2부에서 제시하는 실습에 각자 자신만의 변인을 창의적으로 계발하기를 바란다. 또한 모든 사람이 이미 자신에게 익숙한 방식 외에도 다른 개인적인 실천도 고려하고, 이 독특한 기술들을 적용하여 연구에 기여하는 방법을 상상해 보도록 촉구한다.

제4장 의도, 평온과 느림, 주의 그리고 마음챙김

훌륭한 의도는 그 자체로 힘을 부여한다.

-랠프 월도 에머슨(Ralph Waldo Emerson)

의도가 있는 연구

현상학과 현상학적 심리학에서 **의도성**(*intentionality*)은 보통 정신작용, 경험, 의식은 항상 무언가**에 대한 것**이라는 의미를 지닌다. 즉, 자기 자신이 아닌 어떤 것을 **지향하는** 것을 가리킨다. 이 용어는 지각의 주체와 지각의 대상, 아는 자와 알려지는 대상 간의 관계를 나타낸다. 그러나 이 책에서 우리는 **의도**를 일반적인 의미로 목표, 목적, 또는 목표 지향적인 의지 행위로 사용한다. 아마도 의도는 **어떤 목적에 초점을 맞춘 주의**로 가장 잘 이해할 수 있을 것이다.

의도와 그 사용

심리학에서 그리고 우리가 제시할 연구에서 주의와 의도는 매우 중요한 개념이다. 사실 이 개념은 모든 심리학의 가장 중요한 두 가지 원리 또는 과정일 수 있다. 우리는 목표 지향적인 유기체로서, 주의와 의도는 우리의 목표를 실현할 수 있도록 안내한다. 목표 지향적이란 의미에서 의도가 어떻게 우리의 행동, 생각, 이미지, 느낌, 감정의 대부분에 긴밀하게 관련되는지는 잠깐만 생각해도 쉽게 알 수 있다.

심리학 연구뿐만 아니라 일상생활에서 의도는 그 자체로 고려될 수 있고, 원하는 **결과**에 대한 **소망**이나 **기대**의 형태를 띨 수 있다. 다음 목록은 원하는 신체적·생리적·심리적 결과를 가져오는 데 있어 의도의 위대한 힘을 보여 주는 광범위한 상황을 보여 준다.

우리의 일상생활에서 의도의 힘은 다음의 상황 속에서 드러난다.

- 익숙한 목표 지향적인 의지 행위와 정신작용
- 혼인과 혼인서약
- 조직의 비전 및 사명 진술
- 기억, 심상, 계획의 핵심 특성
- 자신과 타자에 대한 암시와 기대 효과
- 결과에 대한 기대가 그 실현에 실제로 기여하는 자기충족적 예언
- 약품이나 과정의 치유능력에 대한 의사와 환자의 믿음이 치유의 힘을 가져오는 플라세보 효과
- 초심리학적 현상. 예를 들어, 초점화한 의도가 알려지거나 성취할 수 있는 것에 영향을 미치고, 심지어 일반적인 감각이나 운동체계가 미칠 수 있는 범위를 뛰어넘어 멀리까지도 영향을 미칠 수 있는 텔레파시, 천리안, 예지, 염력 등
- 특정 신체 변화 및 타자의 웰빙 증진을 위한 의도가 실제로 그 결과를 가져오는 원격의 영적 또는 정신적 치유
- 의도한 이점이 일어날 수 있는 기도
- 의도한 지식과 해결책을 얻는 꿈 배양(dream incubation)
- 원하는 현실에 대한 '확언'과 '공동 창작'을 통해 생각이나 결과를 깨닫고 구현하기
- 내세 경험, 예를 들어 티베트 불교 전통

마찬가지로 임상과 교육현장에서, 직업세계에서 그리고 연구 프로젝트에

서, 의도의 힘은 다음의 상황 속에서 드러난다.

- 교사가 미리 가지는 기대가 학생들을 바라보는 관점, 더 나아가 그들의 실제 학업에 강력한 영향을 미칠 수 있는 피그말리온 효과
- 연구자와 연구 보조자의 믿음, 편견, 기대가 매우 미묘하고 간접적인 방식으로 실험 결과에 영향을 미칠 수 있는 실험실 연구의 기대 효과 및 실험자 효과
- 신체의 반응과 상태가 의도한 변화에 순응하는 바이오피드백과 심리생리학적 자기 조절
- 의도한 휴식 상태를 가져오는 항상성(homeostatic)과 자기조절 행위
- 내담자의 꿈과 경험이 치료사의 이론적 견해와 기대에 부합하는 가치관의 순응
- 암시성이 크게 증가하고 상상된 변화와 결과가 쉽게 일어나는 최면
- 모든 서비스와 서비스업에서 타인의 웰빙을 향상시키는 것

앞의 모든 사례에서 논의되는 과정은 개인의 의도에 의해 작동된다. 어떤 경우에 의도는 주의 및 행위에 초점을 맞추거나 동기부여를 높이고 다른 심리적 과정으로 안내하도록 돕는 간접적인 방식으로 작용할 수 있다. 그러나 모든 사례에서 의도는 직접적으로 목표 지향적 기능을 하고 적극적이고 구체적으로 원하는 결과를 실현하고 구현하는 데 기여한다.

계획, 행동, 기억, 일과 놀이 영역을 지도하면서 나(윌리엄 브로드)는 나 자신의 삶에서 지속적으로 의도의 힘을 경험하고 있다. 또한 나의 다양한 연구 프로젝트에서도 위대한 의도의 힘을 관찰해 왔다. 스스로의 행위와 조건을 변화시키고 면역체계 기능을 바꾸기 위한 연구 참여자들의 의도는 다양한 바이오피드백, 자기조절, 심리면역학 연구에서 효과적으로 발휘되었다. 다양한 초심리학 연구에서 연구 참여자들은 자신의 의도를 적절히 지향함으로써 공간적으로 또는 시간적으로 멀리 떨어진 목표 사건에 대해 정확한 자각을 효과적으로 이끌어 내고 초점을 맞출 수 있었다(텔레파시, 천리안, 예지력 연구에서)(Braud, 2002b). 마음과 물질의 직접적인 상호작용과 살아 있는 유기 시스템과의 정신적 상호작용을 탐구하는 연구 영역(DMILS) 등의 다른 연구에서 연구 참여자들

은 곧바로 원거리에서, 의도의 적절한 사용을 통해 다양한 물리적·생물학적 시스템에 영향을 미칠 수 있었다(Braud, 2003a). 이러한 프로젝트의 성공적인 결과는 연구 참여자들이 지나치게 애쓰면서 노력하지 않으면서도 그들 자신을 충분하고 확고하고 효과적인 의도로 어느 정도까지 채울 수 있는가와 관련 있어 보인다.

연구자가 자신의 선택, 선호, 편견, 기대, 다른 자질을 통해 연구의 모든 단계에 영향을 미칠 수 있다는 점은 명백하다. 최근 연구는 연구자의 바로 그 의도 또한 유사한 영향을 발휘할 수 있다는 점을 보여 주었다. 따라서 연구자들은 그들의 의도와 힘이 연구결과에 영향을 미칠 수 있다는 점을 자각하는 것이 현명하다. 이 장은 연구의 모든 측면에 학생들과 다른 연구자들이 의도를 최대한 효율적으로 설정하기 위해 사용할 수 있는 정보와 조언을 제공하고자 한다.

실습

중요: 이 책 제2부의 어느 실습이든 시작하기 전에, 먼저 제1장에 있는 〈모든 실습을 위한 기본 지침〉을 완수함으로써 자신을 준비하라. 일단 그 실습 방법으로 준비가 되면, 연구 목적을 위해 어떻게 의도를 만들고 설정하고 유지할지에 대한 예시를 보여 주는 다음의 실습을 수행하라.

일반화된 연구 의도

- 1단계: 제1장에 나와 있는 <모든 실습을 위한 기본 지침>을 완수하라.

- 2단계: 준비가 되었으면 착수하려는 연구 프로젝트에 주의를 집중하라.

- 3단계: 이제 연구 프로젝트를 통해 성취하기 원하는 목표와 목적에 전반적인 의도의 틀을 설정하라. 의도의 틀을 만들고 설정할 때는 자신의 기질과 스타일에 가장 잘 맞고 적절하면서 의도하는 목표와 잘 어울리는 단어나 이미지, 느낌을 사용하라.

- 4단계: 당신의 전반적인 연구 의도의 틀은 아마 다음과 같은 것일 수 있다. 연구주제명에 관한 연구 프로젝트를 만들고 발전시키며 실행하는 동안 영감, 생각, 이미지, 느낌, 발견, 해석은 자연스럽고 저절로 일어날 것이다. 이것을 주제와 관련된 우리의 이해 및 연구 분야의 발전, 연구에 관련된 모든 사람의 웰빙 증대, 사회, 지구 전체를 위해 도움이 될 수 있는 방법으로 사용하고 이해하며 통합하고 전달하고 적용하리라는 의도를 설정하고 유지한다.

- 5단계: 의도를 설정하고 유지하면서 당신이 의도하는 모든 것이 이미 성취되었다고 확신하면서 상상하고, 이 목표의 성취에 대해 감사하는 마음으로 자신을 채우라. 이제는 목표, 기대, 소망으로서 나비가 세상 속으로 실어 나르듯이 의도를 세상 속으로 떠나보내라.

- 6단계: 의도를 놓아 주면서 부드럽게 현재의 시간과 장소로 돌아오고 눈을 부드럽게 뜨고 깊이 숨을 들이쉰다. 숨을 내쉴 때, 당신 자신과 다른 사람들을 이롭게 하기 위해서 세운 의도는 성취되리라는 사실을 자신하면서 당면한 과제를 다루기 시작하라.

- 7단계: 만일 적절하다고 여겨지면, 실습을 하는 동안 경험을 기억하고 구체화하도록 돕는 간단한 메모, 그림, 움직임으로 실습과 실습 동안의 경험을 분명히 한다. 그 다음, 확신을 갖고 감사의 마음으로 연구의 다음 단계로 넘어가라.

- 8단계: 이 의도를 연구 프로젝트 과정 동안 가슴에 품고 기억하며 자주 강화하라.

이제, 우리는 모든 연구 프로젝트에서 주요한 세 단계를 확인하고 각 단계에서 설정할 수 있는 구체적인 의도를 알려 주고자 한다.

연구의 주요 세 단계에서 의도 활용하기

모든 경험적 연구는 주요 세 단계 또는 국면을 가진다. 첫 단계에서는 자료를 준비하고 수집한다. 두 번째 단계에서는 그 자료를 처리, 분석, 통합한다. 세 번째 단계에서는 특정 청중들에게 발견을 보고한다. 연구자는 각 단계에서 의도를 세울 수 있다. 의도를 세울 때는 타당하게 관찰하고 연구하는 현상에 대한 진실을 밝혀낼 가능성을 최적함으로써 연구나 발견에 편견, 왜곡, 조작이 개입되지 않는 방식을 검토하는 것이 중요하다. 달리 말하자면, **우리가 묻는 질문에 우리가 선호하는 답이나 개인적인 기대와 바람을 확인할 수 있는 답을 추구하기보다는 있는 그대로의 실제 해답을 찾는 것이 중요하다.** 의도를 설정하는 데 있어 도전은 정확하지 않을 수도 있는 우리의 선호에 대한 확인보다는, 타당한 발견을 지지하는 방식으로 만드는 것이다. 이는 의도의 표현을 신중하게 검토함으로써 가능하다.

우리는 의도한 결과물의 많은 부작용과 여파를 자각하지 못할 가능성이 있기 때문에 연구에서나 일상생활에서나 보완적이고 조건적인 방식으로 의도를 세우는 것이 현명하다. 예를 들어, 우리는 다음과 같이 의도에 생각이나 말을 더할 수 있다. "……이 의도의 실현이 바람직하지 않거나 해로운 수반물 또는 결과물을 가져오지 않는다면" 또는 "…… 모두를 위한 최고의 선을 추구하는 방식으로"

연구자는 다음의 주요 세 연구 단계에 의도의 틀을 만들고 유지할 수 있다.

계획 및 자료 수집 단계

- 연구자, 연구 참여자 그리고 이 연구 분야의 발전을 위해 의미 있는 주제 선정하기
- 효과적인 문헌 검토와 다른 이들과의 교류를 통해 선정된 주제와 관련된 정보 파악하기

- 연구의 주제를 정확하고 충분히 밝혀낼 수 있도록 보고할 가장 적절한 연구 참여자 찾기
- 가능한 개인적 편견을 배제한 방식으로 자료 수집하기

자료 처리 및 해석 단계

- 자료가 암시하는 의미에 충실하고 가능한 개인적 편견과 기대를 배제하는 방식으로 자료를 조사하고 요약하기
- 자료를 분석하고 처리하기 위한 가장 적절한 양적, 질적 방법 사용하기
- 자료 속의 유의미한 패턴 자각하기
- 자료 속의 명백하면서도 미묘한 상호 관계 자각하기
- 자료를 충분하고 완전하게 다루기
- 자료에 대한 유의미하고 정확한 해석 전개하기

자료 보고 단계

- 발견 및 결과를 명료하고 정확하게 보고하기
- 예상 독자들이 충분히 이해할 수 있는 언어와 발표 방식으로 전달하기
- 이 연구의 유용한 함축적 의미와 가능한 실용적 적용을 제안하는 방식으로 연구 및 결과를 보고하기

우리는 학생이나 연구자가 세 단계의 연구 프로젝트 전부에서 자신만의 구체적인 의도를 생성하는 것은 실습으로 남겨 둔다. 어떻게 의도가 작동하는지, 어떻게 의도가 연구 과정의 다양한 국면에서 상호작용하는지에 주의를 기울이는 것은 유익하다. 연구 의도의 효용성을 추적하는 데 연구일지를 사용할 수도 있다.

이 책에 열거된 모든 기술과 마찬가지로, 의도 기술은 모든 연구 프로젝트에서 두 가지 방식으로 사용될 수 있다. 가장 중요하게는 연구자 자신을 위한 것으로, 연구의 각 단계를 준비하고 실행하는 방식으로 사용한다. 이 책 전반에서 우리는 연구자가 기술을 개인적으로 활용할 것을 강조한다. 이 기술을

사용하는 두 번째이자 선택적인 방법은 연구 프로젝트의 특정 부분에서 유용하고 적절하다고 판단되면, 연구 참여자들이 이 기술을 파악하고 사용하도록 지도하는 것이다.

추가적인 고려사항

우리가 비록 의도를 갖고 작업하는 기술을 별도로 설명하고 있을지라도, 실제 현장에서는 다른 연구 기술과 섞이고 혼용될 것이다. 이 부분에 대해서는 추후에 제시할 것이다. 의도는 대부분 항상 주의를 효율적으로 두는 기술 및 시각화 기술과 함께 결합된다.

연구자가 원한다면, 의도를 설정하는 행위는 의도의 틀을 만들기 위한 분명하고 구체적인 절차를 개발함으로써 극화하거나 의식화할 수 있다. 이것은 구조화된 물리적 절차나 의식의 형태를 띨 수 있으며, 연구자는 그것을 개인적으로 실천할 수 있다. 예를 들어, 특별한 용지에 의도를 적어 놓으면 더 명확해질 수 있는데, 이 방법을 통해 더 많이 주의를 기울이고 더 철저히 존중하게 된다. 극적인 표현과 의식화를 통해 의도에 전념하는 밀도 높은 주의는 의도의 효용성을 더욱 높일 것이다. 의식 그 자체를 구체적인 의도의 한 형태로 고려할 수 있다.

의도가 왜 효용성이 있는지 의문을 가질 수도 있다. 무엇이 그 효과를 설명할 수 있을까? 적어도 의도는 목적이나 목표를 자주 마음에 불러옴으로써 간접적으로 작용할 수 있다. 목표에 대한 **자각**이 강할수록 자신이 이 목표로 가는 경로 위에 있을 때와 또는 목표로부터 멀어져 경로를 벗어났을 때를 아는 것이 쉬울 것이다. 이런 앎을 바탕으로 목표에 다다르기 위한 가능성과 속도를 높이기 위해 개인은 자신의 방식과 행동을 스스로 교정할 수 있다. 상기시키는 것을 통한 의도의 또 다른 기능은 목표에 다다르는 **동기**를 증대시키고 목표에 대한 보상가치를 높여 준다는 점이다. 동기 및 보상의 증가는 이제 더 크고 효과적인 목표 지향적 행위를 촉진할 수 있다.

앞에서 서술한 것 외에도, 의도는 훨씬 더 직접적으로 작용할 수 있다. 의도는 어떤 목적론적인(목표에 영향을 미치는) 방식으로 목표 상황을 유발하도록 돕는다. 정확히 이것이 어떻게 일어나는지는 미스터리로 남아 있다. 그러나 실제로 원하는 상황과 결과를 가져오는 것을 도와주는 데 있어 우리의 의도가 물리적 세계에 직접적으로 작용할 수 있다는 경험적 증거가 있다(Braud, 1994a, 2003a; Radin, 1997). 특별한 상황에서 의도는 명백히 의도하는 상황의 발생 가능성을 변화시킬 수 있다. 특히, 불확정성, 무작위성, 변동성이 자유롭게 증가하는 상황에서 더욱 그렇다. 그 과정은 관찰 또는 측정에 의한 양자 물리학 과정의 '상태 벡터'[1]가 붕괴되는 것과 유사하다. 이 과정에서는 언제 어디서나 존재하는 확산적이고 개연적인 파동이 특정 장소나 시간에 존재하는 독립된 입자 형태 안에서 구체화되고 국지화된다. 목표 상황이 의도를 통해 실현되는 과정은 비록 다른 용어로 표현했을지라도, 많은 주요 영적 지혜의 전통에서 묘사해 왔다.

의도의 틀을 세울 때, 나(윌리엄 브로드)는 그 목표를 현실화하는 데 있어 **수단**(과정)보다는 원하는 **결과**(목표)에 강조점을 두는 것이 중요함을 발견하였다. 만약 무언가를 성취하거나 무언가가 어떻게 일어나기를 바랄 때, 특정 수단에 초점을 맞추면 부적절한 과정, 즉 목표를 성취하는 데 있어 가장 효과적이지 않을 수도 있는 과정을 선택할 수 있다. 우리는 목적 달성을 위한 가장 좋은 수단을 알 만큼 충분히 현명하지 못할 수 있다. 그러나 목표 그 자체의 관점에서 의도의 틀을 세우면 그 목표를 실현하기 위해 여타 **다른 수단들**을 이용할 수도 있을 것이다.

관련된 생각: 일상생활에서 종종 우리의 목표 그 자체는 웰빙과 심리영적 발달을 증진시키는 데 가장 필요하거나 가장 효과적인 것이 아닐 수 있다. 어떤 순간에 중요하고 필수적인 목표나 의도된 결과로 **여겨지는** 것이 사실은 우

---

1 양자역학(量子力學)에서 역학계의 상태를 나타내는 힐베르트 공간의 벡터. 위치나 운동량 따위의 물리량은 이 벡터에 작용하는 연산자(演算子)로서 나타낸다. 상태 벡터는 해밀토니안(Hamiltonian)으로 불리는 에너지 연산자의 작용에 의하여 시간적으로 변화하고, 파동 함수는 상태 벡터의 한 표시이다.(출처: 표준국어대사전)

리의 최선의 궁극적인 관심사가 아닌 것으로 드러날 수도 있다. 즉, 어떤 수단(과정)을 적용했을 때의 지혜와 적절함의 결핍은 목적(목표, 결과) 그 자체에도 그대로 적용될 수 있다.

그리므로 일상생활에서뿐만 아니라 연구에서도 특정한 결과나 목표에 초점을 맞추기보다는 때때로 우리 자신과 다른 사람들 그리고 전 세계에 대한 이해, 웰빙, 발전을 증대시키는 일에 초점을 두는 것(의도의 틀을 세우는 것)이 더 현명할 수도 있다. 우리는 종종 무엇이 어떤 것으로 이어질지 정말 거의 알지 못한다.

이 모든 것은 우리의 의도를 비롯하여 모든 생각, 느낌, 이미지, 행동의 예측할 수 없는 부작용과 여파에 주의를 기울이고 그 사용에 분별력을 가져야 함을 시사한다.

보충자료

앞에서 다룬 것 외에도 의도와 관련된 몇 가지 영역이 있다. 그중 하나가 **의도성**의 개념으로, 이것은 현상학, 심리학, 자아초월 현상학 연구에서 광범위하게 다루어지고 있다. 관심 있는 독자는 이 개념을 모란(Moran, 2000)과 발레(Valle, 1998)의 자료에서 찾아볼 수 있다. 연구자와 연구 참여자의 **기대**라는 형태의 의도는 심지어 연구결과를 세심하게 통제했을 때조차도 실험 결과를 결정하는 데 중요한 역할을 미칠 수 있다. 독자는 이 실험적 상황에서 작용하는 의도의 힘을 **연구자의 편견**, **실험자 효과**, **요구 특성**과 관련된 문헌에서 살펴볼 수 있다. 이 관심사를 유용하게 다룬 자료는 다음과 같은 저자들의 초기 연구에서뿐만 아니라 이후의 출처에서도 발견할 수 있다(Orne, 2002; Rosenthal, 2002a; Rosnow, 2002; Whitehouse, Orne, & Dinges, 2002).

바디마인드를 평온하고 느리게 하기

> 환희는 은밀한 것이다. 은밀함은 이것이다. 차분해지고 귀 기울이는 것, 생각을 멈추고 움직임을 멈추며 호흡도 거의 멈추는 것, 그 속에서 내면의 평온을 만들어 내는 것 등, 버려진 집에 살고 있는 쥐처럼 예측하기 어렵고 바로 사라지는 능력과 자각이 일상에서 미세하게 올라올 수 있다(McGlashan, 1967, p. 156).

> 마음을 챙기면서 모든 것을 자연스러운 흐름에 맡기도록 하라. 그러면 마음은 숲속의 맑은 연못처럼 어떤 주위환경 속에서도 고요해질 것이다. 모든 종류의 아름답고 희귀한 동물들이 내려와 연못물을 마실 것이다. 당신은 그 모든 것의 본질을 명징하게 보고, 낯설고 아름다운 많은 것이 오고 감을 볼 것이다. 그럼에도 불구하고 여전히 고요한 상태를 유지할 것이다(Chah, 1985, 표제).

평온과 느림 그리고 그 활용

이 책에서 다루는 다른 연구 기술들을 보다 효과적으로 사용하기 위한 단계를 설정할 때 다양한 평온의 기술을 활용할 수 있다. 이 기술은 연구자를 산만함에서 벗어나게 해 준다. 또한 그것은 미묘한 세부 사항과 다른 형태의 앎에 접근할 수 있도록 도와준다. 평온과 느림의 기술은 다양한 수준에서 작용한다. 어떤 것은 주로 특정 신체의 과정을 고요하고 느리게 하면서 근육과 자율신경 반응, 또는 '소음'을 줄이고, 어떤 것은 인지적 소음('원숭이 마음')을 가라앉힌다. 고요한 몸과 마음을 유지하는 것은 연구자가 연구과제의 측면들을 더 잘 이해할 수 있도록 도울 수 있다(속도를 늦춤으로써 좀 더 면밀하게 다른 형태의 관찰을 하도록 해 준다).

많은 명상 절차 및 요가 수련, 예를 들어 특별한 자세[아사나(asanas)나 호흡법(프라나야마, pranayama)]는 암묵적으로 평온과 느림의 기술을 이용한다. 어떤 의미에서 신체활동을 고요히 하고 느리게 하는 것은 신체활동을 주의의 배경으로 물러나게 하고 미묘한 지각을 전경으로 떠올린다. 본질적이고 독특한 자료의 속성을 감지하는 것은 양적·질적 지료 분석 및 해석 모두에 매우 중요하다.

평온과 느림은 근육이완, 자율훈련, 최면, 바이오피드백, 유도된 심상, 명상, 사색, 묵언을 포함한다. 소음이나 산만함을 줄이는 것 외에도 평온의 기술은 외부 또는 내부 요소에 의해 야기된 견고한 구조나 패턴으로부터 바디마인드를 풀어 준다. 그러한 구조적이고 제약적인 힘으로부터 벗어난 바디마인드는 보다 유연해지고 자유로운 가변성이 증대되면서 더 효율적인 전환, 변화 그리고 새로운 창조적 가능성을 가져올 수 있다. 평온의 기술은 오래되고 익숙한 것을 비우면서 새롭고 낯선 형태의 앎, 존재, 행동으로 채워질 수 있도록 돕는다.

다음의 〈표 4-1〉은 다양한 원천의 '소음' 또는 산만함과 이를 줄이는 데 효과적인 기술을 간략하게 보여 준다. 이 표에서 소음은 단지 크고 의미 없는 소리만을 의미하지 않는다. 여기서의 소음은 관련성 없는 활동, 산만함, 또는 방해 등과 같은 모든 특성을 의미한다.

〈표 4-1〉 '소음' 또는 산만함의 원천 및 이를 줄이기 위한 기술

바디마인드의 소음, 장애, 산만함의 원천	소음을 줄이고 바디마인드를 고요히 하는 기술
감각의 소음/산만함	조용한 환경, 눈 감기, 감각 제한 또는 감각 차단, 최면
근육의 소음/산만함	점진적 근육이완
자율적 · 감정적 소음/산만함	자율훈련, 호흡수련, 영적 마음수련
좌뇌의 소음/산만함(과도한 지적 분석)	우뇌 활동 강조(비언어적 활동의 증가)
인지적 소음/산만함	명상과 사색 기술
지나치게 애쓰는 고군분투	받아들임; 내맡기기; 내려놓기; 애쓰지 않기
다른 정보로부터의 방해	피드백이 따르는 시행착오 훈련, 마음챙김과 분별력

〈표 4-1〉에서 우측 단의 다양한 기술은 상응하는 좌측 단의 줄에 나열된 자극을 고요하거나 완화시키는 방법이다. 다양한 기술을 사용함으로써 이 모든 수준에서 우리 자신을 차분하게 해 줄 수 있다. 어떤 기술은 특정 수준에서 주로 그 효과를 내지만 다른 수준에도 역시 영향을 미칠 수 있다는 점에 주목하라. 즉, 소음 줄이기, 산만함 줄이기, 평온의 다양한 기술과 마찬가지로 다양한 소음/산만함 수준은 서로 높은 상호 관련성이 있다.

일상의 삶에서 우리는 휴식을 취하고, 활력을 되찾고, 스트레스와 싸우고, 창의력을 기르고, 새로운 아이디어를 탐구하고, 글을 쓸 때 영감을 받을 수 있도록 바디마인드를 이완시키고 고요히 하는 데 이러한 다양한 기술을 사용해 왔다. 나(윌리엄 브로드)는 연구 프로젝트에서 내 자신의 실험과 다른 연구에 참여할 때 평온의 기술을 사용해 왔다. 내 연구의 참여자들은 이 기술들을 자신의 정신면역학적(psychoimmunological) 건강-강화 기능을 위한 단계를 설정하거나 배양하는 방법으로 자주 사용했다. 그리고 다양한 초심리학 실험에서 자신의 정신 기능을 평가하고 입증하기 위한 방법으로도 사용했다.

특히, 나의 일 영역의 몇몇 연구 프로젝트는 나(로즈메리 앤더슨)에게 보통 익숙한 속도보다 더 느리고 이완된 속도를 요구하는 것 같다. 설사 그 속도가 연구 일정에 차질을 빚을지라도, 내가 만족스럽고 성공적인 결과를 원한다면 프로젝트를 일정에 맞추려고 하기보다는 프로젝트에 속도를 맞추려고 노력한다. 대부분의 사람이 당면한 프로젝트와는 상관없이 자기만의 독특한 리듬과 속도를 가지고 있기 때문에 그것을 프로젝트에 섬세하게 조율하는 방법을 배우는 것이 신중하고 유익한 것 같다. 물론 보다 고요하고 자연스러운 리듬과 속도를 발견하고 자신의 삶에 통합시키는 것도 전반적인 웰빙과 건강, 마음의 평화에 이로울 수 있다.

실습

이전에 작업한 〈모든 실습을 위한 기본 지침〉은 몇 가지 평온의 요소를 가지고 있다. 추가적으로 이 장에서 당신 자신을 좀 더 확실하고 깊게 이완시키고 차분히 해 줄 신체적·정신적 실습을 알려 줄 것이다. 근육을 이완시키고(점진적인 이완 실습), 내부 시스템과 감정을 이완시키고 고요하게 하며(자율훈련 실습), 정신 기능을 좀 더 평화롭고 평온하게 하도록(명상 실습) 설계하였다.

안타깝게도 신체와 정신활동은 항상 평온과 느림만을 원하는 것은 아니다. 또는 어쩔 수 없이 원하지 않을 수도 있다. 현대 생활의 빠른 속도와 바쁜 라이프스타일에 일반적으로 수반되는 정신적·감정적 재잘거림에 익숙해져서 이 장의 실습이 어렵게 느껴지거나 저항이 올라올 수도 있다. 언제라도 실습이 방향감각을 잃거나 혼란스러워지면 수정하라. 예를 들어, 하나의 실습을 마치는 데 30분을 쓰기보다는, 두 번이나 세 번으로 나누어서 좀 더 짧은 시간 동안에 하라. 첫 실습 마무리에 당신에게 더 적합한 제안을 추가적으로 제공할 것이다. 이 책에서 보여 주는 모든 연구 기술처럼 평온과 느림의 기술은 연습을 통해 점점 더 쉬워진다. 느림에 대한 추가적인 실습은 제7장의 체화된 글쓰기 섹션에서 찾아볼 수 있다.

이 실습을 하는 가장 좋은 방법은 자신의 목소리로 지침을 천천히 읽고 경험이 일어날 수 있도록 충분한 멈춤과 시간을 두면서 녹음하는 것이다. 이후에 산만함으로부터 벗어나기 위해 눈을 감고 자신이 이전에 녹음한 지침을 따라 할 수 있다.

느림 실습

노트: 이 실습을 위한 준비에서 만다라, 그림, 사진, 또는 다른 이미지를 주의의 대상으로 선택한다. 자세히 시각적으로 묘사된 이미지는 뭐든 괜찮을 것이다. 실습을 시작할 때, 그 이미지를 앞에 놓으라.

시작할 준비가 되면 앞에 놓여 있는 만다라, 그림, 사진 또는 이미지에 시선을 집중하라. 이미지 위에 시작할 한 지점을 선택하라. 최대한 천천히 눈을 그 이미지로 이동하라. 어떤 방향이나 패턴으로든지 그 이미지 주변을 움직일 수 있다. 그러나 천천히 하

라. 이 느림에 최소한 10분간 지속적으로 주의를 기울이라. 만약 속도를 내고자 하는 것이 감지되면 그저 다시 느림으로 돌아오라.

약 10분 후, 눈을 감고 몇 분간 내면에 집중하라.

느림에 계속 집중하면서 삶의 상황이나 연구주제를 부드럽게 자각의 표면으로 가져오라. 당신이 삶의 상황이나 연구주제에 직접적으로 관여했던 어떤 특정 순간이나 과거 행위를 회상하라. 하나의 사건을 선택하고 마치 슬로 모션처럼 모든 감각을 통해 되살리라. 대략 5분 동안 그 과정에서 어떤 감정과 느낌이 드는지 주목하라.

다 마쳤다고 느껴지면 점차 일상의 자각으로 되돌아오라.

약 10분간, 그 삶의 상황과 연구주제에 관해 가졌던 인상이나 통찰을 글로 쓰라. 또는 미술 재료를 이용해 상징 또는 이미지로 표현하라.

이 실습을 때때로 반복하여 주제에 대해 더 친숙해지도록 하라.

집중을 위한 대안적 행위

대부분의 사람은 좋아하는 활동을 하고 있을 때 매우 집중한다. 제물낚시, 요리, 정원 가꾸기, 연애 등의 행위는 느린 속도를 부여하는 즐거운 활동 중 훌륭한 예다. 만약 한 이미지에 집중하면서 고요해지거나 느긋해지지 않는다면, 자신이 좋아하는 활동을 선택하고 느린 속도로 그 활동에 몰두하라. 이와 같은 연습을 이미지에 집중하는 느림의 대안적 활동으로 대체하라.

점진적인 근육이완 실습

이것은 몸의 긴장을 이완하기 위한 실습이다. 이완은 모든 근육의 긴장을 없애는 것이다. 지신을 최대한 편안하게 하라. 이완할 때는 이 지침에 대해 생각하지 말라. 단지 수동적이고 자동적으로 따르라. 몸의 어느 부위를 긴장시킬 때 다른 모든 근육은 완전히 이완된 상태로 두라. 어떤 근육 부위도 지나치게 긴장하지 않도록 주의하라.

발가락을 아래쪽으로 팽팽하게 구부리는 것으로부터 시작하라. 점점 긴장을 더하면서 불편함을 알아차리라. 이 긴장을 잠시 동안 유지하라……. 그런 다음 풀어 주고…… 이완시키라. 발가락의 긴장을 완전히 푼 다음에는 그 차이를 느끼라. 발가락을 구부리는 대신 얼굴을 향해 아치 모양으로 구부려 올리면서, 정강이를 따라 흐르는 긴장과 불편함을 느끼라. 그 긴장을 잠시 동안 유지하라……. 그런 다음 이완시키라. 다리가 이완되는 것을 느끼라. 그다음 발가락을 다시 말아 올리고 다리 전체와 종아리를 긴장시키고 몸의 나머지 부분은 완전히 이완시키라. 그 긴장을 유지하고…… 그런 다음 이완시키라. 근육의 긴장이 사라진 후 느껴지는 이완을 즐기라. 모든 긴장을 풀고 모든 압박을 놓아 주고 몸을 깊은 이완 상태에 두면서, 매번 할 때마다 점점 더 깊은 이완상태가 되도록 하라.

이제는 배 근육을 할 수 있는 최대한 팽팽하게 긴장시키라. 그 긴장을 유지하고…… 이완시키고…… 이완시키라. 완전히 풀라. 쉬라. 이제 등을 아치 모양으로 구부리고 척추를 따라 흐르는 긴장을 느끼라. 그 긴장을 유지하라……. 이완시키라. 다시 편안한 진정 상태가 되도록 하라. 몸을 지탱해 주는 지면 위로 기분 좋게 몸이 가라앉도록 하라. 이제는 팔과 주먹에 주의를 집중시키라. 몸의 나머지 부분은 완전히 이완시키라. 주먹을 꽉 쥐고 팔꿈치를 굽혀 팔의 이두근을 수축시키라. 이것을 최대한 팽팽하게 유지하라……. 그런 다음 이완시키라. 팔을 양 옆으로 툭 떨어지게 하라. 완전히 쉬라. 이제 깊은 숨을 들이쉬면서 폐를 가득 채우고 가슴 전체의 긴장을 느끼라. 그 숨을 유지하고…… 그다음 내쉬라. 숨을 내쉴 때의 이완을 느끼라. 쉬라. 집중했던 모든 몸의 부분을 반드시 완전히 이완시키도록 하라. 어떤 긴장이라도 남아 있다면 그 근육을 완전히 이완시키라.

이제 머리를 최대한도까지 뒤로 젖히라. 목 근육의 팽팽함을 느끼라. 그 긴장을 유지하라……. 그런 다음 이완시키라. 목을 쉬게 하라. 머리를 쉬게 하라. 이제는 머리를 앞으로 구부리라……. 턱이 가슴에 닿게 하라. 그 긴장을 유지하라……. 이완시키라. 완전히 이완시키라. 이제 얼굴과 눈 주위의 모든 근육을 팽팽하게 인상을 쓰면서 찌푸리라. 그 긴장을 유지하라……. 이완시키라. 모든 긴장과 팽팽함을 놓으라. 목을 편안하게 이완시키라……. 목구멍도…… 입도…… 혀까지도…… 두피의 긴장도 풀라……. 앞이마와 두피의 근육을 부드럽게 하라……. 눈과 모든 얼굴 근육을 풀라. 쉬라 ……. 쉬라. 몸의 모든 근육을 이완시키라. 가장 이완된 부분에 집중하고 몸 전체를 하나의 편안하고 따뜻하고 기분 좋은 이완의 느낌으로 감싸면서 그 기분 좋고 긍정적인 이완의 느낌이 퍼져 나감을 상상하라.

전체적으로 완전히 긴장을 풀라. 근육의 긴장이 조금이라도 남아 있는지 몸을 다시 한 번 훑으라. 어디에서라도 긴장을 발견하면 이완시키라. 긴장을 이완으로 대체시켜라……. 마치 오래된 봉제인형처럼 몸 전체가 축 늘어지고 느슨해지고 이완될 때까지. 그러면 매우 이완된 상태가 된다. 이완은 계속 유지될 것이고, 나머지 실습 내내 깊어질 것이다. 자, 이제는 깊이 숨을 들이쉬라……. 그리고 내쉬라……. 내쉴 때 점점 더 이완된다. 호흡으로 더 깊은 이완의 상태로 들어간다. 더 깊이 이완하기 위해 머릿속으로 열에서 하나까지 세고, 하나씩 셀 때마다 자신이 심오한 이완의 상태 속으로 점점 더 깊이 들어가는 것을 느끼라……. 이상적인 상태다. (열에서 하나까지 천천히 세라.) 쉬라. 그 이완 상태를 원하는 만큼 유지하라.

일상적인 의식 상태로 되돌아오기를 원할 때 몇 번의 심호흡을 한 후 머릿속으로 하나에서 열까지 세고, 그다음 좋은 기분을 느끼면서도 정상적이고 효율적으로 기능하는 평소의 상태로 되돌아가라.

방금 보여 준 실습은 **긴장과 이완을 번갈아 하는 방법**을 포함한다. 이것은 이완을 배우기 시작하기 위한 좋은 방법이다. 이 방법을 일단 몇 번 실행하고 터득하면 긴장 요소를 제거할 수 있다. 그러면 몸의 주요 부분을 머리에서 발끝까지 주의를 환기시키는 이완만으로도 각 부분이 차례대로 깊이 이완된다.

자율훈련 실습

자율(스스로 만드는)훈련 실습은 감정과 무의식적 신체 기능을 조절하는 자율신경계를 편안히 하고 차분히 하는 것을 돕도록 설계되었다. 당신이 들으려고 하는 문구를 스스로 반복할 때 의도하는 효과는 자연스럽게 자동적으로 일어날 것이다. 어떤 노력도 애써 하지 말라. 변화가 일어나도록 애쓰지 말라. 몸의 각 부위들이 말하는 대로 그저 수동적으로 주의를 기울이라. 그러면 효과는 자동적으로 일어날 것이다. 어떤 것도 일으키려고 노력하지 말라. 왜냐하면 문구를 마음속으로 반복할 때 자연스럽게 발생하기 때문이다.

매우 고요해짐을 느낀다. 매우 편안해짐을 느끼기 시작한다. 발은 나른하고 편안해짐을 느낀다. 손목, 무릎, 엉덩이는 나른하고 이완되고 편안해짐을 느낀다. 몸의 중심에 있는 명치는 편안하고 고요해짐을 느낀다. 손, 팔 어깨가 나른하고 이완되고 편안해짐을 느낀다. 목, 턱, 이마가 편안해짐을 느낀다. 편안하고 부드러움을 느낀다. 내 몸 전체가 조용하고 나른하고 편안해지고 이완됨을 느낀다. 나는 매우 편안하다.

팔과 손은 나른하고 따뜻하다. 매우 평온함을 느낀다. 내 몸 전체가 편안하고 내 손은 따뜻하다……. 편안하고 따뜻하다. 손은 따뜻하다. 따뜻함이 손으로 흐른다. 손들은 따뜻하다……. 따뜻하다. 모든 손과 발끝이 나른하다. 특히 손은 따뜻하다.

심장박동은 차분하고 고르다. 심장박동은 고르고 차분하다. 나의 전 순환체계는 아무런 문제없이 부드럽고 고르게 작동하고 있다.

그것이 나를 숨 쉬게 한다. 호흡은 차분하고 고르다. 내 호흡은 매우 평화롭고 고르다. 호흡이 스스로를 돌본다. 마치 무언가가 나를 숨 쉬게 하는 것 같다. 들이쉬고…… 내쉬고. 조용히, 고르게.

몸 중앙의 명치는 따뜻하다.

나의 이마는 시원하다. 이마와 그 주변은 시원하다.

매우 평화롭고, 고요하고 편안하다. 손끝과 발끝은 나른하다. 손끝, 발끝, 특히 손은 따뜻하다. 내 심장박동과 호흡은 차분하고 고르다. 몸 중앙의 명치는 따뜻하다. 이마는 시원하다.

이완되고 고요한 상태를 원하는 만큼 유지하라.

일상적인 의식의 상태로 돌아오기 원하면 몇 번의 심호흡을 하고 머릿속으로 열에서 하나까지 숫자를 세라. 그리고 각 숫자를 세면서 자신을 기분 좋고 정상적이고 효율적으로 기능하는 평소의 상태로 돌아오도록 하라.

방금 서술한 자율훈련을 단독으로 사용할 수도 있지만, 점진적인 근육이완 실습을 먼저 진행한 상태에서 훨씬 더 효과적으로 실행할 수 있다.

중요: 모든 연습을 실행한 후에는, 천천히 평상시의 의식 상태로 돌아오라. 눈을 뜬 상태로 몇 번의 심호흡을 하고 모든 근육을 스트레칭하고 팔을 살짝 흔들라. **반드시 일상 활동으로 돌아가기 전에 깨어 있는 상태로 되돌아간다는 점을 분명히 인식하라.**

다음의 실습은 마음을 평온하게 만드는 방법이다. 정신적인 평온은 집중과 명상 실습을 통해 이루어질 수 있다. 이 실습은 또한 **주의를 효과적으로 배치**하는 기술을 포함한다. 주의 기술은 이 장의 다음 섹션에서 충분히 다루어질 것이다.

인지적 소음을 줄이고, 우리의 끊임없는 마음속 재잘거림을 차분히 하고, 마음의 쉼 없는 활동을 진정시키기 위해 사용할 수 있는 집중과 명상의 형태는 수없이 많다. 우리는 정신을 차분하게 하는 두 가지의 실습만을 제시할 것이다. 하나는 호흡에 집중하는 것이고, 또 하나는 반복되는 마음의 소리에 집중하는 것이다. 마음의 소리에 집중하는 훈련은 제5장의 청각기술 섹션에서 찾아볼 수 있다.

이전의 두 가지 훈련과 마찬가지로, 마음을 고요하게 만드는 실습을 자신의 목소리로 천천히 그리고 쉬어가며(지문에서 ……로 표시된 것처럼) 녹음하고, 후에 재생하여 녹음된 지시를 따르는 것이 좋다.

호흡 집중을 통해 마음을 차분히 하기: 네 가지 변인

변인 1

방해받지 않을 조용한 장소와 시간을 찾는 것으로 시작하라. 눈을 감고 가능한 한 자신을 완전히 편안하게 하라. 준비가 되면 호흡에 완전히 집중하라……. 날숨에…… 들숨에. 가슴 위 근육보다는 횡경막, 복부 근육을 이용해서 호흡하라. 깊이 내쉬라……. 모든 신선하지 않은 공기를 폐 바깥으로 빠져나가도록 하라. 깊이 들이쉬라……. 폐를 신선한 공기로 채우라. 깊이 규칙적으로 호흡하라. 배에서 느껴지는 움직임에 집중하라……. 자연스럽고 규칙적으로 충분히 호흡하면서……. 오직 호흡에만 집중하라. 그저 호흡을 관찰하라……. 호흡을 바꾸려고 시도하지 말라……. 단순히 호흡을 알아차리고 바라보라. 만약 다른 생각이 마음에 끼어들면 부드럽게 옆으로 밀어두고 다시 호흡에 집중하라. 생각을 인정하라. 그러나 빠르고 평화롭게 생각을 끊어버리고 다시 호흡으로 돌아오라. 호흡의 움직임과 느낌에 주의를 두면서 완전히 자각하라.

변인 2

긴장을 풀고 이전과 마찬가지로 호흡에 집중하라. 그러나 이번에는 코를 통해 공기가 들어오고 나가는 것을 볼 수 있다고 상상하라……. 공기를 깨끗한 안개로 상상하라. 콧구멍을 통해 들어오고 나가는 것을 바라보고 느끼라……. 깊이 규칙적으로 호흡하면서…… 부드럽게 아무 노력도 하지 말라.

변인 3

긴장을 풀라……. 그리고 이전과 마찬가지로 호흡에 집중하라. 계속 긴장을 풀라. 이번에는 호흡을 마음속으로 세면서 부드럽게 애쓰지 말고 호흡하라. 숨을 내쉬면서 하나…… 숨을 들이쉬면서 둘. 이런 단순한 방식으로 계속 반복해서 숫자를 세라. 자각을 오직 호흡에만 집중시키라……. 그리고 숫자를 세라. 하나…… 둘…… 하나…… 둘…….

변인 4

긴장을 풀라……. 그리고 호흡에 집중하라. 이번에는 호흡이 들어오고 나가는 사이의 전환점에 당신의 모든 자각을 집중시키라……. 호흡이 들어오고 나가는 사이에. 계속 긴장을 풀라……. 계속 깊이, 규칙적으로, 부드럽게, 아무 노력 없이 호흡하라……. 호흡 사이의 전환점에만 오직 집중하면서……. 날숨과 들숨의 전환점에 집중하라.

간단하게 호흡에 집중하는 몇 가지 방법을 경험했다. 각 방법을 좀 더 긴 기간 동안 연습하고 자신에게 가장 잘 맞는 것을 선택하라. 그것을 자주 연습하라. 호흡에 주의를 기울이는 것이 마음을 차분하게 하는 데 도움을 줄 수 있다. 거기에 더해서 의식적으로 완전한 자각과 집중을 이끄는 기술도 배울 것이다. 그 기술은 향상될 것이고, 삶의 다른 측면에까지도 일반화될 것이며 효율성을 높이도록 도와줄 것이다.

기억할 점: 이 책에 서술된 어떤 실습도 일상 활동으로 돌아가기 전에 반드

시 깨어 있는 상태로 되돌아가야 한다는 사실을 분명히 기억하라.

연구의 주요 세 단계에서 평온과 느림의 기술 활용하기

여기에 연구자가 어떻게 평온의 기술을 연구의 주요 세 단계에 사용할 수 있는지에 관한 몇 가지 구체적인 예가 있다. 그 활용법은 여기서 일인칭 화법으로 쓰였다. 연구 프로젝트의 **준비 및 자료 수집** 단계에서, 나는 평온과 느림을 다음과 같이 사용할 것이다.

- 내 의도를 보다 적절하게 세우고, 그 의도가 일상적 습관과 리듬에 좀 더 확실히 자리 잡도록 하기 위해
- 내 정신적 태도, 감정 상태 또는 리듬을 연구주제와 일치하는 방식으로 바꾸기 위해
- 나 자신에게 이 연구 프로젝트의 중요성과 왜 이것을 실행하는지 상기시키기 위해
- 연구주제, 목적, 이 연구를 통해 다가가고자 하는 청중을 명료화하면서 상쾌한 바디마인드 그리고 감정을 갖기 위해
- 이 연구를 실행하기 위한 창의적 방법에 대해 구상할 때 '정해진 틀을 깨고' 낡은 습관에 의해 한정되고 제한받지 않기 위해
- 연구 참여자들을 만나 친밀한 관계를 구축하고, 그들이 나에게 들려줄 모든 내용에 최대로 마음을 열 수 있는 바디마인드의 상태로 진입하기 위해
- 자료를 수집하는 동안 내 모든 감각을 사용하여 보다 민감하고 깨어 있도록 바디마인드를 조절하기 위해

연구 프로젝트의 **자료 처리 및 해석** 단계에서, 나는 평온과 느림을 다음과 같이 사용할 것이다.

- 자료를 분석하고 해석할 때 나 자신의 편견, 선입관, 예측을 내려놓기 위해

- 표면 위로 올라온 편견을 좀 더 자각할 수 있기 위해
- 자료 속에서 무엇이 중요한지 좀 더 쉽게 알아차릴 수 있도록 내 리듬을 조정하는 것을 돕기 위해
- 자료를 처리하면서 무엇이 중요하고 중요하지 않은지에 대해 몸에서 느껴지는 감각에 접근할 수 있는 가능성을 높이기 위해
- 자료 수집 동안 연구 참여자들이 보고한 것을 그들의 감성, 태도, 리듬과 최대한 일치시켜 기억하고 되살리기 위해
- 내가 자료 속에서 가장 중요한 것을 발견하는 데 보다 민감하도록 신선함과 '초심 상태'를 유지하기 위해
- 자료 속의 의미 있는 패턴을 감지할 때 내 직관을 최대한 사용할 수 있는 단계를 설정하기 위해
- 이 과정 동안 피로를 피하고 필요한 휴식을 취하면서 스스로를 돌보기 위해

연구 프로젝트의 **보고/전달** 단계에서, 나는 평온과 느림을 다음과 같이 사용할 것이다.

- 연구 보고서를 작성하면서 올라오는 불안을 완화시키기 위해
- 연구 발견의 보고를 위해 최상의 표현양식, 구성, 언어의 사용을 검토할 수 있는 신선하고 개방된 마음을 갖기 위해
- 내가 제시하는 내용에 대해 청중이 보여 줄 만한 반응을 상상하고, 그 반응을 보고서의 실제 작성을 안내하는 피드백으로 활용하기 위해
- 청중이 전달하는 내용에 대해 진정으로 감흥을 일으킬 수 있도록 하는 보고서 작성 양식 및 리듬, 결과물의 기타 표현방식을 사용하기 위해

우리는 학생 또는 연구자가 평온과 느림 기술을 실행할 수 있는 구체적인 방법에 대해 생각하고 그 방법을 각 연구의 주요 세 단계에 적용할 것을 권고한다. 선택적 실습으로는 연구자가 연구 참여자들에게 이러한 동일한 기술을 사용하도록 지도하는 방법을 고려해 볼 수 있다.

추가적인 고려사항

평온 및 느림의 기술과 연결하여, 우리는 자주 **바디마인드**(*bodymind*)라는 용어를 사용했다. 신체적·생리적·심리적 과정에서의 밀접한 연관성을 강조하고, 일반적으로 의미하는 몸과 마음의 이분법적 구분을 하지 않기 위함이다.

이 장에서 기술한 긴장 이완, 평온, 느림의 기술은 심리학에서 풍부하게 적용되어 왔다. 예를 들어, 에드먼드 제이컵슨(Edmund Jacobson, 1938)이 탐구했던 긴장 이완 절차는 특히 다양한 두려움, 불안, 공포증을 감소시키기 위한 '체계적 둔감화(systematic desensitization)'의 형태로 행동요법 분야에서 광범위하게 사용되었다. 프랭크스(Franks, 1969)의 초기 작업을 검토하는 것이 유용하다. 긴장 완화와 평온의 테크닉은 연구와 최면, 바이오피드백, 정신생리학적 자기통제 영역의 실제적인 적용 등에 광범위하게 사용되어 왔다. 신체의 긴장 완화와 정신의 평온은 또한 다양한 형태의 관조와 명상의 일반적인 수반물이자 후속 결과다. 머피, 도노번 그리고 테일러(Murphy, Donovan, & Taylor, 1997)의 연구 문헌에서는 명상에 관해 매우 광범위하고 유용하게 다루고 있다.

마음을 청정하고 고요하게 할 때의 집중과 특정 형태의 집중명상의 역할을 고려해 보면, 다음의 비유가 도움이 될 수 있다. 대양의 규칙적이고 거대한 파도가 좀 더 작은 크기의, 더 무작위적이며 조직화되지 않은 잔물결을 하나로 합쳐 조직하는 것과 마찬가지다. 주의 역시 끊임없이 하나의 대상(호흡이나 반복적인 내면의 움직임이나 소리)에 머물면, 마음의 무작위적 동요는 하나의 더 크고 일관되고 단순하고 반복적인 패턴으로 대체될 수 있는 것이다. 그 패턴이 스스로 계속 반복적으로 나타나면, 개인은 그 패턴에 적응이 되거나 습관화된다. 그것은 또한 마음을 상대적으로 '비어 있고', 고요하며 평화로운 상태로 두면서 자각으로부터 사라지는 것처럼 여겨질 수도 있다.

이 기술의 도입 부분에서 언급한 것처럼, 몸과 마음의 이완 및 평온 상태는 많은 유용한 수반물과 후속 효과를 가지고 있다. 평온하고 구조화되지 않은 자유로운 상태는 일종의 신선함과 초심을 가능하게 한다. 이때, 이전의 배경과 습관이 깨지면서 창의력을 촉진하고 다른 형태의 지각과 앎이 일어나는 것을 허용함으로써 연구 프로젝트에 적용할 수 있다.

이 장에서 논의한 평온과 느림의 본질과 힘에 관련된 과정을 유용하게 다룬 자료는 다음의 출처에서 추가적으로 찾아볼 수 있다(Benson, 1975; Braud, 2002b; Goleman, 1988; Hunter & Csikszentmihalyi, 2000; Judy, 1991; Keating, 1991; LeShan, 1974; Naranjo & Ornstein, 1971; Pennington, 1980; Schultz & Luthe, 1969).

주의집중과 효율적 배분

> 내 경험이란 내가 주의를 기울이기로 동의한 것이다. 오직 내가 알아차린 것만이 내 마음을 형성한다. 선택적 관심을 기울이지 않는다면 경험은 완전한 혼돈이다. 관심만이 악센트와 강세, 빛과 그림자를 준다……(James, 1950, p. 402).

집중과 그 활용

평온과 다른 적합한 절차를 통해 일단 바디마인드가 준비되면, 주의를 배분하고 초점화하는 기술을 연습할 수 있다. 자기 자신의 주의과정에 대한 통제와 조절은 연구에서 매우 중요한 역할을 할 수 있다. 주의와 함께 작업하는 방식에는 보통의 자동화되거나(로봇과 같은) 습관화된 방식으로부터 '반자동화(de-automatizing)'의 주의 기울이기, 외부로 향하는 초점을 내면으로 주의 이동하기, 조사해야 할 특정 측면에 주의를 집중하기, 주의 그대로 속도를 낮추거나 높이기, 주의의 초점을 좀 더 작거나 좀 더 크게 하기(주의의 초점면 또는 확대배율 바꾸기) 그리고 몸과 마음의 다양한 채널에서 일어나는 현상 관찰하기 등이 있다. 연구 대상에 대한 전반적인 이해와 평가를 증대시키기 위해 다양한 정보 채널에 주의를 보내고 채널을 바꾸는 것을 연습할 수 있다. 이 채널은(그중 몇몇은 다음 장에서 상세히 다루어질 것이다.) 시각, 청각, 자기수용감각, 운동감각, 사고, 이미지, 느낌, 감정, 기억, 예감, 직접적 앎, 직관을 포함한다. 개인은 각 채널에서 수집한 내용을 분별해서 그 본질과 출처를 식별하는 것을 배울 수 있다. 다른 사람과 자연에 대해 심도 있고 주의 깊은('주의 깊은'의 두 가지 의미 모두에서—'온전한 주의와 온전한 보살핌') 경청 및 주의 깊은 관찰을 연습할 수 있다. 자신의 주의에 대한 통제를 풀어 **의식을 관찰하는** 방식으로 자유로이 떠 있으면서도 고르게 배회할 수 있다. 보헤미안 대화 훈련(Bohm, 1996)[2]에서처럼 그룹 영역의 맥락에서 새로운 이해가 수면 위로 떠오르게 할 수 있다. 유진 젠들린(Eugene Gendlin, 1978)과 그의 동료 연구원들이 개발한 포커싱 기법은 몸의 상태에 주의를 기울이면서 몸이 말하는 지혜와 메시지에 접근하는 데 유용하다.

개인은 연구 대상뿐만 아니라 그 주변이나 전후 맥락에서 일어난 일을 관찰할 수 있다. 다양한 주변 사건(그저 호기심이 일어나는 일, 그와 관련된 독서, 그 자체를 보여주는 다른 유용한 자원)은 현재 연구하는 현상에 대한 이해를 확장시켜 준다. 주변 사건들(동시성, 우연히 일어난 일)은 연구가 올바른 트랙 위에 있다는 확인 및 지지 방식을 제공할 수 있는 동시에, 효과적이고 현명하지 않은 방식으로 진행되고 있다는 부정이나 경고를 나타낼 수도 있다. 그런 관찰과 교훈은 '발견의 맥락'이라고 불러온 내용의 한 부분이다. 이런 실생활의 영향은 모든 형태의 연구에서 중요함에도 불구하고 공식적인 연구 보고에서는 거의 언급하지 않고 있다.

앞의 모든 것은 주의를 기울이고 생생하게 관찰하는 방법이다. 그 방법은 연습을 통해 향상될 수 있는 관찰, 알아차리기, 마음챙김의 기술이다. 기술 그 자체를 개발함과 동시에, 주의 깊게 관찰하고 기억함으로써 이것을 이후에 연구하고 발표할 수 있도록 기록하고 문서로 남기는 것이 중요하다.

영적 지혜의 전통은 우리 대부분에게 익숙한 것을 넘는 특별한 형식의 주의를 인정한다. 이는 영적인 주의 형식이라고 부를 수 있는데, 사색, 성찰, 내면의 눈으로 보기, 가슴이나 영혼으로 보기, 내적 안내 또는 고요하고 작은 내면의 작은 목소리에 귀 기울이기다. 이런 특별한 형식의 주의는 니들맨(Needleman,

---

2 Bohm Dialogue(Bohmian Dialogue 또는 'David Bohm의 정신에서의 대화'라고도 함)는 참여자가 모든 사람의 관점을 완전하게, 균등하게, 비판단적으로 경험할 수 있도록 공통적인 이해에 도달하려고 하는 자유롭게 나누는 그룹 대화다. 이것은 새롭고 더 깊은 이해로 이어질 수 있다. 그 목적은 사회에 직면하는 커뮤니케이션 위기를 해결하는 것인데, 실제로 인간 본성과 의식 전체를 해결하는 것이다. 그것은 사고가 보편적 현실과 관련되는 방식에 대한 이론적 이해를 활용한다. 원래 이 대화 형식을 제안한 물리학자 데이비드 봄(David Bohm)의 이름을 따서 명명되었다.(출처: 위키백과)

1991), 아미스(Amis, 1995) 그리고 타트(Tart, 1986, 1994, 2001), **필로칼리아**(Philokalia) (Palmer, Sherrard, & Ware, 1979~1995)와 **순례자의 길**(French, 1965), 파탄잘리 요가 수트라 (Prabhavananda & Isherwood, 1969; Taimni, 1981)에서 다루어졌다. 일부 문헌은 내용도 없고 대상도 없는 또 다른 형태의 주의(Forman, 1997, 1999; Valle & Mohs, 1998; Merrell-Wolff, 1973 참조)를 제시했다. 특별한 종류의 주의집중과 자각은 신비체험에 관한 문헌(Braud, 2002d; Deikman, 1980a, 1980b; James, 1980; Progoff, 1957)에서 다루어졌다.

마음챙김은 완전하고 깊은 주의집중의 특별한 형태로 이해될 수 있다. 그것은 또한 적절하게 식별하거나 식별하지 않는 능력과 자기자각(self-awareness), 자기관찰(self-observation)의 기술을 가지면서 현재 순간에 깨어 있는 것으로 나타난다.

이런 다양한 형태의 주의를 확인하고 인식하고 연습하는 것과 적절히 초점을 맞추고 주의를 배치하는 방법을 배우는 것은 효과적이고 생산적인 연구에 있어 필수적이다.

나(윌리엄 브로드) 자신의 삶에서, 내 환경에서 무엇이 도움이 되고 해로울지에 보다 민감해지기 위해, 그리고 가장 유익하고 생산적인 사람, 장소, 생각에 접근하고 무엇을 피해야 할지 분별력을 향상시키기 위해 주의 기술을 개발하려고 노력해 왔다. 주의가 에너지를 가져온다는 점은 사실이다. 그러나 나는 또한 어떤 시기에 어떤 활동을 할지를 결정할 때 주의를 에너지에 따라 기울이는 방법도 배웠다. 주어진 매 순간에 내 주의가 어디로 향하는지를 관찰하는 것 또한 현재 나의 동기와 욕구에 대한 실마리를 제공한다.

나는 연구 작업에서, 연구 프로젝트에서 어떤 내용 분야, 주제, 문제를 가장 유용하게 탐구할 것인지에 대해 최적으로 주의집중하는 법을 연습한다. 또한 내가 읽고 있는 것과 다른 사람의 논의와 발표로부터 배운 것 중 가장 두드러진 측면에 주의의 초점을 강하게 두려고 시도한다. 연구의 준비, 절차, 발견 과정에서, 연구에서 밝혀내고 있는 것에 대한 내 몸의 반응과 느낌에 집중한다. 연구 프로젝트를 수행할 때, 구체적인 연구의 세부 사항과 구체적인 발견으로부터 현재 프로젝트가 단지 일부분으로 작아지는 더 큰 그림 또는 더 큰 맥락으로 주의를 의도적으로 앞뒤로 이동시킨다. 정신면역학과 생리학적 자기조절 그리고 초심리학의 영역(Braud, 1978, 1981, 1992, 1995b)의 내 연구에서는 연구 참여자들이 어떤 주의를 사용하는가가 무엇보다도 매우 중요하다. 이 부분에 대해서 다음 장의 **직접적 앎**에 관한 부분에서 좀 더 세부적으로 설명할 것이다.

실습

이 기술의 실습은 **연구 인터뷰**의 형식으로 얻은 정보를 더 심도 있고 완전하게 소화하기 위해, 주의를 바깥으로 그리고 안으로 다양하게 이동시키는 연습을 한다. 평온과 다른 적절한 절차를 통해 일단 몸과 마음이 준비가 되었으면, **주의를 배치하고 초점을 맞추는** 기법을 실행할 준비를 한다.

노트: 이 연습의 목적을 위해, 인터뷰는 다양한 형태를 취할 수 있다. 관심 있는 주제에 관해 누군가와 실행하는 '생생한' 인터뷰일 수 있다. 이 경우 자신의 코멘트와 개입을 최소한으로 유지하면서 단순히 상대가 주제에 관해 이야기하도록 하라. 나중에 듣고 볼 수 있기 위해 녹음을 하거나 녹화를 할 수 있다. 텔레비전 방송을 대리 인터뷰로 다룰 수도 있다. 만약 그렇게 할 경우, 실제 뉴스 인터뷰나 그와 유사한 것이 가장 좋을 것이다. 즉, 상대는 적절한 시간 동안 주제에 대해 이야기한다. 심지어 거울을 통해 당신이 흥미 있는 주제를 논의하면서 자신을 인터뷰하는 것도 고려할 수 있다. 카메라 앞에서 관심 있는 주제를 토의하는 것을 스스로 녹화할 수도 있다. 앞의 절차 대신에, **상상 속에서** 인터뷰를 할 수 있다. 인터뷰를 선택하고 계획할 때 재미있고 창의적으로 하라. 어떤 학생들은 특히 창의적이고 재미있게 진행했는데, 그들은 주의 깊은 관찰과 주의 이동을 통해 애완동물이나, 심지어 상대적으로 특별한 주변 환경의 흥미롭고 복잡한 측면을 '인터뷰'하는 기회로 삼기도 했다.

주의를 향하고 이동하는 연습

1단계: 다음의 <모든 실습을 위한 기본 지침>에 따라 준비하라. 여느 때처럼 이 실습을 도움이 되는 방식으로 실행할 것이고, 이 실습을 수행함으로써 유용한 점을 배울 것이다. 실습은 즐거우며, 이 실습으로 자신의 연구에 관여하는 다른 이들의 미래에 혜택이 있으리라는 확고하지만 부드러운 의도를 설정하면서 시작하라. 몸과 마음을 적절한 방식으로 차분히 하라. 긴장을 풀고…… 천천히…… 호흡을 관찰하라……. 어떻게 바닥에 몸이 지탱되고 있는지 알아차리라. 스스로에게 남은 실습시간 동안 이완된 상태로 조용히 깨어 있으며, 민감하고 주의가 집중된 상태로 있을 것이라고 암시하라. 실습 동안에 중요한 사안을 알아차리기 위해 적절하고 자연스럽게 주의를 이동시킬 수 있으리라는 의도를 설정하라.

2단계: 일단 준비가 되었으면 인터뷰를 시작하라(앞의 노트 참조).

3단계: 인터뷰가 진행되는 동안 주의를 다양한 경로로 이동하는 연습을 하라. 인터뷰하는 동안 상대방이 사용하는 말, 목소리 톤의 변화, 신체언어와 그 변화 각각을 중요시하기 위해 주의를 의도적으로 이동했을 때 무슨 일이 발생하는지 보라. 제시되는 정보를 어떻게 받아들이고 반응하는지 주의를 의도적으로 이동하라. 즉, 인터뷰에서 나온 다양한 이야기에 몸이 어떻게 반응하는지, 인터뷰를 듣는 동안 내면에서 일어나는 모든 느낌이나 감정, 모든 움직임, 모든 떠오르는 이미지를 알아차리라. 떠오르는 연상과 기억을 알아차리라. 인터뷰를 관찰하고 있는 자신을 관찰하라. 자신이 아닌 다른 사람이나 인터뷰 대상자의 시각으로 인터뷰를 바라보고 평가한다고 상상하라. 전체 인터뷰를 다른 관점에서 볼 때 어떠한가? 상대방과 자신을 둘러싼 주변에서 무슨 일이 일어나는지 알아차리라. 말하는 사람으로부터 그 사람을 드러나게 하는 배경으로 관점과 주의를 이동하라.

4단계: 주의를 다양한 초점과 대상으로 옮겨 무슨 일이 일어나는지 충분히 관찰할 수 있을 만큼 각각의 위치에 주의를 유지하라. 그다음 다른 채널이나 초점으로 주의를 이동하라. 일단 주의를 배치하는 많은 위치들을 실험했다면 이 실습을 마무리한 후, 이완되고 깨어 있고 주의를 기울인 상태로 5분에서 10분 정도 일지를 작성하라. 이 실습 동안 무슨 일이 일어났는지 묘사하고 관찰을 기록하여 보관하고 실습을 안정화하라. 기억하라. 기록을 글 쓰는 것으로만 한정 지을 필요는 없다. 스케치, 그림, 상징, 콜라주, 움직임과 같은 비언어적 표현도 포함시킬 수 있다.

5단계: 주의 초점과 주의 이동 기술에 대해 배운 것과 인터뷰하는 과정과 내용에 대해 배운 새로운 것, 자신에 대해 새롭게 배운 것에 대해 그림으로 그린 것과 글로 쓴 것을 검토하라.

6단계: 이 실습을 종종 반복하여 이 기술과 활용을 보다 친숙하게 익히라.

연구의 주요 세 단계에서 주의 기술을 사용하기

연구자가 연구의 주요 세 단계 동안 주의의 방향성을 고려해야 하는 측면에 대해 몇 가지 구체적인 예들을 제시한다.

연구 프로젝트의 **준비 및 자료 수집 단계**에서, 연구자는 다음에 나열된 연구 측면에 주의를 향하게 하고 초점을 맞출 수 있다.

- 프로젝트는 중요성을 갖는가, 어떻게 중요한가, 연구자에게 의미가 있는가 그리고 얼마나 의미를 가지는가? 유진 젠들린의 '포커싱' 절차(Gendlin, 1978)를 통해 신체반응과 느껴지는 감각에 주의를 두는 것은 이 평가에 도움을 줄 수 있다.
- 연구가 주제의 사안이나 현안의 이해를 증진시키고 그 학문의 성장에 기여할 수 있는 방법
- 문헌 검토에서 가장 현저히 눈에 띄는 발견과 이론은 무엇인가?
- 연구 가설 또는 질문을 세우는 데 가장 좋은 연구방법과 설계
- 연구를 구축해 나갈 수 있는 가장 중요한 절차적 단계
- 연구 참여자를 찾는 가장 적절한 최선의 방법
- 연구자의 선입관 및 가능한 편견의 확인
- 연구가 요구하는 특성(참여자의 경험과 그들이 연구에 대해 생각할 수 있는 것에 영향을 미칠 수 있는 연구 절차, 주변 환경, 일반적인 전후 사정의 측면)을 확인하고 연구결과에 미치는 영향 검토
- 참여자들이 연구 기간 동안 가능한 편안하도록 도와줄 조건의 확인
- 연구자로서 연구의 목적을 참여자들에게 명확하고 효과적인 방식으로 전달하는 방법

- 참여자들이 연구 기간 동안 진정으로 편안한지 주의 깊게 관찰하고 그 편안함을 보장하기 위한 모든 필요한 변화 구축
- 참여자들에게 무엇을 질문하고 있는가를 이해시키고 연구자의 질문에 유용한 응답을 제공하고 있는지에 대한 결정
- 참여자들의 많은 의사소통 채널에 주의를 두면서 한 채널에서 다른 채널로 주의 이동하기. 실습에서 언급했던 것처럼 말 또는 글의 내용뿐만 아니라 참여자들의 목소리의 특질, 신체 변화 등에도 주의를 기울이기
- 참여자들로부터 정보를 얻을 때 연구자 자신의 내면 반응에 주의를 두기(신체 반응, 느낌, 연상)
- 연구 시간에 바로 외부 주변 환경에서 무슨 일이 일어나는지에 주의 두기; 그 주변의 사건이 현재 연구 중에 있는 것과 관련성이 있는가
- 프로토콜에 따라 연구를 진행하고 있는지 그리고 절차적인 변화를 고려해야 하는지 인식하기
- 충분한 자료를 수집했으므로 수집을 그만둘 시기 파악하기

연구 프로젝트의 **자료 처리와 해석** 단계에서, 연구자는 다음 측면에 주의의 방향을 잡고 초점을 맞출 수 있다.

- 자료 중에서 무엇이 가장 두드러지는지 확인하기/인식하기
- 자료 중에서 의미 있는 패턴 확인하기
- 자료의 다양한 속성을 나타내는 유용한 지표로서 자신의 신체 반응과 정서 반응 사용하기
- 연구 중의 경험에 대한 참여자들의 보고를 검토할 때, 참여자의 관점으로 이동하지 않으면 알아차리지 못할 경험의 의미와 본질에 대한 통찰을 허용하기
- 보고하는 내용의 출처에 대한 진위성의 보장: 이것이 정말로 수집된 자료 안에 있는 것인가, 아니면 연구자 자신의 선호, 기대, 소망으로부터 나온 것인가?(발견을 검토할 때 분별력을 기르는 것이 중요하다는 또 다른 말이다.)
- 자료의 일관성뿐만 아니라 예외 또한 주목하기

- 발견이 가설을 뒷받침하는 방식이나 뒷받침하지 않는 방식 인식하기
- 언제 충분한 분석과 자료 처리가 행해지고, 언제 멈춰야 하는지 파악하기

연구 프로젝트의 **보고/전달** 단계에서, 연구자는 연구의 다음 측면에 주의를 향하고 초점을 맞출 수 있다.

- 글쓰기에 있어 모호하고 불분명하거나 애매한 진술을 피하기 위한 주의와 명료함
- 보고의 완전성과 전문가적 특성
- 발견 또는 결론을 지나치게 일반화하지 않는 주의
- 연구와 발견에 있어 가능한 한계를 명시하는 것을 기억하기
- 의도한 독자들이 쓰인 글의 각 측면에 어떻게 반응할 것인가에 대해 고려하기
- 언제 보고가 충분히 이루어지는지 그리고 언제 멈추어야 할지 알기

독자들이 앞의 특정 프로젝트에서 주의를 사용하는 방법 목록을 세밀히 조정하고 확장하기를 기대한다.

추가적인 고려사항

의도와 **주의**가 심리학 및 인간 기능에 있어 가장 중요한 절차 가운데 두 가지(가장 중요한 것은 아닐지라도)라는 점을 확실히 입증하는 것은 가능하다. 주의의 강력한 힘과 중요성에 대한 증거는 다음의 의도에 대한 격언에서 나타난다.

> 어디에 그리고 어떻게 주의를 두는지가 무엇을 경험할지를 결정한다.

> 외부 세계와의 적응적인 상호작용은 주의를 어떻게 효과적으로 배치하는지를 배우는 것에 달려 있다.

> 내면에 주의를 집중하는 것(몸 또는 몸 내부)은 몸의 치유과정을 효과적이고 효율적으로 일으킬 수 있다. 예를 들어, 통증 신호는 치유과정이 필요한 부분으로 주의를 환기시킨

다. 또한 이것을 주의와 치유를 '요청하는' 정서적, 인지적 상태로 일반화할 수 있다.

일단 스스로를 평온하게 하면(느림, 이완 등을 통해), 우리는 덜 산만한 상태(감소된 소음)를 활용하여 이전에는 방해요소에 의해 가려져 있었을 수도 있는 미묘한 사건(내부 그리고 외부)에 보다 충분히 다가갈 수 있다. 이 장의 앞부분에서 기술한 평온에 관한 맥글라산(McGlashan)과 아잔 차(Achaan Chah)의 두 가지 격언은 이 과정을 시적 표현으로 묘사하고 있다.

완전하고 신선한 주의는 효율적인 사고와 행동, 즉 다른 사람들과 함께 그리고 그들을 위해 보다 충분히 존재할 수 있는 능력, 공감과 자비의 느낌 등 많은 선물을 선사한다.

선입관, 역사, 연상, 기억, 기대 등을 최소화하려고 노력하면서 무언가에 완전히 집중하는 것은 참신함, 초대와 환대, 호기심, 기쁨이라는 선물과 함께 초심을 불러일으킨다.

긴장 이완, 바이오피드백, 자기 조절, 자기 치유 등의 기술 습득은 강한 주의 요소를 포함한다. 우리가 주의를 잘 기울일 수 있는 것은 자발적인 통제하에 둘 수 있다.

명상은 매우 주의를 기울이는 작업이다. 즉, 주의를 집중하고 초점을 모으거나 주의를 분산하고 개방하는 훈련이다.

누군가 또는 무언가에 주의를 둘 때, 효과적인 쌍방향 의사소통의 문이 경이롭게 활짝 열리면서 주의 대상에 대한 지식을 얻고 그 대상에 영향을 준다.

어떤 일에 깊은 주의를 기울이는 것은 유용한 지각, 이해, 학습에도 필수적이다.

우리가 '되어 가는' 것을 직접적으로 알 수 있는 형태의 앎이 있다. 즉, 완전한 주의를 통해 통합하는 것이다. 이것은 '직접적인 앎(direct knowing), 동일시를 통한 앎(knowing through identification), 존재를 통한 앎(knowing through being) 또는 앎의 대상이 되어 감을 통한 앎[knowing through becoming(the object of one's knowledge)]'이라 부른다.

명상적이고 영적인 마음챙김 수행은 효율적인 주의 배치의 또 다른 명칭이다.

다양한 영적 지혜의 전통에는 가슴의 주의(attention of the heart)라 불리는 주의의 형태가 있다. 이는 가슴의 눈과 영혼의 눈을 포함하는 앎의 형태다. 가슴은 감각과 마음만으로는 알 수 없다. 블레즈 파스칼(Blaise Pascal, 1941, p. 95)이 지적한 것처럼 "가슴은 나름의 논리를 가지고 있다. 그러나 이성은 그 논리를 알지 못한다."

유진 젠들린(Eugene Gendlin, 1978)이 개발한 주의과정은 주의를 두지 않으면 무시될 수 있는 몸과 느낌의 미묘한 메시지를 알아차리기 위한 특별한 작업 방식을 강조한다. 그 과정은 신체와 심리적 웰빙을 증대시킬 수 있다.

주의를 두지 않는 것은 무시하는 것이고, 무시하는 것은 무지를 가져온다.

자아초월적 속성인 차이에 대한 수용은 우리 자신, 개개인, 문화 간의 차이를 구별하는 고유한 특성에 대한 주의를 요구한다.

우리는 다양한 초점에 주의를 두는 방법에 대해 논의했다. 한 가지 보완적인 측면은 다른 사람들의 주의를 받는 것이다. 다른 사람들에게 주의를 기울일 때, 우리는 완전히 그들과 함께 존재하면서 그들을 고유한 개인으로 대우하고 존중하며 그들의 독특한 경험과 이야기를 경청할 수 있다. 이런 식으로 우리는 그들을 특별한 방식으로 배려하고 존중한다. 한 가지에 주의를 기울이고 전념하는 것은 주의를 기울이는 사람에게 유익한 만큼, 받는 대상에게도 또한 유익하다. 이 연결선상에서 연구, 존중 그리고 배려라는 개념은 상호 관련된다. 이 모든 것은 주의 깊게, 반복적으로, 완전히 대상을 존중하는 것과 관련 있다.

제5장 시각, 청각, 내장 그리고 움직임과 관련된 감각

지각은 누적되고 보통은 동시적이며 필연적으로 선별적이다. 감각체계의 특정 부분은 거의 홀로 작동하지 않는다. 거의 모든 감각 신호는 먼저 뇌 중앙의 시상에 있는 중계국으로 전달되고 다른 감각정보와 통합된 후, 해석과 반응을 위한 주요 감각 기관인 대뇌피질과 '고위중추'로 전달된다. 예를 들어, 시각적 이미지 차원에 대한 해석은 접촉, 냄새, 맛, 소리, 움직임 그리고 내장 활동에서 나온 정보로부터 그 힌트를 얻는다. 큰 틀에서 모든 감각은 하나다.

-앤드리아 올슨(Andrea Olsen, 2002, p. 57)

서양에서 주로 우리는 일상에서의 시각, 촉각, 후각, 미각, 청각이라는 다섯 가지 전문화된 감각 지각을 알아차린다. 그러나 신경학자와 심리학자들은 인간의 몸 안에 몇 개의 다른 감각 지각을 확인한다. 거기에는 속귀 내의 유동적 감각에서 파생된 '평형감각(equilibrioception)', 사지의 방위 및 공간 내 운동에 대한 '자기수용감각(proprioception)' 그리고 움직임에 대한 전반적인 감각인 '운동감각(kinesthesia)'이 포함된다. 또한 복잡한 감각은 몸 안의 많은 기관으로부터 발생하는데, 이 장에서는 그것을 내장감각(visceral sense)이라 부른다. 거기에 더해, 동양의 영적, 종교적 전통의 심리학자들은 특히 불교에서는 감각 지각을 존재의 상태로 생각하는데, 이는 감각을 통해 세상을 인식하는 확장된 방식이다. 감각 지각은 일상적으로도 사용되지만 세상을 보다 심오하게 이해하기 위한 지각의 창으로도 여겨진다. 초감 트룽파(Chögyam Trungpa, 1999)는 티베트 불교의 관점에서 이를 설명한다.

…… 감각 기능은 당신에게 보다 깊은 지각의 가능성을 제공한다. 일상적 지각 너머에는, 당신의 존재 상태에 존재하는 초(超) 청각, 초(超) 후각 그리고 초(超) 느낌이 존재한다. 이것들은 오직 깊은 명상 수행 훈련에 의해서

만 경험할 수 있고, 어떤 혼란이나 어둠도 명료하게 하고, 정확함, 예리함, 지각의 지혜 등 당신 세계에 새로움을 가져온다(p. 23).

명백히 과학적 탐구는 언제나 감각 지각으로부터 나오는 자료를 수집하고 분석하는 것을 포함한다. 외부적으로 입증 가능한 자료, 즉 다른 사람이 관찰할 수 있고 기계로 측정할 수 있는 자료를 요구한다. 그러나 자아초월 연구 및 인간과학 관련 학문에서는 연구 프로젝트 동안(연구주제를 명료화하고, 연구를 설계하고, 자료를 수집하고 분석하고 해석하고, 연구 발표를 준비할 때) 통상적으로 감각을 사용하는 방식을 뛰어넘는 미묘한 감각 지각을 포함하는 것이 유용할 수도 있다. 기존의 자료와 확장된 자료는 연구주제를 보완할 수 있고 더 심화시킬 수 있다. 이 장에서는 일반적으로 사용해 온 감각과 확장된 감각 둘 다를 탐구하여, 초보 연구자와 숙련된 연구자들이 연구에서 의도하는 주제, 목표, 연구에 맞게 선택하도록 해 줄 것이다. 또한 자료에 대한 연구자의 관점과 일반적으로 객관적이고 외적으로 입증 가능하다고 여기는 출처 외에서 나온 통찰에 적합한 감각 사용을 선택할 수도 있다.

최근 몇 년 사이에 서양의 과학, 특히 감각생리학, 생리심리학, 신경과학, 인지신경과학, 신경심리학 분야에서는 인간의 지각과 심상체계의 놀라운 복잡성을 탐구하기 시작했다. 머지않아 과학기술의 진보는 수백 년 동안의 성찰적이고 명상적인 분석에서 나온 동양의 '마음 과학(science of mind)' 분야를 구체화시킬 수도 있을 것이다. 달라이 라마(Dalai Lama)와 서양의 의식 연구자들이 그 발견과 아이디어를 나누기 위해 최근 유수의 대학에서 진행된 회의는 서양 과학과 동양 지혜 전통의 만남을 예시한다. 몇몇 회의의 결실은 해링턴과 자욘스(Harrington & Zajonc, 2008), 해이워드와 바렐라(Hayward & Varela, 2001)와 호시맨드, 리빙스턴 그리고 월리스(Houshmand, Livingston, & Wallace, 1999)가 기술한 책에 요약되어 있다. 현재 서양 과학과 동양 지혜 전통과의 만남은 수 세기에 걸친 인간의 이해를 종합하여 아직 발견되지 않은 인간 경험의 역량에 대한 통찰을 가져오는, 진보적인 발견의 '과학' 그 자체다.

이 장의 맥락에서 구체적으로 살펴보면, 우리 인간이 방을 가로질러 걷는 능력은 세밀히 조정된 신체감각, 신경자극 그리고 신체 동작뿐만 아니라 자신이 걷고 있는 것을 마음에 그리는 능력에 의해 결정된다. 그와 유사한 수많은 경험을 어린 시절부터 하나하나 복잡한 뉘앙스 속에서 쌓아 왔으므로 우리는 자신이 걷는 것을 상상할 수 있다. 지각할 때 고위대뇌피질의 표상이 하는 역할을 보면, 지각하는 감각은 모든 감각을 연관시키고, 개별적이기보다는 동시적이거나 서로 연결되어 있다. 감각 기능의 극단적인 형태인 '동반감각(synesthesia)'은 몇 가지 감각의 동시적 활성화를 포함하는데, 예를 들어 특정 소리를 들으면서 색, 모양, 질감을 경험한다(Marks, 2000). 좀 더 일상적인 지각의 융합에 대한 예로는, 노래를 들으면서 느낌과 기억이 떠오르고 그것이 몸 안의 반응을 이끌어 내어 그 노래에 추가된 의미와 뉘앙스를 주는 경우를 들 수 있다. 거기에 더해 과거로부터 무언가를 회상할 때, 우리는 단지 이미 지나간 시대의 무성 영화를 보고 있는 것이 아니다. 기억은 종종 '소리와 분노'로 가득 차 있다. 거의 모든 해석과 이해에는 어떤 형태의 이미지 표상이 내포되어 있는 것처럼 보인다. 우리는 이 장을 먼저 시각적 감각으로 시작한다. 왜냐하면 대부분의 사람이 표상을 설명할 때 그 이미지가 질감, 냄새, 맛 그리고/또는 소리를 함유함에도 불구하고, 시각적 은유를 사용하기 때문이다.

이 장에서 지각 감각이 기존에 행하는 방식과 확장된 방식 둘 다에 사용될 수 있는 방식을 살펴보기 위해, 논의를 청각, 시각, 내장, 동작과 관련된 감각으로 제한한다. 감각생리학 그리고 티베트 불교적 관점에 따르면, 모든 지각 감각은 어느 정도는 촉각에 그 뿌리를 두거나 포함하고 있다는 점에 주목하라(Denma Locho Rinpoche, 사적 대화). 망막세포의 접촉으로 인한 시각적 감각, 후각 수용체의 접촉으로 인한 후각적 감각 등이다.

이 장의 실습은 독자들로 하여금 각각의 네 가지 감각을 스스로 탐구하고 실행하도록 안내한다. 우리가 비록 이 장에서 직접적으로 촉각, 미각, 후각을 다루지는 않지만, 이 책의 많은 실습은 연구의 모든 단계와 관련된 자료 및 통찰의 원천으로 그 감각들을 포함시킨다.

시각 기술: 시각화, 심상, 상상

> 이븐 알 아라비(Ibn al-'Arabi)는 힘마(himmah: 주의)라는 용어가 부여하는 상상력에 대해 언급한다. 힘마는 신비론사의 상상의 전환(transfiguration)을 가리키며, 두 가지 중요한 일을 하게 한다. ① 상상의 능력을 신체 기관으로 전환시켜서 미묘한 실재나 영적 차원을 지각하도록 한다. 이 차원은 그렇지 않을 경우 신체감각 기관에 묻혀 있을 수 있다. ② 집중과 정신적 투사를 포함하는 과정을 통해 상상의 산물을 객관적이고 외현적인 실재로 구현할 수 있게 한다(Hollenback, 1996, p. 252).

물론 연구자는 연구의 모든 단계에서 외부 세상과의 상호작용을 위해 익숙한 시각 기술을 사용한다. 관련 문헌자료를 읽고 요약할 때, 연구 계획을 쓰고 도표화할 때, 다양한 표준화된 평가 도구를 준비하고 사용할 때, 자료 수집 단계에서 연구 참여자들을 관찰할 때, 분석 및 해석 단계에서 자료에 주의를 기울일 때, 연구 발표를 문서로 준비할 때 등 외부에 초점을 둔 시각 기술을 내면에 초점을 둔 시각 기술로 보완할 수 있다. 이 내면의 시각 관련 기술은 심상, 시각화, 상상의 형태를 취한다.

시각화, 심상, 상상 그리고 그 활용

시각적 심상뿐만 아니라 모든 다양한 모드나 채널에서 떠오르는 심상인 이미지는 정보와 지식을 언어만큼, 때로는 그보다 더 잘 전달할 수 있다. 자연적으로 떠오르는 심상에 주의를 집중하면 연구자는 정보를 얻을 수 있다. **기억 이미지**는 연구 현상에 관한 추가적인 정보를 제공할 수 있다. 이 방법으로 활용하는 이미지는 실시간 관찰이기보다는 '시간에서 벗어난(time-displaced)' 관찰을 하는 매개적 역할을 할 수 있다. 연구자는 특정 연구 프로젝트에서 연구하는 현상과 유사하거나 동일한 경험을 보다 생생하게 재생시키는 데 기억 이미지를 사용할 수 있다.

연구자는 연구 프로젝트에 필요한 모든 단계를 예측하고 계획하기 위해 **시각적 심상**을 사용할 수 있다. 연구 참여자를 찾을 때, 모든 필요한 절차적인 단계를 고려할 때, 어떻게 자료를 시각적으로 처리하고 보고할지 생각할 때 등이다. 무엇일까를 상상하는 형태에서 이미지는 또한 새로운 창의적 가능성을 마음속에 떠오르게 하는 데 사용할 수 있다. 이 기술은 몇 가지 형식의 현상학적 연구의 '상상적 전환(imaginative variation)' 과정에서 사용될 수 있다(예로 Moustakas, 1994 참조).

심상은 또한 주의와 의도의 매개로서, 원하는 목표를 성취하는 데 도움을 주기 위해 보다 적극적이고 의도적인 방식으로 사용될 수 있다. 이전 장에서 살펴본 바와 같이, **시각화**(*visualization*)라는 용어는 종종 그런 의도적이고 적극적인 방식 속에서 심상을 이용하는 데 쓴다. 심상의 경우에서처럼 시각화는 모든 감각의 양상에서 나타날 수 있으므로 시각적 방식에만 국한할 필요는 없다. 특정 심리상태는 심상의 출현, 생생함, 힘을 촉진시킬 수 있다. 이런 몇몇의 특별한 조건으로는 깊은 이완상태, 자연스러운 꿈, 꿈 배양, 최면상태 그리고 심상이 투영되는 뚜렷하지 않은 배경의 사용 등을 포함한다(Mavromatis, 1987). 많은 영적 지혜의 전통에서는 이미지와 함께 작업하면서 특정 목적을 위해 이미지에 힘을 부여하는 방법을 제시한다(Corbin, 1972, 1981; Holleback, 1996). 이미지의 사용은 특히 티베트 불교, 특정한 카발라 방식, 수피전통 그리고 융 심리학의 적극적 상상에서 두드러진다. 심상은 또한 보다 평범한 상황에서도 그 활용도를 찾을 수 있는데, 예를 들면 행동 요법, 스포츠와 운동 기술의 심리적 연습, 기억 촉진 등이다.

심상과 활발한 상상이 당신의 삶에 영향을 준 수많은 방법을 스스로 생각해 보자. 어떤 색과 패턴이 자신과 어울리고, 불편하게 하고, 자극하고, 창의성을 유발하는가? 실제로 사람의 얼굴 또는 자신의 얼굴, 꿈에 대해 무엇을 기억하는가? 어떤 개념을 '본' 적이 있거나, 어떤 문제에 대한 해결책을 시각화해 본 적이 있는가? 마치 미래의 일을 꿈꾸는 것처럼 다양한 미래나 가능성 속에서 상상이 가능한가? 예를 들어, 특정 연구 프로젝트의 계획, 실행 그리고 결과를 보고하는 모습을 상상할 수 있는가? 연구 보고서를 볼 수 있는가? 그 제목을 읽을 수 있거나 손 안에서 어떻게 느껴지는지 알아차리거나 그 결과물을 훑어 볼 수 있는가?

나 자신의 삶에서, 나(윌리엄 브로드)는 시각적 심상과 시각화를 광범위하게 사용한다. 이 과정을 특히 의도를 설정하고 틀로 만들어 보유하는 데, 의도하는 결과물을 나타내고 기억을 촉진하는 데(내가 기억해야 할 정보를 처음 경험한 장소나 배경을 시각화함으로써) 사용한다. 내 연구 프로젝트에서, 연구 참여자들은 종종 시각화와 심상 기술을 바이오피드백, 생리적 자기조절, 정신면역 연구에서 원하는 결과를 이루고자 할 때 사용한다. 또한 초심리학적으로 얻어지는 정보에 접근하고 원격 정신 영향(distant mental influence) 연구에서 목표 상황을 나타내는 매개물로 사용한다.

연구에서 시각적 과정의 힘에 대한 하나의 예로, 나는 한때 상호연결, 이타주의, 이기주의의 역할에 관한 특정 학문적 연구 문제를 이해하기 위해 몇 달 동안 씨름했었다. 한번은 내가 풀고자 하는 문제에 완전히 집중하여 해결하고자 하는 의지를 가지면서 조 밀그램(Jo Milgram, 1992, 7장의 놀이 섹션의 실습을 참고)이 개발한 '손으로 만드는 성서주해서(handmade midrash)' 기법을 실행했다. 손으로 찢은 종잇조각으로 시각적 콜라주를 만들었을 때, 이전에 좀처럼 풀기 어려웠던 논점이 갑자기 크리스털처럼 명료해졌다. 시각적(그리고 손을 쓰는) 과정이 지적이고 언어적인 사고 중심의 작업으로는 풀 수 없었던 것을 명료하게 드러내었다.

실습

당신이 고려하고 있는 연구 프로젝트와 연결하여 시각화와 심상 기술을 실행할 수 있는 두 가지 실습을 소개한다.

힌트: 먼저 이 지침을 읽은 후, 그다음 실습을 진행할 수 있다. 아니면, 이 지침을 적절한 멈춤과 경험이 일어날 수 있는 시간을 주면서 당신의 목소리로

녹음한 후, 재생시키면서 눈을 감은 채 그 지침에 따를 수도 있다.

실습: 이전의 관련된 경험 다시 보기

마찬가지로 이 실습을 시작할 때 제1장에서 설명한 <모든 실습을 위한 기본 지침>을 활용하는 것이 바람직하다.

이 실습을 실행하는 동안 방해받지 않을 장소와 시간을 정하라. 눈을 감고 편안하고 안정된 상태가 되도록 하라. 연구 프로젝트에서 탐구하고 싶은 특정 경험을 생각하라. 반복적으로 상기하면 즐거워지는 긍정적 경험을 선택하는 것이 가장 좋다. 몸과 마음을 이완시키고 모든 외적·내적 산만함이 사라지도록 하라. 잠시 호흡을 관찰하라. 현재 이 순간을 온전히 자각하라. 스스로에게 이 실습을 하는 동안 자신의 시각 경험이 특별히 명징하고 선명하며 유익할 것이라고 암시하라.

이제 연구 프로젝트에서 연구하고 싶은 것과 밀접하게 연관된 특정한, 특히 풍부한 경험을 상상 속으로 떠올리라. 자신이 직접 겪은 경험, 즉 연구할 경험과 동일하거나 유사한 경험이 이상적이다. 자신을 그 경험으로 가득 채우라. 정신적으로 그 경험을 되살리라. 바로 지금 경험하고 있는 것처럼 그 경험을 완전하고 명확히 기억하고 재생하라. 반복적으로 재생할 수 있도록 가능한 생생하고 풍부하고 완전한 기억 상태가 되도록 어느 정도의 시간을 가지라.

자, 이제 시각적 감각은 그 경험에 대해 무엇을 드러내는가? 그 경험이 일어날 때의 시각적 배경은 무엇인가? 그 색깔, 모양, 질감은 어떠한가? 시각적 심상에서 무엇이 일어났는가? 즉, 마음의 눈앞에서 무엇이 일어났는가? 어떤 색, 모양, 밝기, 어둠, 형태, 질감이 나타나는가? 애쓰지 않으면서 명료하게 나타나면 그것을 관찰하고 목격하라. 그리고 잘 기억하라. 시각 이미지와 감각은 그 경험과 그 주의배경, 수반물, 결과에 대해 무엇을 드러내는가? 사람, 대상물, 형태, 배경, 분야 등 어떤 시각적 내용이 나타나는가? 그 내용은 정지되어 있는가? 아니면 움직이고 변화하고 전환되는가?

잠시 동안 이 경험의 다시 보기를 즐기라. 마치 눈앞에서 생생하게 상영되고 있는 영화처럼.

경험한 것을 기억하라. 준비가 되면 눈을 뜨고 그 경험을 그림으로 그리거나 글로 적어 설명하라. 이 작업은 경험을 공고히 하고 그 배움을 상기시키도록 도울 것이다.

실습: 세 가지 시각적 선물

이전 실습과 마찬가지로 스스로를 준비된 상태로 만들라. 다시, 긴장을 이완시키고 산만함이 사라지도록 하라. 점점 더 이완하면서 이 실습이 시각적 상상 속에서 자신에게 풍부하고 유익한 경험을 제공할 것이라고 확고하면서도 부드럽게 암시하라. 눈을 감고 몸과 마음을 편안하고 자유로운 이완상태로 만들면서, 나머지 실습 동안 무엇이 자연스럽고 명료하게 일어날지에 대해 간절히 기대하는 마음을 가지라.

준비가 되었으면, 당신이 세상에서 가장 좋아하는 장소에서 편안하고 평화롭게 긴장을 푸는 것을 상상하라. 마치 실제로 가장 좋아하는 자연의 장소에 있는 것처럼 말이다. 이 장소에서 자신을 지탱하고 있는 바닥을 알아차리라……. 자신을 둘러싼 소리…… 향기…… 온도…… 바람이 산들거리는가?……잠시 동안 상상 속에서 현재 여기 있음을 즐기라.

이제 약간은 마술적으로 당신 앞의 바닥에 매우 멋지게 포장된 세 개의 선물 상자가 나타난다. 그 상자들은 빛을 발하고 호기심과 유혹적인 에너지로 진동하는 것처럼 보인다. 한 상자는 파란색이고, 또 하나는 노란색, 나머지 하나는 초록색이다. 그 상자가 무엇을 담고 있을지에 대한 호기심으로, 첫 번째 파란색 상자로 다가가 기대를 갖고 파란색 리본과 포장지를 뜯는다. 상자의 파란색 뚜껑을 들어 올렸을 때, 상자에서 낯설지만 아주 기분 좋은 파란 빛깔의 안개로 싸인 이슈들을 발견한다. 그 안개 스스로 앞에서 조용히 퍼지면서 흥미롭고 유익한 장면을 만들 때 기뻐하면서 바라본다. 깨어 있는 꿈속에서처럼, 그 안개 스스로 당신의 연구주제에 관한 중요한 가르침을 한 편의 시각적인 드라마로 만들고 있다. 연구 단계에 따라, 그 기분 좋은 파란색 안개 속에서 만들어지는 장면과 모양, 이미지는 연구주제, 연구 질문, 기획, 참여자, 결과에 대해 중요하고 유익한 무언가를 드러낼 수 있고, 연구에 대해 품고 있는 어떤 문제라도 효과적으로 시각적인 해답을 제시할 수 있다. 그 시각적인 해답이 펼쳐지는 것을 보라……. 그리고 그것으로부터 배우라. 감사하는 마음의 눈앞에서 펼쳐지는 시각적 장면을 관찰하고 즐기면서 배우라. 마음의 눈앞에서 만들어지고 소용돌이치고 변화하고 바뀌는 모양, 색깔, 장면을 주의 깊게 관찰하라. 그 시각적 정보는 직접적이고 명백하게 정보를 제공할 수도 있고, 아니면 좀 더 미묘한 정보를 암시할 수도 있다. 잠시 후, 안개는 저절로 모아지는 흐름으로 다시 파란색 상자 안으로 들어간다. 파란색 뚜껑으로 상자를 덮는다……. 그 경험에 감사하는 마음으로.

이제 이 실습을 나머지 두 개의 상자를 갖고 그대로 반복하라. 두 번째 노란색 상자로부터 기분 좋은 노란색 안개가 나타난다. 어떤 모양을 띠는가? 연구 프로젝트와 관련해 어떤 유익한 장면을 당신에게 보여 주는가? 자연스럽게 떠오르는 시각 이미지를 목격하라……. 그것으로부터 배우라……. 그것을 기억하라……. 잠시 후 그 노란색 안개가 모아지는 흐름으로 다시 노란색 상자 안으로 들어간다. 노란색 뚜껑으로 상자를 덮는다……. 두 번째 경험에 감사하고, 파란색 안개로부터 관찰하고 배운 것에 그 경험을 추가하라.

이제는 이 실습을 세 번째 초록색 상자를 대상으로 하라. 초록색 안개 속에서 무엇을 보는가? 그것 스스로가 만든 시각 이미지가 연구 프로젝트와 관련해서 무엇을 알게 해 주는가? 시각적으로 펼쳐지는 것을 목격하라……. 그것으로부터 배우라……. 그것이 제공하는 가르침을 기억하라. 잠시 후 초록색 안개가 빛을 발하면서 투명한 흐름으로 다시 초록색 상자 안으로 들어가면, 초록색 뚜껑을 덮는다.

준비가 되면 눈을 뜨고 세 가지 색상의 시각적 이미지가 전개되면서 관찰하고 배운 것을 그림으로 그리고 글로 쓰라. 이 작업은 경험을 공고히 하여 경험을 회상하고 유익함을 얻는 데 도움을 줄 것이다.

연구의 주요 세 단계에서 시각 관련 기술 활용하기

연구자가 연구에서 중요한 각 세 단계를 진행하는 동안 시각적, 시각화, 심상 기술을 적용하는 몇 가지 구체적인 예가 있다.

연구 프로젝트의 **준비와 자료 수집** 단계에서, 연구자는 다음과 같은 방식으로 시각 관련 기술을 사용할 수 있다.

- 연구자가 연구와 관련된 경험을 회상하고 심상으로 되살리는 데 시각적 기억 이미지를 사용할 수 있다. 자신의 경험에 대해 가능한 많이 기억함으로써, 그와 비슷한 다른 사람들의 경험을 보다 충분하고 깊이 있게 연구할 수 있다.
- 연구자의 관점과 참여자의 관점 둘 다로부터 각 단계의 연구 절차를 시각적으로 그리면 연구자는 연구 계획을 보다 주의 깊게 세우고 필요한 절차적 단계를 빠뜨리지 않게 된다.
- 연구자는 연구 기간 동안 참여자들이 보고할 경험을 회상하고 되살리는 데 도움이 되도록, 참여자들 자신의 시각적 심상을 이용하라고 요청할 수 있다.
- 연구자는 참여자들에게 논의할 경험을 회상하는 데 도움을 줄 수 있는 다양한 사진과 시각적 자료를 연구에 가져오도록 요청할 수 있다.
- 연구자는 모든 자료 수집 형태와 연구에 사용되는 표준화된 평가도구의 시각적 외관에 주의를 기울여 그것이 명확하고 마음을 끄는지, 전문적으로 준비되었는지, 미적으로 만족스러운지를 분명히 할 수 있다.
- 물론 연구자는 인터뷰하는 동안 참여자들의 행위와 시각적 단서를 잘 알아차리고 관찰하는 데 시각 기술을 활용하고, 인터뷰 대본을 주의 깊게 읽을 때도 활용할 것이다.

- 녹음이 참여자들에게 적절하고 편안한 느낌을 주면 인터뷰의 시각적, 비언어적 측면을 포착하는 데 사용할 수도 있다.
- 연구자는 참여자들이 연구주제와 관련된 그들의 경험이나 느낌을 보다 잘 표현하도록 돕기 위해 시각적 표현(사진, 소묘, 회화, 콜라주)의 사용을 제안할 수 있다.

연구 프로젝트의 **자료 처리와 해석** 단계에서, 연구자는 시각 관련 기술을 다음의 측면에 사용할 수 있다.

- 연구자는 시각적 기억 이미지를 활용하여 이전 연구 단계에서 수집한 자료를 갖고 작업하는 동안 참여자들, 그들의 보고 그리고 기타 연구 상황을 상기하는 데 도움을 받을 수 있다.
- 연구자는 시각적 마인드맵(Buzan, 1991)을 활용하여 수집한 자료와 그 자료 속에 존재하는 패턴을 정리하고 이해하는 데 도움을 받을 수 있다.
- 참여자들의 보고와 다른 수집된 자료 속에서 연구자의 이해를 높여 줄 수 있는 시각적 이미지가 도출될 수 있다.
- 자료를 처리하는 동안 자연스럽게 떠오르는 시각적 이미지와 시각적 연상은 다양한 발견의 의미에 대한 실마리를 제공할 수 있다.
- 꿈 이미지는 연구하는 동안 배운 내용과 관련이 있고, 그것에 대한 연구자의 이해에 도움을 줄 수 있다.
- 연구자는 시각적인 창조적 표현(소묘, 회화, 콜라주)을 활용해 밝히고자 하는 연구 발견에 보다 넓은 이해의 폭을 제공할 수 있다.

연구 프로젝트의 **보고/전달** 단계에서, 연구자는 시각 관련 기술을 다음과 같은 연구 측면에 사용할 수 있다.

- 연구자가 참여자들이 제공한 자료를 회상할 때, 시각적 기억 이미지를 활용해 그것으로부터 배운 것을 쓸 수 있다.
- 연구 발표가 시각적으로 명확하고, 마음을 끄는지, 매력적인지, 전문적으로 준비되

었는지 확인하는 데 주의를 기울일 수 있다.

- 보통의 일차원적인 문서와 더불어, 연구자는 도표, 수치 그리고 예술작품과 사진을 사용함으로써 연구 발표를 시각적으로 향상시키는 것을 고려할 수 있다.
- 연구자는 연구 발표의 다양한 측면에 대한 청중의 가능한 반응을 글로 씀으로써 시각화할 수 있고, 이것을 최종 연구 보고를 준비하는 데 도움을 주는 피드백으로써 활용할 수 있다.
- 심상을 유도함으로써 이 연구 단계를 비롯한 모든 연구 단계에서 스스로를 준비시키고 긴장을 이완하고 돌볼 수 있다.

앞에 열거한 시각 관련 기술의 활용에 관한 방법을 특정 연구 프로젝트에서 정교하게 조율하고 확장할 것을 독자들에게 권한다.

추가적인 고려사항

'백문이 불여일견'이라는 친숙한 격언은 실제로 사실이다. 그림과 시각적 인지(내면과 외부 대상물의)는 단어의 선형적 나열만으로는 매우 어렵고 때로는 불가능할 수 있는 감상을 풍부하고, 완전하고, 통합적이고, 즉각적으로 묘사할 수 있다. 시각적이고 시각화된 이미지는 언어적이고 분석적인 글이 가질 수 없는 전체 게슈탈트의 특별한 속성을 지니고 있다. 예를 들어, 말로서 누군가의 얼굴을 설명하고 그 사람이 누구인지 아는 것은 어렵지만, 시각을 이용하면 빠르고 편하게 파악할 수 있다. 내부나 외부 어디에서 촉발되었든, 심상의 힘으로 연구 프로젝트의 각 단계에 시각적이고 시각화된 구성요소를 포함시키는 것은 연구자, 연구 참여자, 최종 연구 보고를 듣는 사람들에게 매우 생산적이고 유익하다.

시각화와 시각적 상상을 다른 심리적 과정을 위한 매개로 사용할 수 있다. 의도하는 결과의 시각적 심상을 이용해 의도의 틀을 짜고 설정하여 유지할 수 있다. 기억은 마음속으로 기억해야 할 내용을 다양한 '장소'에 배치시키는 '장소법(method of loci)'[1]을 활용하는 시각적 심상을 통해 도움받을 수 있다. 시각화는 종종 치료방법인 '체계적인 둔감화'를 통해 공포와 불안을 줄이는 데 성공적으로 사용될 수 있다. 이 방법에서는 공포 반응을 없애기 위해 깊은 이완상태에서 두려움이 일어났던 이전 상황을 생생하게 상상하고 시각화한다. 운동선수들은 일상적인 육체적 훈련 외에, 마음속으로 운동 기술을 연습할 때 시각적 심상을 사용해 왔다. 이미지는 초심리학적으로 얻을 수 있는 정보에 접근하는 매개로서 기능할 수 있다. 예지몽이 그 한 예다. 또한 다양한 신체적·생물학적 체계에 정신적 영향을 직접 행사할 때도 그 역할을 할 수 있다(Braud, 2001b; Braud & Schlitz, 1989 참조). 시각화의 가장 실용적인 응용은 사람의 신체적, 심리적, 영적인 건강과 웰빙을 향상시키기 위한 심상의 이용이다(Sheikh, 1986, 2001, 2003).

청각: 연구에서 소리를 듣고 창조하기

> 세포 맨 위의 '부동섬모'[2]는 높은 음의 바이올린 소리에 떨리고 팀파니[3]의 웅장한 소리에 흔들리며 한바탕 크게 울려 퍼지는 로큰롤에 마치 허리케인 속 여린 나무처럼 고개를 숙이고 움츠려든다(Goldberg, 1995, p. 35).

우리는 소리와 진동으로 둘러싸여 있다. 일부는 우리의 지각 범위 안에 있

---

1 BC 5세기 그리스 서정시인 시모니데스 오부 세오스(Simonides of Ceos)가 사용한 '장소법(method of loci)'(Yates, 1974 참조). 기억술의 일종으로, 기억하고자 하는 대상을 장소와 연합시켜 기억력을 향상시키는 방법을 말한다. 고대 그리스의 시인 시모니데스의 일화에서 유래된 기억술의 한 종류로, 단순한 숫자의 나열과 같이 관련성이 없는 정보들을 기억하는 데 효과적으로 사용된다. 시모니데스가 연회장에서 강연을 하다가 잠시 자리를 비운 사이 천장이 무너져 청중들이 얼굴을 알아보기 어려울 정도로 처참하게 죽게 되었는데, 이때 그가 장소법을 통해 청중들이 앉았던 자리를 정확히 기억해 냈다고 전해진다.(출처: 두산백과)

2 달팽이관 내 유모세포에 분포하여 유체진동을 하는 특수 섬모.

3 타악기(고족-鼓族). 고족 중에서 피치를 만들어 낼 수 있는 유일한 악기.

고 다른 것들은 그밖에 있다. 가축인 고양이와 개는 우리가 듣지 못하는 소리에 반응한다. 라디오, 휴대 전화, 광역 웨이브와 같은 대기권 진동은 대부분 우리의 뼈와 조직을 통과한다. 중세풍의 대성당에 앉아 오르간 연주 소리를 들으면 우리는 귀를 통해 그리고 저주파에 반향을 불러일으키는 골반의 공간을 통해 음조를 듣는다. 원자들은 전 우주에서 진동한다. 자는 동안에도 우리의 청각은 여전히 방심하지 않는다. 방심한다면 꽝 닫히는 문소리나 알람시계 소리에도 깨지 않을 것이다. 우리가 이런 소리를 들을 수 있는 이유는 우리 속귀의 감각수용기가 주변의 진동을 기계적이고 파도와 같은 모양으로 전환시키고, 최종적으로는 신경화학적 신호로 바꿔서 뇌 줄기, 시상, 대뇌 번연계 그리고 해석을 위해 대뇌피질로 보내기 때문이다.

우리가 듣는 것은 내면의 소리와 외부의 소리 모두이며, 또한 마찬가지로 객관적이고 주관적인 소리 모두다. 사랑하는 사람으로부터 온 편지나 메일을 읽는 동안, 우리는 종종 그 사람의 목소리를 듣는다. 때때로 우리는 콘서트를 보고 난 후 몇 시간, 심지어 며칠 동안 그 노래가 귓가에 맴도는 것 같다. 분노를 퍼부은 대화는 시간이 오래 지나야지만 사라지는 청각적 인상을 계속 남길 수 있다. 전 세계 영적 전통의 신성한 북소리와 음악은 환상적인 무아지경 상태로 고양시킬 수 있다. 특히, 동양의 몇몇 영적 전통에서 위대한 음악가는 그 소리를 통해 교훈을 전달하는 신비주의자로 존경받는다. 마찬가지로 많은 종교적 전통에서는 성서를 읽고 공부하는 것을 높이 평가하기도 하지만, 성서 낭독을 듣는 것을 진정한 이해를 위한 필수요소로 간주한다. 예를 들어, 불교에서 염불은 부처님의 말씀을 직접 들은 제자까지 거슬러 올라가서 그 염불계보를 계승한 사람이 붓다의 가르침을 염불로 전하는 것이다. 염불을 듣는 것은 논서나 경전에 대한 가르침보다 더 큰 깨달음을 전달해 주는 것으로 여겨진다. 마찬가지로 코란도 널리 읽히지만 코란의 이해는 진심으로 경청하는 데에 달려 있다. 제럴드 브런스(Gerald Bruns, 1992)는 다음과 같이 말했다.

> 코란의 해석은…… 본질적으로 귀로 하는 것이다. 눈만으로는 무엇을 읽고 있는지 알 수 없기 때문이다. 이것이 물론 코란의 연구나 텍스트 탐색,

세부 구절을 숙고하지 않아도 된다는 것을 뜻하지는 않는다. 그보다는 코란의 모든 세밀한 의미는 오직 경청을 통해서만 접근할 수 있다는 것이다……. 엄격히 말하면 코란은 (자신에게서 떨어져 놓고) 손으로 잡으면 안 된다……. 더 정확히 말하면 코란은 암송하여 우리 주변을 둘러싸고, 우리가 있는 공간을 가득 메우며, 나아가 우리 자신도 채우는 것이다. 코란의 텍스트를 전용하고 내면화하여 읽는 모든 행위는 거꾸로 일어난다. 여기에는 이해도 없고 해석도 없으며 텍스트 자체만 있는 것이다. 반면에 코란을 읽는 것은 참여하는 것이다(p. 126).

이와 같은 청각에 대한 간단한 소개를 통해, 듣기와 경청은 모든 지각 감각처럼 통찰을 위한 정교한 자원이라는 점을 이해하는 것이 중요하다. 물론 우리는 글자 그대로의 소리를 기록하고 분석하고 해석하는 것이 필요하다. 하지만 만약 연구자들이 미묘한 어감 차이를 느끼는 방식으로 청각의 사용을 통합한다면, 듣기와 경청 또한 많은 연구 프로젝트에 상당한 복합적 의미와 깊이를 더해 줄 수 있다. 다음의 실습은 인간의 청각체계의 민감성을 탐구하고, 연구 프로젝트에 듣기와 경청에 대한 기존의 방식과 확장된 방식의 통합을 준비하기 위해 시작할 수 있는 몇 가지 방식을 제공한다.

실습: 내면의 소리와 침묵에 주의 기울이기

심호흡을 들이쉬고…… 내쉴 때 몸을 깊이 이완하라. 가능한 편안해지도록 하라. 마음에서 떠오르는 모든 생각, 느낌, 이미지를 버리라. …… 최선을 다해 마음이 고요한 상태가 되도록 하라.

이제는, 마음의 소리에 초점을 맞추라. 당신에게 의미 있고 기분 좋은 간단한 한 단어나 매우 짧은 문구, 느낌을 선택하라. 많은 사람들은 하나, 또는 사랑, 평화를 선택한다. 그 단어나 문구를 마음속으로 느리고 자연스러운 리듬으로 계속 반복하라. 마음속의 모든 생각을 제쳐 놓고 오직 핵심 단어에만 집중하라. 무엇이든 집중을 흩뜨리면 부드럽게 밀어내고 다시 그 단어로 주의를 가져와라. 마음속으로 계속 반복하면서 모든 자각을 소리에 집중하라. 잠시 동안 하라 …….

얼마 동안 단어에 집중한 후에 멈추고, 마음을 텅 빈 상태로 두라. 주의를 에워싸고 있는 침묵에 초점을 맞추라. 길 잃은 양처럼 침묵을 방해하기 위해 서서히 올라오는 생각을 막을 수 있도록 주의에 둥그런 울타리를 친다고 상상할 수 있다. 길 잃은 생각이 나타나면 인내심을 가지라. …… 양치기처럼 …… 그리고 그 생각을 멀리 안내하라. 그 길 잃은 생각이 아무리 자주 되돌아올지라도 부드럽게 자각의 끝으로 안내하라.

내면과 외면 모두에서 침묵을 초대하라. 자신을 풍요롭게 하고 자신의 삶에 휴식과 고요, 안정을 가져올 수 있도록 하라.

원하는 만큼 풍요로운 침묵을 즐기라 ……. 그런 다음 적절한 시점에 이 실습을 멈추라.

실습: 청각적 느낌에 귀 기울이고 표현하기

세션 1

몸과 마음을 평온하게 하고 자각을 확장시키라. 천천히 연구주제를 떠올리라. 연구하기 원하는(또는 그와 매우 유사한) 현상을 경험했던 특별한 사례를 자각 속으로 가져와라. 자각이 모든 감각적 차원에서 그 사례를 기억하도록 하라.

감각이 확장되면, 특별히 그 경험에 수반되는 소리에 주의를 기울이라. 처음에는 아마 외부로부터 오는 소리만 들릴 것이다. 천천히 들으면서 가능하면 뉘앙스를 포착하라. 그다음, 들을 수 있는 모든 내면의 소리에도 귀를 기울이고 마음에 그려 보라. 몸 안에서 소리가 나는가? 청각에 집중할 때 어떤 곡이나 멜로디 또는 가사가 나오는가? 과거나 멀리 떨어진 곳으로부터 들려오는 소리나 가사, 또는 음성이 있는가? 들리는 것에 주목하라. 마쳤다고 여겨지면 평상시의 자각 상태로 돌아오고, 받은 느낌을 메모 또는 일지를 쓰거나 그림으로 기록하라.

세션 2

몸과 마음을 평온한 상태로 만들고 자각을 확장시키라. 몸과 마음이 고요해지고 자각이 확장되면 천천히 연구주제를 떠올리라. 연구하기 원하는(또는 그와 매우 유사한) 현상을 경험했던 특별한 사례를 자각 속으로 가져와라. 모든 감각적 차원에서 자각하며 그 사례를 기억하도록 하라.

그 사례에 대해 많은 생각을 하지 말고 지체 없이 일어나, 주변을 돌아다니면서 회상한 경험에 대해 청각적인 느낌을 어느 정도 불러일으킬 만한 간단한 물건을 집으라. 젓가락을 드럼 스틱으로, 숟가락을 타악기로, 또는 옷장의 문을 휙 하는 소리로 사용하기 원할 수 있다. 아마도 노래, 찬송가, 휘파람, 큰 소리로 부르거나 비명을 지르고 싶을 수도 있다. 당신이 무엇을 하는지 주목하고 자신이 내는 소리를 들으라. 마쳤다고 여겨지면 평상시의 자각 상태로 돌아오고, 받은 느낌을 메모 또는 일지를 쓰거나 그림으로 기록하라.

실습: 외부의 소리에 귀 기울이기

노트: 이 체험적 실습을 비교적 조용한 장소에서 실행하여 주변의 고요한 소리와 멀리서 들려오는 소리에 집중할 수 있도록 한다[이 실습은 선불교 지도자인 소냐 매걸리스(Sonja Margulies)와의 대화에서 정보를 얻었다].

몸과 마음을 고요히 하고 자각을 확장시키라. 몸과 마음이 고요해지고 자각이 확장되면, 평소에는 알아차리지 못했던 소리에 주의를 두기 시작하라. 그 소리는 당신에게 위협의 신호를 주지 않았거나 당신이 하는 모든 일의 주변에 있는 것처럼 여겨졌기에 주목하지 않았던 소리일 것이다. 마음속의 정신적 수다가 없어지면, 들리는 소리를 알아차리라. 갑자기 집 주위 새들의 지저귐, 멀리 떨어진 고속도로의 자동차 소리, 이웃에서 놀고 있는 아이들의 소리를 알아차릴 수 있다. 이 실습을 밤에 한다면, 아마도 맥박이 낮게 뛰는 소리, 가전제품이 윙 돌아가는 소리도 들을 수 있을 것이다.

주변의 소리에 주의를 두는 것은 생각으로부터 멀어지게 하기 때문에 마음을 고요히 하는 데 도움이 된다는 점을 알아차리라. 생각이 올라오면 부드럽게 자각의 가장자리로 옮기고, 주변의 외부 소리에 계속 주의를 기울이라. 소리와 자아의 '부재'를 통해 주위 환경 속에서 외부로 확장되는 자각을 즐기라.

원하는 만큼 이 자각 상태를 즐기라……. 그다음 적절한 시기에 멈추라.

실습: 뉘앙스를 경청하기

몸과 마음이 고요해지고 자각이 확장되면 부드럽게 연구주제를 떠올리라. 연구하고자 하는, 또는 그와 매우 유사한 경험에 대해 다른 사람에게 말했던 기억을 자각 속으로 가져와라. 상상 속으로 할 수 있는 최대한 그 경험을 회상하라. 누군가 연구하고자 하는 그 경험에 대해 묘사했던 인터뷰 녹음이 있다면, 지금 그것을 주의 깊게 들으라. 그 경험과 관련된 자신의 기억을 녹음해서 들을 수도 있다.

소리의 미묘함(침묵을 포함하는)에 대한 새로운 인식에 기반하여 그 사람의 목소리에서 처음에는 놓쳤을지도 모르는 느낌, 뉘앙스, 멈춤을 주의 깊게 경청하라. 만약 귀중한 인터뷰 녹음을 가지고 있다면 그 말투 속의 진실한 느낌, 뉘앙스, 멈춤을 포착할 수 있을 때까지 계속 들으라. 소리의 뉘앙스는 보통 개념적 마음의 관심을 끄는 지점 너머에 존재하기 때문에, 그들이 말하는 내용이 지루해지는 지점 너머까지 들으라. 다시 듣고 또 들은 것을 기반으로 나온 통찰을 메모하거나 그리라.

다음에 인터뷰를 할 때, 이 기술을 사용하여 더 많은 소리를 들을 수 있도록 하라. 다음에 자료를 분석하고 해석할 때, 상대방 음성의 음질과 소리가 분석과 해석에 정보를 제공할 수 있도록 상대방이 말하는 소리를 마음속에 그리라.

연구의 주요 세 단계에서 청각적 감각 활용하기

연구자로서 연구의 주요 세 단계에 소리, 듣기, 경청의 기술을 응용할 수 있는 몇 가지 구체적인 사례들이 있다. 시각적 감각의 사용에 대한 제안을(이전 장에서 언급한) 청각적 감각에도 적용할 수 있다. 예를 들어, 녹음은 소리를 기록한다.

연구 프로젝트의 **자료 준비 및 수집 단계**에서, 다음과 같은 방법으로 청각적 감각을 사용할 수 있다.

- 청각적 기억은 연구주제와 관련된 연구자 자신의 경험을 되살리는 데 도움을 줄 수 있다. 기억할 수 있는 소리에 집중함으로써 그 경험을 회상하려고 노력할 수 있다. 당신이 그와 유사한 경험의 '사운드 트랙'에 좀 더 친숙해지면, 이런 회상은 인터뷰 동안 연구 참여자들에게 관련된 질문을 하는 데 도움을 준다.
- 연구 참여자들은 종종 회상된 경험과 연관된 배경 속의 사운드 트랙에 대해 보고하지 않는다. 그러나 그때 발생했던 소리에 초점을 맞추라고 요청한다면 그들은 종종 그 소리를 쉽고 상세하게 기억해 낼 수도 있다.
- 과거의 경험을 촉진하거나 도와줄 수 있는, 또는 그들의 연구 참여를 뒷받침할 수 있는 개인적인 소리 녹음이나 음악 녹음, 악기를 가져오도록 연구 참여자들에게 요청하라.
- 참여자들에게 연구에 참여하는 동안 회상한 기억이나 느끼는 기분에 적절한 노래를 부르거나, 멜로디를 흥얼거리거나, 리듬을 타면서 가볍게 두드리라고 요청하라. 그다음, 그들이 어떻게 그 경험과 노래나 멜로디, 리듬 간의 연관성을 이해하고 있

는지 질문하라.

- 참여자들이 과거와 연관되거나 연구에 참여하는 동안 드는 느낌이나 템포를 불러 일으키는 데 사용할 수 있도록 악기, 드럼, 또는 소리가 나는 물건을 가져와라.

연구 보고의 **자료 처리와 해석** 단계에서, 분석과 해석을 뒷받침하기 위해 다음의 청각적 감각을 사용할 수 있다.

- 인터뷰를 녹음이나 녹화했다면, 눈을 감고 그 녹음을 주의 깊게 들으라. 참여자의 목소리, 주변의 소리, 참여자의 행위와 관련된 소리에 초점을 맞추라. 또한 당신 목소리의 뉘앙스와 인터뷰 동안 연구자로서 최초의 반응을 나타내고 상기시키는 다른 소리에도 주의를 기울여 들으라.
- 자료를 분석하고 해석할 때, 당신의 반응은 자료에서 무엇이 중요한가에 대한 신호가 된다. 예를 들어, 녹음된 참여자의 목소리를 듣는 동안, 그들이 만들어 낸 소리에서 마음을 끌거나 언짢게 하는, 또는 그 중간적인 느낌을 주는 소리를 메모하라. 특히 분석이 어려운 국면에 처했을 때, 당신 주의에서 마음을 끌거나 언짢게 하는, 또는 그 중간적인 느낌의 소리를 메모하라.
- 소리가 자료 속의 패턴을 정리하고 인식하는 데 도움을 주도록 하라. 인터뷰가 노래나 음을 상기시킨다면 그 소리를 자료에 대한 잠재적인 통찰로 메모하라.
- 시각적인 이미지가 참여자들이 전하는 보고의 공통적인 특징을 알아내는 데 도움을 줄 수 있는 것처럼, 정서나 느낌의 톤은 소리나 특히 음악 또는 노랫말에 의해 더 잘 드러난다. 만약 기저에 깔린 정서나 느낌이 참여자의 말 속에 직접 표현되어 있지 않아 그 감정이나 느낌, 감각을 이해하는 데 어려움을 겪으면, 자료의 정서적이거나 느낌의 톤을 표현하는 노래를 부르거나 멜로디를 흥얼거리거나 또는 박자에 장단을 맞추라. 방대한 자료에 대한 반응으로 노래하거나 흥얼거리거나 장단을 맞추면서 놓칠 수도 있었던 자료의 공통적인 특징을 확인하고 패턴을 인식하는 데 도움을 받을 수 있다.
- 종종 연구자들은 자료를 분석하는 동안 음악을 튼다. 만약 그렇게 한다면 다양한 섹션의 자료를 분석하는 동안 당신이 어떤 음악을 선정했는지 확인하라. 음악 선정이

다른 방법으로는 간과되고 넘어갈 수 있는 자료에 대한 실마리를 제공할 수 있다.

연구 프로젝트의 **보고/전달** 단계에서, 다음의 방법으로 청각적 감각을 사용할 수 있다.

- 연구 보고서를 쓸 때 참여자들의 목소리를 떠올리면, 특히 그들의 감정과 느낌을 전달하려고 했던 그 경험을 보다 정확하게 전달하는 것을 도와줄 수 있다.
- 가능하면 참여자의 허락을 받고, 참여자 목소리의 디지털 녹음을 문서 안에 포함시키거나 또는 녹음의 인터넷 링크를 제공하라.
- 보고서를 쓸 때, 연구주제에 관한 당신의 현재 이해를 반영하는 감정과 느낌의 톤이 독자들에게도 일어날 수 있도록 리듬과 작성자의 목소리를 사용하라.
- 대부분의 사람은 아주 가끔은 무언가를 읽으면서 웃고, 울고, 고함치며, 얼굴을 찡그린다. 독자들이 내용을 읽으면서 내는 자연스러운 소리를 메모하도록 그들에게 요청하라. 노래를 하거나 소리를 내거나 또는 악기로 소리 내는 것을 통해 그들 목소리로 특정 발견에 대한 반응을 하도록 요청할 수 있다.

모든 독자가 자신의 연구 목표 및 개인적인 특성에 맞는 청각적 감각 기술을 만들어 냄으로써 앞의 제안을 보다 세밀히 조율하고 확장하기를 바란다.

내장감각: 몸 내부에서 나오는 감각

> 몸은 단순한 기계가 아니다. 오히려 주위의 모든 것과 놀랄 만큼 미묘하게 상호작용한다. 이것이 바로 존재 그 자체 안에서 더 많은 것을 '알게 되는' 이유다……. 생각하고 기억하는 동안 그리고 익숙한 느낌 아래서 살아있는 몸을 직접 감지한다(Gendlin, 2007, p. 1).

이 장에서 **내장감각**(*visceral sense*)이란 용어는 인간의 몸속 장기로부터 나오는 많은 감각을 묘사하는 데 사용된다. 몸의 장기 전체에는 혈액화학, 심장박동, 혈압, 소화를 모니터링하는 것을 포함하여 많은 감각수용기가 퍼져 있다. 이 내장기관의 작용과 더불어, 골격의 근육 긴장의 변화도 연관된다. 중요한 기관을 모니터링하고 조절하는 자율신경계 또는 내장신경계 내에서 이러한 감각에 대한 몸의 인지는 끊임없이 가동되고 있다. 보통 우리는 뭔가 잘못되지 않는다면 몸 안의 이런 복잡한 감각에 의식적인 주의를 많이 기울이지 않는다. 탈수 상태에 빠지거나, 심장박동이 드물게 빨라지거나, 혈당 수치가 낮아질 때서야 이 감각을 알아차리는 경향이 있다.

자율신경계의 중요한 한 부분은 소화기 계통의 점막 안에 있는 장신경계다. 이 복잡한 신경 네트워크가 입에서부터 항문에 이르기까지 전체 소화기계를 따라 연결되어 있다. 장신경계의 독특한 점은 뇌, 척수와는 독립된 방식으로 충동, 기억, 느낌을 인지한다는 것이다. 마이클 거숀(Michael Gershon, 1998)은 장신경계에서 일어나는 감각을 '제2의 뇌(the second brain)'라고 불렀다. 앤드리아 올젠(Andrea Olsen, 2002, p. 52)에 의하면, 장신경계는 '장 속의 뇌(brain in the gut)'로 "뇌와 척수와는 상호작용을 거의 하지 않거나 전혀 하지 않는 채로 감각정보를 처리하고 항상성을 유지한다." 우리는 대부분 의식적으로 이런 감각을 자각하지 않는다. 그럼에도 불구하고 우리 대부분은 내장 느낌을 알아차릴 수밖에 없었던 어떤 상황을 기억할 것이다. 누군가를 만나거나 방에 들어갈 때 배에 섬뜩한 느낌이 들었거나, 밤에 특정 도로가 위험해 보여 다른 길로 갔던 적도 있다. 물론 때때로 우리는 이런 느낌을 부정확하게 해석하지만, 어떤 경우에는 신비할 정도로 정확하게 맞다. 맞든 틀리든, 장신경계는 이성적인 마음이 이유를 알지 못해도 우리에게 주의를 기울이고 조심하도록 신호를 보낼 가능성이 꽤 높다. 어떤 의미에서는 원시적인 포유류의 몸이 우리를 대신하여 작동하고 있는 것이다. 이런 종류의 미묘한 내적 반응은 어떤 직관의 형태 이면에 있는 것인지도 모른다.

최근의 단서는 장뿐만 아니라 심장 자체도 뇌와 유사한 해부학적 구조 및 기능을 보유한다는 점을 보여 준다. '심장 뇌(heart brain)'에 관한 정보에 관심이 있는 독자는 이 웹 사이트에서 정보를 구할 수 있다(www. heartmath.org/research/

research-our-heart-brain.html). 장신경계는 항상 작동하고 있으므로, 우리는 이 감각에 집중하는 것을 배울 수 있고 그 감각을 일상생활의 정보와 통찰을 얻는 데 이용할 수 있다. 또한 연구에도 적용시킬 수 있다. 그러나 현대의 산업화된 문화는 교육체계나 아이들 양육에 있어 이런 정보의 원천이나 통찰에 거의 강조점을 두지 않는다. 그러므로 우리 대부분은 몸의 감각을 느끼는 것에 익숙하지 않고, 심지어는 두통이나 감기 조짐도 긴장이 무시할 수 없을 정도로 팽배해져서야 비로소 알아차린다. 좋은 소식은 우리 몸, 특히 소화기계통의 신경 네트워크에서 일어나는 감각에 집중하는 법을 배울 수 있다는 점이다. 불행히도 안 좋은 소식은 이런 내부의 감각을 알아차리고 정확히 해석하는 법을 배우는 것은 많은 시간과 연습을 요구한다는 점이다. 특히, 이런 감각을 다른 사람이나 연구를 위한 정보의 원천으로 사용하고자 할 때는 우리의 바람이나 투영으로부터 이 감각을 식별할 필요가 있다. 흔히 내면의 강한 반응은 다른 사람 또는 상황과 관계된 것이 아니라, 우리 자신의 역사와 또 다른 상황에서 얻고자 하는 것과 더 많은 관련성이 있다. 오직 반복적으로 자신의 습관적인 반응 형태를 관찰하는 것을 연습해야만 우리에게 속한 내장 관련 정보와 외부의 누군가 또는 어떤 것에 속한 것 사이를 섬세하게 구분할 수 있다. 경험이 있다 해도 우리는 여전히 틀릴 수 있기 때문에 주의가 요구된다. 이 장의 두 가지 실습은 이러한 탐구의 시작으로 초대한다.

실습: 내장감각 알아차리기

노트: 이 실습을 위해서 개인적인 중요성을 담고 있는 세 개의 사진, 상징물, 또는 물건을 선정할 필요가 있다. 특정 연구주제를 탐구한다면, 자신에게 의미 있거나 상징적인 방식으로 그 주제를 떠올리는 물건을 고를 수 있다. 그 물건들을 보면서 쉽게 이동시킬 수 있도록 앞에 놓아두라.

몸과 마음을 평온하게 하고 자각을 확장시키라. 준비가 되었으면 눈을 감고 몸 안에서 나오는 미묘한 감각적 자극을 관찰하기 시작한다. 몸의 기관, 특히 소화기 계통으로부터 나오는 감각을 느낄 것이다. 몸 안의 자극을 목격하는 것은 몸 내부를 스캐닝 하는 한 형태다. 고통이나 긴장을 경험하지 않는다면 그 자극은 아마도 약하고 부드러울 것이다. 그러나 이완된 상태에서도 대부분의 사람들은 어디에서인가 약간의 긴장과 불편함을 발견한다. 최대한 편해질 때까지 스트레스를 받은 몸의 부분을 하나씩 이완시키라. 만약 잠이 든다면 아마도 자야 할 필요가 있어서이니, 다음에 이 실습을 한다.

일단 편안해지고 통증이나 긴장으로 정신이 분산되지 않으면, 자각을 몸 안에서 발생하는 미묘한 감각과 느낌으로, 특히 흔히 배와 장으로 알려진 소화기계통의 감각으로 돌리라. 판단하지 말고 관찰하라. 눈을 뜨기 전에 몸이 어떻게 느껴졌는지 특별한 주의를 기울이라.

준비가 되었으면 부드럽게 눈을 뜨라. 당신이 선택한 앞에 있는 물건 중 하나를 가볍게 응시하라. 몇 분 동안 몸 안에서 일어나는 변화를 알아차리라.

준비가 되었으면 부드럽게 두 번째 물건으로 시선을 옮기라. 다시, 몇 분 동안 몸 안에서 일어나는 변화를 알아차리라.

준비가 되었으면 부드럽게 세 번째 물건으로 시선을 옮기라. 다시, 몇 분 동안 몸 안에서 일어나는 변화를 알아차리라.

마쳤다고 여겨지면, 고요한 명상 상태로 그리고 일상의 자각으로 점차 돌아오라.

약 10분 동안 세 가지 물건 각각으로부터 받은 어떤 인상이나 통찰을 기록하라. 또는 미술용품을 사용하여 상징이나 이미지로 표현하라.

내적 감각 역량을 증대시키고 싶으면, 다양한 물건이나 상황을 이용해서 습관적인 반응 방식에 익숙해질 때까지 여러 번 연습할 수 있다. 제7장의 체화된 글쓰기에 있는 몇

몇 실습은 내장감각을 탐색하는 실습으로, 거기서도 이 실습을 활용할 수 있다.

실습: 포커싱을 통해 감지된 느낌을 탐색하기

노트: 지난 30년에 걸쳐 유진 젠들린(Eugene Gendlin, 2007)과 동료들은 포커싱(www.focusing.org 참조)이라고 알려진 기법을 탐색하고 정교화하고 연구해 왔다. 이 기법은 몸 안에서 느껴지는 감각을 탐색하는 것으로, 이 체험적 실습은 젠들린(1996)의 포커싱 6단계를 응용한 것이다.

몸과 마음을 차분하게 하고 자각을 확장시키라. 준비가 되었으면 몸 안, 특히 가슴과 장으로부터 나오는 감각과 느낌을 관찰하기 시작하라. 몸 안의 감각을 느끼라. 감지하거나 느끼는 방식을 바꾸려고 하지 말라. 자각의 관찰과 느낌이 일어나는 상태 사이에 어느 정도 거리를 유지하라. 그저 알아차리라.

일어나는 감각과 느낌 중에 개인적으로 힘든 상황을 반영하는 감각이나 느낌을 선택하고, 남은 연습 기간 동안 포커싱의 대상으로 삼으라. 여전히 자신과 감각 및 느낌 사이에 어느 정도 거리를 유지하면서 문제나 상황에 대해 전체적으로 어떤 느낌이 드는지 관찰하라. 그 문제나 상황에 대한 감각과 느낌은 모호하고 명확하지 않을 수 있다. 단지 알아차리라.

당신이 감지하는 그 모호한 느낌을 묘사할 수 있는 단어나 이미지를 고르라. 포커싱을 실행할 때 단어, 구 또는 이미지는 실행자에게 모호함의 참조준거를 제공하기 때문에 '핸들'이라고 불린다. 그 핸들은 괘씸한, 지루한, 슬픈, 무서운, 또는 날카로움과 같은 단어일 수 있다. 내면의 느낌에 딱 들어맞는 적절한 단어나 문구, 이미지를 찾으라.

당신의 느낌과 핸들 간을 왔다 갔다 하라. 느끼고 있는 감각과 정확히 들어맞을 때까지 핸들을 바꾸라.

이제 질문하라: "전체 문제에 대해 무엇이 지금의 이 속성(당신이 바로 명명한 것이나 그림)(Gendlin, 1996, p. 2)을 만들어 냈는가?" "내 안에서 무엇이 이런 식으로 느껴지는가?" "이 문제나 상황 이면에 무엇이 있는가?" 이런 질문을 할 때 몸 안에서 느껴지는 감각이 살짝 나타나거나 경미한 변화로 일어날 것이다. 만약 어떤 느낌의 변화도 일어나지 않는다면, 다른 때 실습을 하거나 다른 문제 또는 상황에 초점을 맞출 수도 있다.

잠시 동안 감지된 느낌에 머무르면서 그 느낌을 부드럽게 받아들이고 내보내라. 여러 가지 감지된 느낌이 일어날 수 있다. 그렇다면 일어나는 각각의 느낌에 머물라.

마쳤다고 여겨지면 고요한 명상 상태로 돌아온 후, 일상의 자각으로 점차 돌아오라.

연구의 세 가지 주요 단계에서 내장감각 활용하기

여기에 연구자로서 연구의 주요 세 단계 각각에 내적인 신체감각에 대한 이해와 자각을 적용할 수 있는 몇 가지 구체적인 방법이 있다. 내장 관련 기술을 적용할 때도 마찬가지로 이전의 시각, 청각 관련 기술에 관한 제안을 검토하라.

연구 프로젝트의 **준비와 자료 수집** 단계에서, 다음의 방법으로 내장감각을 사용할 수 있다.

- 연구주제와 밀접하게 관련된 개인적 경험을 회상하고 자신의 몸 내부에서 일어나는 반응을 탐색함으로써 경험과 함께 일어나는 내적 신체 반응에 보다 익숙해진다. 따라서 연구 참여자들에게 그와 관련된 질문을 할 수 있다. 특히, 건강과 웰빙 등의 분야에서는 내적 신체 반응에 대한 앎은 연구주제를 이해하는 데 필수적일 수 있다.
- 연구 감독자로서 우리는 종종 연구 프로젝트에 대한 연구자 개인의 반응을 일지에 기록할 것을 제안한다. 만약 내장 관련 기술을 사용하는 데 숙달되면, 일지에 내적 신체 반응을 포함시키고 싶을 수도 있다. 비록 그 반응을 과학적인 보고로 발표하지는 않을지라도, 반응이 일어날 때 개인적인 과정을 일지로 기록하는 것은 이전 생각과 반응에 대한 기억의 정확성을 확인해 준다. 또한 그 기록을 특정 연구를 위한 자

료로 적절히 이용할 수도 있을 것이다.

- 내적 신체 반응이 특정 연구주제를 이해하는 데 중요하다면, 참여자들에게 연구에 참여하는 동안 그들의 내적 감각을 탐색하도록 권유할 수 있다. 예를 들어, 참여자들이 특정 주제에 대해 말할 때마다 두통을 호소한다면, 그들에게 두통이 일어나기 전의 내적 반응을 탐색해 보도록 부드럽게 요청할 수 있다.

연구 보고의 **자료 처리와 해석** 단계에서, 분석과 해석에 도움을 받기 위해서 다음의 방식으로 내장감각을 사용할 수 있다.

- 자료를 분석하고 해석하는 동안, 자료에 대한 당신의 반응은 무엇이 중요한가에 대한 신호가 된다. 인터뷰 내용을 듣거나 연구 참여자들의 반응 기록을 보면서, 자료에 대한 잠재적인 통찰로서 내적 반응을 알아차리라.
- 당신 자신의 내장 반응은 가능한 해석에 대한 실마리를 제공한다. 단순히 내적 반응을 관찰하거나, 아니면 자료 분석과 해석에 포커싱 기법을 적용하고 싶을 수도 있다.
- 만약 특정 유형의 참여자 반응과 유사한 내장 반응을 감지했다면, 반응을 기록할 때 참여자들의 말이나 행동에 나타나지 않을 수 있는 자료의 중요한 특징을 드러낼 수도 있다. 특히, 다른 사람들에 대한 자신의 내적 반응을 관찰하고, 그 반응과 자신의 바람이나 투사를 구분하는 데 능숙하다면, 연구 참여자들의 분명치 않은 내장 반응에 공명이 일어날 수 있다. 또한 이어지는 참여자와의 인터뷰 속에서 그들의 자료에 대한 당신의 내장 반응의 정확성을 확인해 볼 수도 있다.

연구 프로젝트의 **보고와 발표** 단계에서, 다음의 방법으로 내장감각을 사용할 수 있다.

- 인터뷰를 실행하고 자료를 분석하고 해석하는 동안 보고서에 정확성과 진실성을 부여하기 위해 자신의 내장 반응에 대한 기억을 사용하라.
- 신체의 내적 상태와 연구주제가 관련성이 있다면, 보고서에 참여자들의 세밀한 반응을 포함시킬 수 있는 방법을 탐구하라. 과학적인 보고서는 종종 많은 참여자들 간

의 공통적인 특징을 요약하기 때문에, 말 그대로 정확히 기록한 것으로부터 긴 인용문을 발췌한다. 또는 인터넷 링크를 이용하여 인용문이나 디지털 녹음을 이용할 수 있도록 하는 것도 유용하다.

모든 독자에게 자신의 연구 목적과 개인적인 특성에 맞는 내장 관련 기술을 개발하여 앞의 제안을 세밀히 조율하고 확장할 것을 권유한다.

운동감각: 움직임을 감지, 지각, 표현하기

마음과 움직임은 한 사이클의 두 부분으로, 움직임이 더 훌륭한 표현이다(Maria Montessori).

느긋한 마음으로 설거지를 하라. 마치 각각의 그릇이 사색의 대상인 것처럼. 그릇을 신성시하라. 호흡을 따라가면서 마음이 흐트러지는 것을 막으라. 그 일을 서둘러 끝내려고 하지 말라. 설거지를 인생에서 가장 중요한 일이라고 생각하라. 설거지가 곧 명상이다. 온 마음으로 설거지를 하지 못한다면, 평온 속에 앉아 있는 동안에도 명상을 할 수 없을 것이다(Hanh, 1975, p. 85).

유명한 피아니스트가 연주하거나 소프라노가 노래하는 모습을 지켜본 적 있는가? 아마도 그들의 몸 전체가 물결처럼 움직이면서 리듬을 타는 것을 보았을 것이다. 마찬가지로 지휘자는 종종 지휘 스타일로 유명해진다. 합창과 심포니 지휘자들은 단지 템포를 모니터링해서 바리톤이나 타악기 부분에 조화를 맞출 때의 신호만을 주는 것이 아니라, 그들의 몸으로 음악을 연주하는 것처럼 보인다. 똑같은 경우가 돌림판 위에서 정교하게 만들어지는 도자기에도 적용된다. 단지 손뿐만 아니라 그들 몸 전체는 돌아가는 틀의 속력과 손가락 사이에서 빚어지는 유동체의 진흙에 온 주의를 기울인다. 마찬가지로 벤치에 앉아 있는 위대한 화학자나 키보드 앞의 작사가를 본 적 있는가? 그들은 가만히 있는 것이 아니다. 심지어 그들의 집중은 긴장으로 유지된 근육으로 이루어져 있다. 이와 마찬가지로 연구를 실행한다는 것 역시 움직임을 내포한다. 이상적으로 연구 실제는 많은 창작 과정처럼 움직임이 실행 중인 것으로 생각될 수 있다. 몸 전체가 연구의 모든 단계에서 하나의 방식 또는 다른 방식으로 관여하고 있다.

신경학자 올리버 삭스(Oliver Sacks, 1987)는 운동감각, 즉 우리의 운동감각을 연속적이지만 무의식적인 운동의 흐름과 연루된 여섯 번째 감각이라고 제안했다. 마찬가지로 심리학자 하워드 가드너(Howard Gardner, 1983, 1999)는 '운동지각적 사고(kinesthetic thinking)'로 알려진 지능 형태를 소개했는데, 이는 신체의 숙련된 사용, 특히 능숙한 운전, 춤, 체조, 요리 등의 고도로 연습된 행위를 말한다. 기계적인 문제를 해결할 때도 종종 사전에 곰곰이 생각해 보지 않고 그냥 손으로 기계 부품들을 조작함으로써 해결한다. 다양한 경험에 기초하여 손은 그다음에 무엇을 해야 하는지 아는 것처럼 보인다. 만약 우리가 운전과 관련된 행위를 곰곰이 생각해야 하고 의식적으로 손과 발을 보고 감독해야만 한다면, 아마 교통상황은 보지 못할 것이다. 신경학자는 공간에서의 운동지각 감각을 '**자기수용감각**(*proprioception*)'이라고 부른다. 몸의 관절, 인대, 힘줄, 근육, 속귀에는 자기수용기가 퍼져 있어 움직임, 균형, 체위에 관한 모든 감각정보를 기록하고 전달한다. 피곤하거나 알코올 또는 다른 약물의 영향을 받고 있다면, 우리의 자기수용감각은 손상을 받아 넘어지거나 판단 실수를 할 가능성이 높다. 자기수용감각은 모든 움직임에 정보를 제공하고, 그 감각 없이는 능숙하고 노련한 움직임은 불가능하다.

전 세계의 영적 전통, 자아초월 심리학, 춤과 마사지의 응용 분야에서도 움직임에 대한 마음챙김을 할 수 있다. 우리의 행위에 대해 마음챙김을 배양할 때, 보다 편안해지고 평화로워지면서 잠재적으로는 더 많은 통찰을 가져온다. 1920년대와 1930년대 베를린에서 움직임의 선두적 지도자인 엘사 진들러(Elsa Gindler, 1995)는 창의적 행위에서 움직임의 이점에 관해 다음과 같이 언급했다.

…… 가장 많은 것을 이루는 사람들이 아무것도 안 하는 사람보다 더 참신하다는 점을 우리는 지속적으로 목격한다. 성공한 사람들은 반응에서 그리고 활동과 휴식 사이의 전환에서 탁월한 유연성을 보여 준다는 것을 관찰할 수 있다……. 먼저 자신을 관찰함으로써, 치아를 닦고 신발을 신거나 또는 먹으면서 호흡과 함께 자신이 무엇을 하고 있는지 알아야 한다. 그러므로 우리는 매일의 활동 속에서 무엇이 일어나고 있는지에 대한 이해를 학생들에게 일깨워 주는 것으로 시작한다. 그다음 그들로 하여금 호흡을 방해하지 않는 움직임을 시도하라고 한다. 이것은 많은 노력을 필요로 하는 작업이므로 아마도 영원히 그 작업을 해야 할 수도 있다(p. 9).

이 섹션의 실습은 그 가능성을 탐색하여 당신의 활동에 잠정적으로 적용하도록 도울 것이다. 많은 종류의 움직임 및 마음챙김 움직임 실습이 있다. 제물낚시, 스카이다이빙, 경쟁적인 스포츠카 운전과 같이 잘 훈련될 수 있다.

실습: 마음챙김 걷기

노트: 이 실습은 걸을 때 발에 집중함으로써 촉각적인 감각과 근육을 보다 잘 자각하는 데 도움을 줄 것이다. 우리들 대부분은 특별히 우리가 무엇을 하는지 그리고 어떻게 움직이는지에 관한 마음챙김 없이 움직인다. 마음챙김 걷기는 잘 알려진 선불교적 수행으로 신체 움직임에 주의를 둔다. 마음챙김 걷기를 배우면, 그 배움을 다른 행동에도 적용할 수 있다. 예를 들어, 설거지, 타자와의 대화, 자료 수집과 분석, 연구 참여자들의 인터뷰와 관찰 등이다.

시작할 준비가 되면 일어나서 부드럽게 스트레칭을 하라. 팔과 다리로 시작해서 머리, 목, 어깨, 몸통, 배를 부드럽게 펴라. 스트레칭을 할 때 어느 부위에서 부드러운 움직임과 거부감이 일어나는지 알아차리라. 어느 부위가 부드럽고 무감각하고 통증이 있는지 알아차리라. 어느 부위가 이완되어 편안한지 알아차리라. 필요하다면 '천천히 움직이면서' 몸을 흔들 수도 있다.

준비가 되면 천천히 몇 걸음을 걸으라. 평소처럼 걷되, 속도를 늦추라. 주의를 두면서 발의 감각을 관찰하라. 발이 땅에 닿을 때 발을 자각할 수 있게 되면, 아마도 더 속도를 늦추게 될 것이다.

어떻게 각각의 발을 땅에 디디는지 알아차리라. 발의 어느 부위가 땅에 가장 먼저 닫고, 그다음, 또 그다음은 어디인가? 압력이 느껴지는 곳은 어디인가? 앞으로 움직일 때, 어떻게 바닥에 닿은 발의 압력이 바뀌는가? 발을 앞으로 말아 올리면서 걷는가, 아니면 거의 평평하게 걷는가? 바닥에 닿은 한쪽 발의 압력이 다른 쪽 발과 다른가? 발이 곧게 앞으로 나아가는가, 안쪽으로 향해지는가, 아니면 바깥쪽으로 향해지는가? 발이 편안한가, 아니면 긴장이 되어 있는가? 쑤시는가? 무감각한가? 뻣뻣한가? 아픈가? 행복한가? 한쪽 발의 느낌이 다른 쪽 발과 다른가? 자각을 발에 집중한 채로 10분 정도 걸으라.

실습: 진정한 움직임 탐색하기

노트: 이 실습을 위해서 몸을 보다 자유롭게 움직일 수 있는 편안한 옷을 입을 필요가 있다. 다치거나 넘어지게 할 수 있는 장애물과 부딪치지 않고 자유롭게 몸을 움직일 수 있도록 사적이고 공간이 충분한 연습 장소를 물색하라. 날씨가 허락한다면 이 실습은 사적이면서도 탁 트인 바깥 공간에서 할 수도 있다.

이 실습은 '진정한 움직임(Authentic Movement)'이라 불리는 자발적 스타일의 움직임을 응용한 것이다(Adler, 2002; Pallaro, 1999; Stromstead, 1998; Whitehouse, 1958). '진정한 움직임'은 메리 스탁스 화이트하우스(Mary Starks Whitehouse)가 춤 치료의 한 형태로 1940년대와 1950년대에 개발하였다. 그 이후로, '진정한 움직임'은 건강과 개인적인 성장을 위한 훈련으로 활용되어 왔다. 화이트하우스(1958)는 '진정한 움직임'을 다음과 같이 묘사하였다.

몸이 자신의 방식대로 움직이도록 허용하면서, 좋게 보이려는 방식 또는 당위적인 방식이 아니라, 내부에서 올라오는 피동을 인내심을 갖고 기다리며, 어느 날 저녁 일어나는 그 반응을 정확히 드러날 수 있도록 해 주면…… 새로운 역량이 드러나고 새로운 방식의 행위가 가능하다. 특별한 상황에서 얻은 자각은 차를 운전하거나 몸을 구부려 청소기를 돌리거나 친구와 악수를 할 때의 새로운 감각의 탐색으로 넘어간다(p. 250).

세션 1

시작할 준비가 되었다면, 당신이 해결하기 원하는 개인적인 문제나 상황을 마음속으로 가져와라. 구체적이고 생생한 문제를 회상하라.

몸에 주의를 집중하라. 실습을 위해 조용히 앉아 있을 때도 미묘한 움직임을 느끼라. 호흡할 때마다 특별한 방식의 움직임으로 가슴은 올라가고 내려오며, 배는 안과 밖으로 움직인다. 얼굴에 있는 많은 미세한 근육들이 표정을 지탱해 주고 의식적인 알아차림 없이 미묘하게 변한다. 몸의 작고 큰 움직임을 알아차리기 시작하라. 몸의 움직임에 대해 해석할 필요는 전혀 없다. 단지 그것을 알아차리라.

확인된 문제나 상황에 주의를 집중시키면서, 손과 팔을 올려 몸동작을 몸의 안쪽에서 세상 밖으로 자연스럽게 나오도록 하라. 몸동작을 의식적인 생각이나 의도로 끌고 가지 말라. 손과 팔을 움직여 '동물적인 몸(your animal body)'의 미묘한 근육조직이 당신을 움직이게 하라. 자연적으로 몸동작이 안에서 밖으로 나오도록 하라. 몸동작에 대한 사이즈, 리듬, 방향, 정서적 의미를 메모하라. 몸동작을 하면서 움직임을 알아차려, 후에 그것이 당신이 확인한 문제나 상황에 대해 무엇을 전달하는지 반영할 수 있도록 하라. 몇 분 동안 몸동작을 하라.

다시 의식적인 생각 없이 자발적으로 온몸이 방이나 실외 공간 주변을 돌아다니게 하

라. 마치 온몸이 안에서 밖으로 움직이는 것처럼 하라. 눈을 살짝 떠서 물건에 부딪치거나 넘어지지 않고 자유롭게 움직일 수 있도록 하라. 동물적인 몸의 크고 작은 근육들이 당신을 움직이게 하라. 다시 한번 움직임을 의도적으로 이끌지 말라. 자연스럽게 안에서 밖으로 움직이라. 움직임의 크기, 리듬, 방향, 정서적 의미를 알아차리라. 공간을 돌아다닐 때 움직임을 알아차리라. 움직임을 메모해서, 후에 당신의 확인된 문제나 상황에 대해 움직임이 무엇을 전달하는지를 반영할 수 있도록 하라. 최소한 이 방법으로 10분 동안 움직이라.

충분하다고 느껴지면, 움직임의 속도를 줄이고 부드럽게 앉아 이완하라. 고요하고 내면의 휴식이 느껴질 때까지 호흡으로 이완하라. 점차 일상의 자각으로 돌아오라.

약 10분 정도 움직이는 동안 당신의 연구에 관해 가졌던 어떤 인상이나 통찰을 기록하라. 또는 미술도구를 활용하여 상징이나 이미지로 표현하라.

세션 2

연구주제를 갖고 있다면, 앞의 체험적 실습에서 확인한 개인 문제나 상황을 연구주제와 관련된 경험으로 대체하면 정확히 그대로 반복할 수 있다.

이 실습을 때때로 반복하여 주제에 관한 친숙함을 늘리라.

세션 1, 2에 대한 추가적인 방법

이 실습의 선택사항은 재닛 아들러(Janet Adler, 2002)가 개발한 '진정한 움직임' 연습에서 흔히 하는 것처럼, 믿을 만한 친구에게 당신의 움직임을 관찰해 달라고 부탁하는 것이다. 누군가 당신의 움직임을 지켜보기 원한다면, 시작하기 전에 그들을 공간으로 초대하여 당신의 움직임을 방해하지 않고 관찰할 수 있는 곳에 편안히 앉도록 요청한다. 시작하기 전에 그들로 하여금 이 연습을 읽고 무엇이 일어나고 무엇을 기대하는지 이해하도록 한다. 움직임을 마친 후에, 당신의 움직임에 대한 그들의 경험을 글로 쓰거나 그림으로 그리게 한다. 당신과 관찰자 모두 간단한 기록을 쓰거나 그린 후에 대화를 나눌 수도 있다. 움직였던 당신이 먼저 이야기한다. 움직임에 대한 자신의 경험을 공유하고 난 후, 관찰자는 자신이 관찰한 것을 묘사한다.

연구의 세 가지 주요 단계에서 운동감각 사용하기

여기에 연구자로서 연구의 세 가지 주요 단계에 움직임을 적용할 수 있는 구체적인 사례들이 있다. 운동감각 사용을 적용할 때도 마찬가지로 이전의 시각, 청각, 내장감각에 대한 제안을 검토하라.

연구 프로젝트의 **준비와 자료 수집** 단계에서, 다음과 같이 운동감각을 사용할 수 있다.

- 연구주제에 대한 깊은 이해를 몸동작, 움직임, 춤을 통해 탐색하라. 이를 근거로 당신의 연구 질문을 정확히 만들고 인터뷰 질문의 틀을 만들라.
- 연구 참여자들에게 전달된 경험에 대한 반응으로 몸동작, 움직임, 춤을 추도록 안내하라. 나중에 그 움직임에 대한 의미를 반영하도록 요청할 수 있다.
- 관찰자에게 연구 참여자들의 몸동작과 움직임을 관찰해서 숙고하도록 권유하라. 그런 후에, 관찰자의 반응을 보완자료로 사용할 수 있다.
- 신체적인 움직임과 직접적으로 관련 있는 주제에서는 반드시 움직임을 자료에 포함시키고, 후에 분석과 해석에 사용될 수 있는 시각적인 녹화 자료로 만들라.

연구 보고의 **자료 처리와 해석** 단계에서, 다음의 방법으로 분석과 해석을 뒷받침할 수 있는 운동감각을 사용할 수 있다.

- 연구 참여자들이 제공한 자료에 대해서 당신 자신의 몸동작과 움직임으로 반응하라. 그 후에 그 몸동작과 움직임의 의미에 대해 깊이 숙고하라. 자신의 움직임 속에서 인지한 일정한 패턴은 자료의 중요한 특성을 나타낼 수 있다.
- 앞의 '진정한 움직임'의 방식에서 참여자들의 자료에 대한 반응으로 부드럽게 마음 챙김하면서 움직이라. 그리고 몸이 중요하다고 신호를 보내는 것을 알아차리라. 그

다음, 당신의 움직임을 분석과 해석에 관련된 정보로 사용하라.

연구 프로젝트의 **보고/전달** 단계에서, 다음의 방식으로 운동감각을 사용할 수 있다.

- 연구 보고서를 쓸 때, 정신적 활동을 포함한 인간의 모든 활동은 근본적으로 움직임 또는 활동의 형태라는 점을 기억하라. 그러므로 연구하는 주제나 경험에서 일어나는 유동성, 변화, 움직임에 대해 성찰하도록 독자들에게 안내하라. 바꾸어 말하면 통계적 분석이나 말을 기피하는 연구자, 연구 참여자들 또는 독자들에게서 일어나는 역동적인 변화 또는 전환은 무엇인가?
- 연구 보고서에서 독자들로 하여금 몸동작, 움직임, 춤으로 반응할 수 있도록 안내하라. 그들이 밖으로 표출하는 몸의 움직임을 통해 연구 발견을 경험하고 관찰할 수 있도록 하라.
- 연구 보고서를 작성한 후에는, 연구 프로젝트 완성에 대한 반응으로 종결의 몸동작을 표현하라.
- 독자들이 그들의 연구 목적과 개인적인 특성에 맞는 움직임 관련 기술을 개발하여, 이런 제안들을 세밀하게 조정하고 확장할 것을 권유한다.

제6장 무의식적 과정, 직접적 앎, 공감적 동일시

무의식적 과정 및 재료에 일반적으로 접근하기

무의식은 단지 우리가 명확한 개념으로 나타낼 수 없었던 것에 불과하다. 이 개념은 우리 마음의 어떤 무의식이나 잠재의식의 깊은 곳에 숨어 있는 것이 아니다. 우리 의식의 한 부분을 차지하는데, 그 심오함을 충분히 깨닫지 못한 것뿐이다.

-아들러(Adler, 1935, p. 3)

인간의 과제는 무의식으로부터 밀고 올라오는 내용물을 의식하는 것이다.

-칼 융(Carl Jung)

모든 지식의 확장은 무의식을 의식화하는 것으로부터 일어난다.

-프리드리히 니체(Friedrich Nietzsche)

무의식적 과정 및 그 사용에 접근하는 일반적 방법

무의식적 과정은 우리의 자각 표면 아래에서 일어나며 일상적인 에고의 통제를 넘어 일어난다. 그 예로는 암묵적인 앎(Polanyi, 1958, 1966 참소)과 꿈을 키우고 난 후 새로운 해결책과 창의적인 통찰이 일어날 때 우리의 바디마인드가 하는 작업을 들 수 있다. 어떤 주제에 대한 정보, 의식적인 지식, 산만한 생각에 빠져든 이후에는 내려놓고, 노력을 멈추고, 항복하고, 스스로 배양되도록 내버려둠으로써 새로운 방식의 이해와 새로운 해결책, 영감, 각성, 통찰, 출현이 나중에 일어날 수 있다. 미묘한 내적 신체조건, 반응, 느낌 그리고 이미지에 대한 주의가 증대되면 무의식적이거나 접근 불가능의 상태로 남아 있었던 재료나 과정에 접근할 수 있다.

이전에는 암묵적, 무언의, 무의식적 그리고 일반적인 의식적 자각 밖에 있었던 재료와 과정에 접근하는 많은 방법이 있었다. 한 가지 방법은 몸이 우리 자신에게 알려져 있지 않았던 측면을 드러낼 때 보다 많은 주의를 기울이는 것이다. 또 다른 방법은[Freud(1914, 1955)가 지적한 것처럼] 우리의 의도치 않은 말과 행동, 지각, 기억 속에서 의도하지는 않았으나 드러나는 변화로부터 배우는 것이다. 또 다른 '무의식을 드러내는 것'으로는 신체의 질병, 꿈 그리고 우리가 초대하지 않았던 이미지와 느낌이 있다. 적극적인 상상도 무의식에 이르는 또 다른 지름길이다. 유도된 심상, 창조적 표현, 자동적 글쓰기, 자동적 말하기, '배양' 등도 마찬가지다. 이것들은 자각의 표면 아래에서 활발한 채로 있다가 어느 시점에 의식 위로 올라와 발산된다. 몇몇의 감각 및 운동의 자동성(근육 테스트, 수동 추 이용하기 등)도 포커싱(Eugene Gendlin, 1978에 의해 개발된)과 마찬가지로, 우리의 무의식에 접근하는 방법을 제공한다. 이 장에서 우리는 이전에는 무의식적이었던 재료를 확인하고 접근하여 이용하는 몇 가지 방법을 탐색한다.

앞에서 언급한 몇몇 접근은 어떤 심리학자들에게는 논란의 대상이 될 수 있다는 점을 주목하는 것이 중요하다. 논란의 중심에 있는 것은 절차나 방법 자체가 아니다. 왜냐하면 이 방식들은 쉽게 설명되고 반복된 결과를 가져올 수 있어 꽤 효과적이기 때문이다. 오히려 그 중심은 그 방법의 기저를 이루는 절차의 특성에 대한 **해석**이다. 즉, 이런 몇몇 방법을 사용할 때 정확히 무엇이 일어나는 것인가와 어떻게 자주 인상적인 결과를 만들어 낼 수 있는가다. 연구의 모든 국면에서 절차 및 발견을 그 이면에 있을 수 있는 대안적 해석과 개념화로부터 구별하는 것이 중요하다.

나 자신의 삶 속에서, 나(윌리엄 브로드)는 무의식적 재료와 정보에 접근하기 위해 다양한 형태의 꿈 배양, 유도된 심상 그리고 내 반응과 상태(신체 반응, 행동, 기억, 지각)에 많은 주의를 두는 방식을 사용해 왔다. 문제해결과 의사결정의 목적을 위해, 또는 단순히 다양한 주제에 활용 가능한 정보를 늘리기 위해, 연구 프로젝트에서 나 자신과(연구자로서) 연구 참여자들을 준비시키는 데 유사한 절차를 사용해 왔다.

실습

이 장의 실습에서는 우리의 무의식적 과정을 초대하여 그것이 가져다주는 선물을 공유할 것이다. 먼저, 연구 프로젝트의 특정 측면에 그 자체의 방식으로 코멘트를 줄 수 있는 꿈 배양부터 실시할 것이다.

꿈 배양: '꿈 창조자'에게 연구 관련 조언 요청하기

실습은 연구 프로젝트에 관해 꿈 조언을 요청하는 것과 관련되어 있다. 이 절차는 연구 프로젝트의 모든 단계에서 사용될 수 있다. 지금은 계획 단계의 사용에만 초점을 맞출 것이다.

꿈 조언을 요청하기 전에 당면한 문제와 관련된 정보에 충분히 몰두하라. 하루 종일 그 문제에 대해 생각하라. 최대한 많은 관련된 측면을 마음속으로 가져와라. 자신의 문제에 대해 반복적으로 유용할 만한 해답을 스스로에게 요청하라. 꿈 창조자가 당신에게 하나의 꿈이나 일련의 꿈 형태로 유용한 해답을 제시하는 것을 상상하라. 당신 자신이 이런 꿈 조언을 명확하게 받아들이고 잘 기억하며 이해해서 그 조언을 적용하는 것을 상상하라. 이것이 설정해야 할 모든 준비사항이며, 사전의 마음가짐이다.

당면 문제는 특정 프로젝트를 선정하고, 특정 연구문제나 가설을 세밀히 조율하여 틀을 짜고, 최선의 연구방법을 선정하고, 어려운 연구에 관련된 결정을 하고, 곤혹스럽게 만드는 프로젝트의 몇몇 측면에 대한 해답을 찾고, 적합한 연구 참여자들을 찾는 최선의 방법을 결정하기 위한 것일 수 있다. 즉, 당신의 프로젝트에서 난제라고 생각하는 모든 것이다.

잠자기 바로 직전 이완하고 다른 것에 대한 마음을 비우면서 당신의 꿈 창조자에게 해답을 요청하는 문제에 집중하라. 문제를 가능한 명확하게 그리고 구체적이고 간결하게 제시하라. 당신의 문제에 관한 유용한 조언을 제공해 줄 하나의 꿈이나 여러 꿈을 명확히 요청하라. 아마도 상황을 새롭고 성공적인 방식으로 보고 이해하는 것일 수 있다. 일단 문제를 명확히 구체화시켰으면 문제의 해답에 도움을 줄 하나의 꿈이나 일련의 꿈을 꾸리라는 확고한 암시를 자신에게 주고 허용하라. 이 꿈을 아침에 기억하고 그 결과에 기뻐하는 모습을 상상하라. 미소 지으라. 그런 다음 과정대로 흘러가도록 내버려 두라……. 그리고 '나는 문제에 유용한 꿈을 꿀 것이다.'라고 생각하면서 잠들라. 일어날 것이라는 확신을 가지라. 푹 자라!

깨자마자 꿈의 모든 세부 사항을 가능한 많이 기록하라. 글뿐만 아니라 그림 또는 움직임도 사용하라. 당신의 꿈을 주의 깊게 탐구하여 연구에 관해 제공해 주었을 수도 있는 모든 관련 조언을 발견하라.

선택적인 절차로서 이 과정을 의례 방식으로 진행할 수 있다. 예를 들면, 잠자러 가기 직전에 관련성이 깊은 정보를 주는 꿈을 꿀 것이라는 의도로 반 잔의 물을 마실 수 있다. 다음 날 아침, 나머지 반 잔의 물을 마실 때는 꿈과 꿈의 조언을 매우 잘 기억하고 이해하리라는 의도로 자신을 채울 수 있다. 다음 날 깨었을 때 그 나머지 반 잔의 물을 마심으로써 이 과정을 완성하고, 그때 꿈을 기억하고 이해하도록 허용하라. 아침에 꿈에 대한 글과 그림을 통해 빨리 묘사하라. 이 작업은 꿈의 조언을 메모하고 후에 좀 더 깊이 연구하는 데 도움을 줄 것이다.

과정을 의례화하는 또 다른 방법은 당신의 문제를 잠자기 전에 쓰는 것이다. "꿈 창조자님, 나는 당신이 다음의 문제에 관한 해답을 제공해 주길 원합니다……."와 같은 형식의 짧은 메모로. 또한 잠자기 전에 그 문제를 녹음할 수도 있다. 그런 다음, 아침에 그에 답하는 꿈을 녹음하라. 그림, 움직임을 포함하여 문제와 해답을 모두 표현할 수 있는 방식을 잊지 말고 포함시키도록 하라.

이 과정을 하룻밤이나 며칠 밤에 걸쳐 시도할 수 있다. 때로는 해답이 한번에 명확하게 주어질 수 있다. 그러나 때때로 그 해답은 점진적으로 미묘하게 주어질 수도 있다. 만약 어떤 특별한 해답이 나타나지 않으면 이 과정을 몇 차례에 걸쳐 며칠 밤 반복하라. 유용한 꿈 조언을 받았을 때조차도 이 실습을 반복하면, 그 조언을 섬세하게 조율하고 확장하며 보완할 수 있다. 자신감과 인내심이 중요하다.

이 실습을 즐기라. 유익하고 생산적인 실습이 되길 바란다.

꿈 배양 외에도 이전에 무의식적이었던 정보에 접근하기 위한 몇 가지 추가적인 수단이 있다. 이 방법은 간단히 다룰 것이므로, 독자들은 이 기술에 대한 그 이상의 세부 사항을 위해서는 전문가의 도움을 받을 것을 권유한다.

이전의 꿈 배양 실습은 밤에 자연스럽게 꾸는 꿈과 관련되어 있다. 이에 추가적으로, 의도적으로 유도된 꿈이나 꿈을 꾸는 것과 같은 상태도 무의식에 놓여 있을 수 있는 정보에 접근하는 기회로 활용할 수 있다. **꿈에서 깨기**(Watkins, 1977 참조)와 의식의 **여명상태**(*twilight conditions of consciousness*)를 유도하기 위한 몇 가지 절차가 존재하는데, 이 둘은 밤에 꾸는 꿈과 몇 가지 특징을 공유한다. 두 가지 여명상태는 **입면상태**(*hypnagogic: 잠들기 직전의 상태*)(Mavromatis, 1987)와 **출면**

상태(*hypnopompic: 깨기 직전의 상태*)다. 우리는 잠들고 깨어날 때마다 이 상태에 들어간다. 그러나 보통 이 상태를 매우 짧게 유지하며 종종 이 짧은 시간 동안 무엇이 일어났는지 기억하지 못한다. 의도적으로 입면상태를 유도하여 지속기간을 늘리고 이 상태에서 얻을 수 있는 정보에 보다 쉽게 접근하는 것이 가능하다.

입면상태에 들어가기

이전에는 무의식적이었던 재료에 접근하기 위해 입면상태를 이용하는 한 가지 방법은 잠이 들 때마다 단순히 당신의 정신적 내용물에, 특히 심상에 많은 집중을 기울이는 것이다. 입면상태 동안 무슨 일이 일어나는지에 대한 자각과 기억을 증진시키기 위해 구체적인 의도를 사용할 수 있다.

자연스럽게 일어나는 입면상태의 지속기간을 늘리기 위한 간단한 방법은 잠들기 위한 준비를 할 때, 팔뚝을 구부린 채로 세워 매우 주의를 기울이면서도 애쓰지 않는 균형 잡힌 자세를 만드는 것이다. 입면상태로 들어갈 때 일어나는 근육긴장의 이완이 팔을 떨어뜨리게 할 것이다. 이 자세는 그 기간 동안 일어나는 경험의 활성화 수준 또는 각성을 높이는 데 도움이 된다. 또한 평상시보다 더 기민한 자각상태를 유지하는 것을 도울 수 있다. 만약 다시 팔을 반복해서 세우고 떨어뜨리면, 당신은 평상시보다 더 길게 입면의 여명상태를 유지함으로써 이 기간 동안 입수할 수 있는 정보를 보다 잘 기억할 수 있다.

무의식적 재료와 정보에 접근하는 또 다른 방법은 **적극적인 상상의 과정과 미묘한 신체 조건과 반응, 자동성, 창조적인 표현**에 대한 주의를 증대시키는 것이다. 이 각각을 다음에 짧게 다룰 것이므로, 독자들은 이 절차에 대한 세부 사항을 위해서는 전문가의 도움을 받을 것을 권유한다.

적극적인 상상은 일어나는 무의식적 재료와 함께 의식적으로 작업하는 방식이다. 이 접근은 칼 융 및 그의 추종자들과 가장 깊은 관련성이 있다. 그러나 심오하고 영적인 오랜 지혜의 전통에서도 그와 유사한 방법을 많이 발견할 수 있다. 실행할 때, 무의식적 이미지의 출현을 위한 무대를 마련하고, 그다음 적극적으로 참여한다. 일단 이미지들이 나타나면 의식적으로 상호작용한다. 그 일어나는 내용은 자율적인 특성을 갖고 그것과 대화할 수 있으며 그 상호작용으로부터 배울 수 있다. 일어나는 내용은 풍부한 상징적 측면을 가질 수 있고 종종 상호작용이 일어나는 동안 의인화된다. 그 과정은 상호작용하는 동안 의식이 있고 활발한 상태를 유지한다는 면에서 **자각몽**(*lucid dream*; 이 속에서는 의도적으로 꿈 속 등장인물과 상호작용하고 꿈의 과정에 영향을 미친다.; LaBerge & Gackenbach, 2000 참조)과 유사하다. 유도된 심상 및 내면의 안내자(내적 지혜의 의인화)와 함께하는 대화의 과정은 적극적인 상상의 전환으로 간주될 수 있다. 적극적인 상상에 대한 유용한 논의는 해나(Hannah, 1981)와 존슨(Johnson, 1986)에서 찾아볼 수 있다.

미묘한 신체 조건과 반응에 주의를 증대시키는 것은 언급한 말 그대로다. 신체 상태(편안함, 불편함, 질병의 증후를 포함하는)와 신체 반응에 매우 세심한 주의를 기울이고, 의도치 않게 나온 말과 의도치는 않았음에도 저절로 드러난 행동, 지각, 기억의 변화에 보다 충분한 주의를 기울이는 것이다. 유진 젠들린(Eugene Gendlin, 1978)의 포커싱 방법을 신체 상태와 느낌의 미묘한 의미에 접근하는 데 활용할 수 있다.

자동성은 보통 의도적이고 자발적인 지시 없이, 우리 신체에서 자동적인 움직임과 행위가 일어나는 경우다. 전형적으로 우리는 이 움직임에 원인을 제공한다는 사실을 인식하지 못하며, 때때로 움직임 그 자체도 자각하지 못할 수 있다. 보통 이 움직임은 미묘하다. 이러한 예로는 근육 테스트(우리가 특정 재료에 노출되었거나 신체에 대한 특정 질문에 대한 반응으로 답을 드러내기 위해 근육의 긴장과 강도는 다양한 패턴으로 움직일 수 있다.)와 수동추를 사용(때때로 질문에 대한 반응으로 대답을 드러낼 때 다양한 패턴으로 움직일 수 있다.)하는 경우다. 추는 아주 미묘한 손이나 손가락 움직임에 대한 반응[관념반응(*ideomotor reaction*)으로 알려진]으로 움직이고, 이것은 추에 의해 증폭되고 보여진다. 손과 손가락의 움직임은 추를 쥐고 있는 사람의 (요청하는 질문의 응답에 대한) 기대, 태도, 무의식적인 지식에 의해 영향을 받는다. 이 장에 포함시킬 수 있는 또 다른 예로는 우리가 현재 주어진 결과가 아니라 다른 결과를 희망할 때 경험하는 느낌을 들 수 있다. 즉, 무작위적 결정과정(동전 던지기)에 참여할 때 또는 발생한 결과에 반응할 때 경험하는 즐거움이나 실망감이다. 비록 결정에 관해 의식적으로는 아무런 선호를 가지지 않았음에도 불구하고, 우리의 느낌은 이전부터 계속 존재해 왔는데, 임의적인 결정과정이 일어나서 무의식적으로 선호하는 선택이 어려워질 때까지 무의식에 남아 있는 경우다. 자동적인 글쓰기(Muhl, 1963 참조)와 자동적인 말하기가 자동성의 극단적이고 극적인 예다.

창조적인 표현은 매우 다양한 방법을 통해 무의식의 정보에 자주 접근하도록 해 준다. 여기에는 그리기, 색칠하기, 찰흙 작업하기, 저절로 일어나는 움직임에 참여하기와 같은 형태들이 있다. 이 비언어적 과정은 무의식적 동기, 선호, 정보를 꽤 많이 드러내 줄 수 있고, 이 방법으로 드러난 것은 일반적인 언어 기능의 요소로 보완될 수 있다. 물론 창조적인 표현도 시 쓰기나 소설 쓰기와 같이 언어를 활용할 수 있다. 이 두 가지 글쓰기 방법은 대개 입수할 수 없는 정보를 우리의 의식 안으로 불러온다. 창의적인 표현의 보다 상세한 부분에 대해서는 제7장의 창조적인 예술 섹션에서 다룰 것이다.

우리 연구의 다양한 측면에 도움을 받기 위해 앞에서 언급한 모든 기술을 사용할 수 있다. 이런 기술과 방법을 실행에 옮길 때, 연구와 관련된 정보가 나오리라는 의도를 가지는 것이 중요하다.

연구의 주요 세 단계를 위해 무의식적 재료에 접근하기

우리는 이 장을 이전 장과는 다소 다르게 구성했다. 이전에는 무의식적이었던 재료에 접근하기 위해 앞에 언급한 다양한 기술을 연구의 각 단계에 유용한 정보를 추가적으로 주고, 연구자가 각 단계의 측면에 관한 결정을 내리는 데 도움을 주기 위해 사용할 수 있음을 제안한다. 무의식에 남아 있는 정보에 접근하기 위한 절차들은 모든 연구 프로젝트의 **준비와 자료 수집, 자료 처리와 해**

석, 보고와 전달 단계에서 다음의 목적에 부합하기 위해 활용될 수 있다.

- 프로젝트 주제, 제목, 접근에 대해 보다 충분한 정보를 얻기 위해
- 연구를 개인적으로 그리고 전반적인 학문 분야에서 더 자리매김하고 프로젝트의 중요성과 의미를 더 잘 이해하기 위해
- 당면한 연구와 가장 관련된 출판물을 습득하고 잘 이해하기 위해
- 이 연구와 목적에 가장 효과적이라고 기대하는 청중을 고려하기 위해
- 가능한 최선의 방법으로 연구를 설계하기 위해
- 가장 적절한 연구 참여자들을 찾기 위해
- 참여자와 상호작용하는 최선의 방법을 결정하기 위해
- 수집된 자료로 연구를 하는 동안 최대한 많이 파악하기 위해, 즉 자료 안에서 이전에는 숨겨져 있던 패턴을 찾아내기 위해
- 자료를 정확하고 충분히 해석하고 개념화하기 위해
- 의도된 청중의 반응, 이해, 평가, 전달된 발견의 활용을 최대화하기 위해
- 연구 발견의 함축적 의미와 가능한 실용적 응용에 대해 충분히 논의하기 위해
- 연구의 결과물을 연구자, 연구 참여자, 의도된 청중, 관련 분야, 사회, 문화, 환경, 더 넓게는 지구에 최대한의 혜택을 주는 식으로 계획하고 실행하고 공유하기 위해

우리는 독자들에게 위에 나열된 방식의 접근 기술들을 특정 연구 프로젝트에 세밀히 조율하고 확장함으로써 각각의 목적을 실현시키기 위한 구체적인 방법을 고려할 것을 권유한다.

추가적인 고려사항

써닉(*Chthonic*)[1]은 지하세계와 관련 있다. 깊은 심연에서 발생하고 우리 시야

1 땅속 지하에 사는 신들.

로부터는 숨겨져 있으며, 의식의 표면 아래에서 일어나는 과정이다. 써닉 과정은 의식의 자각 없이 또는 일반적인 에고의 통제 없이 발생한다. 표면적으로는 어떤 특별한 것도 일어나지 않는 것처럼 보인다. 그러나 외관상으로는 우리의 보통 행동 방식과 거리가 있고, 보이지 않는 땅속 깊은 식물 뿌리의 성장과 유사하게 중요한 변화가 실제로 일어나고 있다. 써닉 상태는 길조를 띤 혼란, 불확실성, 명백한 혼란(카오스) 그리고 이도저도 아닌 중간 상태, 즉 낡은 방식과 정체성을 포기했지만 아직 새로운 방식이나 정체성을 받아들이지는 않는 경계선 또는 과도기적 상태와 관련 있다. 결과나 특정 생산물, 또는 목표에 대한 집착을 놓아버리는 것은 써닉 영역으로부터 선물을 수확하는 데 알맞을 수 있다. 써닉 상태는 이전에 규정된 사고 구조와 조직이 이 상태 동안 녹아 사라지고 새로운 구조와 조직이 등장할 수 있도록 창의성을 선호한다. 카오스적인 써닉 상태는 우리로 하여금 낡고 익숙한 앎, 존재, 행위 방식을 비우도록 돕고, 새롭고 익숙하지 않은 앎, 존재, 행위 방식을 습득하기 위한 여유 공간을 만들어 준다.

느림과 평온, 의도 설정, 외부 관심사로부터 내면의 경험으로 주의 돌리기 등 이전에 살펴봤던 기술들은 써닉적이고 무의식적인 과정, 재료, 정보 출현을 위한 무대를 마련하는 데 유용하다. 그 기술들은 시행할 때 일상의 방해를 줄여 주고 무의식의 과정과 정보를 표면에 드러나게 해 주거나, 무의식의 정보가 드러나면 우리가 보다 쉽게 접근해서 기억할 수 있도록 도와준다.

마치 우리 몸과 마음 내부에 자리를 차지하거나 실체가 있는 것으로 무의식을 구체화하지 않는 것이 중요하다고 생각한다. 즉, 무의식을 과정으로, 우리가 보통 언어로 설명할 수 없거나 설명하지 않는 기능의 한 형태로 다루는 것이 보다 적절해 보인다. 간단히 말하면, 무의식은 현재 '말해질 수 없는' 것이다. 일단 주의가 그 재료로 향하게 되면 느낌, 이미지, 생각, 그러고 나서 언어로 특정적이고 구체적으로 나타낼 수 있다.

또한 앞에 언급한 다양한 자동성과 내적 안내자의 원천에 대한 원인을 구체화하는 것은 현명하지 못하다고 생각한다. 비록 자율적 존재 또는 실체라는 외관을 띠지만, 그것은 특수한 조건하에서 보다 가능하고 활발해지는 우리 자신의 또 다른 측면인 것이다. 즉, 우리 자신의 앎, 행위, 존재의 다른 형태다.

보충자료

앞의 섹션에서 언급한 무의식적 재료 및 과정에 접근하는 다양한 방식에 관한 추가 정보를 위해 우리는 다음의 보충자료를 추천한다.

- 무의식을 일반적으로 다룬 자료: 엘렌버거(Ellenberger, 1970)와 화이트(Whyte, 1978)
- 써닉, 경계선, 반 구조, 카오스 상태와 심리과정 간의 연관성을 다룬 자료: 브로드(Braud, 1985), 클레먼츠(Clements, 이 책의 제3장), 콤스(Combs, 1996), 한센(Hansen, 2001), 맥마흔(McMahon, 1998), 슈워츠-살렌트와 스테인(Schwartz-Salant & Stein, 1991)
- 꿈속에서 창의적인 문제 해결에 관한 정보를 다룬 자료: 델톤(Dalton, 1952), 크리프너와 휴스(Krippner & Hughes, 1970)
- 배양, 창의성, 영감에 관한 자료: 하트(Hart, 2000b), 케스틀러(Koestler, 1976), 무스타카스(Moustakas, 1990)
- 심층심리와 융에 기초한 무의식 접근이 연구에 어떻게 적용될 수 있는가에 대한 이해를 높이기 위한 자료: 코핀과 넬슨(Coppin & Nelson, 2004), 로마니신(Romanyshyn, 2007), 토레스(Todres, 2007)
- 무의식의 이해에 아프리카와 이집트가 기여한 내용을 다룬 자료: 바이넘(Bynum, 1999)

직접적 앎

우리는 대상과 합일을 이룰 때야만 그 대상을 안다. 대상에 동화됨으로써, 대상과 우리 자신이 서로 상호 침투함으로써……. 지혜는 영적 교감의 산물이다. 무지는 교류하지 않고, 거리를 두고, 결코 진실로 알지 못하는 것들에 대해 판단하고 분석하는 사람들의 불가피한 부분이다(Underhill, 1915, p. 4).

진리가 언어로 표현되는 한에서는 반드시 비이원적 형태의 앎을 일깨우는 방법과 그 속에서 현실을 직접 경험할 수 있는 방법을 다루는 한 세트의 지침서이어야만 한다(Wilber, 1979, p. 58).

직관에 대한 가장 단순한 묘사는 실재에 대한 직접적 지식이고, 아는 자가 아는 과정이나 알려지는 대상과 분리되지 않는다는 것이다……. 직관은 주체자의 의식이다……. 객체 속에 있는 의식을 만나는 것이다……. 직관을 사용할 때 한 개인이 알고 있는 것이 연루되겠지만 그 속에서 헤매지는 않는다……. 직관이 본능적이거나, 심미적이거나, 상상력이 풍부하거나, 지적이든 간에 사실상 모든 형태의 앎의 기저를 이루고 있다(Salmon, 2001).

직접적 앎과 그 활용

직접적 앎에서 개인은 직접적으로 바로 사물을 자각한다. 예를 들어, 앎의 대상에서 아는 자로 일반적인 언어나 감각의 정보 전달을 거치지 않는 것이다. 언어나 감각정보는 단순히 소통을 돕는 도구라 보면 된다. 어떤 의식의 상태에서는 아는 자와 알려지는 대상 간의 구분은 사라진다. 사실상 이것이 직접적 앎의 가장 주요한 가르침이다. 직접적 앎의 변이 형태는 직관(직접적 앎의 의미 중 하나), 정신적 기능, 참여적 앎 그리고 존재가 되어 감 또는 정체성에 의한 앎 등이다. 직접적 앎은 또한 공감, 동조, 동일시, 공명, 다양한 경험, 대리경험, 감정의 전염, '집단의식'과도 연관된다. 그것은 또한 통찰과 영감의 과정, 더 나아가 영적 영역에 알려진 '계시'와도 관련 있다.

직접적 앎에서 개인은 앎의 대상과 동일시한다. 특히, 다른 사람의 경험과 동일시한다. 즉, 일인칭 방식으로 안다. 이런 형태의 앎은 주체와 객체 사이의 견고한 구별이나 경계선을 중요하게 생각하지 않는다. 그 과정은 존재, 연민, 사랑의 경험과 밀접하게 관련 있다. 이 각각의 경우에서 아는 자와 연구, 주의, 애정의 대상 간에 일종의 융합 또는 동일시가 일어나는 것과 같다.

연구에서 직접적 앎은 개인이 연구하고 있는 것을 다른 방식으로 연구하는 것보다 더 심도 있게 이해하고 평가하도록 해 줄 수 있다. 또한 공감 어린 공명의 역할을 통해 직접적 앎은 다양한 지식의 주장에 대한 정확성 또는 진실의 타당성을 확인하는 역할을 해 줄 수 있다. 연구 프로젝트에서 참여자와의 공감적 동일시는 그들로부터 배우거나 그들의 경험을 이해할 때 도움을 줄 수 있다. 연구 참여자들을 향한 이런 유형의 태도와 관계는 신뢰, 개방성, 존중, 보살핌, 사랑과 친절이라는 특질에 의해 길러질 수 있다(**자애**에 대한 불교수행).

직접적 앎의 과정은 이 책의 이전 장에서 다룬 의도 및 집중의 과정과 중요한 일치점이 있다. 이 책에서 설명하고 있는 모든 기술은 직접적 앎의 출현을 위한 무대를 만들거나 직접적 앎이 제공하는 정보에 접근하는 방식과 관련 있다. 느림과 평온의 기술은 보통 직접적 앎의 운용 또는 직접적 앎이 제공하는 미묘한 정보를 방해하는 소음이나 산만함의 출처를 줄여 줌으로써 그 무대를 만드는 것을 도와줄 수 있다. 의도는 그 과정을 이끄는데, 직접적 앎의 초점이 무엇이 되어야만 하는가를 나타내기 위해 사용될 수 있다. 주의는 탐색 대상과 직접적 앎에 접근하게 해 주는 생각, 느낌, 이미지의 내면 매개체로 향한다. 시각과 청각(외부와 내면 둘 다에서, 심상, 형태), 자기수용감각, 운동감각 등의 다양한 감각과 유사 감각은 직접적 앎을 의식 안으로 출현시킬 수 있는 매개체 역할을 할 수 있다. 무의식적 재료와 더불어 작업하는 기술 또한 관련 있다. 왜냐하면 직접적 앎의 과정은 처음에는 무의식적이고 오직 적절한 주의의 배치를 통해서만 후에 의식적이 되기 때문이다.

나(윌리엄 브로드)는 다양한 예감, 직관, 초심리학적 경험에 참여하고 존중함으로써, 이런 것들이 정확한 정보를 전달하는 경우나 전달하지 않는 경우에 주의를 기울임으로써 일상의 삶에서 직접적 앎에 접근해 왔다. 직접적 앎, 특히 행동으로 표현되는 앎은 종종 나를 적재적소로 이끌어 위험을 피하게 하거나 다양한 요구와 의도를 충족시켜 주었다. 유용한 연구 프로젝트를 찾고 관련 문헌을 찾는데, 적합한 연구 참여자들을 찾고 최적의 방법으로 상호 교류하며, 보다 충분히 그들의 경험에 대해 이해하는 데 직접적 앎을 사용해 왔다.

실습

직접적 앎은 일반적으로 그 가치를 제대로 평가받지 못하고 있지만, 매일매일 다른 사람들이나 환경과의 많은 상호작용, 심지어 모든 상호작용의 한 구성요소라고 해도 무방하다. 우리는 자연스럽게 일어나는 과정에 보다 충분히 주의를 기울이고 방해받지 않는 직접적 앎의 운용을 위한 무대를 의도적으로 마련함으로써 그리고 이런 방법으로 습득된 지식이 의식 안으로 출현하게 하는 방법에 대한 자각을 증대시킴으로써 연구 기술로 사용할 수 있다.

직접적 앎을 위한 단순화된 실습은, 그 기술의 묘미와 비록 연구 상황일지라도 충분히 주의 깊게 실행할 수 있는 방법을 제공하기 위해 설계되었다. 이 실습을 위해 다른 사람의 도움이 필요할 것이다. **그 사람은 몇몇 중요한 경험을 되살릴 것이고, 당신은 일반적으로 언어나 감각신호의 사용을 통해 가능한 것을 뛰어넘어 그 경험에 대한 직접적 앎을 얻으려고 시도할 것이다.** 먼저 이 실습을 실제로 시작하기 전 다양한 단계에 대한 충분한 숙지를 위해 다음의 실습을 철저히 읽으라.

실습: 직접적 앎 연습하기

이 실습을 할 때는 누군가가 당신과 함께 작업할 것이라는 것을 분명히 하라. 두 사람이 편안하고 방해받지 않고 실행할 수 있는 장소와 시간을 찾으라. 상대방이 가까이에 있을 때 이 실습을 할 수 있다. 사실상 이는 보통 이 기술이 실행되는 방식이다(매일의 상호 교류 속에서 자연스럽게 일어나는 것처럼 그리고 실제 연구 인터뷰나 교육, 훈련, 카운슬링, 치료 상황에서 발생하는 것처럼). 그러나 상대방이 다른 방에 있거나 멀리 떨어져 있는 상황에서도 똑같은 실습을 하는 것이 가능하다.

당신이 '자~'라고 말하면, 조력자에게 초기의 어떤 중요한 경험을 되살려보라고 알려주라. 그 경험에 대해 당신이 가능한 충분히 알고 이해하기 원한다는 의도를 조력자가 품도록 하면서, 그 기억을 다시 체험해 보라고 말하라. 조력자는 특별하고 구체적인 경험을 되살릴 것이다. 가능한 충분하고 완전하게…… 조력자에게 자신을 그 경험으로 완전히 채우라고 요청하라. 경험이 가진 모든 특징으로, 조력자는 가능한 많은 신체적·정신적·감정적·심상적·관계적·영적 측면을 포함하여 완전한 경험을 바로 지금 일어나는 것처럼 재경험해야 한다. 물론 조력자가 되살리거나 재경험하려는 기억을 긍정적인 경험으로 선택하는 것이 가장 좋다. 또한 조력자가 당신과 기꺼이 공유하고자 하고 더 나아가 공유를 열망하는 경험이어야 한다.

또한 당신이 후에 '자~'라고 말하면, 조력자는 그 경험을 되살리고, 그에게 당신이 그 경험을 풍부하게 자각하게 될 것이라는 의도를 품도록 요청하라. 즉, 조력자가 되살리고 있는 그 풍부한 경험을 당신도 공유하고 자각하게 되기를 소망하고 원해야 한다.

물론 조력자는 어떤 경험을 되살릴지 미리 당신에게 말하지 않는 것이 중요하다. 경험을 되살리는 동안 어떤 말도 하지 않아야 한다. 이 특별한 실습의 핵심은 당신이 그 경험을 사전지식 없이, 일상의 언어와 외부의 감각신호 없이 직접적으로 그 경험을 공유하는 것이다.

평상시처럼 당신과 상대방을 가능한 편안한 상태가 되도록 하고 이 실습을 시작하라. 외부와 내면의 산만함을 사라지게 하라. 편안하고 중심을 잡은 상태가 되도록 하라. 이완되고 평온해지기 위해 호흡에 주의를 두거나 다른 친숙한 방법을 활용하라. 조력자에게도 똑같이 하도록 요청하라. 모든 신체의 긴장을 풀고 편안하게 이완시키라.

편안하고 이완되면 조력자가 되살리려는 중요한 경험에 대해 알고 공유하고자 마음의 문을 열라. 당신 자신에게 확고하지만 부드러운 지시를 주면서 조력자가 곧 되살릴 경험을 아주 충분히 자각하도록 하라. 자신을 말끔히 비워 조력자의 경험에 마음을 열고 받아들일 수 있도록 하라.

준비가 되었으면 '자~'라고 말하라. 조력자가 의미 깊은 경험을 되실릴 때 그 경험을 공유하도록 하라. 당신의 자각을 확장시켜서 조력자의 자각과 경험을 포함시키라. 조력자의 경험을 마치 당신 자신의 경험인 것처럼 되살리라. 그것은 당신 자신의 경험이다. 조력자가 지금 되살리고 있는 중요한 경험을 가능한 완전히 자각하라. 그 경험의 모든 특질을 당신 안으로 끌어들여 채우면서 당신 안에 충분히 존재하도록 하라. 당신 내부에서 어떻게 아무 힘도 들이지 않고 정보가 직접적으로 떠오르는지 주의를 집중하라. 이미지, 생각, 신체 감각과 느낌, 감정, 기억, 전체 상상과 전체 자아 등 여러 측면을 자세히 살펴 조력자의 경험과 긴밀하게 관련된 모든 것에 주의를 기울여 기억할 수 있도록 하라. 잠시 조력자가 되살리고 있는 경험을 충분히 직접적으로 자각하라……. 그리고 이 정확한 정보를 명확하게 잘 기억하라.

눈을 감은 채로 이 실습을 하는 것이 좋을 수 있다. 주의를 내면으로 향하고 외부의 산만함을 피하기 위해, 조력자에게도 눈을 감을 것을 요청할 수 있다.

준비가 되었으면 부드럽게 눈을 뜨고 방금 조력자로부터 파악한 가능한 많은 경험을 그림으로 그리고, 글로 쓰고, 다른 방식(움직임)으로 표현하라. 조력자는 당신이 그리거나 쓰면서 기록할 때 계속 경험을 되살릴 것이다.

기록을 마쳤으면 가능한 조력자가 되살린 경험을 상세히 기술하도록 요청하라. 그리고 얼마만큼 그 경험을 당신이 공유할 수 있었는지를 확인하라.

이 실습에 확신을 갖고 열정적으로 접근하라. 두 사람 모두 흥미롭고 유용한 경험을 가지리라고 생각한다. 실습을 즐기라!

물론 앞의 실습은 직접적 앎의 기술을 인위적으로 설정한 조건 아래서 간단하게 시행할 수 있는 방법이다. 이 기술을 실제 연구에서는 보다 자연스럽고 자생적으로 사용할 수 있을 것이다. 그 경우에는 연구자가 사전에 구체적인 지식에 도움을 주는 의도를 설정하고 활용함으로써 좀 더 효율적으로 유도할 수 있다.

직접적 앎의 기술은 단순히 의지대로, 불규칙하게, 간헐적으로 할 수 있는 것은 아니라는 점에서 이 책에서 다룬 여타의 많은 기술과는 차별성을 갖는다. 개인은 직접적 앎을 위한 무대를 만들 수 있고, 그 앎에 보다 주의를 기울이고 그것이 가져다주는 선물을 잘 받아들일 수 있다. 그런 점에서 다소 수면과도 비슷하다. 우리는 적극적으로 자신을 수면에 들게 만들 수 없다. 대신에 우리 자신을 눕히고, 긴장을 이완시키고, 어지러운 생각들로부터 자유롭게 하고, 주변의 불빛을 낮추고, 잠을 자려는 의도의 틀을 만듦으로써 잠을 초대한다. 일단 그런 선호되는 조건이 만들어지면 잠은 오게 된다. 마찬가지로 우리는 직접적 앎의 출현에 선호되는 조건을 만듦으로써 직접적 앎을 초대하고 고무시킬 수 있다. 우리는 어떻게 이것이 행해지는가에 대한 간단한 설명을 다음에 제공할 것이다.

실습: 연구 맥락에서 직접적 앎 독려하기

평소처럼 제1장에서 묘사된 <모든 실습을 위한 기본 지침>을 따라 함으로써 자신을 준비시키라. 이전에 배웠던 각각의 기술을 직접적 앎을 실행하는 데 활용하도록 연습하라.

연구의 특정 단계에 맞게 적절한 의도를 설정하라. 예를 들어, 계획과 자료 수집 단계에서는 효과적인 계획 수립하기, 유용한 결정 내리기, 참여자를 찾고 상호 교류하기, 그들의 표현을 완전히 이해하기 등의 모든 측면에 관해 효율적이고 정확하고 유용한 앎을 위한 의도를 설정하라(각 연구 단계에서 그 기술을 사용하기 위한 추가적인 제안을 담은 다음 섹션을 참조하라).

외부와 내면의 산만함을 없애고 긴장을 이완시키기 위해 배웠던 느림과 평온의 기술을 사용하라.

주로 다음에 나오는 두 가지에 주의를 집중시키기 위해 이 책에서 배웠던 주의 기술을 사용하라.

직접적으로 알기 원하는 것에 가능한 충분히 집중하라. 예를 들어, 참여자의 경험에 대한 직접적 앎을 구할 때는 참여자에게 가능한 완전히 집중하라. 참여자가 되는 것을 상상하라. 참여자의 경험을 공유하겠다는 의도의 틀을 세우라. 참여자가 되어 그가 전달하고 있는 경험이 무엇인지 상상하라.

당신 자신의 내면 경험에 가능한 충분히 집중하라. 미묘한 신체 반응과 상태, 이미지, 생각, 느낌에 집중하라. 이 경험들이 당신의 직접적 앎을 자각하게 해 줄 수단, 매개체가 될 것이다. 즉, 일단 직접 알기를 원하는 것이 무엇이든 가능한 많이 동일시하고 있다고 느껴지면, 주의를 자신의 내적 경험으로 이동하라.

이런 상태가 제시해 주는 보다 많은 정보를 자각하기 위해서 배웠던 다른 기술들(시각, 청각, 자기수용감각, 운동감각, 무의식적 재료와 작업하기)을 사용하라.

당신은 주의와 직접적 앎에 초점을 맞추는 것이 가장 중요한 측면임을 변함없이 자각하고, 이 정보를 잘 기억하고, 이후에 글쓰기와 그리기, 움직임으로 기록하고, 효과적으로 발표할 수 있으리라는 의도를 세우라.

그 경험을 즐기고 이 방법으로 얻은 새로운 지식과 통찰에 감사하라.

연구의 주요 세 단계에서 직접적 앎의 기술 사용하기

여기에 연구자가 연구의 주요 세 단계 각각에 직접적 앎의 기술을 적용할 수 있는 측면에 대한 구체적인 예시들이 있다.

연구 프로젝트의 **준비와 자료 수집** 단계에서, 연구자는 다음의 측면에 직접적 앎을 집중시키기 위해 이전에 설명한 모든 연구 기술을 사용할 수 있다.

- 이 주제와 연구와 관련하여 무엇이 가장 중요한가에 대한 지식
- 연구 참여자들을 발견하고 상호작용하는 최선의 방법에 대한 지식
- 참여자들에 의해 보고된 경험에 대한 직접적 앎

연구 프로젝트의 **자료 처리와 해석** 단계에서, 연구자는 직접적 앎에 초점을 맞추기 위해 이전에 설명한 모든 연구 기술을 사용할 수 있다.

- 자료에서 가장 중요한 것에 대한 지식. 예를 들어, 가장 본질적인 특징
- 자료의 가장 정확하고 완전한 해석 및 개념화에 대한 지식

연구 프로젝트의 **보고/전달** 단계에서, 연구자는 직접적 앎에 초점을 맞추기 위해 이전에 설명한 모든 연구 기술을 사용할 수 있다.

- 선정된 참여자들과의 가장 효과적인 의사소통 방법에 대한 지식
- 연구 보고의 다양한 측면에 대한 청중들의 가능한 반응을 이해하고, 보고서를 작성할 때 그것을 피드백으로 사용하는 것

앞의 내용과 더불어, 연구자는 연구 프로젝트의 모든 단계에서 일어나는 다양한 예감과 직관에 주의를 기울일 수 있다. 그것은 직접적 앎의 표현일 수 있다. 연구자는 또한 꿈 내용에 더 큰 주의를 기울일 수 있는데, 이것도 직접적 앎의 매개일 수 있기 때문이다. 마지막으로 연구자는 행동, 자각, 기억의

변화에 주의를 기울일 수 있는데, 이것이 직접적 앎의 내용을 의식 안으로 가져오는 것을 도와주는 몸과 마음의 방식일 수 있기 때문이다.

우리는 독자들에게 직접적 앎을 사용하는 앞의 방식들을 연구 프로젝트에 세밀히 조율하고 확장하기를 권한다.

추가 고려사항

앞에 기술한 방식 외에도 직접적 앎은 연구 및 학문적 탐구의 두 영역에서 두드러진 기능을 한다. 그 영역은 초심리학 연구와 존재/되어 감/동일시에 의한 앎의 연구(몇몇의 지혜 전통에서, 특히 요가 시스템에서)다. 전자(초심리학 연구)에서 직접적 앎은 텔레파시, 투시력, 예지의 형태를 띤다. 후자(존재/되어 감/동일시)에서 직접적 앎은 어떤 연구 대상에 대한 깊고 완전한 집중과 전념을 포함하는 **삼야마**(*samyama, 요가전통에서*)를 실행하는 동안 발생한다. 추가 세부 사항은 브로드(Braud, 2002b, 2008, 2010)에서 찾을 수 있다.

공감적 동일시

> 파인먼(Feynman)은 스스로에게 "내가 전자라면 무엇을 할 것인가?"라는 질문을 던짐으로써 양자물리학의 혁명을 일으켰다(Root-Bernstein & Root-Bernstein, 1999, p. 196).

호평받는 유전학자인 바바라 매클린톡(Babara McClintock)에게 있어, 무언가를 안다는 것은 그것과의 공감을 요구하는 것이다. 어떻게 그녀는 옥수수 염색체와 공감할 수 있었을까? 현미경으로 옥수수 곰팡이를 연구하면서, 그녀의 시각은 염색체를 보는 행위에서 마치 자신이 염색체인 것처럼 그것과 하나가 되어 가는 것으로 변화했다.

> 내가 작업에 더 몰두할수록 염색체들은 점점 더 커져 갔고, 진정으로 함께 작업할 때 나는 외부에 있지 않았다. 그 아래에 있었다. 그 시스템의 한 부분이었다. 그것들과 바로 그 아래 있었고, 모든 것이 커졌다. 나는 심지어 염색체의 내부도 볼 수 있었다. 실제로 모든 것이 거기 있었다. 내가 바로 그 아래에 있어 염색체가 내 친구인 것처럼 실제로 느껴졌기 때문에 나는 놀랐다(McClintock, Keller에서 인용, 1983, p. 117).

공감적 동일시는 흔히 특별한 것처럼 보인다. 오직 위대한 예술가나 과학자만이 하는 것으로 여겨진다. 그러나 아이와 매우 동일시되어 아이의 아픔을 감지하고, 시야에서 보이지 않을 때는 아이가 위험에 처해 있음을 감지하는 어머니, 디저트의 맛을 보지 않고도 어떤 향신료를 넣어야 할지를 아는 요리사, 백조를 절묘하고 유사하게 흉내 내는 발레리나, 그들보다 더 평범한 사람이 있을 수 있을까? 물론 그들이 각각 하고 있는 것은 능숙한 것이다. 그러나 그 이상의 무언가를 하는 것이다. 그 무언가를 다른 사람, 물건 또는 동물과의 '공감적 동일시'라고 부를 수 있다. 자주 그들은 상대방의 세계를 정확히 느끼고 감지하여 그 앎에 일치하여 반응한다. 제1장 직관적 탐구에서 공감적 동일시는 우리 인간의 직관적인 감수성이 표현해 내는 몇 가지 형태 중의 하나로 묘사된다.

번뜩이는 천재성, 즉 세계에서 가장 창의적인 사람들의 13가지 사고 도구를 다룬 장에서 로버트와 미셸 루트-번스타인(Robert & Michele Root-Bernstein, 1999)은 앎의 대상과 하나가 되어 감을 증명했던 저명한 작가, 배우, 무용가, 음악가, 사냥꾼, 과학자를 사례로 들어 설명했다. 작가와 배우는 일시적이나마 그들이 묘사하는 등장인물이 된다. 음악가는 악기를 연주하는 만큼이나 악기가 그들을 연주한다는 것을 느낀다. 성공적인 사냥꾼은 먹잇감의 의도와 행동을 예측한다. 물리학자는 광자와 원자가 특별한 환경 아래에서는 무엇을 할까를 상상한다.

독특한 통찰적 논의에서, 전문치료자이자 연구자인 토빈 하트(Tobin Hart)는 자신이 깊은 공감이라고 부르는 것에 대해 정신치료 맥락에서 묘사했다.

우리 대부분은 앞에 있는 사람에게 주의를 집중하고 자신을 열면, 그들의 경험에 대한 이해에 한층 더 다가갈 수 있다는 것을 안다……. 그런데 그 열림이 일어날 때 상대방에 대한 이해는 종종 내가 쉽게 설명할 수 있는 지점을 넘어 깊어지는 순간이 있다. 상대방의 감정을 나 자신의 몸에서 직접 경험하고, 우리가 교환하는 말과 제스처의 해석으로는 나올 것 같지 않은 의미, 패턴, 역사를 알게 되는 것 같다…….

이런 앎이 치료에 제공하는 것으로 보이는 예외적인 깊이를 느낀 이후, 나는 연결을 일종의 자양분으로 의지하게 되었다. 내 삶에서 그때가 가장 인간적이며, 세상과 가장 친밀함을 느낀 순간이었다. 그리고 아마도 내가 수년 동안 전문치료자로서 계속 일할 수 있었던 이유도 이런 실행이 나의 표면에 진심과 지혜를 가져다주었기 때문이다(2000a, p. 253).

연구기법으로서의 공감적 동일시와 대조적으로 감정적 동일시는 친사회적 의미를 지닌 복합적인 감정(또는 동기)이다. 이것은 최근 인본주의와 긍정심리학(David 1996; Penner, Fritzsche, Craiger, & Freifeld, 1995; Smith, 2009; Volling, Kolak, & Kennedy, 2009)에서 핵심적인 초점의 대상이 되어 왔다. 한 영향력 있는 비평에서, 배슨(Batson, 1998)은 감정적 동일시를 "누군가의 안녕을 바라는 느낌과 부합되며, 그 느낌에 의해 이끌리는 타자지향적인 정서반응"(p. 286)으로 정의한다. 종종 어려움에 처한 어떤 사람을 감지하면, 이타주의적 또는 상대방이 느끼는 도움의 필요에 상관없이 상대방에게 도움이 되는 반응으로 연결된다. 공감적 동일시 또한 확실히 감정적 공감을 포함하고 이타주의적 행동으로 이끈다. 그러나 '**정확도**'는 연구기법으로서의 공감적 동일시를 정의하는 특성이다. 공감적 정확도 없이 앎의 대상과 관련된 통찰은 일어날 가능성이 없다.

공감적 동일시에 대한 이 섹션을 한마디의 주의로 결론을 내리고자 한다. 일상생활과 연구 둘 다에서 공감적 동일시의 난제는 다른 사람이나 상황에 대한 감정 및 느껴지는 인상에 압도될 가능성이 있다는 점이다. 연구를 진행하는 동안 연구자 자신이 개인적으로 지나치게 연구주제의 특성대로 살고 있는 것처럼 느껴지기 시작할 수도 있다. 특히, 공감적 동일시를 배우거나 실행할 때, 개인은 조절 없이 다른 사람의 감정이나 느낌에 푹 빠져들면서 '정신적 스펀지'와 같은 느낌을 받을 수 있다. 연구주제 자체가 힘든 경험, 예를 들어 트라우마, 학대, 폭력, 질병 등의 경험을 다룰 때 다른 사람의 경험에 압도되는 느낌이 일어날 가능성이 많다. 시간이 흐름에 따라 감정의 적절한 경계선을 배울 수는 있다. 그러나 트라우마를 다루는 경험이 많은 연구자도 특히 피곤하거나 아플 때 잘 세운 경계선이 무너질 수 있다고 말할 것이다. 그러므로 당신이 특별히 취약하다고 느낀다면, 스스로 상호작용을 마치고 인터뷰 스케줄을 다시 조정하여 스스로 그 상황에 거리를 둘 수 있도록 하라. 당신 스스로를 보살피는 것에 대한 책임을 가지라. 다음에 소개하는 공감적 동일시의 연습은 실행하는 동안 자신의 편안함 정도를 살펴볼 수 있는 지시사항을 포함시켜 놓았다는 점에 주목하라.

실습: 타자와 공감하기

이 실습은 당신이 유연하게 대부분의 활동을 결정하고 변동시킬 수 있는 어느 정도의 자유를 가지고 있는 날에 하라. 만약 어린아이들을 돌보거나 많은 시간을 요하는 책임이 있다면, 이 실습을 나누어 좀 더 의지대로 자유로이 움직일 수 있는 날을 골라 며칠에 걸쳐 진행하도록 하라.

고통스럽거나 힘든 상황에서 공감하는 일은 당신에게 스트레스를 줄 수 있다는 점을 기억하라. 자신이 안전하고 편안하게 느껴질 때, 즉 어떤 식으로든 감정적으로 힘들지 않을 때 공감하라. 이 실습을 하는 동안 불안이 느껴지면 아무 때나 즉시 중단하라.

시작하는 날에는 물건, 작은 애완동물, 주변 사람들과 15분씩 세 번 간격을 두고 공감하겠다는 의도를 설정하라. 시작하는 날 세 번의 간격을 선택할 수도 있고, 아니면 마치 상대방이 그 과정에서 당신을 선택한 것처럼 그 간격을 자발적으로 일어나도록 할 수도 있다.

주의를 둘 대상으로 한 번에 오직 하나의 사물, 작은 동물, 또는 사람을 선택하라. 공감의 시간을 시작할 때, 최대한 그 사람, 식물, 애완동물, 또는 사물이 된다는 것이 어떤 것일까 상상하라. 어떻게 그 상대가 세상을 느끼고 움직이고 소리를 듣는지 상상하라. 상대의 내면에 들어가 그 입장에서 세싱을 경험하라. 만약 딩신의 고양이나 스포츠카와 공감적으로 동일시하는 데 15분 전부를 보내도 괜찮다. 이때, 공감하는 경험의 질이 가장 중요하다.

이 실습을 실행하는 것이 얼마나 쉬운지 스스로 놀라도록 하라. 그 통찰을 관찰하고 나중에 회상할 수 있게 하라.

마지막 15분 동안, 연구주제의 특정 측면으로 주의를 이동하라.

각 간격의 마지막에는 당신의 경험에 대해 자발적으로 메모하라.

연구 프로젝트의 **준비와 자료 수집** 단계에서, 공감적 동일시를 다음과 같은 방법으로 사용할 수 있다.

- 연구주제에 대한 당신 자신의 이해를 탐색할 때, 그 주제와 관련된 환경이나 상황을 선정하여 그 관점에서 환경 또는 상황의 중요성을 이해하려고 시도할 수 있다.
- 이론적이거나 경험적인 문헌에서 어떤 대상이나 상징이 당신의 주제와 연관되면, 자료 수집 전에 그들 자체의 스토리를 이야기할 수 있도록 초대할 수도 있다. 그 대상이나 상징이 당신이 연구하고 있는 경험에 대해 무엇을 이야기하는지 상상하라. 이때 얻은 통찰을 인터뷰 질문을 만드는 데 활용하도록 하라.
- 연구 참여자들에게 어떤 식으로든 연구주제와 관련하여 그들에게 의미가 있는 물건이나 상징을 가져오도록 권유하라. 인터뷰하는 동안, 참여자들에게 물건이나 상징이 그 주제에 관해 무엇을 이야기하는지 상상하도록 요청하라.
- 자료를 수집하고 인터뷰하는 동안, 연구 참여자들의 관점에서 그들이 하고 있는 경험에 대해 공감적 인상을 소리 내어 말하지 말고 노트하라. 적절한 때에 당신이 얻

은 통찰이 연구 참여자들의 경험에 공명을 불러일으키는지 확인하라. 그들의 반응을 기록하라.

연구 보고의 **자료 처리와 해석** 단계에서, 분석과 해석을 돕기 위해 공감적 동일시를 다음과 같은 방식으로 사용할 수 있다.

- 자료를 분석하고 해석하는 동안, 연구 참여자들의 관점에서 자연스럽게 받은 공감적 인상에 주목하라. 후에 당신이 받은 인상에서 어떤 패턴이 일어나는지 그 참여자가 파악할 수 있도록 당신의 공감적 인상을 검토하라. 다른 참여자들의 자료를 계속 수집하면서, 참여자들 사이에 어떤 공통적 패턴이 일어나는지 파악할 수 있도록 당신의 공감적 인상을 검토하라.
- 만약 자료를 분석하고 해석할 때 특정 지점에 막혀 꼼짝달싹 못하면, 주의를 이동시켜 당신의 참여자는 그 자료의 어떤 특성을 중요하게 생각하고 느끼는지, 그 특성을 어떻게 해석할지 상상하라.
- 일종의 사고실험으로서, 만일 자료가 말하고 느끼고 움직일 수 있다면 그 자료가 무엇을 말할지 상상하라. 자료를 분석하고 해석하는 동안 이따금씩 이 작업을 실행함으로써 상상력을 생생하게 펼칠 수 있다. 이때, 연구자 자신에게만 중요하게 다가오는 것이 아니라, 오히려 그 자료가 드러내는 자체에 초점화된 주의를 유지할 수 있다. 이러한 방식으로 자신의 발견에 놀랄 수 있는 기회를 더 많이 가질 수 있을 것이다.

제7장 놀이, 창조적 예술, 체화된 글쓰기

"내 이름은 앨리스야, 하지만."
"정말 바보 같은 이름인걸." 땅딸보가 성급히 끼어들었다.
"그게 무슨 말이야?"
"이름이 반드시 무언가를 의미해야 해?"앨리스가 의심스럽게 물었다.
"당연히 그래야지." 땅딸보가 짧게 웃으며 말했다.
나의 이름은 나의 모양을 의미한다. 그리고 그것은 매우 훌륭하고 멋진 모양이다.
당신이 가지고 있는 이름으로, 당신은 거의 어떤 모양도 될 수 있다.

-『Through the Looking Glass』(Carroll, 1962, p. 186)

놀이

유아는 보통 태어난 지 30분 만에 놀이를 시작한다. 단순한 호기심의 행위로 아기는 눈과 근육 움직임으로 그리고 서서히 복잡한 동작으로 대상물을 빨고 잡고 흔들면서 외부 세계를 탐색한다. 자생적인 놀이는 아동기와 청소년기를 지나면서 약화되는 것을 흔히 관찰할 수 있다. 아동기 후반과 청소년기쯤에 놀이는 보통 게임과 스포츠, 새로운 기술을 마스터하는 식으로 바뀐다. 초기 성인기에 놀이 활동은 휴식과 오락을 위한 기간을 포함해서 보통 복잡한 성인 활동으로 구성된다. 어른이 되어서도 관습에서 벗어나 여전히 놀이를 즐기는 '이상한 나라의 앨리스'의 몇 안 되는 사람들 중 어떤 사람은 바보나 이상한 사람으로 생각되고, 또 어떤 사람은 우리의 세상을 더 나은 곳으로 변화시킬 수 있는 진정한 천재들이다.

수많은 위대한 작가, 과학자, 음악가에 의하면, 놀이는 창의성과 통찰에 매우 중요한 요소다. 그러므로 그 사람들은 놀이와 다른 활동 사이에서 새로운 것을 촉발할 가능성이 크다(Michalko, 2001; Root-Bernstein & Root-Bernstein, 1999). 사람들은 알렉산더 플레밍(Alexander Fleming)이 이상하고 지저분한 화학 벤치를 가지고 있다고 생각할지 모른다. 그러나 박테리아로 작은 이미지를 색칠하는 놀이와 같은 장난스러운 실험을 통해 플레밍은 **페니실린 노타툼**(*Penicillin nototum*)으로 알려진 첫 항바이러스를 분리해 낼 수 있었다. 장난기가 많은 물리학자인 리처드 파인먼(Richard Feynman)은 카페에서 집시를 던질 때 흔들리는 모습을 관찰함으로써 워블을 위한 방정식을 설계하는 영감을 얻었다. 그다음은 재미 삼아 양자전기역학으로 옮겨갔다. 플레밍과 파인먼 같은 과학자들은 풍부한 놀이를 하다가 때때로 새로운 발견을 하곤 한다.

놀이전문가 오 프레드 도널드슨(O. Fred Donaldson, 1993)도 동의한다. 놀이는 생명의 자연스러운 힘이고 항상 즐겁다. 아이들과 동물, 특히 늑대, 고래와 함께하는 치유작업으로 알려진 그는 "놀이는 비이성적으로 열광하는 것으로, 특정한 문화의 장벽을 뛰어넘어 생명체를 연결하는 메타패턴적 속성에 참여하는 것이다."(xv)라고 단언한다. 그는 어린아이들을 선생으로 초대하여 다음과 같이 그들의 세계와 접속한다.

> 나는 매주 뇌성마비인 네 살짜리 크리스천(Christian)과의 놀이를 포함하여 많은 아이들과 수련 기간을 지속한다. 우리가 함께 노는 매일매일은 새로운 날이고, 그 속에서 우리는 서로를 드러내 보이고 새로운 동작과 접촉의 가능성을 탐색한다. 그는 교실 매트 위에 등을 대고 누워서 쉬고 있다. 나는 부드럽게 휘파람을 불면서 그의 이름을 부른다. 그는 고개를 돌려 알아보면서 미소 짓는다. 나는 천천히 옆으로 가서 그의 이름을 부른다. 그는 키득거리며 신이 나서 몸을 쭉 뻗는다. 나는 그의 손을 만진다. 하지만 그를 방해하지 않을 정도로 조심스럽게 한다. 나는 휘파람을 분다. 그는 몸을 꿈틀거리면서 미소 짓는다. 그의 팔이 뻗치는 범위 안에 내 손을 놓고 그의 동작에 맞추어 움직인다. 내가 그를 내 위에서 굴리면 그는 크게 소리 내어 웃는다(p. 141).

심리학에서 장 피아제(Jean Piaget, 1929, 1972)는 아이들의 놀이와 발달에 대한 본질을 놀랍도록 명쾌하게 설명한다. 매우 흥미롭게도 오늘날 실행하는 연구와 비교할 때, 피아제의 초기 이론은 자기 아이들이 성장해 가는 관찰에 기반했다. 후에는 다른 아이들의 관찰 속에서 확인했으며, 다른 사람들에 의해서 입증되었다(Piaget & Inhelder, 1969). 피아제는 자신의 말에서

> 놀이는 동화(assimilation)와 적응(accommodation) 사이의 최초 분리와 함께 시작한다. 움켜쥐고 흔들고 던지는 것 등 새로운 환경에 대한 적응 노력과 동화의 요소인 반복과 재현, 일반화의 시도 모두를 포함하는 활동을 학습한 후, 아이는 곧(종종 배우는 기간에서도) 움켜쥐는 즐거움 때문에 움켜쥐고 흔드는 그 자체를 위해서 흔든다. 한마디로 말해, 아이는 행위를 좀 더 깊이 배우거나 조사하기 위한 것이 아닌, 단지 숙달하는 즐거움을 위해 그리고 현실을 통제하는 자신의 힘을 스스로 과시하기 위해 반복한다(1962, p. 162).

새로 학습된 행위는 이제 아이의 발달 중에 있는 에고에 종속된다. 더 이상 잡고 흔드는 동작을 배울 필요가 없고 아이는 느낌이 좋아 잡고 흔든다. 그리고 놀이는 시작된다. 놀이에서 현실에 적응하려는 힘은 동화하고자 하는 힘보다 덜 긴급하다(pressing). 일시적으로, "동화는 적응으로부터 분리된다(p. 162)." 물론 아이들은 놀이를 단순한 즐거움만으로 오랜 시간 지속할 수 있다. 어떤 다른 동기를 적용할 필요는 없다. 성인들에게 놀이는 동화와 적응 사이에 있는 선택 또는 몰입일 수 있고, 어떤 방식에서는 미하이 칙센트미하이(Mihaly Csikszentmihalyi, 1990)가 처음 묘사한 몰입 경험과 관련된다. 피아제의 관점에 따르면, 성인의 사고는 불가피하게 현실 적응과 에고의 현실 동화 사이의 '평형'(p. 162)을 요구한다. 아마도 놀이의 단순한 즐거움으로 되돌아가기 위해서는 오 프레드 도널드슨(O. Fred Donaldson, 1993)이 말한 바와 같이 아동기 시절의 세상에 관여하고 속한다는 '의식이 없는(no-sense)' 행위로 복귀해야만 한다.

철학에서 한스-게오르크 가다머(Hans-Georg Gadamer, 1976, 1998b)는 이해와 놀이를 유사하게 설명한다. 해석학이라 알려진 철학 분야에서, 가다머는 앎의 행위에서 객관적 자각과 주관적 자각에 대한 본질적 개입에 관심을 갖고 있다. 즉, 이해는 해석학적 행위로서, 근본적으로 상호주관적이며 한 사람의

객관적이고 주관적인 자각 사이의 상호작용을 통해 일어난다. 이해 속에는 어떤 것도 진실로 객관적이거나 주관적이지 않다. 놀이 그 자체는 호기심 상태의 '몰아'(Gadamer, 1976, p. 51)를 포함하고, "의도와 별개로 놀이를 하는 자에게 단순히 '벌어지는 것'이나(p. 88)." "오직 놀이를 하는 자가 놀이 속에서 그 자신을 잃을 때에만 놀이의 목적을 충족시킨다(Gadamer, 1998b, p. 102)." 피아제처럼 가다머는 놀이를 통해 현실적 요구가 일시적으로 정지하는 것으로 본다.

가다머의 해석적 구조로서의 놀이에 대한 개념을 사용해서 제니퍼 슐츠(Jennifer Schulz, 2006)는 최근에 '포인팅'이라 알려진 창의적 글쓰기를 위한 실습을 개발했다. 이는 공동연구를 위한 흥미로운 가능성을 불러일으킨다. 현상학 연구자들을 다룬 논문에서 슐츠는 창의적 작가들이나 질적 연구자들을 워크숍 참여자로 초대하고, '교실 자아(classroom selves)를 중단하고 놀이구조가 차지하도록'(p. 223) 했다. 포인팅 과정에서 다른 사람이 쓴 자료를 들으면서 개인적으로 공명을 불러일으키는 단어나 구에 대해 포인팅 반응을 하고 그 단어에 대해 자유롭게 글을 쓰거나 시를 짓도록 참여자들에게 요청했다. 이 일련의 행위에서, 참여자들은 그들의 글 속에서 그룹의 사람들을 만족시키고 독특한 느낌을 선사하는 새로운 목소리를 발견한다. 이 장 후반부에 설명된 체화된 글쓰기(Anderson, 2001, 2002a, 2002b)를 사용하는 작가나 연구자에게서 발견되는 고유한 소리와 매우 유사한 방식이다.

놀이 실습

〈모든 실습을 위한 기본 지침〉으로 실습을 시작하라.

놀이 실습 #1: 다시 놀이 배우기

노트: 이 실습을 위해서 최소한 30분간 당신과 놀려고 하는 일곱 살 미만의 아이를

찾는 것이 필요하다. 만일 실습을 위한 아이를 찾지 못하면, 새끼 강아지나 고양이와 놀이를 하면서 실습을 할 수도 있다.

이 실습은 앞에서 언급한 놀이전문가 오 프레드 도널드슨(O. Fred Donaldson, 1993)의 조언을 따른 것이다.

그 아이의 세계로 들어가도록 노력하라. 부드러워지라. 아이가 활동을 시작할 수 있도록 '공간'을 주라. 권위적이 되지 않도록 하라. 초심자의 마음으로 적응하라. 아이가 당신을 이끌도록 하고, 아이의 동작을 흉내 내라. 적절한 시점에, 말이나 비언어적으로 아이에게 어떻게 놀이를 하는지 가르쳐 달라고 요청하라. 물론 어떤 식으로든 당신이나 아이에게 해를 끼칠 수 있는 활동을 하거나 조장하지 말라.

약 30분간 놀이를 계속하고 아이가 어떻게 노는지 가르치도록 하라. 지치면 멈추라. 아이들과 놀이를 하는 어른들은 매우 빨리 피곤해질 수 있다. 끝났을 때 아이에게 감사하라. 가끔은 포옹도 괜찮다.

집에 와서 이 실습을 하는 동안 놀이나 자신에 대해 배운 것을 쓰라.

마지막으로 당신의 연구주제와 관련된 다음의 질문을 생각하라.

1. 당신은 어떻게 좀 더 놀이로서 연구주제에 접근할 수 있을까? 달리 말해서, 어떻게 예상되는 연구결과로부터 스스로 자유로워질 수 있을까? 가능성을 브레인스토밍하고 쓰라.

2. 어떻게 놀이적인 전략이 특히 자료 수집 시기에 연구 참여자들로부터 창의적이고 탐색적인 반응을 이끌어 낼까?

3. 어떻게 놀이가 자료 분석에 정보를 제공할 수 있을까, 즉 어떻게 당신이 이미 그 주

제에 대해 알고 있다고 가정하는 것으로부터 스스로를 자유롭게 할 수 있을까?

4. 어떻게 놀이적인 접근이 연구 발견을 발표하는 데 정보를 제공할 수 있을까? 가능성을 브레인스토밍하고 쓰라.

놀이 실습 #2: 색종이 찢기 혹은 '손으로 만든 미드라시'

노트: 이 실습을 위해 최소한 다섯 가지 색의 색종이 2장 또는 3장, 오래된 잡지 몇 권, 풀 그리고 큰 흰색 종이가 필요하다. 시작할 준비가 되면 색종이, 오래된 잡지, 풀, 흰색 종이를 가까이 두고 앉으라. 이 실습은 조 밀그램(Jo Milgram, 1992)이 개발한 '손으로 만든 미드라시(Handmade Midrash)' 연습에서 영감을 받은 것이다.

일단 마음이 평온해지면 당신의 연구주제를 자각으로 가져와라. 연구하기 원하는 현상에 직접적으로 참여했던 특정 순간이나 과거의 행위를 떠올리라. 아마도 그 경험은 당신 스스로 경험했던 것일 수 있다. 어쩌면 다른 사람을 관찰하고 마치 당신 자신의 경험처럼 그들의 경험을 불러오고 재생시킬 수도 있다. 하나의 경우를 선택하고 그 경험을 오감을 통해 되살리라.

일단 과거의 경험이 또렷해지면 눈을 뜨고 앞에 놓여 있는 재료를 사용하여 이미지 속의 현상에 대해 살아 있는 경험을 표현하기 시작하라. 생각하지 말라. 숙고하지 말라. 어떤 가위도 허용되지 않는다. 유치원 시절로 되돌아간 것처럼 행동하라. 색종이와(또는) 잡지를 집어 들어 찢기 시작하고 좋아하는 모양을 발견할 때까지 찢으라. 그 찢어진 색종이를 자신에게 맞는 방법으로 모으라. 그 모양의 배열에 만족하면 흰 종이 위에 풀로 붙여 하나의 이미지를 만들라. 이 실습을 하는 동안 내면의 비판자에게는 낮잠이나 자라고 말하라. 단지 즐기고 기뻐하고 놀라!

끝났다고 여겨지면 서서히 일상의 자각으로 되돌아와 만들어 놓은 이미지를 보면서 감상하라. 당신의 연구주제와 어떤 명백한 관련성이 있으면 메모하라.

이 실습을 하는 동안 이 주제에 대해 가졌던 통찰을 적거나 이미지나 상징으로 스케치하라.

주제에 대한 친숙함을 계속 유지하기 위해 이따금씩 이 연습을 반복하라.

놀이 실습 #3: '포인팅' 자료 분석 및 해석

노트: 이 연습을 위해 당신이 연구하고자 하는 주제에 대해 짧게나마 내용을 찾아 놓을 필요가 있다. 그 설명을 연구 요약, 단편소설 또는 신문으로부터 얻을 수도 있다. 아니면 자신의 연구 인터뷰 원자료를 사용할 수도 있다. 이 실습은 5~15명 그룹으로 실행하는 것이 가장 바람직하다. 이 연습을 완수하는 데 최소한 한 명의 파트너가 필요할 것이다.

이 실습은 창의적 글쓰기와 공동 질적 연구의 목적으로 제니퍼 슐츠(Jennifer Schulz, 2006)가 개발한 '포인팅'이라는 연구 실습으로부터 각색되었다.

연구에 대한 설명을 그룹 안에서 큰 소리로 읽으라. 교사나 이 실습에 참여하지 않는 다른 사람이 읽을 수도 있다. 또한 그 설명을 사전에 녹음해서 그룹에서 재생할 수도 있다.

그 설명을 들을 때, 마치 당신에게로 점프해 튀어나오듯이 공명을 불러일으키는 단어나 구를 선택하라.

그룹에서 당신에게 공명을 일으키는 단어나 구를 큰 소리로 읽으라. 다른 사람이 적은 단어나 구로 된 묘사를 다시 들음으로써 그 경험에 대해 배운 바를 짧게 토의하라.

당신 자신의 삶에서 그 설명에 자세히 기술된 경험과 유사하거나 관련된 상황을 떠올려서 15분간 자연적으로 흘러나오는 대로 자유롭게 쓰라.

서로에게 자유롭게 쓴 글을 크게 읽어 주라. 다른 사람이 쓴 글을 들으면서 그 글 속에서 당신에게 공명을 일으키는 단어나 구를 집어내어 간결하게 적어 놓으라.

간결하게 적어 놓은 단어나 구를 이용해 짧은 시를 지으라. 가능하면 단어와 구를 바꾸지 말고 결합시키라.

당신의 시를 다른 사람들에게 큰 소리로 읽어 주라. 그룹에서 주제에 대한 연습으로부터 학습한 내용을 간략하게 나누라.

주제에 대해 가졌던 개인적 통찰과, 질적 자료 분석 및 해석에 그 통찰을 어떻게 자신에게 맞게 적용하고 포인팅으로 사용할지 당신 자신의 방식으로 쓰라.

창조적 예술

조화 속에 있으라…….
만약 균형을 잃으면
당신의 진정한 본성을 표현함으로써 영감을 얻으라(Leloup, 2002, p. 27).

생각과 정신적 수다가 시작되기 전, 이따금씩 우리는 모두 직관과 영감, 창의성이 자연스럽게 올라오는 비사색적 지점을 경험한다. 때로는 자생적으로, 때로는 조심스럽게 그 상황을 만들고 기다림으로써 새로운 상징, 이미지, 아이디어, 생각이 자각 속에 떠오른다. 이때, 우리는 보통 놀람과 기쁨을 느낀다. 그런 창조적 표현은 일상적 사건으로, 요리를 하든 사랑을 하든 연구 자료를 분석하든 어떤 상황에서 일어난다. **다르마 예술**(Dharma Art)에서 초감 트룽파

(Chögyam Trungpa, 1996)는 이 비사색적 무아의 지점을 티베트 불교의 관점에서 묘사했다.

> 절대적 무아의 진리는 어떤 일상적 위안을 요구하지 않는다. 가슴의 공허한 감각은 우리의 기준점을 상실한 지점에서 일어난다. 만약 당신이 어떤 기준점도 가지고 있지 않다면 함께 일할 어떤 것도, 비교할 것도, 싸울 것도, 당신의 시스템에 더하거나 뺄 것도 가지고 있지 않다. 자신이 완전히 어디 있는지 알 수 없고 단지 비어 있는 마음, 뇌 속의 큰 구멍만을 알아차린다. 신경계는 어떤 것과도 연결되어 있지 않고, 특별히 어떤 논리도 없고, 단지 비어 있는 마음만이…… 대신 당신은 공간에, 일종의 큰 구멍 속에 떠 있다. 그렇게 떠 있는 감각은 절대적인 상징을 지각하는 무기준적 관점에 의한 바탕이다. 그 경험이 그림을 그리고, 상징을 그릴 수 있는 캔버스나 칠판이다……. 당신이 그 마음 상태 속으로 휙 들어가 남은 인생 동안 그 경험에 갇혀 지내는 것을 의미하지는 않는다. 우리는 그 마음 상태를 정말로 가지고 있다. 그런 경험은 항상 일어난다(pp. 40-41).

제1장 직관적 탐구에서 깊이 다루었던 것처럼, 오늘날 우리는 그런 경험을 선형적인 사고, 논리, 추론, 분석(Taylor, 2008)을 관장하는 대뇌의 우뇌과정과 반대되는 심상, 게슈탈트, 패턴을 관장하는 대뇌의 좌뇌과정으로 설명한다. 최근 몇 년 동안 창의적 과정은 개인적 성장과 심리요법, 카운슬링(Kalff, 1980; Mellick, 1996; Rogers, 1993; Romanyshyn, 2002)과 건강(Sheikh, 1983, 2003)을 포함한 치유기법으로 통합되어 왔다. 칼 융(Carl Jung, 1959, 1972, 1973)의 꿈, 상징, 적극적 상상에 관한 주요 저서는 창조적 예술과 개인적 성장, 치유기법의 통합을 촉진시키는 데 주요한 역할을 해 왔다. 칼 융(1973) 자신은 꿈과 내면 형상과의 대화, 만다라 페인팅, 정원에서 바위 조각하기를 포함하는 다양한 과정을 통해 그가 무의식적인 재료라 부른 것에 몰두했다. 그 이후로 융 학파와 그 외 사람들, 특히 질 맬릭(Jill Mellick, 1996)과 나탈리 로저스(Natalie Rogers, 1993)는 적극적 상상을 위한 '매개'를 모래놀이(Kalff, 1980; Lowenfeld, 1979, 1991), 춤, 오센팅 무브

번트(Adler, 2002; Chodorow, 1991; Pallaro, 1999), 사이코드라마(Moreno, 1993), 드라마, 점토, 시, 콜라주, 몽타주 사진, 자동 글쓰기, 서예, 환영, 음악으로 확장해 왔다. 사업체와 기업에서는 창조적 예술을 혁신, 특히 기술혁신을 촉발시키는 데 사용해 왔다(Microsoft Research & Duggan, 2008; Ogle, 2007).

창조적 예술과 퍼포먼스적인 과정은 또한 1980년대 말부터 건강과 사회과학 분야를 통해 다양한 방식의 연구 실습으로 응용되어 왔다. 창조적 예술 방법을 최초로 응용한 것은 인간의 행위와 문화를 이해하기 위한 콜리어와 콜리어(Collier & Collier's, 1986)의 사진, 영화, 비디오 탐험 등이 있다. 사회과학 연구에서는 특히 시각적 방법을 연구해 왔다(Banks, 2001; Bauer & Gaskell, 2000; Emmison & Smith, 2000; Leavy, 2008; Rose, 2001; Stanczak, 2007; Sullivan, 2004; van Leeuwen & Jewitt, 2001). 보다 최근에는 허비(Hervey, 2000)가 춤과 동작 방법을 도입했고, 덴진(Denzin, 2001b), 거전과 존스(Gergen & Jones, 2008), 존스(Jones, 2006)와 다른 여러 연구 중에서도 인간 경험의 퍼포먼스적 표현을 연구 사례로 진전을 보였다. 브로드와 앤더슨(Braud & Anderson, 1998), 아이스너(Eisner, 1998), 놀스와 콜(Knowles & Cole, 2007), 레비(Leavy, 2008), 맥니프(McNiff, 1998, 2003), 로마니신(Romanyshyn, 2007), 토드레스(Todres, 2007)는 광범위한 창의적·표현적·심상적 과정을 질적 연구 접근에 도입했다. 예술 중심의 연구자 맥니프(McNiff, 1998, 2003)는 이런 방법론적 혁신의 폭넓은 의도를 요약하면서, 예술 기반의 연구를 "연구로서의 예술을 연구방법뿐만 아니라 연구 대상으로 삼음으로써" 차별화시켰다(McNiff, 1998, p. 15). 예술적 앎은 오직 이성 하나에만 의존한 앎을 보완하고 강화시킨다.

창조적 예술 실습

이 책 대부분의 실습은 어떤 방법으로든 창조적 예술을 포함한다. 그러므로 바로 다음에 나오는 실습에서는 이 책의 다른 어떤 곳에도 나와 있지 않은 창조적, 표현적 예술 과정을 살펴본다. 체험적 실습 #1, #2, #3, 각각 콜라주 만들기, 모래놀이, 사이코드라마는 나 자신(로즈메리 앤더슨)이 처음 연구 실습을 위한 잠재적 자료로 실행했던 것이다. 이 책의 모든 실습처럼 여기서 다시 반복할 만한 가치가 있다. 이런 창조적 예술을 다음과 같은 목적으로 연구에서 사용할 수 있다. ① 연구자의 개인적 성장과 전환에 유익한 정보를 주기 위해, ② 기존의 연구 접근을 더 뒷받침하고 균형을 이루기 위해, ③ 대뇌의 우뇌 기능을 연구방법 그 자체로 접근하기 위해, ④ 자료 수집, 분석, 해석, 발견 제시의 보완적 또는 근본적 방법을 개발하기 위해 여기의 모든 실습을 〈실습을 위한 기본 지침〉과 함께 시작하라.

창조적 예술 실습 #1: 콜라주로 통찰 표현하기

노트: 실습을 시작하기 전, 콜라주의 재료로 사용할 수 있는 오래된 잡지나 인화된 이미지 그리고 사진복사본을 수집하라. 또한 콜라주 이미지를 배열하고 붙이기 위해 가위, 풀, 재단용 종이(butcher block paper)같은 큰 흰색 종이 한 장을 준비하라. 이 모든 재료를 시작하기 전 앞에 놓으라.

자각이 이완되고 깨어 있게 되면, 주제에 대한 이해 또는 사용 중인 연구방법 및 절차를 명료화하기 위해 스스로에게 연구주제에 관해 질문하라. 일단 질문이 마음속에 분명히 떠오르면 쓰라.

그 질문을 가볍게 자각하면서 이미지들을 쭉 훑어보고 즉각적으로 끌어당기는 것을 선택하라. 그 이미지를 분석하거나 또는 왜 중요한지 분석하지 말라. 어떤 방식으로든 큰 흰색 종이 위에 알맞게 배열하고 붙일 수 있는 범위 안에서 원하는 만큼의 이미지들을 고르라.

이미지를 고르는 작업이 끝났다고 여겨지면, 흰색 종이 위에 배열하면서 이미지들을 이동시키라. 콜라주로 배열된 이미지들에 대해 만족할 때까지 이 과정을 계속하라.

일단 모아진 콜라주에 만족하고 완성되었다고 여겨지면, 몇 분 동안 해석하지 말고 단지 전체 콜라주 이미지와 배열한 개개의 이미지 간의 관계에만 주목하면서 감사의 마음으로 살펴보라. 해석하지 말라. 단지 주목하라.

혼자 또는 파트너와 함께 언어적·비언어적 교환을 통해 콜라주에서 표현된 패턴과 관계에 대해 당신이 물었던 질문에 관해 콜라주가 정보를 줄 수 있도록 하라. 만약 파트너가 있다면, 콜라주에 대한 당신의 감상을 공유하고 파트너에게 메모하도록 요청하고, 당신의 이해를 깊이 탐색할 수 있는 질문을 하도록 요청하라. 파트너가 당신의 콜라주를 해석하지 않도록 하라.

이 단계를 완성했다고 여겨지면, 당신이 배운 것에 대한 생각과 느낌을 적거나 스케치하라.

창조적 예술 실습 #2: 창조적 표현과 모래놀이

이 실습을 시작하기 전에, 당신의 연구주제와 어떤 식으로든 관련된 많은 물건을 수집하여 쉽게 잡을 수 있도록 근처에 놓으라. 일반적으로 모래놀이는 작은 탁자 위에 모래로 덮인 쟁반을 사용한다. '모래쟁반'을 바로 앞바닥에 깨끗하고 말끔히 치워진 위치에 둔다. 이 실습을 위해 최소한 1시간을 확보하라.

이 실습은 치료사의 참석하에 아이나 성인이 모래쟁반 위에 그들의 삶의 세계를 상상적 표현으로 만들어 내는 모래놀이 치료와 관련된 기법에서 영감을 받았다. 원래 모래놀이 치료는 마가렛 로웬펠드(Margaret Lowenfeld, 1979, 1991)와 도라 칼프(Dora Kalff, 1980)가 개발했고, 특히 아이와 함께 작업하는 심리치료 방식으로 정착하였다. 이 실습은 모래놀이를 통한 창조적 표현을 강조한다.

자각이 이완되고 명료해지면, 당신의 연구주제를 생각하라. 주제를 자각의 표면 위로 떠올리라. 당신이 연구하기 바라는 경험에 대한 구체적인 개인적 사례를 생각함으로써 그 주제에 대한 감각을 생생하게 만들라. 모든 감각을 사용해서 그 경험을 상상 속에서 재현시키라.

경험이 생생하고 살아 있는 것처럼 여겨지면, 어떤 식으로든 주제에 관해 유익한 정보를 얻을 수 있도록 상상 속에서 수집한 물건을 배열하라. 만약 집이나 직장 주변에서 더 많은 물건이 필요하다면 구하라. 충분하다고 느껴질 때까지 모아놓은 물건을 계속 배열하고 재배열하라.

배열한 물건들에 대해 만족스럽고 충분하다고 여겨지면, 몇 분 동안 배열한 전체 구성과 다양한 물건 사이의 관계(또는 그 부족)에 주목하면서 감상하듯이 살펴보라. 해석하지 말라. 아마도 마치 처음 뭔가를 아는 것처럼, 당신 자신의 알려지지 않은 부분이 정보를 주고 있다고 상상하라.

구성한 전체 및 배열한 물건 간의 관계를 알아차렸다면, 그것이 당신에게 연구주제에 관한 정보를 주거나 현재의 이해를 한층 높이도록 하라. 대상들 사이에 존재하는 패턴과 관계를 언어나 비언어로 소통하라. 당신이 알아차린 것을 메모하거나 스케치하라.

끝났다고 느껴지면 주제 그리고 주제와의 관계 속에서 자신에 관해 깨달은 추가적인 생각과 느낌을 적거나 스케치하라.

창조적 예술 실습 #3: 심리극을 통해 논의 쓰기

노트: 이 체험적 실습을 준비할 때, 과학적인 연구 보고의 논의 부분이나 장의 규정된 기준에 익숙해지라. 요컨대, 전형적으로 연구 발견의 논의는 연구의 고유한 발견을 연구주제에 관련된 이전 연구, 이론과의 관계 속에서 검증하고 평가한다. 그리고 어떻게 그 발견이 주제 및 연구의 한계에 대한 현재의 이해를 진전시키는

지를 탐색하고 미래의 연구를 제안한다.

이 실습은 '심리극'이라고 불리는 집단 심리치료 기법에 의해 영감을 받았다. 원래 제이컵 모레노(Jacob Moreno, 1993)가 개발한 심리극은 현재 많은 치료, 개인의 성장, 기업 분야에서 응용되고 있다. 심리극에서, 각각의 사람들은 특정 상황에서의 '역할', 예를 들어 자신의 원 가족 구성원을 자세히 묘사한다. 만약 소그룹이 가족의 심리극을 행한다면, 주요 역할을 맡은 이에게 이름을 말하고 자세히 묘사하면서 당신 가족의 전형적인 상황에 대해 짧게 설명해 줄 것이다. 그 집단 구성원들은 당신 가족의 중요한 역할을 연기하고 그들이 할 수 있는 최대한 가족의 역학관계를 연기한다.

이 실습에서 다양한 논의의 목소리가 각각 그 자신만의 방식으로 당신의 연구 발견에 관해 묻고 답하는 짧은 단막극을 상상할 것이다. 상상 속 심리극의 역할에게 독특한 개성, 의견, 표현양식, 이름을 부여할 수 있다. 이 실습은 특히 자료 분석이 끝난 후에 하는 것이 적절하지만, 가능한 발견을 먼저 상상함으로써 사전에도 실행할 수 있다.

자각이 이완되고 명료해지면, 마음속에서 당신의 연구결과에 대해 직관적으로 떠오른 것이나 깨달은 것을 검토하라. 그것이 관련된 연구와 이론에 대한 문헌 검토와 연관이 있을 때, 당신의 발견이 가지고 있는 함축적 의미를 숙고하라. 다른 연구자와 이론가의 관점으로부터 당신의 연구는 어떤 비평을 받을 수 있는가? 어떻게 스스로 자신의 연구를 비평하겠는가? 어떻게 그들의 질문과 비평에 답할 것인가? 또 어떻게 그들은 당신에게 반응할 것인가?

그 가능성을 검토할 때, 각각의 관점, 비평, 반응이 별개의 개성을 가졌다고 상상하라. 그 개성에게 이름과 목소리를 부여하라. 각각의 개성이 어떻게 보이고, 어떤 목소리의 음성을 내는지 상상하라. 상상의 날개를 펴고 즐기라. 즐거운 시간이 되기를 바란다.

발견에 대한 논의에서 모든 주요 등장인물이 독특한 개성과 목소리를 내면서 서로 대화하고 상호작용하는 모습을 상상하라. 그들이 서로에게 하는 말과 말하는 방식을 쓰라.

이 심리극에서 정보를 얻는 논의를 진행한 후에 이 실습이 주제에 대한 이해에 정보를 주는 방식을 상상하라. 그리고 논의 부분이나 논의 장의 글쓰기에 활기를 불러일으키기 위해 이 실습으로부터 얻은 통찰을 어떻게 통합시킬지 상상하라. 당신의 생각을 쓰라.

체화된 글쓰기

개인적인 전환과 연구 실제를 심화시키기 위해 설계된 체화된 글쓰기(Anderson, 2001, 2002a, 2002b)는 섬세하게 짜인 인간 신체의 경험을 언어로 전달함으로써 생생한 신체 경험을 자세히 묘사한다. 인간 경험은 **내면에서 외부로** 전달된다. 인간의 감수성 및 세상의 감수성을 엮어 내는 체화된 글쓰기는 세상의 존재에 생동감을 불어넣고 양육하는 체화된 행위 그 자체다. 인간 경험, 특히 심오한 인간 경험을 묘사하려는 시도에서 그 경험이 진실로 살아 있는 것처럼, 체화된 글쓰기는 일반적인 연구 실제에서는 존중하지 않는 특별한 방식으로 신체에 목소리를 부여해 준다.

인식론적으로 철학적 현상학 및 현상학적 연구방법과 궤를 같이 하는 체화된 글쓰기는 살아 숨 쉬는 몸[에드먼드 후설(Edmund Husserl, 1989)의 **육체**(Körper)보다는 살아 있는 **몸**(leib)의 관점에서]에서 나온 경험을 세밀하게 묘사한다. 연구자는 연구 발견을 수집하고 분석하고 발표하면서, 완전한 의도를 갖고 독자들이 스스로 그리고 자기 자신의 신체 내부로부터 공감의 울림을 통해 내러티브 기술과 만나도록 초대한다(제8장의 공감적 울림과 그 응용에 관한 논의를 위한 자아초월 방식의 타당성 부분을 참고한다). 궁극적으로 경험적 연구와 일반적 글쓰기의 소통도구로, 체화된 글쓰기의 가치는 쓰여 있는 텍스트와 독자의 감각 사이에 공명을 불러일으킴으로써 묘사된 현상을 독자들이 자신의 신체감각 내부로부터 아주 가깝게 공명하도록 해 주는 능력에 달려 있다. 독자들의 지각, 내장감각, 감각운동, 운동감각 그리고 심상적 감각이 언어나 이미지로 되살아나게끔 초대를 받는다. 마치 아름다운 시나 소설을 읽는 방식과 유사하게 자신의 것으로 경험한다.

지금은 명확하지만, 시간이 지나면서 나(로즈메리 앤더슨)를 가장 많이 놀라게 했던 것은 글 쓰는 사람의 독특한 목소리나 글쓰기 방식을 드러내는 체화된 글쓰기의 능력이었다. 글 쓰는 사람들은 목소리, 특정한 목소리를 얻는다. 하나의 글쓰기 스타일을 사용하는 모든 사람이 유사한 목소리를 내는 것과는 달리, 체화된 글쓰기는 글 쓰는 사람의 고유한 특성을 드러낸다. 다음의 두 가지의 실례에서 체화된 글쓰기의 특징이 명백히 나타나지만, 각각의 글 쓰는 사람은 나머지 다른 사람들과는 다른 목소리를 낸다. 글을 쓰면서 천천히 자신의 신체 내부에서 일어나는 울림을 살펴보는 것은 분명 글 쓰는 사람의 경험과 세상 속에 존재하는 방식의 고유한 특성을 드러낸다. 때로는 그것은 형언할 수 없는 특성이다.

체화된 글쓰기의 7가지 특징

앤더슨(Anderson, 2001)으로부터 인용한 아래 7가지 체화된 글쓰기의 특징은 본질적으로 서로 연관되어 있고, 서로 쉽게 섞인다. 연구자들은 연구주제 및 의도된 청중에게 적합한 특징뿐만 아니라, 글 쓰는 사람의 능력에 부합하는 특징을 포함시키도록 요구된다. 개별 작가나 연구자는 이 특징 중 몇 가지 또는 대부분을 사용하거나 강조하면서 내용을 표현할 수 있지만, 반드시 이 모든 것을 항상 사용할 필요는 없다.

1. 의도된 사실적이고 생생한 묘사를 통해 독자나 청중에게 공감의 울림을 불러일으킨다: 체화된 글쓰기의 가장 두드러진 특징은 타자들의 공감적 공명을 불러일으키려는 의도다. 섬세하고 미묘한 차이를 드러내는 글쓰기는 독자나 청중으로 하여금 글 쓰는 사람의 경험이나 그와 매우 유사한 경험을 확실히 느끼도록 초대한다. 어떤 의미에서 경험 그 자체는 명백히 현존함으로써 타자들에게도 현존한다.

2. 경험을 전달하는 데 필수적인 내적·외적 자료를 포함한다: 체화된 글쓰

기는 정보의 내적 자료(경험자만이 알 수 있는 심상적, 지각적, 운동감각적, 내장감각적 자료)와 외적 자료(때때로 다른 사람들이 관찰 가능하지만 항상 그런 것만은 아니다. 예를 들어, 감각운동적 반응과 맥락) 모두를 포함한다. 체화된 글쓰기는 내적·외적 두 자료 가운데 어느 하나에 특권을 주지 않고 둘 다에 가치를 둔다.

3. 내면에서 우러나오는 것을 구체적으로 쓴다: 체화된 글쓰기는 전통적인 객관적 과학에 편재하는 외부자의 관점을 택하지 않는다. 신체는 그 스스로 언어라는 매개체를 통해 말한다. 모든 경험의 매개체와 같이, 언어는 종종 즉각적인 경험의 충만함을 교묘하게 피한다. 그러나 체화된 글쓰기는 한 개인의 신체 내부에서 나오는 목소리를 가능한 수준까지 살려낸다. 신체지각 매트릭스는 감각 하나하나, 충동 하나하나를 언어로 안내한다.

4. 모든 감각의 양식을 풍부하고 구체적으로 상세히 묘사하고 종종 느린 진행으로 미묘한 차이를 포착한다: 체화된 글쓰기는 현상학적 연구 기술과 유사한 방식으로 외부와 내면의 보다 작은 세세한 감각이 경험 속에서 일어날 때 엄밀한 주의를 기울임으로써, 바로 지금 여기 살아 있음의 생생한 감각으로 초대한다. 체화된 글쓰기의 기술은 종종 시간적 맥락에서 속도를 늦추면서 최소한의 내러티브 구조를 가지고 미세한 차이를 되살리고 기록한다.

5. 살아 있는 몸[후설(Husserl)의 의미로 육체(Körper)보다는 살아 있는 몸(leib)]에 의해 조율된다: 몸 안에 산다는 것은 세상의 감각 매트릭스에 완전히 맞춰 산다는 것이다. 모리스 메를로퐁티(Maurice Merleau-Ponty, 1962, 1968)가 제대로 지적했듯이 몸이 세상에 거주해서 살고, 그 세상이 몸에 거주해서 산다. 체화는 여기에 있는 우리의 신체감각뿐만 아니라 우리의 존재감각을 순간순간 실체로서 살아 있게 한다.

6. 경험 속에 삽입된 이야기는 대개 1인칭 내러티브다: 글 쓰는 사람이 자신의 경험을 이야기할 때, 관련된 표현의 정확성과 타당성을 위해 1인칭 화법을 사용한다.

7. 시적 이미지와 문학적 스타일, 운율은 오직 체화된 묘사에 기여한다: 체화된 글쓰기는 문학적 기교보다는 살아 있는 경험의 생생한 표현에 가치를 둔다. 훌륭한 구나 예술적인 표현이 체화된 글쓰기에 도움을 주지 않는다면 문

장의 본질에서 벗어난 것이다. 체화된 글쓰기를 하는 사람은 살아 있는 운율, 예를 들어 걸을 때는 **안단테**(andante), 살아 있는 움직임에서는 **알레그로**(allegro)를 종종 사용하여 묘사된 경험의 감각 또는 감정의 톤을 반영한다.

체화된 글쓰기 사례

다음의 마티나 주코 홀리데이(Martina Juko Holiday, 사적 대화)의 체화된 글쓰기 사례는, 폴 슈레이더(Paul Schrader)가 각본을 쓴 연극 〈택시 드라이버〉의 한 장면에서 동료 학생을 관리하는 그녀의 경험을 세밀히 묘사한다. 그녀가 생생한 내레이션 속에서 소리, 냄새, 촉감을 체화된 글쓰기의 특징과 결합시키면서 얼마나 선명하게 묘사하는지 주의 깊게 살펴보라.

> 주변의 공기는 연기자들의 목소리와 담배 냄새로 활기차다. 나의 빨간색 신발은 사람들 속에서 반짝 빛나고 "자, 여러분." 하는 내 부드러운 톤은 극장 밖에서 웃으며 얘기하는 대화를 끊는다. 나는 부드럽게 가죽재킷 속의 어깨를 살짝 건들고 햇볕에 그을린 팔을 만진다. "자, 다음 장면 1분 뒤에 들어가요." 나는 의자에 앉으려고 휙 지나가는 선생님에게 고개를 끄덕였다. "잘했어요, 홀리데이." 그의 목소리는 매우 낮았다. 마침내 내가 그의 무대 관리 수업의 감을 잡은 것인가? 나는 더 꼿꼿이 서 있다. 분위기는 여전히 활기차고, 그가 자리에 앉을 때 고요해진다.
>
> 부스에 있는 아론에게 고개를 끄덕이자 조명이 내려왔다. 작업명이 적힌 카드를 충분히 읽을 만큼의 빛이고, 연기자들은 그것을 연기한다. 하지만 나는 내려다보지 않는다. 그 장면을 발표하기 위해서 몸을 돌려 사람들 속으로 들어간다. 할리우드의 바닷 속에서 헤엄치는 친구들과 동료들이 뒤에서 나를 쳐다보는 것을 안다. 우리 모두 숨을 참는다. 우리는 꿈을 찾아서 고향을 떠나 베버리힐스 극장에서 각자의 집을 짓는다. 긴장으로 두근거리지만 내 입에서는 흐트러짐 없는 목소리가 흘러나온다. "이것이 **택시 드라이버**다."

다음의 브라이언 리치(Bryan Rich, 2000)의 체화된 글쓰기는 매우 특별한 사례다. 왜냐하면 로시 하샤나의 새해를 알리는 행사에서 숫양 **뿔 모양의 피리**를 불 때의 운동감각적, 지각적, 내장감각적 미세한 차이를 포착하면서 차근차근 묘사하고 있기 때문이다. 독자들은 그런 피리를 불어 본 경험이 거의 없을 수 있기 때문에 브라이언의 세세한 묘사는 공감적인 공명을 일으키는 체화된 글쓰기의 확실한 예를 보여 준다.

> 내 두 눈은 기대감으로 커진다. 이 일을 자주 해 왔는데도, 여전히 조용한 두려움이 그 열감을 속삭인다. 팔뚝의 털은 곤두서고 가슴은 따끔거린다. 이 지점에 다다를 때마다 늘 그러듯이. 피가 더 빨리 흐르는 것을 느낀다. 귀는 쫑긋 서고 갑자기 머릿속이 고요해지면서 청력은 면도날처럼 예리하다. 작은 기원, 즉 양 뿔 모양의 투박한 곡선이 손의 모양새를 만들고 나는 작은 구멍을 내서 입술로 터치한다. 익숙한 느낌이라 마치 내 집게손가락의 첫 번째 관절 또는 키스처럼 부드러움과 대조되는 견고함으로 그것을 완벽하게 맞추는 것 빼고는 내가 아주 정확하게 어울릴 방법은 없다.
>
> 나는 숨을 깊이 들이쉬어야 하고, 들이쉬는 시간은 끝없는 순간을 통과하면서 천천히 흐르고 마침내 지금 이 순간을 빼고는 아무것도 남아 있지 않다. 나는 천천히, 천천히 어떤 물리력 없이 내 배에서부터 가슴까지 압력으로 부풀려지기 시작한다. 심장이 가슴에 좀 더 많은 공간을 달라고 하는 것 같은 느낌을 받는다……. 몸 전체가 확장되고 있다. 그것은 소리의 물결을 타고 높이 치솟는다. 땅으로부터가 아닌…… 이제 소리의 물결은 동시에 안으로 흘러들어와 배꼽의 저 안쪽 깊숙한 친근한 구멍을 발견하고는 부드럽게 쓰다듬는다……. 심장은 사방으로 더 넓게 퍼져 나가면서 경계를 허문다. 봄은 몸 중앙의 정확히 가장 안쪽에 숨겨져 있는 지점으로부터 흘러넘치고 나를 그 안으로 데려간다. 이곳은 열려 있는 비밀이다. 그곳은 너무도 작아 인지적 마음만으로는 발견할 수 없으며 부드럽게 압도하는 장소다. 몸의 센터 속에 고이 숨겨져 있고 하늘보다 더 크다(pp. 1-2).

연구에 체화된 글쓰기 활용하기

앤더슨(Anderson, 2002a, 2002b)은 체화된 글쓰기의 추가적인 예뿐만 아니라 체화된 글쓰기를 실석 연구에 활용한 사례 및 설명도 자세히 기술한다. 간단히 요약하면, 체화된 글쓰기는 연구 보고서에 생생한 현존뿐만 아니라 연구 실습 및 보고서 작성에 구체적인 응용도 제공할 수 있다. 체화된 글쓰기는 살아 있는 경험의 생생함에 특권을 부여하고, 외적 관찰과 인지적 논쟁과 관련된 인간 경험의 다른 측면들은 중시하지 않는다. 그러므로 특정한 연구주제가 무엇을 요구하는지에 따라, 연구자는 언제 체화된 글쓰기를 사용하고 언제 다른 절차와 결합할지를 결정할 필요가 있다.

서론 및 문헌 검토에서 체화된 글쓰기는 주제에 대한 연구자의 개인적인 배경을 전달하거나 개인적인 설명(Carlson, 2009; Dufrechou, 2002, 2004; Hill, 2003; Kuhn, 2001; Riordan, 2002; Walker, 2003)을 소개하는 다양한 섹션에서 사용할 수 있다. 라우라 리오덴(Laura Riordan, 2002)은 야생의 경험을 일상생활 그대로 전달하는 연구에서, 전통적인 문헌 검토 섹션을 먼저 체화된 글쓰기로 간결하게 이탤릭체로 기술했다. 이를 통해, 문헌 검토에 체화된 진정성을 부여하고 독자들에게 연구주제에 대한 개인적인 관련성을 전달했다. 아래에서 그녀는 섀스타 산에 오른 자신의 경험을 자세히 묘사했다.

> 새벽 4시, 오늘은 추운 노동절이다. 추위는 절기 때문이 아니라 우리가 10,000 피트 높이에서 잠이 깼고 약해지는 여름의 열기가 이 어둠과 바위로 둘러싸인 주위를 뚫지 못했기 때문이다. 별과 작게 빛나는 빨간 위성, 적막이 산을 에워싼다. 우리 일곱 몸뚱이는 오리털 재킷과 침낭으로 둘둘 말린 채 따뜻한 아침식사를 위해 모인다. 우리는 섀스타 산의 14,300피트 정상을 향한 마지막 등반 준비를 하면서 조용히 옷을 입고 빌린 플라스틱 등산화의 끈을 맨다. 나는 이미 미끄러워 불편한 등산화 바닥에 재빨리 아이젠을 고정시켜 부착했다. 내 의지에 저항하면서, 몸의 나머지 부분은 발에 동참하여 산에 항복하고 텐트로 돌아가자고 간청한다. 그러나 나는 산 정

상에 오르는 목표를 나머지 몸의 부분과 공유한다. 이 등반을 통해 우리는 눈과 얼음 위뿐만 아니라 360도 전방위 풍경을 오르는 경험을 할 것이다. 우리가 예측할 수 없는 점은 이 경험이 우리를 얼마나 많이 변화시킬 것인가다. 쌀쌀한 날씨의 동트기 전의 기상은 단지 우주의 정상 경험의 서곡에 불과하다(pp. 11-12).

체화된 글쓰기는 양적인 자료 수집에도 광범위하게 사용되어 왔다. 예를 들어, 제이 듀프리초(Jay Dufrechou, 2002, 2004)와 라우라 리오덴(Laura Riordan, 2002)은 연구 참여자들을 모집하기 위해 인터넷을 광범위하게 활용하여 체화된 글쓰기를 요청했다. 미래의 참여자들에게 체화된 글쓰기에 대한 설명과 실례가 주어졌고, 자연과의 조우에 대한 체화된 묘사를 써 줄 것을 요청했다. 뿐만 아니라 체화된 글쓰기의 핵심인 풍부한 감각적·감정적 세부묘사를 위해, 제이는 40명의 참여자들과 온라인으로 대화를 지속하면서 체화된 묘사를 개발할 수 있도록 도왔다. 라우라 리오덴(2002)은 아웃도어 모험/교육 전자목록 서비스를 통해 배포된 온라인 설문지로, 실습이나 연구에서 아웃도어 모험 교육 분야에 기여한 16명의 모범적인 참여자를 모집했다. 라우라의 연구는 야생에서의 전환적 경험을 일상생활에 통합시키는 데 초점을 두었다. 온라인 설문지를 통해 연구 참여자들에게 야생 경험 및 그 경험의 통합에 대해 네 가지 질문을 했고, 체화된 글쓰기를 사용하여 그 질문에 답해 줄 것을 요청했다. 연구 참여자들로부터 체화된 표현을 이끌어 내기 위해 연구자의 인터뷰 방식을 가이드 하는 데 체화된 글쓰기를 사용할 수 있다. '체화된 글쓰기 실습 #4: 체화된 글쓰기 기술을 활용하여 인터뷰하기'에서 자세히 설명한 것처럼 체화된 반응을 불러오는 인터뷰 질문을 개발하는 데 사용할 수도 있다.

자료 분석 및 해석을 위해 사용하는 특정 연구방법과 상관없이 체화된 글쓰기는 체화된 관점을 자료 분석에 녹여낼 수 있다. 예를 들어, 신비로운 시와 상상에 대한 직관적 탐구에서, 도리트 네처(Dorit Netzer, 2008)는 참여자들에게 신비로운 시를 경청하고 그 반응을 이미지로 만든 후 체화된 글쓰기를 사용해서 묘사하라고 요청했다. 또한 그녀는 자료를 분석하는 동안, 자신의 체화된 글쓰기로 참여자들의 자료에 반응했다. 아키도 무술연습에서 절정의 신비로운 체험에 관한 발견을 연구한 브라이언 해리(Brian Heery, 2003)는 자료 분석 및 해석에서 체화된 글쓰기를 활용하여 세 명의 아키도 대가들과 함께 한 자신의 경험을 더 탐색했으며, 다른 사람들의 경험도 더 충분히 스스로 체화할 수 있었다. 마찬가지로 성스러운 눈물에 관한 현상학적, 발견적 연구(Anderson, 1996b)에서 연구 참여자들의 경험을 연구하기 전 수년에 걸쳐, 나 자신의 성스러운 눈물에 대한 신체 경험이 있었다. 내 경험을 통해 참여자들의 경험이 나와 다를 때조차도, 그 상황이 나의 내면에서 일어나는 것처럼 이해할 수 있다.

그러나 아마 가장 중요한 점은 체화된 글쓰기가 연구 보고에 체화된 특징을 부여함으로써, 제8장에 기술한 공명타당도로 알려진 전환적 타당성의 한 형태인 공감적 공명(Anderson, 1998, 2001, 2002a, 2002b)을 통해 독자들 스스로 질적인 자료를 경험하도록 초대한다는 것이다. 일반적으로 연구자들은 연구 참여자들의 체화된 글쓰기의 많은 내용을 직접 인용하면서(Carlson, 2009; Dufrechou, 2002, 2004; Heery, 2003; Kuhn, 2001; Netzer, 2008; Phelon, 2001; Riordan, 2002), 체화된 글쓰기 예시를 제공한다. 연구 해석은 연구 참여자들의 체화된 표현이 그대로 제시된 후 이루어진다. 독자들이 연구자의 해석을 읽기 전에 참여자들의 글을 경험할 기회를 제공하는 것이다.

체화된 글쓰기 실습

일반적인 지침

다음의 체화된 글쓰기 실습은 체화된 글쓰기를 변형적인 연구 기술로서 배우는 데 도움이 되도록 순차적인 단계로 구성되어 있다. 각 체험적 실습에서 체화된 글쓰기의 새로운 측면을 탐색하고 배울 것이다. 각 실습은 선행하는 실습에 기초하여 만들어졌다. 이 실습을 통해 당신은 시간의 흐름에 따라 자신만의 고유한 스타일을 개발할 것이다. 〈모든 실습을 위한 기본 지침〉에 따라 시작하라.

체화된 글쓰기를 배우기 위해, 당신의 체화된 글쓰기 내용을 공유하고 피드백을 받을 수 있는 글쓰기 파트너나 소그룹을 갖는 것은 매우 도움이 된다. 이 섹션의 마지막에 '체화된 글쓰기 그룹 구성하기'는 어떻게 그룹을 만드는지와 어떻게 서로 피드백을 주는지에 대한 지침을 제공한다.

체화된 글쓰기 실습 #1: 감각적인 세부 정보 회상하기

파트 1

자각이 이완되고 명료해지면 상상력을 동원하여 특별히 선명한 몇 가지 삶의 경험을 떠올리라. 마음속에 떠올린 것을 신선하게 느낄 수 있도록 스스로에게 허용하라. 만약 몇몇 경험이 자각 위로 나타나면, 아주 선명하고 자세히 회상하기 쉬운 하나의 경험을 선택하라. 일반적으로 이 첫 체험적 실습을 위해서는 몇 분 또는 30분 정도와 같이 짧은 시간 안에 일어났고 많은 감각적 인상을 내포하는 경험을 고르는 것이 가장 좋다. 새로 태어난 아이를 안고 있거나, 아름다운 봄날 아침에 조깅을 하거나, 좋은 소식을 들었거나, 옛 친구의 깜짝 방문 등이 첫 실습을 위한 좋은 예가 될 수 있다.

만약 현재 추구하고 싶은 연구주제가 있다면, 어떤 식으로든 그 주제를 드러내는 자신의 경험을 선택하라. 일단 경험을 선택했으면, 그 경험의 감각적인 세부 정보를 회상하여 상상력 속에서 되살리라. 미각, 후각, 촉각(촉감과 압박감), 청각, 시각을 사용하여 그 경험을 생생하게 되살리라. 그다음 기존의 다섯 가지 감각을 넘어 확장시키라. 어떤 근육감각과 내장감각이 기억나는가? 어떤 동작을 했는가? 몸 전체에 퍼지는 감각이 있는가? 이 회상을 관찰하고 나중에 체화된 글쓰기 내용을 쓸 때 기억할 수 있도록 하라.

상상 속에서 그 경험을 생생하게 되살린 후, 하나의 감각적인 속성이 다른 모든 감각에 비해 두드러지는지 관찰하라. 예를 들어, 만약 아침에 새 노래 소리를 듣고 있었다면, 소리가 가장 두드러진 것일 수 있다. 만약 천천히 걷고 있었다면, 아마 다리와 발의 근육 움직임이 주의를 끌었을 것이다. 실습 시작점으로 체화된 글쓰기 내용을 위해 그 초점을 활용하라. 만약 주요 감각적 속성이 하나 이상 있다면 하나를 선택하라.

몇 분 동안 조용히 성찰하면서 당신의 경험을 공고히 하고 통합하라.

이 실습을 하는 동안 나중에 그 경험을 적는 데 도움이 되도록 메모나 이미지를 기록하라.

파트 2

쓰기 시작하기 전에, 앞의 체화된 글쓰기의 7가지 구분되는 특징을 다시 읽으라.

메모와 그림을 이용하여 대략 300 단어 분량으로 체화된 글쓰기를 하라. 특히 내면에서 우러나오도록 글을 쓰고, 미래의 독자들에게 공감적 공명을 일으킬 수 있도록 마음챙김하라. 완벽한 철자법, 문법, 구문에 관한 걱정은 접고 쓰라. 글쓰기를 마치고 나서 맞춤법 검사를 하라.

만약 체화된 글쓰기의 파트너나 그룹이 있으면 당신이 쓴 내용을 공유하고, 당신이 읽거나 그들이 크게 읽는 것을 들으면서 공명하는 관점에서 서로의 체화된 글쓰기에 반응하라. 이 방법으로 글 쓰는 사람은 자신이 말하고 싶은 것이 전달됐는지를 파악할 것이다. 피드백은 미래의 체화된 글쓰기를 정교하게 다듬고 자신만의 고유한 스타일을 개발하는 데 사용될 수 있다.

체화된 글쓰기 실습 #2: 자, 슬로 모션

이 실습은 당신의 경험을 슬로 모션으로 되살리는 것을 제외하고는 실습 #1과 정확히 똑같다. 파트 1의 5단계, 파트 2에서 바뀐 부분을 살피라.

파트 1

상상 속에서 그 경험을 생생하게 되살린 후에, 하나의 감각적 속성이 다른 모든 감각에 비해 두드러지는지 관찰하라. 예를 들어, 만약 아침에 새 노래 소리를 듣고 있었다면, 소리가 가장 두드러진 것일 수 있다. 만약 천천히 걷고 있었다면, 아마 다리와 발의 근육 움직임이 주의를 끌었을 것이다. 자, 지금은 당신이 할 수 있는 한 천천히 경험을 슬로 모션으로 되살리라. 이 느린 템포의 기억을 체화된 글쓰기의 시작점으로 삼으라. 슬로 모션 속에서 아주 미세한 세부정보를 기억할 가능성이 높다. 만약 기억의 속도를 늦추는 것에 어려움을 겪으면, 다시 제4장의 '느리게 하기 실습'을 실행할 수도 있다.

파트 2

메모와 그림을 이용하여, 대략 300단어 분량으로 체화된 글쓰기를 하라. 마치 슬로 모션으로 아주 미세한 감각정보까지 전달하듯이 글을 쓰기 위해 특별히 마음챙김하라. 완벽한 철자법, 문법, 구문에 관한 걱정은 접고 쓰라. 글쓰기를 마치고 나서 맞춤법 검사를 하라.

체화된 글쓰기 실습 #3: 가장 긴 개인사

자각이 이완되고 명료해지면, 집에서 당신의 가장 긴 개인사를 담고 있는 물건을 고르라. 만약 그 물건이 크면, 이 실습 동안 그 물건 가까이 앉으라. 만약 쉽게 이동 가능한 물건이면, 바로 앞이나 쉽게 볼 수 있고 만질 수 있는 곳에 두라. 이 실습을 특정 연구 주제를 탐색하는 데 사용하고 싶다면, 그 주제를 의미 있는 방식으로 상기시키는 물건을 선택하라.

자신을 편안하게 하라. 다시 마음을 차분히 진정시키고 평온하게 하라. 호흡에 집중하

라. 생각, 소리, 산만함을 자각하면서 조용히 계속 호흡으로 돌아와라. 다음 단계로 넘어가기 전에 몸과 마음을 몇 분 동안 여느 때와 같은 방식으로 고요하게 하라.

눈을 뜨고 선택한 물건을 몇 분 동안 응시하라. 물건의 재질 및 성질에 주목하라. 그다음 몸의 다섯 가지 감각인 촉각, 후각, 미각, 시각, 청각을 사용해서 손, 눈, 코, 혀, 귀 등으로 그 물건을 탐색하라. 이런 식으로 몇 분간 탐색하라. 몸이 내장의 감각으로 그 물건을 느끼도록 허용하라. 몸의 반응을 관찰하라. 만약 기억이 일어나면 몸으로 느끼라. 가슴에 충만감이 느껴질 때까지 탐색하라. 머리를 복잡하게 하지 말고, 마음속에서 잘 준비된 메시지와 함께 잡념을 비우고 이 실습을 시작하라. 선택한 물건에 대한 감각적 경험에 머무르면서 나중에 기억할 수 있도록 관찰하라.

준비가 되면 그 물건을 부드럽고 정성스럽게 내려놓으라. 300단어의 체화된 글쓰기를 하는 동안 사색적인 자각 상태를 유지하라. 가능하면 그 물건의 이름을 글로 적지 말라. 대신에 그 물건을 감각적으로 경험했을 때의 재질과 속성에 대해 쓰라.

만약 체화된 글쓰기의 파트너나 그룹이 있으면, 당신이 쓴 내용을 공유하고, 당신이 읽거나 그들이 소리 내어 읽는 것을 들으면서 어떻게 당신이 공명했는지의 관점에서 서로의 체화된 글쓰기에 반응하라.

체화된 글쓰기 실습 #4:
체화된 글쓰기를 활용하여 다른 사람을 인터뷰하기

파트 1

친구, 동료 학생, 동료들과의 관계망을 통해 당신이 연구하고 싶은 주제에 대해 생생한 기억을 가지고 있는 사람을 찾으라. 그 경험에 대해 비공식적인 인터뷰에 참여할 의사가 있는지 그들에게 물으라. 지도교수의 지침과 소속 기관의 연구윤리 필수조항에 따라, 조용하고 적절한 장소에서 인터뷰 대상자와 인터뷰할 수 있도록 일정을 잡으라.

가능하다면, 어떤 식으로든 그 경험을 상기시키고 상징할 수 있는 사진이나, 트로피, 옷 등이나 그 경험과 관련된 도구를 인터뷰 대상자에게 가져오도록 요청할 수 있다.

인터뷰 일정이 잡히면, 이완된 자각 상태에서 당신 자신에게 집중할 수 있는 시간을 내라. 일단 자각이 이완되고 명료해지면 이 장의 이전 실습에서 배운 체화된 글쓰기를 활용하여 인터뷰 대상자들이 생생한 경험의 세부정보를 되살릴 수 있도록 인터뷰 질문을 만들라. 질문을 체화된 회상을 도울 수 있는 자극제로 생각하라. 최소한 다섯 개의 질문을 만들라.

잠시 동안 당신의 경험을 안정화하고 통합할 수 있도록 명상의 시간을 가지라. 일상의 자각으로 돌아와서 잠정적인 인터뷰 질문이 명확해질 수 있도록 읽으라. 인터뷰 대상자의 경험을 탐색하는 비공식적 인터뷰가 될 수 있도록 질문을 논리적인 순서로 조정하고 구성하라.

파트 2

지도교수의 지침과 소속 기관의 연구윤리 필수조항에 따라, 인터뷰를 실행하라. 만약 가능하다면 인터뷰를 기록할 수도 있다. 인터뷰 내용을 반복해서 들으면 체화된 글쓰기를 자료 수집을 위한 인터뷰 상황에서 어떻게 사용하는지에 대한 이해를 심화시킬 가능성이 높다.

인터뷰 동안 기록할 수 있으면, 당신이 받은 인상을 메모하라. 모든 인상을 기록할 수 없으면 인터뷰 후 기록할 수 있는 시간을 가지라.

인터뷰가 마무리되면, 감각적인 세부정보를 회상하는 데 도움이 될 만한 기타 질문은 없는지 인터뷰 대상자에게 물으라.

인터뷰를 실행한 며칠 후, 메모를 검토하고 인터뷰 녹음을 최소한 두 번 들으라. 인터뷰 질문과 방식을 체화된 글쓰기 관점으로 평가하라. 인터뷰 대상자는 당신의 체화된 글쓰기 내용만큼이나 세밀하고 생생한 체화된 표현을 제공했는가? 만약 그렇지 않았다면 이유는 무엇인가? 보다 체화된 반응을 즉각적으로 이끌어 내기 위해서 그 밖에 무엇을 했어야 했고, 어떤 질문을 던져야 했는가? 다음 기회에는 무엇을 할 것인가?

체화된 글쓰기 실습 #5:
체화된 글쓰기를 자료 분석 및 해석에 적용하기

자각이 이완되고 명료해지면 이전 실습에서 실행한 인터뷰 녹음을 몇 번 들으라. 만약 그 인터뷰 녹취를 풀었다면, 마찬가지로 천천히 몇 번 읽으라.

이완된 자각 상태에 머물면서 인터뷰 내용을 듣거나 읽으면서 당신 몸이 그 다양한 인터뷰 묘사에 어떻게 반응하는지 주의 깊게 살피라. 몸은 그것만의 지능을 가지고 있으므로 당신이 자각하고 주목한다면 인터뷰에 대한 체화된 반응은 자료에 정보를 줄 수 있다. 당신은 물론 내용의 어떤 부분에서는 다른 부분과 더 다르게 반응할 수 있다. 또 인터뷰의 어떤 부분에서는 몇몇 표현에 공감적 공명을 경험할지도 모른다. 또 다른 부분에서는 중립적이거나 불편감을 느낄 수도 있다. 듣거나 읽는 동안, 당신의 반응을 판단하지 말라. 단순히 알아차리고 메모하라. 만약 인터뷰를 공식적으로 분석하고자 한다면, 적절할 때 인터뷰 자료의 한 줄 한 줄 또는 한 단락 한 단락마다 당신의 신체 반응에 대해 상세히 메모하고 싶을 수도 있다.

일상의 자각 상태로 돌아오면 메모를 주의해서 몇 번 읽으라. 인터뷰에 대한 체화된 반응을 당신의 감정적, 신체적 반응에 대한 인터뷰의 추가 정보로 생각하라. 인터뷰를 분석하고 해석할 때 그 반응을 인지 반응 및 기타 반응에 통합시키라. 신체 반응은 자료 분석 및 해석에서 인지적 접근으로는 놓칠 수 있는 주요 측면을 나타낼 수 있다.

체화된 글쓰기 그룹 구성하기

만약 체화된 글쓰기 그룹이나 체화된 글쓰기 파트너와 함께하고자 한다면, 다음의 간단한 기준으로 시작할 수 있고 당신의 목적에 맞게 이 기준을 확장시킬 수 있다.

1. 그룹의 추진력과 화합력이 생길 수 있도록 매주 만나라.

2. 개인정보를 보호해 줄 수 있는 비밀에 대한 기준을 만들고, 그룹 구성원들 간의 신뢰를 구축하라.

3. 매주 각자 작성한 체화된 글쓰기 내용을 공유하고자 하는 사람들과 한 쌍이나 5~6명의 그룹으로 만들어 진행하라.

4. 각각의 체화된 글쓰기 내용을 소리 내어 읽으라. 글 쓴 사람이나 다른 그룹의 구성원이 읽을 수 있다.

5. 그룹 구성원은 자신의 신체 내부에서 어떤 공명이 일어나는지에 대한 피드백을 각 글쓴이에게 전달하도록 하라. 이 피드백을 통해 글쓴이는 자신의 의도를 전달했는지 아닌지를 알 수 있다.

6. 내용, 문법, 문체, 철자, 구두법 등에 얼마나 관심이 있든지, 또 아무리 유익한 정보를 준다 해도 깊게 생각하지 말라.

7. 피드백을 분명하고 친절하게 주라. 피드백을 정중하게 받아들이라.

8. 예상치 못했던 것을 기대하라.

제8장 타당도에 대한 확장된 관점

타당도의 본질

어원적인 기원에서, **타당도**는 강도, 진가, 가치, 값어치의 의미를 가진다. 타당도에 대한 기존 정의는 중대한 관심이나 승인을 꼭 필요로 하는 발견이나 결론, 주장에 초점을 맞춘다. 진술, 주장, 증거 또는 결론이 충분히 설득력이 있는지에 대한 판단은 지적 준거에 바탕을 둔다. 그러나 기존 논의에서 **타당도**에 대한 또 다른 의미는 일반적으로 고려되지 않는다. 이 추가적인 의미는 발견에 의해 도움을 받을 수 있는 많은 범위의 독자들을 위해 정당한 권위를 가지고, 용감하고, 대담하고, 용기를 북돋아 주고, 도움이 되고, 목적과 부합하는 것과 관련 있다. 이 책에서 묘사하고 있는 접근 및 기술은 연구와 관련된 모든 사람의 개인적인 특성 및 내면의 경험에 강조점을 두며, '**타당한**(*valid*)'과 '**타당도**(*validity*)'의 추가적인 기본 의미와 맥을 함께 한다.

우리가 이전에 저술한 교재인『사회과학을 위한 자아초월적인 연구방법(*Transpersonal Research Methods for the Social Science*)』(Braud & Anderson, 1998)의 한 장에서, 과학과 학문적 발견에 대한 다른 형태의 가치를 전달해 주는 신체, 감정, 느낌,

심미적, 직관적 지표가 타당도에 대한 일반적인 지적 접근 및 지표를 보완할 수 있는 방법에 대해 설명하였다. 이런 확장은 심오하고 미묘할 수 있는 인간 경험을 이해하기 위해 타당도의 구조를 보다 포괄적으로 연관 짓게 해 준다. 이 장의 마지막 섹션에서는 인간과학 및 인문학에서 인간 경험의 풍부함에 대해 보다 포괄적인 이해를 제공하기 위해 세 가지 자아초월적 형태의 타당도를 소개한다. 이는 타당도 개념을 확장할 수 있는 방법을 구체적으로 설명한다.

독일의 철학자 빌헬름 딜타이(Wilhelm Dilthey, 1989)는 그의 주요 연구인 「인간과학 입문(*Introduction to Human Science*)」의 서문에서 다음과 같은 견해를 피력하였다.

> 모든 과학은 경험적이다. 그러나 모든 경험은 반드시 과거와 연관되어 있고 타당도는 경험이 일어나는 의식의 조건과 맥락, 즉 우리 본성의 전체성으로부터 나온다. 우리는 그 조건 뒤에 진행되는 불가능성을 일관되게 인지하는 입장을 '인식론적(epistemological)'이라고 칭한다. 그런 시도는 두 눈 없이 보거나 자신의 눈 뒤에 있는 지식의 응시로 이끄는 것과 같다. 현대 과학은 다름 아닌 바로 이런 인식론적 관점을 인정한다. 그러나 바로 이 입장이 인간과학의 독립적 근거라는 점은 나에게 자명하다. 이 입장은 본성의 전체성에 대한 개념은 가려진 실재(reality)가 드리운 단순한 그림자에 불과하다는 것을 증명한다. 오직 내적 경험으로 주어진 의식의 사실 속에서만 대조적으로 우리는 실재를 있는 그대로 소유한다. 이런 사실에 대한 분석이 인간과학의 핵심과제다. 따라서 …… **인간 세계**의 원리에 대한 지식은 그 세계 자체 내에 있으며, 인간과학은 독립된 체계를 형성한다(p. 50).

이 책에 서술된 접근 및 연구자의 준비성은 딜타이와 그를 따르는 인간과학의 많은 옹호자의 관점과 잘 맞는다. 의식 그 자체의 본질과 인간과학 및 인문학에 큰 흥미를 주는 복잡하고 풍부하고 의미 있는 경험에 대한 본질을 보다 충분히 이해하기 위해서는 우리 자신의 내면 경험과 개인적이고 주관적인 직관의 기술을 사용하고 강조하는 것이 중요하다는 것이다. 이러한 관점에서 타당도는 연구자의 앎의 기술과 방식의 풍부한 조합을 특정 연구 대상에게 얼마나 주의 깊고 적절히 적용하는가에 달려 있다.

우리는 이미 보다 포괄적이고 광범위한 이런 타당도의 형태를 제1부의 여러 장에서 다루어 왔다. 여기서 우리는 그 장들에서 다루어졌던 직관적·통합적·유기적 연구방식에서 타당도가 취하는 몇몇 형태를 좀 더 명확하게 설명함으로써 이전의 제안을 확장하기 바란다. 이전에 먼저 양적, 질적 연구의 이미 정립된 방식에서 자주 강조해 왔기에 보다 익숙해진 신뢰도, 타당도, 신뢰성 지표에 관한 간략한 개요를 제공하고자 한다.

정립된 타당도 유형

이 장의 목적은 기존에 정립된 타당도 형태에 대해 상세하게 다루기보다는, 짧게 기술함으로써 어떻게 최근 질적 연구와 자아초월 심리학 분야에서 개발한 다른 유형의 타당도가 이 잘 알려진 유형을 보완할 수 있는가에 대해 알려 주고자 하는 것이다.

타당도의 문제를 고려하기 전에, **신뢰도**(*reliability*)에 대해 살펴볼 필요가 있다. 왜냐하면 타당도는 신뢰도를 전제로 하기 때문이다. 타당성 있는 결과를 만들어 내는 절차나 측정은 항상 신뢰할 만하다. 그러나 신뢰할 만한 결과가 반드시 타당한 것은 아니다.

측정과 절차가 **일관되거나 반복된** 결과를 얻는다면 신뢰도가 있다고 말한다. 신뢰도의 주요 유형은 검사와 평가 영역에서 개발되었지만, 필요한 수정을 거쳐 다른 연구에 일반화하거나 적용할 수 있다. 연구자들은 보통 네 가지 유형의 신뢰도를 알고 있다. 이 유형을 보통 평가 점수와의 상관관계라는 말로 기술하지만, 우리는 절차나 연구의 결과물에도 적용할 수 있도록 〈표 8-1〉에서 일반화하였다. 또한 보통 묘사되는 **시간적 안정성**(*temporal stability*) 외에도 **맥락적 안정성**(*contextual stability*)을 포함하여 확장했다.

수년에 걸쳐 연구자들은 다양한 유형의 타당도를 기술해 왔고, 주어진 유형에 다른 이름을 부여했으며, 때때로 그 유형을 다른 방식으로 구성했다. 다음에 서술된 것은 가장 일반적으로 제시되는 타당도 유형이다.

가장 잘 정립된 유형의 타당도는 양적 연구의 맥락에서 기원한다. 사실상 이 유형들은 표준화된 평가도구를 사용하는 실험 또는 준실험 연구의 매우 제한된 영역에서 개발되었다. 그 조건에서 두 가지의 주요한 타당도 유형이 개발되었다. 한 가지 유형은 전반적인 연구 기획, 연구, 실험에 적용되고, 다른 한 가지 유형은 연구에서 사용하는 구체적인 측정도구에 적용된다.

전반적인 연구 프로젝트에서, 연구자들은 보통 통계적 결론 타당도, 내적 타당도, 외적 타당도, 구성 타당도 등의 네 가지 주요 타당도 유형을 인식한다. 우리는 이것을 목록화하여 〈표 8-2〉에서 가장 관련 있는 특징과 하위 유형을 설명하고자 한다.

앞에서 언급한 타당도는 비록 실험실 상황에서 확립되었지만, 다른 종류의 연구(인과, 비교, 상관관계 연구)에도 적용될 수 있으며, 적절히 재구성만 한다면 질적 연구에도 적용할 수 있다.

앞서 말한 내용 외에도, 네 가지 타당도 유형은 연구에서 사용하는 구체적인 측정도구(평가, 검사)에서 알려져 왔는데, 안면 타당도, 준거 관련 타당도, 내용 관련 타당도, 구성 관련 타당도를 포함한다. 이들을 **측정**(*measurement*), **심리측정**(*psychometric*), **도구적**(*instrumental*) 타당도라 부를 수 있다. 우리는 이 네 가지 유형의 타당도 및 그 하위 유형을 〈표 8-3〉에 간결하게 서술하였다.

〈표 8-1〉 측정, 절차, 연구에 적용될 수 있는 신뢰도 유형

신뢰도 유형	설명
평정자 간, 관찰자 간, 연구자 간 신뢰도	한 명 이상의 평가자, 관찰자 또는 연구자가 동일한 절차나 연구를 설명하거나 측정할 때 결과의 일관성 정도
안정성 신뢰도	시간이나 상황의 흐름 속에서 결과의 일관성 정도
시간적 안정성	주어진 평가, 절차, 연구가 다양한 시간에 동일한 결과를 산출하는 정도; 보통 검사-재검사 일관성 면에서 기술된다; 일반적으로 중요한 긍정 상관계수로 나타난다.

맥락적 안정성	주어진 평가, 절차, 연구가 다양한 맥락(샘플, 세팅)에서 똑같은 결과를 산출하는 정도; 높은 맥락적 안정성은 다양한 맥락에서 높은 반복 가능성 비율로 나타내질 수 있다; 연구결과에 대한 메타분석의 방법으로 평가될 수 있다.
등가 신뢰도	주어진 평가와 유사하거나 대체 가능한 형태가 동일한 결과를 산출하는 정도; 그 일반화된 형태에서 매우 유사한 절차와 연구가 동일한 결과를 산출하는 정도
내적 일관성 신뢰도	동일한 구성을 만들기 위해 설계한 평가 내 구성요소나 요인이 동일한 결과를 산출하는 정도; 보통 평가항목이 서로 그리고 전체 점수와 높은 긍정 상관관계에 의해 나타내질 수 있다(반분신뢰도, 평균 항목 간 상관관계, 평균 항목 전체 상관관계, 크론바흐 알파); 그 일반화된 형태에서 유사한 절차나 연구 요소가 동일한 결과를 산출하는 정도

〈표 8-2〉 연구 기획, 연구 또는 실험에 적용되는 타당도 유형

타당도 유형	설명
통계적 결론 타당도	적절한 통계분석과 추론을 근거로 적절한 결론을 도출하는 것; 연구의 변수들이 실제로 공변관계에 있는지, 있다면 어느 정도인지 정확한 결론을 도출하는 것. 연구자들은 이 타당도의 형태에 7가지 주요한 방해요소를 확인했다; 낮은 통계력, 통계검사의 가설 위반, 시행착오 비율 문제(fishing and the error rate problem), 낮은 측정 신뢰도, 처리도구의 낮은 신뢰도, 연구 환경의 임의적 무관련성, 피험자의 무작위적인 이질성
내적 타당도	설계에서 도출한 결론의 정확성 또는 정당성을 일컫는다; 얻어진 변화나 상관관계가 정말로 추정된 인과적 변수 또는 관계에 기인하는가, 아니면 가능한 오염요인이나 산출물 때문인가? 연구자들은 내적 타당도에 13가지 위협요소를 확인했다. 역사(history), 성숙(maturation), 검사(testing), 측정도구(instrumentation), 통계적 회귀(statistical regression), 다른 참여자 선정, 차별적 감소(differential attrition), 선정과의 상호작용, 인과 영향의 방향성에 대한 모호성, 처리의 확산 또는 모방(diffusion or imitation of treatments), 처리보상 균등화, 통제그룹의 참가자에 의한 보상 대립, 통제그룹 참가자의 사기저하(resentful demoralization of control participants)

외적 타당도	연구 발견을 즉각적인 연구 환경의 외부 상황에 일반화시키는 것을 의미한다. 연구자들은 외적 타당도에 12가지 **위협요소**를 제시했다. 선정-처치 상호작용(selection-treatment interaction), 환경-처치 상호작용(setting-treatment interaction), 역사-처치 상호작용(history-treatment interaction), 측정 시간-처치 상호작용(measurement time-treatment interaction), 명시적인 처치 묘사 부족(lack of explicit treatment description), 다중-처치 방해(multiple-treatment interference), 호손효과(Hawthorne effect), 참신함과 혼란 효과(novelty and disruption effect), 실험자 효과(experimenter effect), 사전검사 민감도(pretest sensitization), 사후검사 민감도(postlest sensitization), 다양한 결과 측정(different outcome measures)
인구 타당도	연구의 결과가 정당하게 연구에 포함되지 않은 사람들에게도 일반화될 수 있는가?
생태학적 타당도	연구의 발견이 다른 환경이나 조건에도 일반화될 수 있는가?
시간적 타당도	특정 시간에 얻어진 결과가 다른 시간에도 일반화될 수 있는가?
처치 변인 타당도	처치가 약간 달라져도 여전히 유사한 결과를 산출할 수 있는가?
결과 타당도	어떤 변수에 대한 연구의 결과가 다르지만 연관된 변수들이나 측정에도 나올 수 있는가?
구성 타당도	연구가 오염요인(confound)이나 인공물(artifact)로부터의 자유로운 정도와 조작과 개념적 정의 간에 잘 맞는 정도를 일컫는다. 연구자들은 구성 타당도에 10가지 유형의 저해요인을 인식했다. 조작 전 구성에 대한 불충분한 설명(inadequate preoperational explication of construct), 단일 조작 편향(mono-operation bias), 단일 측정 편향(mono-method bias), 실험 조건 내의 가설-추측(hypothesis-guessing within experimental conditions), 평가근심(evaluation apprehension), 실험자 기대(experimental expectancies), 구성의 혼란요인과 구성 수준(confounding constructs and levels of constructs), 다양한 처리의 상호작용(interaction of different treatments), 검사와 처치의 상호작용(interaction of testing and treatments), 구성 간의 제한된 일반화(restricted generalization across constructs). 보다 많은 정보는 뒤에 측정 타당도(measurement validity) 섹션에서 구조 타당도 처치(construct validity treatment)를 보라.

〈표 8-3〉 정신 측정 또는 도구 타당도 유형: 측정이나 평가에 적용되는 타당도

타당도의 유형	설명
안면 타당도	시험/평가를 받는 사람에게 타당한가? 측정되고 있는 주제와 유관한 질문이나 기준이 표면상에 나타나 있는가?
내용 관련 타당도	평가도구의 모든 항목이 현재 측정되고 있는 특징이나 특성과 관련이 있다고 추정되는가? 관심 영역의 모든 측면이 충분하게 표본 추출되었는가? 중요한 것이 빠지지는 않았는가? 측정되고 있는 특성에 대한 지식을 가지고 있는 사람이 내용의 관련성과 대표성을 평가했는가?
준거 관련 타당도	평가도구에 나타난 점수는 측정되는 특징에 대한 독립적인 외부 지표와 적절하게 관련 있는가? 그 관련성은 일반적으로 상관계수에 의해 결정된다.
공인 타당도	평가도구와 목표 준거로부터 거의 같은 시간에 자료를 수집한다; 현존하는 상태의 진단에 유용하다.
예언 타당도	평가도구가 미래의 목표준거 자료를 얻기 전에 실시된다; 미래의 결과에 대한 예측과 선정 목적에 유용하다.
과거 타당도	목표준거가 이미 평가도구가 실시될 때 일어나 있다.
구성 관련 타당도	평가도구가 이론적 구성, 가설적 과정, 측정해야 하는 잠재적 특성을 충분히 측정하고 있는가의 정도를 가리킨다.
요인 타당도	통계적 요인 분석은 평가도구에 의해 측정되는 패턴이나 요인들의 성질과 수, 측정되고 있다고 추정되는 이론적인 구조와의 관련 요인 그리고 도구의 항목이 다양한 요인과 어떻게 관련되어 있는지를 결정하기 위해 사용될 수 있다.
알려진 그룹	평가도구에 나타난 점수 패턴이 평가되고 있는 특징과 이미 다르다고 알려진 응답자 그룹과 예상된 방식에서 다른 정도
수렴 타당도	평가도구 결과가 동일한 구조의 다른 측정과 일치하는 정도
변별 타당도	평가도구 결과가 다른 구성의 측정과 불일치하는 정도
다특질-다방식 매트릭스	동시에 두 개나 그 이상의 특질을 평가하고 각각의 특질을 두 개나 그 이상의 방식으로 평가함으로써 수렴 타당도와 변별 타당도를 동시에 측정; 결과는 예상된 일치와 불일치(긍정적인 그리고 부정적인 관계)로 조사될 수 있는 매트릭스의 형태로 제시된다.

법칙적 관계망	평가의 구성 타당도에서의 신뢰는 법칙적 관계망이 그 평가를 도와주기 위해 개발될 때 고양된다. 법칙적 관계망은 한 세트의 관련 개념(구성), 적어도 이러한 개념/구성에 대한 한 세트의 관찰 가능한 명시(observable manifestation; 조작), 그리고 이 두 세트 요소 간의 예측되고 관찰된 연결고리와 상호관계로 구성되어 있다. 이런 설계는 확보된 자료 패턴이 이론적 예측과 얼마나 일치하는가를 결정해 준다.

여기 모든 언급된 타당도는 다양한 정도로 서로 상호작용하고 중첩된다. 많은 타당도 유형 중에 안면 타당도가 가장 중요하지 않고, 구성 타당도가 가장 중요하다고 주장할 수 있다. 실제로 오직 한 가지 유형의 타당도, 즉 구성 타당도만이 존재하고 다른 타당도는 다양한 방식으로 구성 타당도를 확고히 하고 결정짓는 것으로 제시되어 왔다. 모든 타당도 그리고 특히 구성 타당도는 주어진 연구가설이나 연구문제를 확인하고 답을 얻을 수 있는가와 그렇다면 어느 정도인가 그리고 측정하기로 한 것을 평가가 진실로 측정하는가, 연구 프로젝트에서 일어난 것처럼 보였던 것이 진실로 일어났는가 등의 주요 연구문제를 다루는 방식이다.

앞에서 다룬 것 외에도, 연구자들은 세 가지의 덜 친숙한 형태의 타당도를 확인했다. **변별 타당도**(*Differential validity*)는 측정이나 절차의 타당도가 다른 그룹, 다른 유형의 참여자들, 다른 예측되는 기준에 다양하게 나타날 때 일어난다고 말할 수 있다. **복제 타당도**(*Replicative validity*)는 결과가 광범위한 조건에서 반복적으로 보일 때 일어난다. **부가 타당도**(*Incremental validity*)를 탐구할 때, 새로운 도구나 방법의 사용이 이미 사용 가능한 도구나 방법보다 관심 영역의 어떤 기준이나 측면을 훨씬 더 잘 설명하고 예측할 수 있는 능력을 증가시키는지를 묻는다. 즉, 추가적으로 유용하고 쓸모 있는 정보를 제공하는가? 위계적 다중회귀 분석은 전형적으로 이미 존재하는 변수가 추가적인 변수를 설명할 수 있는 것을 뛰어넘어, 새로운 변수의 도입으로 설명되는지를 결정하는 데 사용된다. 부가 타당도는 의사결정과 예측/선정과 같은 응용 영역에 가장 유용하다.

질적 형태의 타당도에 대한 개요

링컨과 구바(Lincoln & Guba, 1985)는 타당도의 질적 등가물과 그것이 명명한 연구의 **사실적 가치**(*trustworthiness*) 맥락과 관련된 이론 구조를 가장 만족스럽게 다루었다. 신뢰성은 프로젝트 보고에 대해 청중이 그 발견에 주의를 기울이고 진지하게 받아들이며, 가치 있고 유용하다는 점을 발견하는 가능성을 증가시키는 연구 프로젝트의 질을 가리킨다. 링컨과 구바는 신뢰성에 기여하는 연구 프로젝트의 네 가지 주요 특징을 제시한다. **사실적 가치**(*truth value*; 연구에 관련된 특정 참여자들 및 환경에 대한 연구 발견의 진실성 확신), **적용성**(*applicability*; 연구에 관련된 사람들 외의 사람 및 상황에 연구 발견의 적용), **일관성**(*consistency*; 발견이 되풀이될 수 있는가), 그리고 **중립성**(*neutrality*; 발견이 연구자의 다양한 선입관이 아닌 연구 참여자 및 연구 조건에 의해 기인하는 것)이다. 질적 연구의 맥락에서 이 네 가지 특징은 각각 외관상 **내적 타당도, 외적 타당도, 신뢰도, 객관성**에 해당된다.

링컨과 구바(1985) 그리고 이들을 따르는 많은 사람들은 내적 타당도, 외적 타당도, 신뢰도, 객관성의 개념을 질적 연구 속에서 규정하고 측정할 때, 다른 접근을 사용하고 다른 목표를 가지는 질적 연구에는 적절치 않으므로 이 개념을 보다 알맞은 방식으로 재개념화할 필요가 있다고 주장해 왔다. 링컨과 구바는 이 네 가지를 각각 **진실성**(*credibility*), **전이가능성**(*transferability*), **신뢰성**(*dependability*), **확실성**(*confirmability*)으로 재구성했으며, 이 네 가지 각 특징을 증대시키기 위해 질적 연구에 사용할 수 있는 몇 가지 기술을 제시했다. 우리는 이 네 가지 특징과 기술을 〈표 8-4〉에서 간단하게 요약한다.

질적 연구의 타당도 형태에 대한 다른 제안도 있다. 예를 들면, 제이 맥스웰(J. Maxwell, 1992)은 다섯 가지 주요 타당도 형태를 제안했다. **기술적**(*descriptive*; 수집된 자료의 사실적 정확성), **해석적**(*interpretative*; 연구하고 있는 경험에 대해 참여자들 자신의 의미와 해석이 정확하게 대표하는가), **이론적**(*theoretical*; 연구자가 발견에 적용하는 추상적인 이론적 구조와 의미의 정확성), **일반화 정도**(*generalizability*; 연구자가 그 연구 내 맥락뿐만 아니라 다른 맥락에도 결과를 일반화할 수 있는 정도), **평가적**(*evaluative*; 연구자가 기준에 맞게 연구에 대한 평가의 틀과 판단을 적용할 수 있는 정도).

〈표 8-4〉 질적 연구의 신뢰성을 확립하는 특징 및 그 특징을 강화하기 위한 기법

주요 특징	특징 강화를 위한 기법
진실성(연구결과의 사실적 가치를 구축하기 위한 내적 타당도의 등가물)	• 장기간의 참여(연구 참여자들에 대해 가능한 많이 알기 위해 충분한 시간을 보내는 것; 또한 참여자들이 살아가고 연구 현상을 경험하는 상황에 충분히 친숙해지는 것) • 지속적인 관찰(무엇이 가장 연구주제와 관련이 있고 두드러지는가를 알기 위해 충분한 기회 제공하기; 성급한 결론 피하기; 연구에 깊이를 제공하기) • 삼각검증(다양한 출처, 방법, 연구자, 이론으로부터 나온 증거의 일관성과 이 정보의 형태가 동일한 발견과 결론으로 수렴되는지 결정) • 동료 연구자의 조언[공평하지만 잘 알고 있고 의도적으로 반대 의견을 말하는 역할(devil's advocate)을 할 수 있는 동료에게 자신의 가설, 문제, 분석, 결과를 드러내 보여 연구자로 하여금 대안적 또는 이전에는 고려하지 않았던 연구의 측면을 인식하도록 돕는 것; 동료는 연구자와 권위적인 관계에 있는 사람이어서는 안 된다; 이것은 외부 시각을 정확히 뒷받침한다.]. • 반대 사례 분석(결론에 들어맞지 않은 사례를 적극적으로 찾거나, 그런 예외를 고려해 결론을 수정함으로써 결론을 검증하는 것; 결과에 충분할 수는 있지만 필수적이지 않은 요인에 깨어 있기) • 참조의 적절성(결론을 점검하기 위해 최초의 기록이나 다른 자료를 재조사할 수 있도록 저장하기; 자료의 부분을 보관할 수 있고 최초 분석에 포함하지 않을 수 있으나, 분석한 자료 더미로부터 나온 결론을 확인하기 위해 두 번째 자료로 사용한다.) • 참여자 검증[최초로 자료를 준 사람이 그 연구 자료의 설명, 해석, 결론에 동의하는지 결정하는 것; 이것은 정확히 (내부자)의 견해를 뒷받침한다.]
전이가능성(연구결과의 적용성을 구축하기 위한 외적 타당도의 등가물)	풍부하고 관련성 있는 설명(연구자는 연구하고 있는 측면뿐만 아니라 시간, 장소, 문화 등 그 측면이 놓여 있는 상황에 대해 주의 깊고, 세밀하고, 풍부하고, 철저하게 설명을 제공하고자 시도한다.); 그런 설명을 충분한 양과 범위로 적절하게(의도를 갖고) 표본 추출된 참여자들로부터 얻을 수 있다; 잠재적 적용자는 그 연구 상황과 발견을 적용하려고 하는 상황 간의 유사성 정도에 기초하여 전이 가능성을 판단한다.
신뢰성(연구 발견의 일관성을 구축하기 위한 신뢰도의 등가물)	신뢰성 평가 및 평가과정(회계감사와 유사하게, 연구의 원안대로 수행되고 있는지와 어떻게 행해지고 있는지를 결정하기 위해, 연구 과정의 모든 측면과 관련 문헌을 주의 깊게 조사한다.)

확실성(연구 발견의 중립성을 구축하기 위한 외적 타당도의 등가물)	확실성 평가와 평가과정(회계감사와 유사하게, 연구 발견, 해석, 결론, 권고사항이 일관성이 있고 적절하게 자료에 의해 뒷받침되고 있는지와 어떻게 수행되고 있는지를 결정하기 위해, 연구결과물의 모든 측면과 관련 문헌을 주의 깊게 조사한다; 최종결산 결과를 확실히 하는 것과 유사하다.)

몇몇 사람은 링컨과 구바(1985)의 양적 실증주의적 맥락에서 나온 연구의 질을 위해 잘 정립된 네 가지 준거와 너무 많이 유사하다는 이유로 네 가지 주요 신뢰성 준거에 대해 비판해 왔다. 그러나 우리는 링컨과 구바의 설계가 질적 연구 프로젝트의 정확성 및 사실적 가치 결정의 가장 핵심적인 방법을 잘 포착하는 것이라고 생각한다.

가장 중요한 고려사항으로 우리는 질적 연구결과에 대한 타당도 또는 신뢰성을 결정하는 가장 그대로 직접적인 방법을 제안하고자 한다. 이것은 **연구자 타당성**(*investigator validation*)과 **참여자 타당성**(*participants validation*)을 포함한다. 연구자 타당성에서 연구자 자신은 질적 연구의 가장 주요한 도구로서, 연구결과의 타당성을 판단하는 데 중요한 책임을 갖는다. 다음의 두 가지 인용문은 연구자 타당성에 대한 생각을 훌륭하게 전달한다. 첫 번째는 심리학자, 두 번째는 물리학자의 인용문이다.

> 타당도의 문제는 이런 의미다. 자신에 대한 엄격하고 철저한 자아 탐색과 다른 사람의 설명을 통해 최종적으로 묘사한 경험이 포괄적이고 생생하고 정확하게 그 경험의 본질과 의미를 나타내는가? 처음부터(다양한 단계에 걸쳐) 발견적 연구를 실행해 온 단 한 사람인 주 연구자가 이 판단을 내린다 (Moustakas, 1990, p. 32).

> 내가 과학적이라고 부르고 싶은 과정은 의미에 대한 끊임없는 이해와 중요성에 대해 지속적으로 평가하고, 내가 원하는 것을 하고 있다는 확신을 얻기 위한 점검 및 올바름과 올바르지 않음을 판단하는 행위가 수반되는 과

정이다. 더불어 연합하여 이해를 만들어 내는 점검과 판단, 수용은 내가 하는 것이며, 다른 누구도 아닌 나를 위해 할 수 있다. 치통처럼 사적인 것으로, 그것이 없다면 과학은 죽은 것이다(Bridgman, 1950, p. 50).

연구자 타당성은 두 번째 형태인 **참여자 타당성**으로 보완하는 것이 중요하다. 참여자 타당성은 연구의 사실적 가치나 타당도를 정립하는 데 연구 참여자 자신의 견해를 인식하고 강조하며 완전히 존중하는 것을 필요로 한다. 보다 최근에 개발된 몇몇 형태의 질적 연구에서(참여, 협동, 실행방식의 연구) 연구 참여자들은 연구 프로젝트의 모든 단계에서 무엇을 계획하고 실행하고 결론 내리는지에 대한 책임을 연구자와 똑같이 분담한다. 그러므로 연구의 질 및 사실적 가치에 대한 그들의 판단은 주 연구자의 판단만큼이나 중요하다. 연구 발견의 정확성 구축을 돕는 연구 참여자들의 이런 중요한 역할은 **연구 대상자 검증**(*member checks*)의 형태로 초기의 질적 연구 방식에서도 성문화되었다.

추가적인 타당도 유형

혼합연구방법 정당성(*Mixed methods legitimation*). 앞의 섹션에서 우리는 타당도와 신뢰도를 각각 양적 연구 형태와 질적 연구 형태로 다루었다. 양적 요소와 질적 요소를 결합한 혼합연구방법 설계에서 전체 연구의 사실적 가치를 최대화시키기 위해 이 두 요소를 다루는 가장 적절한 방법과 관련된 새로운 이슈가 부각된다. 언웨그버지와 존슨(Onwuegbuzie & Johnson, 2006)은 이 이슈에 대해 면밀히 다루었다. 그들은 혼합연구방법 설계의 사실적 가치 또는 추론의 질을 최적화하는 아홉 가지 방법을 제시했다. 그들이 제안한 아홉 가지의 **정당성 유형**(*legitimation type*)을 우리의 언어로 요약하고자 한다.

- 샘플-통합 정당성(sample-integration legitimation): 보다 넓은 표본에 대한 전반적 추론이 혼합설계의 양적, 질적 요소 속의 다양한 유형의 참여자 샘플의 특성에 적합한

가의 정도

- 내부-외부 정당성(inside-outside legitimation): 참여자(내부자)와 연구자(외부자)의 관점을 정확히 대표하고 적절히 균형 잡고 있는가의 정도
- 약점-최소화 정당성(weakness-minimization legitimation): 몇몇 구성요소의 약점을 다른 강점으로 보완하고 잘 균형 잡을 수 있도록 설계의 구성요소 선정
- 순차적 정당성(sequential legitimation): 연구결과가 연구 구성요소 자체의 순차적인 순서의 영향으로부터 자유로운 정도
- 수렴 정당성(conversion legitimation): 질적 자료를 수량화하고, 양적 자료를 내러티브로 요약하는 데 있어 이점은 최대화하고 위험은 최소화
- 패러다임 혼합 정당성(paradigmatic-mixing legitimation): 다양한 존재론적·인식론적·방법론적 가정의 차이를 명시적으로 인식하고 적절하게 존중하는 방식으로 접근방식을 혼합
- 상응 정당성(commensurability legitimation): 다른 접근 또는 패러다임은 상응하지 않는다는 흔한 입장에서 벗어나, 한 관점에서 다른 관점으로 이동하고 통합하며 그 둘을 포함하지만 초월하는 제3의 관점을 도출
- 다중 타당도 정당성(multiple validity legitimation): 각 개별의 연구 설계 구성요소의 정당성 기준을 적절히 다루고 충족시키기
- 정치적 정당성(political legitimation): 연구 프로젝트의 측면을 계획, 실행, 적용하고 연구 기간 동안의 다원론적 관점을 존중할 때, 연구 참여자들 사이의 권력과 긴장을 다루기

방법 타당도와 접근 타당도. 타당도는 전형적으로 두 가지 맥락에서 논의된다. 대체적으로 표준화된 측정/평가 도구와 특정 조사 연구다. 우리는 이 두 가지 맥락에 더하여 타당도 관련 사항을 적용할 수 있는 맥락 두 가지를 추가적으로 제시한다. 이 중 첫 번째는 '**방법 타당도**(*method validity*)'라 부를 수 있는데, 이것은 특정 연구방법의 선정(도구, 실습, 절차) 및 적절한 사용에 관련된 타당성 문제를 다룬다. 선택한 방법이 연구 중에 있는 특정한 주제나 과정에 관한 유용한 정보를 도출하는 것을 확실히 보장하는가? 두 번째의 추가적인 타당도 형

태는 '**접근 타당도**(*approach validity*)'라 부를 수 있는데, 보다 일반적인 연구방법(연구의 특별하고 더 넓은 형태)의 선정 및 적절한 사용에 관련된 타당도 사항을 다룰 수 있다. 선정된 연구 접근이 연구에서 달성하기 원하는 지식의 형태 및 실용적인 적용에 잘 맞는가?

앞에서 다룬 타당도 형태에 대한 더 자세한 정보에 관심 있는 독자는 서문에 언급된 다양한 연구방법뿐만 아니라 다음의 문헌에서도 참조할 수 있다(Anastasi & Urbina, 1997; Bracht & Glass, 1968; Campbell & Stanley, 1963; Cook & Campbell, 1979; Cronbach & Meehl, 1955; Hunsley & Meyer, 2003; Lincoln & Guba, 1985; Maxwell, 1992; Onwuegbuzie & Johnson, 2006; Winter, 2000).

전환 타당도 유형

유효성 타당도(*Efficacy validity*). 이미 이 장에서 인용했듯이, 전통적인 연구에서 연구 발견은 다양한 좋은 이유로 타당성을 입증했다고 여겨진다. 그러나 학술보고서의 독자들은 연구 발견이 의미심장함과 통찰이라는 말로 그들의 삶에 부가적인 가치를 제공할 때, 그 발견을 가장 높이 평가한다는 사실을 우리는 종종 알게 된다. 흔히 연구는 새로운 방식으로 생각하도록 우리를 고무시키고, 우리가 과거에는 하지 않았던 삶의 질문을 던진다. 특히 혁신적이고 가치 있는 연구의 많은 부분은 경험적이거나 단계적인 학술적 이론 구성에 관한 것이기보다는 창의적 도약, 통찰, 사색에 관한 것이다. 그러므로 우리의 통찰과 실천을 고무시키고 자극하고 촉구하는 연구와 학술적 작업은 그것을 수행하는 많은 전문적 탐구자들만큼이나 우리 학문 분야에 귀중하다.

직관적 탐구(Anderson, 2004b; Esbjörn-Hargens & Anderson, 2005)에서 처음으로 소개한 유효성 타당도는 독자들이 연구 및 학술보고서의 발견을 읽거나 우연히 접한 결과로 변화할 수 있다는 생각을 뒷받침한다. 따라서 연구가 다음의 질문에 긍정적으로 답한다면 유효성 타당도가 높은 것이다.

- 연구자는 연구를 수행하는 과정에서 변화했는가? 독자들은 연구 발견을 읽고 그들 자신의 삶의 상황에 적용하면서 어떻게 변화했는가?
- 연구자와 연구 참여자들은 연구 과정에서 그들 자신과 연구주제에 관해 공감과 심층적 이해를 얻었는가?
- 연구 보고를 읽을 때, 독자들은 그들 자신과 주제 또는 세상에 대해 연민과 깊은 이해를 얻었는가?
- 연구 보고를 명료하고 진정성 있게 기술하여 독자들이 연구자의 의도를 이해하고, 그에 따라 자신들 삶과 연구의 관련성을 더 잘 평가할 수 있는가?
- 연구는 독자들의 삶과 세상에 관해 새로운 질문을 던지도록 도와주면서 미래에 대한 새로운 비전을 제공하는가?
- 독자들은 연구가 제공하는 발견과 비전에 의해 영감을 받았는가?
- 독자들은 세상 속에서 실천하고 봉사하는 방향으로 마음이 움직였는가?

전환 타당도(*Transformative validity*). 유효성 타당도와 관련하여(특히, 바로 위의 첫 번째 질문), 전환 타당도는 제3장의 유기적 탐구에서 논의되었다. 전환 타당도는 특별히 학술적 보고나 좀 더 대중적인 발표장에서 연구 발견을 전달할 때와 마찬가지로 연구 참여자들과 연구자의 스토리를 읽은 후 독자들의 전반적인 삶의 스토리가 변화되는 정도와 관련 있다.

앞에서 언급한 타당도 외의 추가적인 형태를 더 제시하기보다는, 이 장의 결론으로 우리는 연구자와 학자들은 대중으로부터 받는 피드백 유형이 특정 연구의 가치를 말하는 가장 유효한 타당성 지표를 제공해 준다는 사실을 확산시킬 것을 제안하고자 한다. 즉, 우리는 오직 표준화된 절차에 의존하기보다는 타당성 그 자체의 본래 접근에서 보다 많은 것을 제안한다. 물론 우리의 발견에 대해 소비자들은 우리가 상상할 수 있었던 것과는 다른 자원의 가치를 찾거나 그 부족을 발견할 수도 있다. 그러나 최소한 대화는 시작되었다고 본다. 연구와 학문적 발견의 소비자들 사이에 그러한 대화가 없다면, 학문적 관심 분야 밖에 존재하는 다른 사람들에게 무엇이 가치 있고 정당하며 유용한지 알기는 어렵다.

공명패널

타당도 지표로서 공감적 공명, 공명 타당도 그리고 공명패널

로즈메리 앤더슨(Rosemarie Anderson, 1998, pp. 73-75, p. 93)은 우리가 초기에 저술한 책(Braud & Anderson, 1998)의 직관적 탐구에 관한 장에서 타당도 지표로 **공감적 공명**과 **공명패널** 개념을 소개했다. 이 개념을 발전시키고 그 응용을 탐구하면서 동료와 학생들은 그것이 도움이 된다는 사실을 발견했다. 따라서 윌리엄 브로드(William Braud, 1998a, pp. 224-230)는 같은 책에서 그 개념을 상세하고 정교하게 다듬었다. 후에 앤더슨(Anderson, 2004b), 에스뵈른-하겐스와 앤더슨(Esbjörn-Hagens & Anderson, 2005)은 직관적 탐구와 일반적인 질적 연구의 타당도를 평가하기 위해 공감적 공명을 사용할 수 있는 방법에 대해 설명하기 위하여 **공명 타당도**(*resonance validity*)라는 용어를 소개했다.

비록 이 개념은 음향적인 용어로 불리나, 나(로즈메리 앤더슨)는 그 기원을 20세기 초 북인도 출신인 피르-오-머시드 헤즈렛 이나옛 칸(Pir-O-Murshid Hazrat Inayat Khan)이 설립한 서구 수피즘 계보에서 받은 훈련으로 거슬러 찾아갈 수 있다. 그 훈련을 받은 지 30년 이상이 지났지만, 나는 여전히 그 교수법을 정확히 꼭 집어 설명할 수는 없다. 그러나 나는 그 기간 동안 명상을 하면서 내적 신체 반응을 관찰하는 법을 배웠다. 그 이후 나는 일상에서 사람과 사건, 환경에 대한 내적 반응을 관찰하고 그 반응을 상황에 대해 검토하고 결정을 내리는 데 도움이 되도록 사용하기 시작했다.

공감적 공명은 물리적 영역에서 잘 알려진 공명 원리와 유사한 심리학적 원리다. 핵심적인 특징은 만약 두 구조나 시스템이 본질상 매우 유사하다면 둘 중 하나의 활성화와 동요는 다른 하나에서도 충실히 반영될 것이라는 점이다. 이것은 매우 민감하고 선별적으로 일어날 수 있다. 예를 들어, 피아노와 같은 악기는 유사한 악기(유사한 피아노)에서 특정 음이 나올 때 그 음으로 진동하고 스스로 음을 방출한다. 그런 모방이나 공명이 일어나든 일어나지 않든, 그 발생 능력은 그 두 악기의 유사성에 대한 지표로 사용될 수 있다. 이 공명/

유사성 아이디어가 심리학 분야로 확장되면 연구자의 발견에 대한 타당성의 지표로 사용될 수 있다. 만약 한 사람(또는 그룹의 사람들)의 경험에 대한 발견이 다른 사람들(또는 사람들의 그룹)에게도 마찬가지로 적용되고, 후자의 공명 또는 모방으로 드러날 때, 이 유사한 반응은 발견의 타당성을 확인시켜 준다. 심리적인 공명은 "예, 그런 느낌이나 울림이 나에게도 똑같이 일어나요." "예, 그것이 바로 내가 경험한 것이에요." 또는 "예, 그것이 나 자신의 경험의 본질이에요."와 같은 응답으로 드러난다. 공명은 지적, 정서적, 신체적, 직관적 측면을 가질 수 있다. 그런 공명[또는 무공명(nonresonance) 또는 반공명(antiresonance)] 반응의 정도 및 폭이 연구 발견의 정확성, 풍부함, 일반화의 정도를 나타낼 수 있다.

공명패널은 공감적 공명을 측정하는 체계적이고 형식적인 절차를 제공한다. 최초 연구 작업에 참여하지 않고 공명(일치) 정도를 측정하기 위해 신중하게 선정된 개인들에게 연구에서 도출한 발견을 전달한다. 그 절차는 질적 연구에서 **연구 참여자 검증**으로 알려진 것과 유사하다. 중요한 차이점은 연구 참여자 검증은 연구 작업의 실제 최초 참여자들(그들 자신들의 경험에 대한 연구자의 설명과 해석에 동의하는지를 나타내는)에 의해 이루어지는 반면, 공명패널은 원래의 발견을 도출한 연구에는 참여하지 않았던 개인을 추가적으로 포함시킨다.

공명패널 구성원 선정하기

질적 연구는 전형적으로 한 그룹의 연구 참여자들 안에서 특정 경험의 탐구를 포함한다. 따라서 공명패널을 구성할 때, 먼저 본 연구를 통해 얻은 것과 동일한 경험을 가진 사람들을 선정하고, 이 '새로운' 사람들이 그와 동일한 경험과 관련된 설명과 결론에 공감하는지 안 하는지를 결정할 것이다. 만약 연구자가 동일한 경험을 한 사람을 추가적으로 찾지 못하면, 다음 선택은 유사한 경험을 한 사람일 것이다. 연구자는 선정 기준으로 **근접성**(*proximity*; 어떤 식으로든 본 연구의 참여자들과 가까운 사람 선정하기)을 사용할 수 있다. 예를 들어, 참여자들의 가족 구성원, 친구, 이웃이나 참여자들이 속해 있는 그룹이나 조직, 또는 동일하거나 유사한 환경에 살거나 일하는 사람들로부터 공명패널 구성원을 선정할 수 있다. 경영이나 직장연구의 **전방위 평가절차**(*360-degree assessments* *procedure*)와 비슷하게, 참여자들을 아주 잘 아는 사람, 적당히 아는 사람, 약간만 아는 사람으로 패널 구성원을 선정할 수 있다. 이렇게 함으로써 관계의 다양성 정도에 따른 근접성에 기초하여 표본 추출을 할 수 있다. 공명패널 선정의 마지막 기준은 **영향도**다. 연구자는 참여자들의 경험에 의해 영향 받아 왔거나 받을 수 있는 사람들을 포함시킬 수 있다. 예를 들어, 만약 용서에 대한 연구를 한다면 패널 구성원을 용서를 하는 사람뿐만 아니라 마찬가지로 용서를 받은 사람도 포함시킬 수 있다. 만약 이례적인 경험이나 비밀의 공개에 대해 연구한다면, 공개를 한 사람뿐만 아니라 그 공개의 대상자인 사람들도 포함시킬 수 있다. 보다 일반적인 의미에서 패널은 연구 중에 있는 경험이나 환경에 **반응했던** 사람이나 아니면 **미래에 반응할 수 있는** 사람을 포함시킬 수 있다. 특정 선정 기준과 상관없이, 연구자들은 연구 목표가 주어지면 다양한 공명패널 구성원들의 동질성 또는 이질성에 대한 선호를 결정해야 한다. 물론 연구자는 잠정적인 공명패널 구성원들에게 공명패널 절차에 대해 상세히 설명하고 참여하기 전에 설명을 담은 동의서에 서명하도록 할 것이다.

참여 방식

패널이라는 용어는 그룹 모임을 암시하지만, 반드시 공명패널을 동일한 시간과 장소에 소집할 필요는 없다. 패널은 연구자의 잠정적 발견에 대한 의견을 피력하기 위해 함께 모인 사람들의 그룹으로 참여할 수 있다. 그룹이 가장 효율적인 참여 형태일 수 있다. 그러나 공명패널을 연구의 잠정적 발견을 다른 시간, 다른 장소에서 평가하는 한 군집의 개인들로 구성할 수도 있다. 그룹이냐 개인이냐의 각 형태는 그 자체의 이점과 단점이 있다. 포커스 그룹과 유사한 기능을 하는 그룹 형태는 몇몇 구성원들의 생각과 느낌이 다른 구성원들의 생각과 느낌을 촉진한다. 이때, 그룹 역동성은 다른 방식으로는 간과될 수 있는 측면을 다루면서 이점을 얻고 보다 효율적일 수 있다. 그러나 그룹 형태의 위험은 보다 활동적이고 우세하고 적극적인 구성원의 의견이 그보다 덜 강한 구성원의 의견을 억압하고, 심지어는 왜곡시킬 수도 있다는 점이다.

개인 방식은 보다 쉽게 일정을 관리할 수 있고, 그룹 방식에 비해 패널 구성원들이 보다 충분히, 개별적으로, 진실하게 자신을 표현할 수 있도록 할 수 있다. 어떤 경우든 개인이나 그룹 모임에 앞서 공명패널 참여자들에게 이후에 반응하도록 요청할 연구 발견에 대한 상세한 설명(쓰인 자료나 어떤 다른 형태로)을 전달하여 준비시킨다. 실제 패널 활동을 하기 약 2주 전에 패널 구성원들에게 적절한 준비 자료를 주도록 권한다. 즉, 구성원들이 그 자료에 익숙해질 수 있도록 충분한 시간을 준다.

발표 방식

공명패널에게 제공하는 자료들은 다양한 방식을 취할 수 있다. 구성원에게 연구 참여자들의 경험에 대한 간략한 개별 요약에 반응하도록 요청할 수 있다. 이것은 간략한 내러티브(narrative vignettes)나 발견적 연구에서 준비하는 개인적 또는 복합적 기술과 비슷한 발표일 수 있다. 다른 대안으로는 패널 구성원에게 본 연구에서 확인되었던 주제에 대해 질적 주제 내용분석을 통해 응답하도록 요청할 수 있다. 연구 발견 초안의 가장 핵심적인 내용을 보여 주기 위해 적절히 선정하고 편집한 비디오 및 오디오 녹음을 사용할 수 있다. 패널에게 미리 제시하는 모든 것은 정확성을 위해 본 연구 참여자들이 연구 참여자 검증을 통해 확인해야만 한다.

응답 방식

연구자는 패널 구성원들의 공명을 평가하기 위해 다양한 선택을 할 수 있다. 공명자는 리커트 척도를 사용해서 잠정적 연구 발견의 다양한 측면에 반응을 보여 줄 수 있다. 그들은 연구 발견의 각 주요한 측면에 그들이 강하게, 적당하게, 약하게 공감하는지 공감하지 않는지, 아니면 중립적인 느낌이 드는지를 표현할 수 있다. 공감과 비공감은 생각, 느낌, 감정, 신체 반응, 직관에 기반할 수 있다. 공명자는 어떤 반응 기반이 작용했는지를 표현하는 것이 유용할 수 있다. 그들에게 연구 발견의 개별적인 부분 또는 전반에게 반응하도록 요청할 수 있다. 그런 양적 평가 외에도, 발견에 대한 패널 구성원들의 공명 정도에 대해 질적 반응을 끌어내야 하는데, 특히 연구 발견에서 관련 있어 보이는 것과 배제됐다고 느끼는 것에 대해 말하도록 요청해야 한다. 만약 필요한 장치가 이용 가능하다면, 연구자는 패널 구성원들로 하여금 연구 발견의 측면에 대한 그들의 순간적인 공감과 비공감 정도를 표현하게 할 수 있다. 예를 들어, 일부 포커스 그룹 연구에서처럼 소형 손잡이를 특정한 방식으로 돌려 반응을 나타내는 장치를 이용하고, 이 운동반응을 과학기술적으로 추적하여 기록할 수 있다. 훨씬 정교한 공명평가를 한다면, 제시된 다양한 연구 발견에 대한 공명자의 심리적 반응(피부전기활성에서 반영되는 것과 같은 자동활성화 반응)을 기록하는 것일 수 있다. 위의 마지막 두 제안(가능한 운동적 그리고 심리적 지표)을 양적 또는 과학기술적 지식을 가진 연구자나 새로운 방법으로 공명을 탐구하고자 하는 연구자들을 위해 간단히 소개하였다.

공명패널 발견의 분석 및 처리

공명 결과의 분석 및 발표의 목적은 물론 다양한 공명자들이 본 연구에서 묘사한 발견의 다양한 측면에 반응했는지 그리고 어떻게 반응했는지를 보여주는 것이다. 이 공명의 결과를 양적으로, 질적으로, 또는 양쪽 모두의 형태로 요약하여 발표할 수 있다. 또한 전체적 양식과 개별적 양식으로 발표할 수도 있다. 연구자는 다양한 연구 발견에 대한 공명 정도를 양적으로(리커트 척도 결과를 종합하여) 또는 질적으로(잠정적 연구 발견에 대한 공명을 전부, 거의, 많이, 어느 정도, 거의 안 함, 안 함으로 나타냄으로써) 나타낼 수 있다. 즉, 연구자는 다양한 패널 구성원들의 공명 결과를 공감과 비공감으로 보고할 수 있다. 모든 질적 프로젝트의 발견이 매우 고유하고 일정하지 않은 것처럼 공명 결과도 마찬가지다. 다양한 패널 구성원이 본 발견의 다양한 측면에 대해 다르게 느낄 수 있음을 예상할 수 있다. 연구자는 공명 결과의 핵심적 경향성 및 가변성 양쪽 지표를 다 보고할 수 있다.

연구자는 공명, 반공명, 중립의 패턴을 확인하고 보고함으로써 본 연구 발견의 어떤 측면이 일반적으로 적용 가능하거나 정확한지, 어떤 측면이 부분적으로 적용 가능하고 정확한지 그리고 어떤 측면이 어떤 유형의 개인에게는 적용 가능하고 정확하고 타당하지만, 다른 유형의 사람들에게는 그렇지 않은지를 제시할 수 있을 것이다. 다른 출처에서 제안했었던 것처럼(Anderson, 1998, pp. 74-75), 다양한 하위 그룹의 반응 패턴에 주목함으로써 연구자는 연구 발견의 전체 또는 부분에 대한 정치적·사회적·문화적 지도를 그릴 수 있다. 연구자는 어떤 연구 발견이 즉각적으로 이해되고 받아들여지며 반응되는지를 공감, 비공감, 중립으로 나타내고, 이 다양한 방식에 어떤 유형의 개인 또는 그룹이 반응하는지를 나타내는 동심원의 수정된 사회도(sociogram)[1]를 만들 수 있다.

그러나 공명 결과를 평가할 때, 연구자는 각 공명패널 구성원들로부터 나온 의견을 논의하고 존중해야 한다. 연구자는 본 연구 발견을 공명패널 자료의 관점에서 질적으로 또는 심층적으로 더 정교하게 만들 수 있다. 이 책의 직관적 탐구(제1장)의 렌즈(lenses)에서 설명한 것처럼, 패널 결과에 기초해 특정 연구 발견에 대한 결론은 소폭 또는 대폭으로 수정될 수 있으며 전혀 바뀌지 않을 수도 있다. 어떤 공명패널 구성원의 질적 발언은 직관적 탐구 과정의 사이클(Cycle 4)에서 새로운 렌즈가 나타날 수 있는 것처럼 연구 중에 있는 경험에 새로운 발견을 제시할 수도 있다.

---

1 사회성 측정검사를 통해 얻어진 자료를 분석하는 방법의 하나로, 집단 구성원들 간의 선택과 배척을 포괄하여 개인과 집단의 사회성을 나타내는 도형적 방법이다. 구성원 개개인을 표시하는 기하학적 도형과 개인 간 관계에 따라 그 도형을 연결하는 여러 종류의 선으로 이루어진다. (출처: 교육평가용어사전, 학지사, 2004)

제9장 연구와 학문의 전환적 비전

나의 깊은 한숨은 지구의 울부짖음으로 올라오고, 그 안에서 나온 메시지가 해답이 된다.

-피르-오-머시드 이나옛 칸(Khan, 1960, p. 72)

이전 장에서 소개한 방법, 기술, 실습의 명시적이고 암묵적인 가치에 비추어, 우리는 이 마지막 장에서 개인적으로, 공동체적으로 그리고 세계적으로 긍정적인 전환을 뒷받침해 줄 수 있는 자아초월적 연구 및 학문적 비전을 제안한다. 우리는 도전의 시대에 살고 있다. 오직 공동체의식으로 작업하는 인간들만이 기후, 경제, 환경, 사회, 정치적 재앙을 해결할 수 있다. 왜냐하면 우리가 바로 그 문제의 원인 제공자이기 때문이다. 만약 학문 영역과 학자 공동체가 학문 추구 및 관련 산업을 확장하려는 분파주의적 학문을 지속한다면, 환경 고갈의 끔찍한 이야기와 대혼란의 조장은 전 세계적으로 계속될 것이다. 또 다른 가능성은 학문적 탐구가 현실적인 문제를 해결하는 글로벌적 담화로부터 점점 벗어나는 것이다. 이런 퇴보현상은 이미 몇몇 공공 분야에서 일어나고 있는 것으로 보인다. 우리는 인간과학과 인문학이 우리 시대의 도전에 맞서서 지역과 세계가 힘을 합쳐 이 세계의 구체적인 문제를 해결할 수 있는 새롭고 전환적인 전략을 연구하기 바란다. 우리는 보다 큰 전체, 즉 인간 세계 그 이상을 포함하는 글로벌 공동체를 향상시키기 위해 전환적인 비전을 불어넣는 새로운 과학 및 새로운 인문학이 필요하다(Abram, 1996).

연구의 전환적인 비전을 불러일으키기 위해, 학술 공동체는 우리가 학문적 추구에 대해 생각하는 방식에 몇 가지 변화를 가져올 필요가 있다. 심리학이 특히 그렇다. 첫째, 우리는 이 세상의 모든 지혜의 심리학을 존중할 것을 제안한다. 이것은 서양의 학문과 전문 직업 분야에서 역사적으로 개발한 것뿐만 아니라 지구상의 종교적, 영적, 토착 전통, 관례, 의식에 내재된 지혜 전통을 포함한다. 수천 개는 아니더라도 수백 개의 지혜 전통이 이 세상에 존재한다. 각각은 고유한 방식으로 우리의 집단적 이해를 심화시키는 잠재력을 가지고 있다. 우리는 부주의하여 단 하나의 지혜 전통이라도 간과할 수 있다. 만약 지구의 저 먼 끝에 있는 한 소규모 집단의 지혜가 한 지역이나 글로벌 문제를 풀 수 있는 특효약을 제공할지 누가 알겠는가? 그건 모를 일이다. 이런 다수의 그리고 소수의 종교적, 영적, 토착 전통의 시각으로 우리 삶의 내용을 풍부하게 하지 않고서는, 우리가 잃어온 것을 결코 알지 못할 것이다. 엄청나게 많은 지혜가 여전히 이 세상에 존재하고 있고, 그 지혜는 사람들, 특히 지혜의 전통으로 각 학문과 관련된 주제를 입증할 수 있는 연구자와 학자들이 보존하고 이해할 필요가 있다. 국제정치라는 하나의 지배적인 정치적 의제가 공동문제를 해결하기 위해 우리가 안고 있는 글로벌 담화를 결정할 수 있는 시대는 지나갔고, 심지어 그 자체가 위험하다.

둘째, 우리는 세계의 학술공동체나 담화공동체가 인간 그 이상의 세계(more-than-human world)를 포함하고 자연과 인간이 상호 의존하며 상생하는 세상임을 서로 확인하는 하나의 글로벌 공동체로서, 우리 자신을 재창조하는 데 집단적으로 기여할 것을 제안한다. 인간 세상 그 이상이라는 의미는 우리가 '지구'라 부르는 것 위에 존재하는 모든 생물체와 지구에 미치는 자연의 힘 그리고 태양계 우주 공간의 모든 것을 포함한다. 어떤 '혼합체' 속에서 우리가 생존하고 있는지 알지 못하기 때문에 겸손함을 가져야 한다. 인간 그 이상의 세계는 또한 기존의 실재에 의미와 생기를 불어넣는 영적 힘도 포함한다. 영적 힘은 전 세계 전통의 다양한 방식을 통해 알 수 있는 것처럼 생명력을 가지고 있으며, 생명을 창조한다.

셋째, 우리는 전 세계의 모든 사람이 자신의 시간과 공간 속에서 완벽하게 자기 자신이 될 것을 제안한다. 어떤 사람이나 집단도 다른 사람이나 집단을 흉내 낼 필요가 없다. 지금은 우리의 다양성과 차이가 글로벌적 활력과 평화를 위한 자산이지 부채가 아님을 이해해야 하는 시대다. 생물의 한 종으로서 우리는 궁극적으로 다양성 없이는 생존할 수 없다. 우리가 박테리아, 씨앗, 곤충, 동물, 포유류 또는 인간문화 등 그 무엇에 대한 다양성을 이야기하든 관계없다. 오직 다양성 안에서만 우리는 생존할 수 있을 것이다.

연구와 학문에 대한 비전 확장하기

연구와 학문의 전환적 비전이 가지는 함축성은 전환이 개인적·사회적·글로벌적일 수 있다는 사실에 대한 이해다. 이는 인본주의 심리학과 자아초월 심리학의 주 강조점이 된 개인의 성장 및 전환에 대한 초점을 확장시킨다. 그 비전은 인간 경험이 건강, 웰빙, 평화, 조화, 연민, 친절, 온전함과 진실함과 같은 **궁극적인 목표**를 뒷받침할 수 있는 많은 방식을 포함한다. 일상적·배제된·이례적·비정상적·병리적 경험과 같은 많은 인간 경험을 전환적 용어로 재개념화하는 것을 포함한다. 이 궁극적인 목표를 뒷받침하기 위해, 우리는 자아(self)와 타자(other)라는 언어를 '나(me)'와 '너(you)'를 포함하는 '우리(we)'라는 말로 통합하는 상호 관계성의 언어를 장려한다. 이 관점에서 우리는 이미 타자의 필요 속에 현존한다. 이 포괄적인 관점은 **우분투**(*Ubuntu*)(Louw n.d.a.; Louw n.d.b 참조)로 알려진 아프리카 철학과 삶의 방식에 압축되어 있고, 줄루(Zulu) 격언인 "인간은 타자를 통해서 인간으로 존재한다(*ubuntu ngumuntu ngabantu*)." 속에 나타나 있다(Schutte, 2001). 이 전통의 핵심은 또한 "나는 우리가 있기 때문에 존재한다. 우리는 내가 있기 때문에 존재한다."는 표현에서도 잘 드러난다.

연구와 학문을 위한 이 전환적 비전은 개인적·집단적·글로벌적 측면의 상호작용을 인식한다. 신비적 지혜 전통, 양자물리학, 초심리학 등의 다양한 분야로부터의 증거와 이론은 서로 분리되고 고립된 개별 관점은 부정확하고 우리를 잘못 안내할 수 있다는 점을 알려 준다. 실제 세계는 서로 깊이 연결되어 있고 비국지적(nonlocality) 특성을 지니는 것으로 드러난다. 우리가 알고 있는 것과 우리의 행동방식은 집단이 알고 있는 것과 집단의 행동방식과 다르지 않다. 어떤 것을 알면, 다른 것에도 적용할 수 있다. 어떤 것에 이익이 되면, 다른 것에도 이익이 된다. 사실 여기서 '다른'은 언어적 형상에 불과하다. 이러한 사실을 염두에 두면서 개인의 내적 경험을 연구하는 것은 특히 심난 그리고 궁극적인 목표 및 가치와 관련된 관심으로 동기가 부여된다면 유용할 수 있다. 또한 바로 자신이 속한 공동체나 글로벌 공동체의 연구를 진실로 방치하지는 않을 것이다. 이 관점은 '글로벌 의식이 내면의 자아 탐구로부터 나온다는 것을 발견함으로써, 인류를 위해 그들의 삶을 봉사해 온 사람들'(Targ & Hurtak, 2006, p. xxiv)이 있다는 인식과 일치한다.

개인적 그리고 글로벌적 측면 양쪽을 모두 존중하기 위해 자신의 연구에 대한 관점을 확장시키는 것에 더하여, 어니스트 보어(Ernest Boyer)의 제안을 마음에 새길 수 있다. 보어(Boyer, 1990)는 네 개의 영역 또는 차원을 포함하는 학문적 관점을 제안했다. 그는 **발견**(*discovery*; 실행, 학생 지도, 최초의 경험적 연구; 새로운 발견에 대한 강조), **통합**(*integration*; 이론적, 학제 간 작업, 새로운 개념화 및 이해에 대한 강조; 서술), **지도**(*teaching*; 교육, 멘터링, 모델링 등 체화와 의도를 가진 모든 형태의 지식 전파), **적용**(*application*; 다른 사람들에게 전문적인 서비스 제공하기; 공동체 기반의 실행; 그룹 그리고 일대일 토론) 등 네 가지 관점을 확인하고 설명했다. 이 네 가지 방식은 자아초월 심리학뿐만 아니라 다른 학문 분야에서도 그 분야를 발전시키기 위한 다양한 방식의 연구 및 방법을 규정하는 데 사용될 수 있다.

연구와 학문의 전환적 비전을 위한 전략

과학자와 학자의 학제 간 협동연구

전반적으로 세계에 대한 개인의 지식과 경험의 범위가 크면 클수록 자아와 타자 그리고 세계에 대한 개인의 인식과 이해가 확장되고 전환될 가능성은 더 커지는 것 같다. 즉, 개인의 자아관, 인생관, 세계관의 전환이 일어날 가능성은 더욱 크다. 우리는 연구와 학문을 통해 개인의 지식과 경험을 확장시키는 네 가지 가능성을 제안한다. 첫 번째 가능성은 **자기 안에서** 확장하는 것이다. 가능한 많이 자신과 타자들 그리고 세상에 대해 자신의 개인적인 경험의 범위와 깊이를 확장하는 것이다. 이 작업은 자신을 넓은 범위의 내용에 노출시킬 뿐만 아니라 가능한 많은 형태의 지식과 앎의 방식을 활용하는 것을 포함한다. 후자의 확장은 이 책의 제2부에서 다루어진 기술의 활용 및 훈련을 통해 도움을 받을 수 있다. 한 개인이 알고 경험할 수 있는 가능성의 한계를 감안한다면, 두 번째 가능성은 유사한 관심과 목표를 가진 **연구팀**의 일원이 되거나 함께 협업을 하는 것이다.

세 번째 가능성은 **특정 학문 분야의 확장을 육성시켜** 그 방법과 실질적인 내용을 보다 포괄적이고 통합적으로 만드는 것이다(이미 제2장의 마지막 섹션에서 서술된 것처럼). 예를 들어, 심리학 분야에서 연구를 한다면, 가능한 많은 하위 영역의 아이디어 및 발견에 대한 이해를 추구할 수 있다. 행동과 인지를 선호하는 연구에서, 우리는 그 기능과 능력, 제한점을 풍부히 배울 수 있고, 객관적이고 표준화된 그리고 보통 양적으로 규정짓는 원리 및 실행의 유용성을 배울 수 있다. 특히, 감각과 지각 기능, 학습, 기억, 동기, 생각 분야에서 유용하다. 정신분석과 심층심리 접근을 선호하는 연구에서, 우리는 이전엔 '무의식'의 과정 및 내용을 자각하는 방법, 무의식적 동기의 본질, 이후의 기능에 영향을 주는 초기 경험의 역할에 관해 배울 수 있다. 인본주의 및 실존주의 가치에 대한 연구에서 우리는 선택, 책임감, 인간의 잠재력과 성장, 자아, 자아실현, 건강, 사랑, 희망, 창의성, 타고난 본질, 존재, 되어 감, 개성, 진정성 그리고 의미 등의 분야에 대해 보다 풍부한 이해를 얻을 수 있다. 또한 그런 주제를 탐구하는 데 있어 질적 연구방식의 가치를 배울 수 있다. 자아초월 접근을 선호하는 연구에서 우리는 시공간의 보다 많은 실재를 포함시키기 위해 자기도식(self-scheme)과 정체성을 어떻게 확장시킬 수 있는지를 배울 수 있다. 일상적으로 인식하는 것보다 얼마나 더 많은 성장과 발전의 단계가 있는지, 앎, 존재, 행위의 다른 대안적인 방식은 있는지, 타자들 그리고 모든 자연의 측면과 심오하게 상호 연결되어 있음의 중요성, 전환과 초월의 가능성, 인간성에 대한 전체론적 관점의 유용함 그리고 이런 측면들을 탐구하는 적절한 방식으로 이 책의 제2부에서 다룬 자아초월적 연구 접근의 유형이 가진 힘에 대해서도 배울 수 있다. 심리학의 다양한 분야로부터 이런 다양한 정보를 배우는 것 외에도, 심리학 외의 분야로부터 확장된 정보를 얻는 것도 환영할 수 있다.

네 번째 기능성은 **과학지와 학지들이 학제 간 협동연구를 하고** 그들의 방법, 발견, 해석을 환영하고 존중하는 것이다. 그들은 철학, 심리학, 인류학, 경제학, 역사, 문학, 예술, 자연과학, 의학 그리고 좀 더 새롭고 아직은 정당성을 인정하지 않는 학문인 초심리학과 물리연구의 발견, 이론, 해석 등의 다양한 차원에서 인간 기능을 다룬다. 그러므로 인간이 된다는 것이 무엇을 의미하는지에 대한 포괄적이고 통합적인 이해를 발전시키기를 바라는 모든 사람과 깊은 연관성이 있다. 이들은 각기 강조하는 것이 다르고 그들의 연구 영역에 포함하거나 배제하는 선택이 다르기 때문에 이들 각 영역에서는 인간의 본성 및 기능의 어떤 면은 드러나는 반면, 다른 측면은 숨겨진다. 가능한 많은 앎의 원천을 고려함으로써 한 분야에서 감추어진 앎이 다른 분야에서는 드러나면서 균형을 이룰 수 있다. 연구자가 다양한 과학자 및 학자들과 상호작용하면 관련된 모든 것에 대한 이해와 관점을 확장시킬 수 있고, 연구자와 공동연구자 모두에게 전환적인 변화의 가능성이 일어날 수 있다.

저명한 영국의 물리학자이자 수학자인 올리버 라지 경(Sir Oliver Lodge, 1910)은 일찍이 다른 학문, 특히 인문학자의 작업에서 관심을 기울여야 하는 가치에 대해 언급했다.

> 만약 선지식들은 과학적 연구자가 아니라고 주장한다면(그들이 이질적인 방식을 사용하기 때문에), 그들의 방법은 다르지만 그들이 이질적이라고 생각하지 않는다. 좁은 의미에서 과학은 진리에 도달하기 위한 유일한 길은 결코 아니다. 특히, 인간 본질에 관한 진리에서는 아니다. 과거의 위대한 선지식과 예언자들이 제공하는 지식을 거부하고 지난 1세기 또는 2세기 동안 주로 발전해 온 제한된 영역의 연구자들에게만 의존하는 것에 대해 측은함과 편협함이 느껴지며, 그것이야말로 진실로 가장 넓은 의미에서 비과학적이다…….
>
> 진리는 크다. 그리고 많은 길로 탐색할 수 있다. 불충분한 경험이지만 천

재적인 영감을 가지고 그들이 살았던 시대에 알려진 것보다 더 위대하고 높은 진리를 슬쩍 보고, 그들의 영감을 음악적이고 불멸의 언어(과학 분야의 연구자들은 구사할 수 없는 말)로 기록하면서 찬탄했던 모든 사람을 존중하라. 그 언어를 만났을 때 즐겁고 기쁨을 주기 때문에 인용했다(pp. 154-155).

학제 간 또는 초학문적인 맥락에서 심리학자이자 철학자인 지크문트 코흐(Sigmund Koch)는 주목할 만하다. 심리학에 관한 그의 기념비적인 6권의 편집 시리즈인 『과학에 대한 연구(*A Study of Science*)』(1959~1963)에서 그는 다양한 심리학 분야 및 다양한 다른 학문과 심리학의 유관성에 대한 상호 관계를 명료화하려고 노력했다. 그 시리즈 중 제6권은 심리학이 심리언어학, 사회학, 인류학, 언어학, 정치과학, 경제학 등의 다른 학문에 '교량 역할'을 할 수 있는 방법에 대해 논의하고 있다. 그의 연이은 연구(Koch, 1999)에서 코흐는 심리학적 이해를 고양시키는 데 있어 인문학 및 예술이 갖는 역할의 중요성을 강조했다. 그 작업을 한층 발전시키고 지속해 가면서 보다 적절한 형태의 심리학 발전에 중요한 공헌을 할 수 있었다.

다른 분야의 학자들과 협업하는 것은 외관상 다른 접근을 사용하기 때문에 어려울 수 있다. 그러나 좀 더 면밀히 조사해 보면, 다양한 학문의 연구방법 이면에 놓여 있는 본질적인 특징은 상당히 일치한다는 점을 발견할 수 있다. 로버트와 미셸 루트-번스타인(Robert & Michele Root-Bernstein, 1999)은 과학, 인문학, 예술 등의 다양한 영역의 많은 창의적인 개인들은 작업하면서 동일한 방식의 사고 도구를 사용한다는 사실을 설득력 있게 보여 준다. 그러한 도구는 관찰, 상상, 추상, 패턴 인식, 패턴 형성, 유추, 몸으로 생각하기, 공감, 차원적 사고, 모델링, 놀이, 전환 통합의 과정에 관여한다. 한 분야에서 그 도구를 사용하는 것은 다른 분야에서 그 사용과 인식을 촉진시켜 준다. 이 책의 제2부에서 우리의 목적 중 하나는 연구자와 학자들이 이러한 기술과 좀 더 익숙해지도록 돕는 것이다. 그렇게 함으로써 어떤 학문 분야이든 관계없이 그 기술을 자신의 학문에 효과적으로 적용하고, 다른 분야에서 동일하거나 유사한 기술을 사용하는 사람들과 보다 효율적으로 협업할 수 있도록 돕는 것이다.

영적 그리고 토착적 통찰의 통합

지금 우리 시대에는 우리가 얻을 수 있는 모든 도움을 활용할 수 있다. 대안적인 건강 실천, 기후 변화, '녹색' 평화 운동, 화해 노력, 성 소수자 탄원 행동에 관한 워크숍, 웹 사이트, 블로그의 인기가 관심의 증거라면, 전 세계 사람들은 점점 개인적·사회적·글로벌적 문제에 대한 해답을 정치, 정부, 산업, 제도화된 종교, 과학 공동체 밖의 자원에서 찾기 시작했다. 희망적인 사실은 연구자, 학자 그리고 일반 대중이 영적 대가, 주술사, 영적인 토착사회의 사제를 몰아내거나 이상화시키려는 유혹을 물리치고 있다는 점이다. 그 통찰에 대해 과학적이고 형이상학적으로 사고하고 연구하는 방법을 배움으로써 지역, 사회, 글로벌적 문제에 대한 사안을 다루고, 해결책을 제시하는 요소를 정제할 수 있다. 어쩌면 세계 문화 자체로부터 스스로를 분리시켜 온 영적 토착사회가 가장 유용한 통찰을 가지고 있을지도 모른다.

최근 티베트의 종교적, 영적 통찰에 대한 인기는 달라이 라마가 방문할 때마다 록스타를 따르는 열광적인 분위기를 볼 수 있다는 점에서도 단적으로 알 수 있다. 히말라야 꼭대기의 거친 날씨로 인해 거의 세계와 고립된 티베트 사회는 마음챙김, 평정, 연민을 지속적으로 배양하는 형이상학적인 시스템과 영적 기술 또는 실천을 개발해 왔다. 지난 10여 년 동안, 티베트의 영적인 가르침에 대한 인기는 적어도 서양의 전통적인 출처 외의 자원에 대한 결핍의 증거다. 또한 우리와는 아주 다른 문화에서 얻은 통찰을 기꺼이 심사숙고해서 오늘날 우리 삶과의 관련성을 알아보고자 하는 것이다.

콜롬비아 시에라 네바다 데 산타 마르타의 코기 부족은 세상과 고립되어 산에 살고 있는 영적 공동체로서, 위기에 처한 지구의 건강에 관한 영적이고 환경적인 통찰로 대중의 상당한 관심을 받고 있다. 1990년에 앨런 에레이라(Alan Ereira)가 감독을 맡은 영국 BBC 다큐멘터리 〈세계의 심장으로부터-장로 형제들(From the Heart of the World-The Elder Brothers)〉은 노천채굴, 석유굴착 등의 다양한 활동이 지구의 '몸'을 죽이고 있다고 **경고**했다. 산에는 많은 눈이 내리기를 멈추고, 강물은 수위가 낮아짐에 따라 시에라 네바다의 산과 지구가 죽어가고 있다고 그들의 사제에게 알린다. 코기 부족에게 시에라 네바다는 어머니이고, 세상의 중심이다. 장로들은 하늘을 치솟는 걱정 때문에 수백 년간의 외부 세계와의 완전한 단절을 깨고 BBC 다큐멘터리를 찍었다. 그 직후 장로 형제들은 책으로 발간되었다(Ereira, 1992). [더 많은 정보는 스페인이 콜롬비아를 공격하기 전 시에라 네바다 산에서 번창했던 타이로나 문명의 후손인 코기 부족, 아르와코 부족, 아사리오 부족을 위해 일하는 영국의 비영리단체 타이로나 유산신탁(Tairona Heritage Trust)의 웹 사이트인 http://tairona.myzen.co.uk에서 이용 가능하다.]

코기 부족은 그들 자신을 장로 형제들이라고 생각한다. 우리는 젊은 형제들(Younger Brothers)이다. 우리가 지구를 약탈하는 한, 우리는 미숙할 뿐만 아니라 인간의 죽은 그림자다. 『장로 형제들의 경고(*The Elder Brothers Warning*)』는 우리에게 모든 행위는 공동체적·윤리적·영적 차원에서 고려되어야 한다는 삶의 방식을 제안한다. 모든 생명체는 서로 연결되어 있다. 코기 부족의 '마마스'라 불리는 사제는 첫 아동기 9년간을 내면의 관조(inner seeing)에 대한 신성한 의식을 배우기 위해 완전히 어두운 동굴에서 보낸다고 한다. 코기 부족에게는 외부의 물리적 세계가 먼저 아루나(Aluna)라 불리는 내면세계에 반영되고, 아이 사제들은 그 메시지를 '관조하기' 위해 배운다.

티베트 토착민들과 시에라 네바다 데 산타 마르타의 코기 부족으로부터의 메시지는 현재 글로벌적 근심을 목격할 수 있는 단 두 가지 실례에 불과하다. 전 세계에는 그와 유사한 수백 개의 공동체가 있다. 이 책의 저자인 우리는 어떤 한 그룹이 '해답'을 갖고 있다고 말하는 것은 아니다. 연구자와 학자들이 그들의 궁극적인 목표에 긍정적으로 작용하는 영적인 토착사회의 가르침과 통찰을 고려하고 연구함으로써, 지구와 지구에 거주하는 모든 생명체가 당면하고 있는 현실 문제에 대해 개인적, 사회적 해결책을 모색할 것을 제안한다.

방법론적 다원주의

오늘날 우리가 당면하고 있는 문제와 도전의 복잡성은 종종 방법론적인 다원주의를 요구한다. 이 장의 초기에 언급했던 것처럼 인간과학, 자연과학, 인문학, 예술에 이르는 연구자와 학자들은 그들의 연구를 위해 넓은 범위의 방법론적 접근을 끌어올 수 있다. 코끼리의 모양을 알아내기 위해 노력하는 시각장애인과 코끼리에 관한 비유가 떠오른다. 각자는 자신만의 방식으로 코끼리의 한 부분을 탐색하고 차례대로 코끼리의 본질에 대한 다른 이해를 주장한다. 마찬가지로 대부분의 경험 많은 연구자와 학자들은 각자의 학문적 가치, 인식론, 연구 접근에 매우 정통하고 특정 유형의 정보를 전달하면서 특권을 부여하고 다른 것과의 관련성을 축소하고 가려 버린다. 양적 방식에 대한 믿음은 숫자로 계산하고 측정할 수 있는 것에 특권을 부여하며, 질적 방식에 대한 믿음은 언어로 훌륭하게 묘사할 수 있는 것에 특권을 부여한다. 시각예술적 방식에 대한 믿음은 이미지, 상징, 그림으로 나타낼 수 있는 것에 특권을 부여한다. 지식을 위한 허구와 영화에 대한 믿음은 더 설득력 있는 이야기에 특권을 부여한다 등등. 이러한 접근은 다른 접근으로부터 배울 수 있는 것을 최소화시킨다. 로버트 로마니신(Robert Romanyshyn, 2007)은 이 문제에 대해 설득력 있게 설명한다.

> 아니다. 나의 요지는 이 경험적인(empirical) 방법이 옳지 않다는 것이 아니라, 방법은 어떤 것은 중요하도록 만드는 반면, 어떤 것은 무시한다는 사실을 주장하는 것이다. 방법은 주제를 드러내기도 하고 덮어 버릴 수도 있는 관점이다. 내가 지금 말하고자 하는 것은 하나의 방법은 실현된 은유라는 것이다. 은유는 실제의 그것이 아님을 함축함으로써 무엇인가를 말하는 것처럼, 이 경험적인 방법은 우리에게 꿈 또한 뇌 기능이 아니기 때문에 뇌 기능이라고 말하는 것이다. 은유의 'is(~이다)'는 또한 항상 'is not(~이 아니다)'이다(p. 212).

방법론적 다원주의는 다양한 방법론의 강점으로 개별 방법론이 가진 한계를 상쇄시킬 수 있다. 물론 특정한 탐구를 위한 방법론은 주제와 연관된 복잡도에 의존적일 것이다.

최근 몇 년간 많은 연구자들은 인간과학 연구에 혼합적 방법론을 제안하였다(Creswell, 2009; Creswell & Clark, 2006; Tashakkori & Teddlie, 1998, 2003). 방법론적인 다원주의를 향한 이런 새로운 시도는 훌륭하다. 다만, 우리의 유일한 우려는 이들이 인문학과 다음 장의 주제인 표현예술 탐구를 항상 포함시키는 것은 아니라는 점이다.

표현예술의 통합

확실히 우리가 인간 경험을 생생하고 다양한 차원에서 연구하고 이해하고자 한다면, 연구자와 학자들은 우리에게 가장 의미 있고 강렬하며 창의적 모습을 제공하는 미술, 춤, 드라마, 음악, 스토리텔링 같은 경험을 탐구하고 활용할 필요가 있다. 따라서 연구에 표현적이거나 창의적인 예술을 사용하는 것이 이 책의 내용 및 실험의 중심 주제가 되어 왔다. 예술의 활용은 이 책의 제1~3장에서 제시한 직관적 탐구, 통합적 탐구, 유기적 탐구, 연구의 전환적 접근과 제2부에서 제시한 전환적 기법의 적용에서 장려하고 있다. 제7장의 창조적 예술 섹션에서도 연구와 학문에서 많은 예술의 용례들을 설명하고 있으며, 연구 중의 자료 준비와 수집, 처리, 해석, 발견 단계를 전달할 때 예술을 어떻게 사용할 수 있는지를 제시하고 있다. 스토리와 스토리텔링 역시 제3장의 주제인 유기적 탐구의 중요한 특징이다. 따라서 이 섹션에서 우리는 인간 경험의 본질을 심층적으로 이해하기 위해 예술과 인문학 사용을 옹호하는 연구자나 학자가 우리만이 아님을 확인하기 바랄 뿐이다.

예술과 창조적 상상의 활용에 관해 잘 알려진 인물로 지크문트 코흐(1959~1963)와 마이클 폴라니(Michael Polanyi, 1966, 1969; Polanyi & Prosch, 1975)가 있다. 이 장의 앞부분에서 심리학 연구와 인문학 및 예술의 연관성에 대한 지크문트 코흐의 견해를 언급했다. 인간 경험을 설명하기 위한 과학적 방법의 한계에 대한 코흐의 분석은 잘 알려져 있다. 그러나 그의 연구 활동 후반기에 행해진 창조적 예술가들에 대한 연구는 잘 알려져 있지 않다. 이 프로젝트는 **예술 프로젝트에 관한 예술**(*Artists on Arts Project*)(Koch, 1983~1988)로 알려져 있다. 포드재단과 보스턴 대학교의 후원으로 진행된 이 프로젝트는 포드재단에 비디오테이프로 보관되어 있다. 이 보관 기록을 검토하고 코흐의 분석 절차를 자신의 분석에서 반복해 본 시너 프랜시스(Siner Francis, 2008)에 따르면, 코흐는 14명의 성공한 아티스트들과 2시간씩 네 차례에 걸친 연속 인터뷰를 통해 그들의 개인사, 작업 습관, 내면 프로세스, 매체, 예술 영역에서의 문제와 도전에 대해 대화를 나누었다. 이 인터뷰의 깊이와 범위를 볼 때 창조적 과정을 이해하려면 예술 작업에 적극적으로 참여하고 있는 사람들과 인터뷰를 해야 한다는 코흐의 확신을 입증해 준다.

이와 유사하게 마이클 폴라니(Polanyi, 1966, 1969; Polanyi & Prosch, 1975)는 의미 창조를 이해하는 데 있어 예술과 예술 기반 접근의 중심적 역할을 입증하고 있다. 폴라니에게 있어 인간의 모든 지식은 소위 '앎의 암묵적 차원(the tacit dimension of knowing)'을 통해 이루어질 수 있음을 이해하는 행위에 뿌리를 둔다. 즉, 우리는 항상 우리가 말하고 설명하는 것보다 더 많은 것을 알고 있다. 모든 의미 있는 행위 속에는 우리가 알고 있는 것의 전체성과 특수성의 의미가 내재되어 있다. 우리가 낯선 나무를 나무로 인지하는 것은 그것이 다른 나무들과 유사한 전체성 또는 의미를 지니고 있기 때문이다. 우리가 구체적인 상황에 대한 은유나 비유의 관련성을 이해하는 것은 그 둘 사이에 다리를 놓아주는 암묵적 차원 때문이다. 폴라니에게 의미는 일상이건 과학이건, 구체적이고 명백한 차원과 우리 경험에 내재된 암묵적 차원 사이의 직관적 도약에서 창조된다. 이렇게 과학적인 발견을 포함한 모든 행위의 의미 창조에는 우리가 보통 예술적 또는 예술적 과정이라고 생각하는 것이 내재되어 있다.

로버트와 미셸 로버트-번스타인(Robert & Michelle Root-Bersnstein, 1999)의 견해를 지지하면서, 우리는 이 책을 통해 표현적이고 창조적인 예술의 활용이 연구와 학문을 풍부하게 해 줄 수 있다는 개념을 발전시켜 왔다. 많은 연구자와 학자들이 종종 예술을 통해 개인적인 삶에 풍부한 이해와 통찰을 얻음에도 불구하고, 학문적 보고서에는 그러한 예술적 기제를 인정하지 않고 있다. 우리는 연구자와 학자들이 학문적 연구와 보고서에 예술을 직접적으로 활용한 후, 그것을 어떻게 활용했고 그로부터 무엇을 배웠는지 보고할 것을 권장한다.

글로벌 문제에 대한 전환적 원리의 실용적 적용: 열정과 필요의 교차점

프레데릭 비크너(Frederick Buechner, 1973, p.95)는 '사람의 깊은 기쁨과 세상의 깊은 굶주림이 만나는 지점[the place where (one's) deep gladness and the world's deep hunger meet]'에 대한 관심을 호소해 왔다. 연구자와 전체 세상 모두에 가장 만족을 주는 연구 프로젝트는 이 두 가지 측면, 즉 연구자의 엄청난 열정(깊은 기쁨)과 세상의 엄청난 필요(깊은 배고픔)가 교차하는 주제일 것이다. 이와 관련해서 맥스웰(N. Maxwell, 1992)은 우리가 '좋은 세상(good world)'을 만들도록 가장 잘 도울 수 있는 종류의 연구를 다루었다.

세상의 가장 큰 필요, 즉 가장 깊은 배고픔을 구분할 때 도움을 얻기 위해, 자신의 연구가 세상에 보다 큰 영향을 미칠 것을 희망하는 연구자는 아래에 나와 있는 세상의 가장 중요한 필요와 그 필요를 만족시키거나 좌절시킬 수 있는 요소들의 간략한 리스트를 고려해 볼 수 있다.

잠깐만 생각해 보아도 세상의 중요한 필요(깊은 굶주림)로는 다음 것들이 드러난다. 기본적인 인간 욕구의 적절한 충족; 적절한 삶의 수준; 갈등을 예방하거나 최소화시키는 가치와 동기; 일어나는 갈등을 해결하는 효과적인 수단; 평화; 자연환경의 지속 가능성; 삶의 의미, 중요성, 의의를 갖게 하는 가치와 조건들. 다소 다르게 언급될 수는 있지만, 세상의 중요한 필요(깊은 굶주림)는 글로벌 시민들의 건강, 안전, 평화, 사랑, 투명함, 연민, 지혜, 기쁨의 증대를 포함한다.

이러한 세상의 필요를 충족시키는 것을 방해하는 요소를 파악하는 것, 즉 파악하고 생각만 해 보는 것은 쉬운 일이다. 건강하지 않고 지속 가능하지 않은 세계에 기여하는 요소에는 오만함과 자만심; 탐욕과 이기주의; 다른 사람들(그리고 그들의 방식과 가치)에 대한 편협함; 공포; 지나친 물질주의; 부, 상품, 생필품의 불평등한 분배; 부적절한 야망; 성장, 권력, 통제에 대한 과도한 강조; 폭력, 잔인함, 복수, 전쟁도발, 부정직한 성향을 포함한다.

세상의 필요에 대한 충족을 높이고, 또한 건강하고 지속 가능한 세상의 조건을 촉진시키는 요소로는 나눔과 자비; 다른 사람들(그리고 그들의 방식과 가치)에 대한 관용과 차이에 대한 인정; 공정함(다른 사람들에 대한 정직하고 공정하며 공평한 대우); 연민과 보살핌; 인간과 동물, 식물의 생명과 환경에 대한 존중; 정직함; 진정성; 진실성; 진실 말하기(완전하고 정확하며 검열되지 않고 왜곡되지 않은 정보); 배려; 분별심; 비평적 사고를 포함한다.

전체적이고 글로벌적인 관점으로 봤을 때, 중요한 연구 프로젝트는 건강하고 지속 가능한 세상에 기여하고 세상의 가장 큰 필요를 최선을 다해 충족시키며, 그러한 필요를 충족시키는 데 작용하는 장애물을 줄이는 과정(개인적이고 사회적이며, 지역적이고 비지역적인)을 파악하고 증진시킬 수 있는 것이다. 이러한 생각은 연구자의 가장 시급한 문제, 가장 열정적인 관심사, 가장 깊은 기쁨을 다룰 수 있는 연구 프로젝트에 유익한 정보를 줄 수 있는 동시에, 지구 전체와 지구에 거주하는 모든 것의 건강과 웰빙을 증진시킬 수 있는 가능성도 제공한다.

이러한 생각은 개인적이고 사회적인 절박한 문제들을 직접 다루는 의미 있고 규모까지 큰 연구의 가치에 주의를 집중하게 한다. 그러나 덜 인상적인 소규모 연구의 가치도 소홀히 여겨서는 안 된다. 대규모의 실용적인 문제를 직접 다룬다는 명백한 목표 없이 그 자체의 목적을 갖고 행해진 연구들이 이후에 적용되었을 때, 보다 직접적이고 세밀한 문제를 교정하려는 접근보다 훨씬 더 큰 사회적 사안에 영향을 미칠 수 있다. 직접적이고 큰 연구 프로젝트와 간접적이고 작은 연구 프로젝트 모두 훌륭한 가치를 가지고 있다. 연구자가 이 책에서 서술한 원리와 방법을 따를 때, 이 두 가지 접근을 모두 인식하고 지지하는 것이다.

대개는 전문 독자들을 대상으로 글로 소통하는 방식이 '그 분야를 발전시킨다'는 특권을 부여받는다. 자아초월 심리학에서는 이 보편적인 수단을 두 가지 방식으로 확장할 수 있다. ① 전문가와 **일반 대중** 모두를 대상으로 문서로 소통하는 것[半-대중(semi-popular) 또는 대중적인 책이나 논문을 통해]과 ② 전문가와 일반 대중을 위해 추가적인 수단(예를 들어, 전시회, 토론회, 발표회, 매체 발표)을 통해 연구 작업 및 발견을 설명하고 전달하는 것이다.

고유한 윤리적 고려사항

모든 학문 분야는 학문적 연구 수행을 통제하는 형식화된 법규[미국심리학회(American Psychology Association), 1992)]나 그 학문 내 학자들 간에만 공유하는 판례를 갖고 있다. 법이나 윤리 영역에서 잘 이해되고 있듯이, 서양의 법률과 윤리강령은 암묵적·명시적으로 토라(모세오경)의 가치와 윤리가 중동, 로마 기독교, 유럽과 영국의 법전과 텍스트를 통해 역사적으로 전승되어 왔다. 그 문화적 맥락 안에서 전체적으로 이해되는 것으로서, 공동체 전체의 이익을 위해 살인, 절도, 거짓말, 간음을 금하는 가치가 미덕으로 내재되어 있다. 도교와 유교, 베다, 불교, 코란은 아시아, 인도, 중동, 아프리카의 법률과 윤리강령, 나아가 점차 전 세계적으로 공동체와 사회의 공익을 제고하는 규정의 주요 영감의 원천이 되어 왔다. 서양에서는 흔히 공익의 발전을 종종 공동체에서 가장 취약한 사람들(그들이 역사 속 이스라엘의 미망인이나 고아이든, 또는 현대 연구와 심리치료 연구 참여자와 의뢰인이든)을 보호하는 것이라고 주장하기도 한다. 의문의 여지없이 우리는 이 책에 제시한 접근과 기법의 전환적 패러다임 안에서 학문 공동체와 각 분야가 공식, 비공식적으로 표명하는 가치와 권위를 따르고 지지한다.

더불어, 이 책에 나온 연구의 세 가지 자아초월적인 접근과 기법에 내재된 절차는 사람들을 긍정적으로 변화시키고자 하는 동기와 의도를 포함한다. 연구와 학문적 노력에 직관, 공감적 동일시, 직관(텔레파시, 투시력, 예지력을 통한), 원격 정신영향과 그 외 초심리학적 절차 등의 기법들을 사용할 때, 연구 참여자들의 사생활을 침해하거나 그들의 자기 이해에 대한 정보나 다른 사람들로부터 이해 받기 원하는 방식에 대한 정보를 불일치하게 전달할 수 있는 잠재적 가능성이 있다. 물론 모든 연구자와 학자들은 자아초월 패러다임 내에서 연구하든 안 하든, 더 큰 선을 위해 봉사하기를 희망한다. 그러나 전환적 접근 및 기법을 사용할 때 그 위험도는 더 높아지고 추가적인 주의가 요구된다.

따라서 우리는 이 책의 방법, 기법, 실습의 사용자들에게 '더 큰 선을 위한' 의도를 일종의 표준적이고 정규적인 연구 과정에 추가하기를 권한다. 그 의도에 추가할 수 있는 또 다른 '조건'은 "어떠한 유해한 효과도 만들지 않는 방식으로 실현되기 바란다."는 형태가 될 수도 있을 것이다. 연구자들은 연구 참여자들에게 '의도'를 사용하는 것을 알려 주고, 불편하지 않은지 확인한 후 이런 정보를 연구 참여 동의서 양식에 포함시킬 수도 있다. 이런 절차를 '연구자나 학자의 동기 또는 성격의 허물을 덮는 기도'라 부를 수도 있다. 말할 필요도 없지만, 더 큰 선을 항상 쉽게 구분할 수 있는 것은 아니다. 연구자가 다른 사람을 위한 최선이 무엇인지 안다고 가정하는 것은 무리일지라도, 최소한 깊은 관심과 주의를 기울일 수는 있다. 의도의 관점에서 볼 때 동기가 중요하며, 동기는 연구가 모두의 최선을 향해 계속 진행하도록 돕는 그 자체의 힘을 갖고 있다.

지구에서 살면 알 수 있듯이, 우리는 삶이 위협받고 도전 받는 시대에 살고 있다. 만약 학문 공동체가 세상을 더 나은 곳으로 변화시키기 바란다면, 연구와 학문적 탐구를 실행하는 동기를 다듬고 향상시켜야 한다. 우리의 연구가 가져올 수 있는 직업적 포부, 승진, 정년보장 그리고 금전적 이익은 모두를 위해 최선을 다하는 것의 부수적인 동기가 되어야 한다. 우리는 더 큰 선을 위해 봉사하는 가치에 우리 자신을 다시 바쳐야 한다. 당신은 어떤 종류의 세상을 만들기 원하는가? 어떤 가치를 주장하는가? 우리의 아름다운 푸른색 지구 위 모든 생명체를 위해 친절하고, 자비롭고, 평화롭고, 유익한 세상을 만드는 데 일조하기를 바란다면, 연구자와 학자로서 먼저 우리가 바라는 친절함, 자비로움, 평화로움 그리고 유익함의 자질을 가진 사람이 **되어야** 한다. 연구자와 학자 '종족'의 일원으로서, 우리는 꼭 정치적·산업적 정책의 지시에 따르기보다는 모든 생명의 선을 위한 헌신을 **이끌어야** 할 것이다.

참고문헌

(ProQuest Digital dissertations can be obtained at: www.proquest.com/en-US/products/dissertations/finding.shtml.)

Aanstoos, C., I. Serlin., & T. Greening. 2000. History of Division 32 (Humanistic Psychology) of the American Psychological Association. In *Unification through division: Histories of the divisions of the American Psychological Association,* edited by D. Dewsbury, vol. 5, 85–112. Washington, DC: APA.

Abram, D. 1996. *The spell of the sensuous: Perception and language in a morethan-human world.* New York: Pantheon Books.

Aczel, A. D. 2003. *Entanglement*. New York: Plume/Penguin.

Adler, A. 1935. The structure of neurosis. *International Journal for Individual Psychology* 1 (1): 3–12.

Adler, J. 2002. *Offerings from the conscious body: The discipline of authentic movement.* Rochester, VT: Inner Traditions.

American Psychological Association. 1992. Ethical principles of psychologists and code of conduct. *American Psychologist* 47: 1597–1611.

Amis, R. 1995. *A different Christianity*. Albany, NY: SUNY Press.

Amlani, A. 1995. Diet and psychospiritual development: Physiological, psychological and spiritual changes and challenges associated with lacto-ovo vegetarian, vegan and live food diets. Retrieved from ProQuest Digital Dissertations (AAT DP14318).

Anastasi, A., & S. Urbina. 1997. *Psychological testing*, 7th ed. Upper Saddle River, NJ: Prentice-Hall.

Anderson, R. 1996a. Interview with Miles Vich and Sonja Margulies on the early years of transpersonal psychology. Unpublished manuscript.

______. 1996b. Nine psycho-spiritual characteristics of spontaneous and involuntary weeping. *Journal of Transpersonal Psychology* 2 (82): 43-49.

______. 1998. Intuitive inquiry: A transpersonal approach. In W. Braud & R. Anderson, *Transpersonal research methods for the social sciences: Honoring human experience*, 69-94. Thousand Oaks, CA: Sage.

______. 2000. Intuitive inquiry: Interpreting objective and subjective data. *ReVision: Journal of Consciousness and Transformation* 22 (4): 31-39.

______. 2001. Embodied writing and reflections on embodiment. *Journal of Transpersonal Psychology* 33 (2): 83-96.

______. 2002a. Embodied writing: Presencing the body in somatic research, Part I, What is embodied writing? *Somatics: Magazine/Journal of the Mind/Body Arts and Sciences* 13 (4): 40-44.

______. 2002b. Embodied writing: Presencing the body in somatic research, Part II, Research Applications. *Somatics: Magazine/Journal of the Mind/Body Arts and Sciences* 14 (1): 40-44.

______. 2004a. Guest editor, intuitive inquiry. *The Humanistic Psychologist* 32 (4): 307-425.

______. 2004b. Intuitive inquiry: An epistemology of the heart for scientific inquiry. *The Humanistic Psychologist* 32 (4): 307-341.

______. 2007. Thematic content analysis: Descriptive presentation of qualitative data, www.wellknowingconsulting.org/publications/articles.html/.

______. 2011. Intuitive inquiry: Exploring the mirroring discourse of disease. In F. Wertz, K. Charmaz, L. McMullen, R. Josselson, R. Anderson., & E. McSpladden. *Five ways of doing qualitative analysis: Phenomenological psychology, grounded theory, discourse analysis, narrativeresearch, and intuitive inquiry.* New York: Guilford.

Arao-Nguyen, S. 1996. Ways of coming home: Filipino immigrant women's journeys to wholeness. Retrieved from ProQuest Digital Dissertations (AAT DP14332).

Assagioli, R. 1990. *Psychosynthesis: A manual of principles and techniques.* Wellingborough, England: Crucible.

Athenian Society for Science and Human Development and the Brahma Kumaris World Spiritual University 1992, January. Report on the Second International Symposium on Science and Consciousness. Athens, Greece: Author.

Aurobindo, Sri. 2000. *The synthesis of yoga*. Pondicherry, India: Sri Aurobindo Ashram Press. (Original work published serially 1914-1921 and in book form 1948.)

Banks, M. 2001. *Visual methods in social research.* Thousand Oaks, CA: Sage.

Barrell, J. J., C. Aanstoos, A. C. Richards., & M. Arons. 1987. Human science research methods. *Journal of Humanistic Psychology* 27 (4): 424-457.

Bastick, T. 1982. *Intuition: How we think and act.* New York: Wiley.

Batson, C. D. 1998. Altruism and prosocial behavior. In *Handbook of social psychology*, edited by S. T. Fiske, D. T. Gilbert., & G. Lindzey, 282–316. Boston: McGraw–Hill.

Bauer, M. W., & G. Gaskell, eds. 2000. *Qualitative researching with text, image, and sound: A practical handbook*. Thousand Oaks, CA: Sage.

Behar, Ruth. 1996. *The vulnerable observer: Anthropology that breaks your heart*. Boston: Beacon Press.

Belenky, M. F., B. M. Clinchy, N. R. Goldberger., & J. M. Tarule. 1997. *Women's ways of knowing*, rev. ed. New York: Basic Books.

Benson, H. 1975. *The relaxation response*. New York: Morrow.

Bento, W. 2006. A transpersonal approach to somatic psychodiagnostics of personality: A contribution towards its development, dis–ordering tendencies, and embodied transcendence. Retrieved from ProQuest Digital Dissertations (AAT 3213075).

Binney, M. 2002. *The women who lived for danger: The women agents of SOE in the Second World War*. London: Coronet Books.

Blanck, P. D., ed. 1993. *Interpersonal expectations: Theory, research, and applications*. New York: Cambridge University Press.

Boethius. 1980. *The consolation of philosophy* Trans. V. E. Watts. New York: Penguin. (Original work written in 524.)

Bohm, D. 1996. *On dialogue*. Ed. L. Nichol. New York: Routledge.

Boyer, E. L. 1990. *Scholarship reconsidered: Priorities of the professoriate*. San Francisco: Jossey–Bass.

Bracht, H. G., & V. G. Glass. 1968. The external validity of experiments. *Journal of the American Educational Research Association* 5 (4): 437–474.

Brandt, P. L. 2007. Nonmedical support of women during childbirth: The spiritual meaning of birth for doulas. Retrieved from ProQuest Digital Dissertations (AAT 3274206).

Braud, W. 1978. Psi conducive conditions: Explorations and interpretations. In *Psi and states of awareness*, edited by B. Shapin & L. Coly, 1–41. New York: Parapsychology Foundation.

______. 1981. Lability and inertia in psychic functioning. In *Concepts and theories of parapsychology*, edited by B. Shapin & L. Coly, 1–36. New York: Parapsychology Foundation.

______. 1985. The two faces of psi: Psi revealed and psi obscured. In *The repeatability problem in parapsychology*, edited by B. Shapin & L. Coly, 150–182. New York: Parapsychology Foundation.

______. 1992. Human interconnectedness: Research indications. *ReVision: A Journal of Consciousness and Transformation* 14: 140–148.

______. 1994a. Can our intentions interact directly with the physical world? *European Journal of Parapsychology* 10: 78–90.

______. 1994b. *Toward an integral methodology for transpersonal studies*. Working Paper Number 1994-1 of the William James Center for Consciousness Studies, Institute of Transpersonal Psychology, Palo Alto, CA, www.integral-inquiry.com/cybrary.html#toward.

______. 1995a. An experience of timelessness. *Exceptional Human Experience* 13 (1): 64-70.

______. 1995b. Parapsychology and spirituality: Implications and intimations. *ReVision: A Journal of Consciousness and Transformation* 18 (1): 36-43.

______. 1997. Parapsychology and spirituality: Implications and applications. In *Body, mind, and spirit: Exploring the parapsychology of spirituality*, edited by C. T. Tart, 135-152. Charlottesville, VA: Hampton Roads.

______. 1998a. An expanded view of validity. In *Transpersonal research methods for the social sciences: Honoring human experience*, edited by W. Braud & R. Anderson, 213-237. Thousand Oaks, CA: Sage.

______. 1998b. Can research be transpersonal? *Transpersonal Psychology Review* 2 (3): 9-17.

______. 1998c. Integral inquiry: Complementary ways of knowing, being and expression. In *Transpersonal research methods for the social sciences: Honoring human experience*, edited by W. Braud & R. Anderson, 35-68. Thousand Oaks, CA: Sage.

______. 2001a. Experiencing tears of wonder-joy: Seeing with the heart's eye. *Journal of Transpersonal Psychology* 33: 99-111.

______. 2001b. Transpersonal images: Implications for health. In, *Healing images: The role of imagination in health*, edited by A. A. Sheikh. Amityville, NY: Baywood.

______. 2002a. Foreword. In J. Clements, *Organic inquiry: Research in partnership with Spirit*, Unpublished manuscript. Palo Alto, CA: Institute of Transpersonal Psychology.

______. 2002b. Psi favorable conditions. In *New frontiers of human science*, edited by V. W. Rammohan, 95-118. Jefferson, NC: McFarland.

______. 2002c. The ley and the labyrinth: Universalistic and Particularistic approaches to knowing. *Transpersonal Psychology Review* 6 (2): 47-62.

______. 2002d. Thoughts on the ineffability of the mystical experience. *The International Journal for the Psychology of Religion* 12 (3): 141-160.

______. 2003a. *Distant mental influence: Its contributions to science, healing, and human interactions*. Charlottesville, VA: Hampton Roads Publishing Company.

______. 2003b. Nonordinary and transcendent experiences: Transpersonal aspects of consciousness. *Journal of the American Society for Psychical Research* 97 (1-2): 1-26.

______. 2004. An introduction to Organic Inquiry: Honoring the transpersonal and spiritual in research praxis. *Journal of Transpersonal Psychology* 36: 18-25.

______. 2006. Educating the "More" in holistic transpersonal higher education: A 30+ year perspective on the approach of the Institute of Transpersonal Psychology. *Journal of Transpersonal Psychology* 38 (2): 133-158.

______. 2008. Patanjali Yoga and siddhis: Their relevance to parapsychological theory and research. In *Handbook of Indian psychology*, edited by K. R. Rao, A. C. Paranjpe., & A. K. Dalal, 217–143. New Delhi, India: Cambridge University Press (India)/ Foundation Books.

______. 2010. Integrating Yoga epistemology and ontology into an expanded integral approach to research. In *Foundations of Indian psychology*, edited by M. Cornelissen, G. Misra., & S. Varma. New Delhi: Pearson.

Braud, W., & R. Anderson. 1998. *Transpersonal research methods for the social sciences: Honoring human experience*. Thousand Oaks, CA: Sage.

Braud, W., & M. Schlitz. 1989. A methodology for the objective study of transpersonal imagery. *Journal of Scientific Exploration* 3: 43–63.

Bridgman, P. 1950. *Reflections of a physicist*. New York: Philosophical Library.

Broenen, P. T. 2006. Transpersonal and cross-cultural adaptability factors in White Euopean American men: A descriptive and correlational analysis. Retrieved from ProQuest Digital Dissertations (AAT 3221760).

Brown, L. M., & C. Gilligan. 1992. *Meeting at the crossroads: Women's psychology and girls' development*. Cambridge, MA: Harvard University Press.

Brown, S. V., & R. A. White. 1997. Triggers, concomitants and aftereffects of EHEs: An exploratory study. *Exceptional Human Experience* 15 (1): 150–156.

Bruner, E. 1986. Ethnography as narrative. In *The anthropology of experience*, edited by V. Turner & E. Bruner, 139–156. Chicago: University of Illinois Press.

Bruner, J. 1987. Life as narrative. *Social Research* 54(1): 11–32.

______. 1990. *Acts of meaning*. Cambridge, MA: Harvard University Press.

Bruns, G. L. 1992. *Hermeneutics ancient and modern*. New Haven: CT: Yale University Press.

Buechner, F. 1973. *Wishful thinking: A theological ABC*. New York: Harper and Row.

Burneko, G. 1997. Wheels within wheels, building the earth: Intuition, integral consciousness and the pattern that connects. In *Intuition: The inside story*, edited by R. Davis-Floyd & P. S. Arvidson, 81–100. New York: Routledge.

Buzan, T. 1991. *The mind map book*. New York: Penguin.

Bynum, E. B. 1999. *The African unconscious: Roots of ancient mysticism and modern psychology*. New York: Teachers College Press.

Caldwell, P. A. R. 2008. Putting cancer into words: Stories as medicine for women attending the Healing Journeys Conference. Retrieved from ProQuest Digital Dissertations (AAT 3307551).

Campbell, D. T., & J. C. Stanley. 1963. *Experimental and quasi-experimental designs for research*. Chicago: Rand-McNally.

Caplan, M., G. Hartelius., & M. A. Rardin. 2003. Contemporary viewpoints on transpersonal psychology. *Journal of Transpersonal Psychology* 35 (2): 143–162.

Carlock, S. E. 2003. The quest for true joy in union with God in mystical Christianity: An intuitive inquiry study. Retrieved from ProQuest Digital Dissertations (UMI No. 3129583).

Carlson, C. 2009. On the rim of the cauldron: Exploring one community's approach to the sacred feminine tradition. Retrieved from ProQuest Digital Dissertations (AAT No. 3371950).

Carroll, L. 1962. Through the looking glass. In *Alice in wonderland and other favorites*, 113-246. New York: Washington Square Press. (Original work published in 1871.)

Cervelli, R. 2010. An intuitive inquiry into experiences arising out of the Holotropic Breathwork Technique and its integral mandala artwork: The potential for self-actualization. Unpublished doctoral dissertation. Palo Alto, CA: Institute of Transpersonal Psychology.

Chah, A. 1985. *A still forest pool*. Trans. J. Kornfield & P. Breiter. Wheaton, IL: Theosophical Publishing House.

Charmaz, K. 2006. *Constructing grounded theory: A practical guide through qualitative analysis*. London: Sage.

Chicago, J. 1985. *The birth project*. New York: Doubleday.

Chodorow, J. 1991. *Dance therapy and depth psychology: The moving imagination*. New York: Routledge.

Cioflica, D. M. 2000. The sacred search for voice: An organic inquiry into the creative mirroring process of collage and story. Retrieved from ProQuest Digital Dissertations (AAT 9971782).

Cirker, B., ed. 1982. *The Book of Kells: Selected plates in full color*. New York: Dover Publications.

Clark, J. M. 2007. The San Pedro Long Dance: Transpersonal aspects of a contemporary entheogenic ritual. Retrieved from ProQuest Digital Dissertations (AAT 3290777).

Cleary, T., ed. 1999. *The pocket Zen reader*. Boston: Shambhala Publications.

Clements, J. 1999. Riding the blue tiger: Stories of Partnership with spirit. Unpublished manuscript.

______. 2002. Organic inquiry: Research in Partnership with spirit. Unpublished manuscript. Palo Alto, CA: Institute of Transpersonal Psychology.

______. 2004. Organic Inquiry: Toward research in Partnership with spirit. *Journal of Transpersonal Psychology* 36: 26-49.

Clements, J., D. Ettling, D. Jenett., & L. Shields. 1998. Organic research: Feminine spirituality meets transpersonal research. In *Transpersonal research methods for the social sciences: Honoring human experience*, edited by W. Braud & R. Anderson, 114-127. Thousand Oaks, CA: Sage.

______. 1999. *If research were sacred: An organic methodology*, rev. ed., www.serpentina.

com.

Coburn, M. 2005. Walking Home: Women's transformative experiences on the Appalachian Trail. Retrieved from ProQuest Digital Dissertations (AAT 3221761).

Coleman, B. 2000. Women, weight and embodiment: An intuitive inquiry into women's psycho-spiritual process of healing obesity. Retrieved from ProQuest Digital Dissertations (AAT 9969177).

Collier, J., & M. Collier. 1986. *Visual anthropology: Photography as a research method.* Albuquerque, NM: University of New Mexico Press.

Combs, A. 1996. *The radiance of being: Complexity, chaos and the evolution of consciousness*. St. Paul, MN: Paragon House.

Cook, T. D., & D. T. Campbell. 1979. *Quasi-experimentation: Design and analysis issues for field settings*. Boston: Houghton-Mifflin.

Coppin, J., & E. Nelson. 2004. *The art of inquiry: A depth psychological perspective*. Auburn, CA: Treehenge Press.

Corbin, H. 1972. Mundus imaginalis, or the imaginary and the imaginal. *Spring*: 1-19, http://henrycorbinproject.blogspot.com/2009/10/mundusimaginalis-or-imaginary-and.html.

______. 1981. *Creative imagination in the Sûfism of Ibn 'Arabi*. Trans. R. Manheim. Princeton, NJ: Princeton/Bollingen.

Costa, P. T., Jr. & R. McCrae. 1985. *The NEO personality inventory-forms*. Odessa, FL: Psychological Assessment Resources.

Creswell, J. W. 2006. *Qualitative inquiry and research design: Choosing among five approaches*, 2nd ed. Thousand Oaks, CA: Sage.

______. 2009. *Research design: Qualitative, quantitative, and mixed methods approaches.* Thousand Oaks, CA: Sage.

Creswell, J. W., & V. L. Plano Clark. 2006. *Designing and conducting mixed methods research*. Thousand Oaks, CA: Sage.

Crites, S. 1986. Storytime: Recollecting the past and projecting the future. In *Narrative psychology: The storied nature of human conduct*, edited by T. R. Sarbin. 152-173. New York: Praeger.

Cronbach, L. J., & P. E. Meehl. 1955. Construct validity in psychological tests. *Psychological Bulletin* 52: 281-302.

Csikszentmihalyi, M. 1990. *Flow: The psychology of optimal experience*. New York: Harper and Row.

Dalton, G. F. 1952. The solution of problems in dreams. *Journal of the Society for Psychical Research* 36: 645-673.

David, M. H. 1996. *Empathy: A social psychological approach.* Madison, WI: WCB Brown and Benchmark.

Deikman, A. J. 1980a. Bimodal consciousness and the mystic experience. In *Understanding mysticism*, edited by R. Woods. 261–269. Garden City, NY: Image Books.

______. 1980b. Deautomatization and the mystic experience. In *Understanding mysticism*, edited by R. Woods. 240–260. Garden City, NY: Image Books.

______. 1982. *The observing self: Mysticism and psychotherapy*. Boston: Beacon Press.

Denzin, N. K. 2001a. *Interpretive interactionism*. Thousand Oaks, CA: Sage.

______. 2001b. The reflective interview and a performative social science. *Qualitative Research* 1 (1): 23–46.

Denzin, N., & Y. S. Lincoln, eds. 2003. *The handbook of qualitative research*. Thousand Oaks, CA: Sage.

Denzin, N., & Y. S. Lincoln. 2003. Introduction: Entering the field of qualitative research. In *The landscape of qualitative research: Theories and issues*, edited by N. Denzin & Y. S. Lincoln. 1–34. Thousand Oaks CA: Sage.

Deslauriers, D. 1992. Dimensions of knowing: Narrative, paradigm, and ritual. *ReVision: A Journal of Consciousness and Transformation* 14 (4): 187–193.

Dilthey, W. 1989. *Introduction to the human sciences*. Ed. R. A. Makkreel and F. Rodi and trans. M. Neville. Princeton, NJ: Princeton University Press. (Original work published in 1883.)

Donaldson, O. F. 1993. *Playing by heart: The vision and practice of belonging*. Nevada City, CA: Touch the Future.

Dooley, D. 1995. *Social research methods*, 3rd ed. Englewood Cliffs, NJ: Prentice-Hall.

Dufrechou, J. 2004. We are one: Grief, weeping and other deep emotions in response to nature as a path toward wholeness. *The Humanistic Psychologist* 32 (4): 357–378.

Dufrechou, J. P. 2002. Coming home to nature through the body: An intuitive inquiry into experiences of grief, weeping and other deep emotions in response to nature. Retrieved from ProQuest Digital Dissertations (AAT 3047959).

Edinger, E. F. 1972. *Ego and archetype: Individuation and the religious function of the psyche*. Boston: Shambhala Publications.

______. 1975. *The creation of consciousness: Jung's myths for modern man*. Toronto, Canada: Inner City.

Eisner, E. W. 1998. *The enlightened eye: Qualitative inquiry and the enhancement of educational practice*. Upper Saddle River, NJ: Merrill.

Ellenberger, H. F. 1970. *The discovery of the unconscious: The history and evolutionof dynamic psychiatry*. New York: Basic Books.

Ellis, C. 2003. *The ethnographic I: A methodological novel about autoethnography*. Walnut Creek, CA: AltaMira Press.

Emmison, M., & P. Smith. 2000. *Researching the visual: Images, objects, contexts, and interactions in social and cultural inquiry*. Thousand Oaks, CA: Sage.

Ereira, A. 1992. *The elder brothers*. New York: Knopf.

Esbjörn, V. C. 2003. Spirited flesh: An intuitive inquiry exploring the body in contemporary female mystics. Retrieved from ProQuest Digital Dissertations (AAT 3095409).

Esbjörn-Hargens, V. 2004. The union of flesh and spirit in women mystics. *The Humanistic Psychologist* 32 (4): 401-425.

Esbjörn-Hargens, V., & R. Anderson. 2005. Intuitive inquiry: An exploration of embodiment among contemporary female mystics. In *Qualitative research methods for psychology: Instructive case studies*, ed. C. T. Fischer, 301-330. Philadelphia, PA: Academic Press.

Ettling, D. 1994. A phenomenological study of the creative arts as a pathway to embodiment in the personal transformation process of nine women. Retrieved from ProQuest Digital Dissertations (AAT DP14316).

Fagen, N. L. 1995. Elaborating dreams through creative expressions: Experiences, accompaniments and perceived effects. Retrieved from ProQuest Digital Dissertations (AAT DP14322).

Fern, E. F. 2001. *Advanced focus group research.* Thousand Oaks, CA: Sage.

Fisher, D., D. Rooke., & B. Torbert. 2000. *Personal and organizational transformations through action inquiry.* Boston: Edge\Work Press.

Fisher, J. 1996. Dance as a spiritual practice: A phenomenological and feminist investigation of the experience of being-movement. Retrieved from ProQuest Digital Dissertations (AAT DP14334).

Fontana, D., & I. Slack. 1996. The need for transpersonal psychology. *The Psychologist* (June): 267-269.

Forman, R. K. C. 1997. *The problem of pure consciousness: Mysticism and philosophy*. New York: Oxford University Press.

______. 1999. *Mysticism, mind, consciousness*. Albany, NY: SUNY Press.

Franklin, R. W., ed. 1999. *The poems of Emily Dickinson.* Cambridge, MA: Belknap Press of Harvard University Press.

Franks, C. M., ed. 1969. *Behavior therapy: Appraisal and status*. New York: McGraw-Hill.

Fredrickson, B. L. 2001. The role of positive emotions in positive psychology: The broaden-and-build theory of positive emotions. *American Psychologist* 56: 218-226.

Fredrickson, B. L., & C. Branigan. 2005. Positive emotions broaden the scope of attention and thought-action repertoires. *Cognition and Emotion* 19: 313-332.

French, R. M. 1965. *The way of the pilgrim and The pilgrim continues his way*. New York: The Seabury Press.

Freud, S. 1914. *Psychopathology of everyday life*. Trans. A. A. Brill. London: T. Fisher Unwin. (Original work published in 1901.)

______. 1955. *The interpretation of dreams*. London: Hogarth Press. (Original work published 1900.)

Gadamer, H. 1976. On the problem of self-understanding. In *Philosophical hermeneutics*, edited and translated by D. E. Linge, 44-58. Berkeley, CA: University of California Press. (Original work published in 1962.)

______. 1998a. *Praise of theory: Speeches and essays.* Trans. Chris Dawson. New Haven, CT: Yale University Press.

______. 1998b. *Truth and method*, 2nd rev. Ed. J. Wiensheimer and trans. D. Marshall. New York: Continuum. (Original work published in 1960.)

Gardner, H. 1983. *Frames of mind: The theory of multiple intelligences.* New York: Basic Books.

______. 1993. *Multiple intelligences: The theory into practice.* New York: Basic Books.

______. 1999. *Intelligence reframed: Multiple intelligences for the 21st century.* New York: Basic Books.

Gauthier, J. A. 2003. Midlife journeys of transvaluation and meeting the feminine through heroic descent: An organic inquiry with 10 men and 8 women. Retrieved from ProQuest Digital Dissertations (AAT 3095411).

Gebser, J. 1986. *The ever-present origin*, Trans. N. Barstad and A. Mickunas. Athens, OH: Ohio University Press. (Original work published in 1949 in German.)

Gendlin, E. T. 1978. *Focusing.* New York: Everest House.

______. 1991. Thinking beyond patterns: Body, language, and situations. In *The presence of feeling in thought*, ed. B. den Ouden & M. Moen, 25-151. New York: Peter Lang.

______. 1992. The primacy of the body, not the primacy of perception. *Man and World* 25 (3 and 4): 341-353.

______. 1996. An introduction to focusing: Six steps. New York: The Focusing Institute, www.focusing.org/gendlin/docs/gol_2234.html.

______. 1997. *Experiencing and the creation of meaning: A philosophical and psychological approach to the subjective.* Evanston, IL: Northwestern University Press. (Originally work published 1962).

______. 2003. Beyond postmodernism: From concepts through experiencing. In *Understanding Experience: Psychotherapy and postmodernism*, edited by R. Frie, 100-115. New York: Routledge.

______. 2007. *Focusing.* New York: Bantam Books, www.focusing.org/gendlin/docs/gol_2176.html.

Gergen, M., & K. Jones. 2008. Editorial: A conversation about performative social science. *Forum Qualitative Social Research* 9 (2) Art. 43, www.qualitative-research.net/index.php/fqs/article/view/376.

Gershon, M. D. 1998. *The second brain.* New York: Harper Collins.

Giles, S. P. 2000. The unnested woman: An investigation of dreams of midlife women who have experienced divorce from a long-term mate. Retrieved from ProQuest Digital

Dissertations (AAT 9969178).
Gilligan, C. 1982. *In a different voice: Psychological theory and women's development.* Cambridge, MA: Harvard University Press.
Gimian, C. R., ed. 1999. *The essential Chögyam Trungpa.*, Boston and London: Shambhala Publications.
Gindler, E. 1995. Gymnastik for people whose lives are full of activity. In *Bone, breath, and gesture: Practices of embodiment*, edited by D. H. Hanlon and translated by Charlotte Selver Foundation, 3–14. Berkeley, CA: North Atlantic Books.
Giorgi, A. 2006. Concerning variations in the application of the phenomenological method. *The Humanistic Psychologist* 34 (4): 305–319.
Glaser, B. G. 1978. *Theoretical sensitivity.* Mill Valley, CA: Sociology Press.
Glaser, B. G., & A. L. Strauss. 1967. *The discovery of grounded theory.* Chicago: Aldine.
Goldberg, J. 1995. The quivering bundles that let us hear. In *Seeing, hearing, and smelling the world*, ed, Howard Hughes Medical Institute, 32–36. Chevy Chase, MD: Howard Hughes Medical Institute.
Goldberg, P. 1983. *The intuitive edge: Understanding and developing intuition.* Los Angeles, CA: Jeremy P. Tarcher.
Goleman, D. 1988. *The meditative mind: The varieties of meditative experience.* Los Angeles, CA: Tarcher.
______. 1994. *Emotional intelligence.* New York: Bantam Books.
______. 2006. *Social intelligence: The new science of human relationships.* New York: Bantam.
Gopfert, C. R. 1999. Student experiences of betrayal in the Zen Buddhist teacher/student relationship. Retrieved from ProQuest Digital Dissertations (AAT 9934565).
Gribbin, J. 1995. *Schrödinger's kittens and the search for reality: Solving the quantum mysteries.* Boston: Little, Brown and Company.
Grof, S. 1972. Varieties of transpersonal experiences: Observations from LSD psychotherapy. *Journal of Transpersonal Psychology* 4 (1): 45–80.
______. 2008. Brief history of transpersonal psychology. *International Journal of Transpersonal Studies* 17: 46–54.
Grof, S., & H. Z. Bennet. 1992. *The holotropic mind: The three levels of human consciousness and how they shape our lives.* New York: HarperCollins.
Grof, S., D. Lukoff, H. Friedman., & G. Hartelius. 2008. The past and future of the International Transpersonal Association. *International Journal of Transpersonal Studies* 17: 55–62.
Guba, E. G., & Y. S. Lincoln. 1994. Competing paradigms in qualitative research. In *Handbook of qualitative research*, edited by N. Denzin & Y. S. Lincoln, 105–117. Thousand Oaks, CA: Sage.

Halifax, J. 1983. *Shaman: The wounded healer.* New York: Crossroads Publications.

Hall, J. A. 1987. Personal transformation: The inner image of initiation. In *Betwixt and between: Patterns of masculine and feminine initiation*, edited by L. C. Mahdi, S. Foster., & M. Little, 327-337. La Salle, IL: Open Court.

Halling, S., J. Rowe., & M. Laufer. 2005. Emergence of the Dialogal Approach: Forgiving another. In *Qualitative research methods for psychology: Instructive case studies*, edited by C. T. Fischer, 247-277. Philadelphia: Academic Press.

Hanh, T. N. 1975. *The miracle of mindfulness: An introduction to the practice of mindfulness.* Trans. Mobi Ho. Boston: Beacon Press.

Hannah, B. 1981. *Encounters with the soul: Active imagination as developed by C. G. Jung.* Boston: Sigo Press.

Hansen, G. P. 2001. *The trickster and the paranormal*, www.Xlibris.com.

Harrington, A., & A. Zajonc, eds. 2008. *The Dalai Lama at MIT.* Cambridge, MA: Harvard University Press.

Hart, T. 2000a. Deep empathy. In *Transpersonal knowing: Exploring the horizon of consciousness*, edited by T. H. Hart, P. L. Nelson., & K. Puhakka, 253-270. Albany, NY: SUNY Press.

______. 2000b. Inspiration as transpersonal knowing. In *Transpersonal knowing Exploring the horizon of consciousness*, edited by. T. Hart, P. Nelson., & K. Puhakka, 31-53. Albany: SUNY Press.

Hartelius, G., M. Caplan., & M. A. Rardin. 2007. Transpersonal psychology: Defining the past, divining the future. *The Humanistic Psychologist* 35 (2): 1-26.

Hartmann, E. 1991. *Boundaries in the mind.* New York, NY: Basic Books.

Havelock, E. A. 1963. *Preface to Plato.* Cambridge, MA: Belknap Press/Harvard University Press.

Hayward, J. 1997. Foreword. In *Intuition: The inside story*, edited by R. David-Floyd and P. S. Arvidson, ix-x. NY: Routledge.

Hayward, J. W., & F. J. Varela. 2001. *Gentle bridges: Conversations with the Dalai Lama on the sciences of mind.* Boston: Shambhala Publications.

Heery, B. 2003. Awakening spirit in the body: A heuristic exploration of peak or mystical experiences in the practice of Aikido. Retrieved from Pro-Quest Digital Dissertations (AAT 3095412).

Heron, J. 1996. *Co-operative inquiry.* London: Sage.

______. 2000. Transpersonal co-operative inquiry. In *Handbook of action research: Participative inquiry and practice*, edited by P. Reason & H. Bradbury, 333-340. London: Sage.

Hervey, L. W. 2000. *Artistic inquiry in dance/movement therapy: Creative alternatives for research.* Springfield, IL: Charles C. Thomas.

Hewett, M. C. 2001. "A ripple in the water": The role of organic inquiry in developing an integral approach in transpersonal research: Presented as a one-act play and video. Retrieved from ProQuest Digital Dissertations (AAT 3047961).

Hill, A. G. M. 2005. Joy revisited: An exploratory study of the experience of joy through the memories of the women of one Native American Indian community. Retrieved from ProQuest Digital Dissertations (AAT 3200238).

Hill, R. 2003. Mountains and mysticism: Observing transformation when climbing in thin air. Retrieved from ProQuest Digital Dissertations (AAT 3110309).

Hoffman, S. L. 2003. Living stories: An intuitive inquiry into storytelling as a collaborative art form to effect compassionate connection. Retrieved from ProQuest Digital Dissertations (AAT 3095413).

______. 2004. Living stories: Modern storytelling as a call for connection. *The Humanistic Psychologist* 32 (4): 379-400.

Hollenback, J. B. 1996. *Mysticism: Experience, response, and empowerment*. University Park, PA: Pennsylvania State University Press.

Hopcke, R. H. 1989. *A guided tour of the collected works of C. G. Jung*. Boston, MA: Shambhala Publications.

______. 1991. On the threshold of change: Synchronistic events and their liminal context in analysis. In *Liminality and transitional phenomena*, edited by N. Schwartz-Salant & M. Stein, 115-132. Wilmette, IL: Chiron.

Houshmand, Z., R. B. Livingston., & B. A. Wallace. 1999. *Consciousness at the crossroads: Conversations with the Dalai Lama on brain science and Buddhism*. Ithaca, NY: Snow Lion Publications.

Houston, M., & O. I. Davis, eds. 2001. *Centering ourselves: African-American feminist and womanist studies of discourse*. Cresskill, NJ: Hampton Press.

Howell, D. C. 2007. *Fundamental statistics for the behavioral sciences*, 6th ed. Belmont, CA: Wadsworth.

______. 2009. *Statistical methods for psychology*, 7th ed. Belmont, CA: Wadsworth.

Hunsley, J., & G. J. Meyer. 2003. The incremental validity of psychological testing and assessment: Conceptual, methodological and statistical issues. *Psychological Assessment* 15 (4): 446-455.

Hunter, J., & M. Csikszentmihalyi. 2000. The phenomenology of body-mind: The contrasting cases of flow in sports and contemplation. *Anthropology of Consciousness* 11 (3and 4): 5-24.

Hurston, Z. N. 1996. *Dust tracks on a road*. New York: HarperCollins. (Original work published in 1942.)

Husserl, E. 1989. *Ideas pertaining to a pure phenomenology and to a phenomenological philosophy, Book 2: Studies in phenomenology of constitution*. Boston: Kluwer.

(Original work published in 1952.)

Hutter, D. M. 1999. Weaving the fabric of culture: The emergence of personal and collective wisdom in young adults Participating in a wilderness rite of passage. Retrieved from ProQuest Digital Dissertations (AAT 9958679).

Huxley, A. 1970. *The perennial philosophy*. New York: Harper and Row. (Original work published in 1944.)

Jacobson, E. 1938. *Progressive relaxation*. Chicago: University of Chicago Press.

James, W. 1911. *Some problems in philosophy*. New York: Longmans, Green.

______. 1950. *The principles of psychology*, vol. 1. New York: Dover. (Original work published 1890.)

______. 1956. *The will to believe and other essays in popular philosophy and human immortality*. New York: Dover. (Original work published in 1897.)

______. 1976. *Essays in radical empiricism*. Cambridge, MA: Harvard University Press. (Original work published in 1912.)

______. 1980. A suggestion about mysticism. In *Understanding mysticism*, edited by R. Woods, 215-222. Garden City, NY: Image Books. (Original work published in 1910.)

Jenett, D. E. 1999. Red rice for Bhagavati/cooking for Kannaki: An ethnographic/organic inquiry of the Pongala ritual at Attukal Temple, Kerala, South India. Retrieved from ProQuest Digital Dissertations (AAT 9961566).

Johnson, M. 1987. *The body in the mind: The bodily basis of meaning, imagination and reason*. Chicago: University of Chicago Press.

Johnson, R. A. 1986. *Inner work: Using dreams and active imagination for personal growth*. New York: Harper and Row.

Jones, K. 2006. A biographic researcher in pursuit of an aesthetic: The use of arts-based (re) presentations in "performative" dissemination of life stories. *Qualitative Sociology Review*, www.qualitativesociologyreview. org/ENG/index_eng.php.

Josselson, R. 1996. *Ethics and process in the narrative study of lives*. Thousand Oaks, CA: Sage.

______. 2004. The hermeneutics of faith and the hermeneutics of suspicion. *Narrative Inquiry* 14 (1): 1-28.

Judy, D. H. 1991. *Christian meditation and inner healing*. New York: Crossroad.

Jung, C. G. 1933. *Psychological types*. New York: Harcourt.

______. 1959. *The basic writings of C. G. Jung*. Ed. V. S. DeLaszlo. New York: Random House.

______. 1966. The relations between the ego and the unconscious. In C. G. Jung, *Two essays on analytical psychology*, 2nd ed., trans. R.F.C. Hull, 123-244. Princeton, NJ: Princeton University Press. (Original work published in 1928.)

______. 1969. *The structure and dynamics of the psyche*, 2nd ed. Trans. R. F. C. Hull.

Princeton, NJ: Princeton University Press.

______. 1971. *Psychological types*, rev. ed. Trans. H. G. Baynes & R. F. C. Hull. Princeton, NJ: Princeton University Press. (Original work published in 1921.)

______. 1972. *The collected works of C. G. Jung*, 2nd ed. Ed. H. Read, M. Fordham., & G. Adler and trans. R. F. Hull. Bollingen Series. Princeton, NJ: Princeton University Press.

______. 1973. *Memories, dreams, reflections*. Ed. A. Jaffe and trans. C. Winston, rev. ed. New York, NY: Vintage.

______. 1993. Foreword. In E. Neumann, *The origins and history of consciousness*, xiii–xiv. Princeton, NJ: Princeton University Press.

Kalff, D. M. 1980. *Sandplay: A psychotherapeutic approach to the psyche*. Santa Monica, CA: Sigo.

Kaplan, M. A. 2005. The experience of divine guidance: A qualitative study of the human endeavor to seek, receive and follow guidance from a perceived divine source. Retrieved from ProQuest Digital Dissertations (AAT 3174544).

Keating, T. 1991. *Open mind, open heart*. Rockport, MA: Element.

Kegan, R. 1994. *In over our heads: The mental demands of modern life*. Cambridge, MA: Harvard University Press.

Keller, E. F. 1983. *A feeling for the organism: The life and work of Barbara McClintock*. New York: Freeman.

Khan, Hazrat Inayat. 1960. *Sufi message of Hazrat Inayat Khan, gayan, vadan, nirtan*. Geneva, Switzerland: International Headquarters of the Sufi Movement.

Knowles, J. G., & A. L. Cole, eds. 2007. *Handbook of the arts in qualitative research: Perspectives, methodologies, examples, and issues*. Thousand Oaks, CA: Sage.

Koch, S. 1983–1988. *Sigmund Koch's aesthetics archive* [video recording]. New York: The Ford Foundation.

______. 1999. *Psychology in human context: Essays in dissidence and reconstruction*. Ed. D. Finkelman & F. Kessel. Chicago: University of Chicago Press.

______, ed. 1959–1963. *Psychology: A study of a science*, vols. 1–6. New York: McGraw-Hill.

Koestler, A. 1976. *The act of creation*. London: Hutchinson.

Krippner, S., & W. Hughes. 1970. Dreams and human potential. *Journal of Humanistic Psychology* 10: 1–20.

Kueppers, W. G. 2004. The practice and dynamics of authenticity: An organic research study. Retrieved from ProQuest Digital Dissertations (AAT 3129586).

Kuhn, R. 2001. Sailing as a transformational experience. Retrieved from Pro-Quest Digital Dissertations (AAT 3011294).

LaBerge S., & J. Gackenbach. 2000. Lucid dreaming. In *Varieties of anomalous experience: Examining the scientific evidence*, edited by. E. Cardena, S. J. Lynn., & S. Krippner, 151–82. Washington, DC: American Psychological Association.

Lajoie, D. H., & S. I. Shapiro. 1992. Definitions of transpersonal psychology: The first twenty-three years. *Journal of Transpersonal Psychology* 24 (1): 79–98.

Leavy, P. 2008. *Method meets art: Arts-based research practice.* New York: Guilford Press.

Leloup, J., trans. 2002. *The gospel of Mary Magdalene*. Trans. into English by E. Rowe. Rochester, VT: Inner Traditions.

LeShan, L. 1974. *How to meditate*. New York: Bantam.

Levin, D. M. 1985. *The body's recollection of being: Phenomenological psychology and the destruction of nihilism.* London: Routledge and Kegan Paul.

Lieblich, A., R. Tuval-Mashiach., & T. Zilber. 1998. *Narrative research: Reading, analysis, and interpretation.* Thousand Oak, CA: Sage.

Lincoln, Y. S., & E. G. Guba. 1985. *Naturalistic inquiry*. Newbury Park, CA: Sage.

Lodge, O. 1910. The appeal to literature. In O. Lodge, *Reason and belief*, 152–155. New York: George H. Doran Company.

Loos, L. K. 1997. Sitting in council: An ecopsychological approach to working with stories in wilderness rites of passage. Retrieved from ProQuest Digital Dissertations (AAT DP14338).

Lorca, F. G. 1992. From the Havana lectures. In *The rag and bone shop of the heart*, R. Bly, J. Hillman., & M. Meade, 165. New York: Harper Perennial.

Louw, D. J. n.d.a. Ubuntu and the challenges of multiculturalism in postaPartheid South Africa, www.phys.uu.nl/~unitwin/ubuntu.html.

______. n.d.b. Ubuntu: An African assessment of the religious other, www.bu.edu/wcp/Papers/Afri/AfriLouw.htm.

Lowenfeld, M. 1979. *Understanding children's sandplay.* London: George Allen and Unwin.

______. 1991. *Play in childhood, with a foreword by John Davis.* London: MacKeith Press. (Originally published in 1935.)

Luke, H. M. 1995. *The way of woman: Awakening the perennial feminine*. New York: Doubleday.

Luna, L. E., & P. Amaringo. 1991. *Ayahuasca visions: The religious iconography of a Peruvian shaman.* Berkeley, CA: North Atlantic Books.

Lynch, K. S. 2002. Each age a lens: A transpersonal perspective of Emily Dickinson's creative process. Retrieved from ProQuest Digital Dissertations (AAT 3053917).

MacDonald, D. A., H. L. Friedman., & J. G. Kuentzel. 1999. A survey of measures of spiritual and transpersonal constructs: Part one—research update. *Journal of Transpersonal Psychology* 31 (2): 137–154.

MacDonald, D. A., J. G. Kuentzel., & H. L. Friedman. 1999. A survey of measures of spiritual and transpersonal constructs: Part two-additional instruments. *Journal of Transpersonal Psychology* 31 (2): 155–177.

MacDonald, D. A., L. LeClair, C. J. Holland, A. Alter., & H. L. Friedman. 1995. A survey of measures of transpersonal constructs. *Journal of Transpersonal Psychology* 27 (2): 171–235.

Magnussen, S. 2004. The effect of the spiritual practice of Tibetan Buddhist guru yoga on the clinical practice of psychotherapy. Retrieved from ProQuest Digital Dissertations (AAT 3110310).

Manos, C. 2007. Female artists and nature: An intuitive inquiry into transpersonal aspects of creativity in the natural environment. Retrieved from ProQuest Digital Dissertations (AAT 3270987).

Marks, L. E. 2000. Synesthesia. In *Varieties of anomalous experience: Exploring the scientific evidence*, edited by E. Cardena, S. J. Lynn., & S. Krippner, 121–149. Washington, D.C.: American Psychological Association.

Martire, G. C. 2006. Menstrual consciousness development: An organic inquiry into the development of a psycho-spiritually rewarding menstrual relationship. Retrieved from ProQuest Digital Dissertations (AAT 3215085).

Maslow, A. H. 1966. *The psychology of science: A reconnaissance*. New York: Harper and Row.

______. 1967. A theory of metamotivation: The biological rooting of the valuelife. *Journal of Humanistic Psychology* 7: 93–127.

______. 1968. *Toward a psychology of being*, 2nd ed. New York: Van Nostrand Reinhold.

______. 1969. The farther reaches of human nature. *Journal of Transpersonal Psychology* 1 (1): 1–9.

______. 1971. *The farther reaches of human nature.* New York: Viking.

Mavromatis, A. 1987. *Hypnagogia*. New York: Routledge and Kegan Paul.

Maxwell, J. A. 1992. Understanding and validity in qualitative research. *Harvard Educational Review* 62 (3): 279–300.

Maxwell, N. 1992. What kind of inquiry can best help us create a good world? *Science, Technology and Human Values* 17 (2): 205–227.

McCormick, L. 2010. The personal self, no-self, self continuum: An intuitive inquiry and grounded theory study of the experience of no-self as integrated stages of consciousness toward enlightenment. Retrieved from ProQuest Digital Dissertations (AAT 3397100).

McGlashan, A. 1967. *The savage and beautiful country*. Boston: Houghton Mifflin.

McMahon, J. D. S. 1998. The anatomy of ritual. In *Gateways to higher consciousness: 1998 annual conference proceedings of the Academy of Religion and Psychical Research*, 49–56. Bloomfield, CT: Academy of Religion and Psychical Research.

McNiff, S. 1998. *Art-based research.* London: Jessica Kingsley.

______. 2003. *Creating with others: The practice of imagination in life, art and the workplace*. Boston: Shambhala Publications.

Mellick, J. 1996. *The natural artistry of dreams: Creative ways to bring the wisdom of dreams to waking life.* Berkeley, CA: Conari Press.

Menon, S. 2002. Meet the researcher II. *The Journal of Transpersonal Psychology* 34 (1): 67-71.

Merleau-Ponty, M. 1962. *Phenomenology of perception.* Trans. C. Smith. London: Routledge and Keegan Paul. (Original work published in France in 1945.)

______. 1968. *The visible and the invisible.* Trans. A. Lingis. Evanston, IL: Northwestern University Press. (Original work published in France in 1964.)

Merrell-Wolff, F. 1973. *The philosophy of consciousness without an object.* New York: Julian.

Mertens, D. M. 2008. *Transformative research and evaluation.* New York: The Guilford Press.

______. 2009. *Research and evaluation in education and psychology: Integrating diversity with quantitative, qualitative, and mixed methods*, 3rd ed. Thousand Oaks, CA: Sage. (The original edition was published in 1998., *and* the 2nd ed. was published in 2005.)

Mezirow, J., & Associates. 2000. *Learning as transformation: Critical perspectives on a theory in progress.* San Francisco, CA: Jossey-Bass.

Michalko, M. 2001. *Cracking creativity: The secrets of creative genius.* Berkeley, CA: Ten Speed Press.

Microsoft Research (producer) & W. Duggan, (speaker). 2008. Strategic intuition: The creative spark in human achievement (Video), www.researchchannel.org/prog/displayevent.aspx?rlD=24503andflD=5246.

Milgram, J. 1992. *Handmade midrash.* Philadelphia: The Jewish Publication Society.

Miller, J. B. 1986. *Toward a new psychology of women*, 2nd ed. Boston, MA: Beacon Press.

Mishler, E. 1991. *Research interviewing: Context and narrative.* Cambridge, MA: Harvard University Press.

______. 2000. *Storylines: Craftartists' narratives of identity.* Cambridge, MA: Harvard University Press.

Montessori, M. 1997. *Quotes by Maria Montessori, 1870-1952.* Montessori Teachers Collective, www.moteaco.com/quotes.html.

Moran, Dermot. 2000. *Introduction to phenomenology.* New York: Routledge.

Moreno, J. L. 1993. *Psychodrama,* vol. 1. Beacon, NY: Beacon House. (Originally published in 1946.)

Morgan, D. L. 1988. *Focus groups as qualitative research.* Newbury Park, CA: Sage.

______, ed. 1993. *Successful focus groups: Advancing the state of the art.* Thousand Oaks, CA: Sage.

Moustakas, C. 1990. *Heuristic research: Design, methodology, and applications.* Newbury Park, CA: Sage.

______. 1994. *Phenomenological research methods.* Thousand Oaks, CA: Sage.

Moustakas, C., & B. G. Douglass. 1985. Heuristic inquiry: The internal search to know.

Journal of Humanistic Psychology 25 (3): 39–55.

Muhl, A. 1963. *Automatic writing: An approach to the subconscious*. New York: Helix.

Murphy, M., S. Donovan., & E. Taylor. 1997. *The physical and psychological effects of meditation: A review of contemporary research with a comprehensive bibliography, 1931–1996*, 2nd ed. Sausalito, CA: Institute of Noetic Sciences.

Murray, K. 1986. Literary pathfinding: The work of popular life constructors. In *Narrative psychology: The storied nature of human conduct*, edited by T. R. Sarbin, 276–292. New York: Praeger.

Myers, F. W. H. 1903. *Human personality and its survival of bodily death*, 2 vols. London: Longmans, Green and Co.

______. 1980. *Gifts differing: Understanding personality type*. Palo Alto, CA: Consulting Psychologists Press.

Myers, I. B. 1962. *The Myers–Briggs Type Indicator*. Palo Alto, CA: Consulting Psychologists Press.

______. 1980. *Gifts differing: Understanding personality type*. Palo Alto, CA: Consulting Psychologists Press.

Naranjo, C., & R. E. Ornstein. 1971. *On the psychology of meditation*. New York: Viking Compass.

Needleman, J. 1991. *Lost Christianity*. Rockport, MA: Element.

Netzer, D. 2008. Mystical poetry and imagination: Inspiring transpersonal awareness of spiritual freedom. Retrieved from ProQuest Digital Dissertations (AAT 3316128).

Nielsen, J. M., ed. 1990. *Feminist research methods: Exemplary readings in the social sciences*. Boulder, CO: Westview Press.

Nouwen, H. 1990. *The wounded healer: Ministry in contemporary society*. New York: Doubleday.

O'Fallon T., & G. Kramer. 1998. Insight dialogue and insight dialogic Inquiry. Retrieved from ProQuest Digital Dissertations (AAT 9824352).

Ogden, T. H. 1990. *The matrix of the mind: Object relations and the psychoanalytic dialogue*. Northvale, NJ: Jason Aronson.

Ogle, R. 2007. *Smart world: Breakthrough creativity and the new science of ideas*. New York: Harvard Business School Press.

Olsen, A. 2002. *Body and earth: An experiential guide*. Lebanon, NH: University Press of New England.

Onwuegbuzie, A. J., & R. B. Johnson. 2006. The validity issue in mixed research. *Research in the Schools* 13: (1): 48–63.

Ormiston, G. L., & A. D. Schrift, eds. 1990. *The hermeneutic traditions: From Ast to Ricoeur*. New York: SUNY Press.

Orne, M. T. 1962. On the social psychology of the psychological experiment: With Particular reference to demand characteristics and their implications. *American Psychologist* 17 (11): 476-483.

______. 2002. On the social psychology of the psychological experiment: With Particular reference to demand characteristics and their implications. *Prevention and Treatment, 5* Article 35, http://journals.apa.org/prevention/volume5.

Packer, M. J., & R. B. Addison, eds. 1989. *Entering the circle: Hermeneutic investigation in psychology.* Albany: SUNY Press.

Pallaro, P., ed. 1999. *Authentic movement: Essays by Mary Starks Whitehead, Janet Adler and Joan Chodorow.* Philadelphia: Jessica Kingsley.

Palmer, G. E. H., P. Sherrard., & K. Ware, eds. 1979-1995. *The Philokalia: The complete text,* 4 vols. London: Faber and Faber.

Palmer, G. T. 1999. Disclosure and assimilation of exceptional human experiences: Meaningful, transformative and spiritual aspects. Retrieved from ProQuest Digital Dissertations (AAT 9932122).

Palmer, J. 1993. Confronting the experimenter effect. In Psi research methodology: A re-examination: Proceedings of an international conference held in Chapel Hill, North Carolina, October 29-30, 1988, edited by L. Coly & J. D. S. McMahon, 44-64. New York: Parapsychology Foundation.

______. 1997. The challenge of experimenter psi. *European Journal of Parapsychology* 13: 110-122.

Pascal, B. 1941. *Pensees and the provincial letters* Trans. W. F. Trotter & T. M'Crie. New York: Random House/The Modern Library. (Original work published in 1670.)

Pennebaker, J. W. 1995. *Emotion, disclosure, and health.* Washington, DC: American Psychological Association.

Penner, L. A., B. A. Fritzsche, J. P. Craiger., & T. S. Freifeld. 1995. Measuring the prosocial personality. In *Advances in personality assessment*, vol. 12, edited by J. N. Butcher & C. D. Spielberger, 147-163. Hillsdale, NJ: Erlbaum.

Pennington, M. B. 1980. *Centering prayer: Renewing an ancient Christian prayer form.* Garden City, NY: Doubleday.

Perry, A. 2009. Does a unitive mystical experience affect authenticity? An intuitive inquiry of ordinary Protestants. Retrieved ProQuest Digital Dissertations (AAT3344550).

Petitmengin-Peugeot, C. 1999. The intuitive experience. *Journal of Consciousness Studies* 6: 43-77.

Phelon, C. R. 2001. Healing presence: An intuitive inquiry into the presence of the psychotherapist. Retrieved from ProQuest Digital Dissertations (AAT 3011298).

______. 2004. Healing presence in the psychotherapist: An intuitive inquiry. *The Humanistic Psychologist,* 32 (4): 342-356.

Piaget, J. 1929. *The child's conception of the world.* New York: Harcourt, Brace.

______. 1962. *Play, dreams and imitation in childhood*. Trans. G. Rolfe. G. G. Gattegno., & F. M. Hodgson. New York: Norton.

______. 1972. *The child and reality*. New York: Penguin.

Piaget, J., & B. Inhelder. 1969. *The psychology of the child*. New York: Basic Books, Inc.

Pinard, R. A. 2000. Integrative dialogue: From fragmentation to a reverential unfolding of wholeness and mutuality. Retrieved from ProQuest Digital Dissertations (AAT 9984961).

Plotinus. 1966–1988. *Enneads*, vols. 1–7. Trans. A. H. Armstrong. Cambridge, MA: Harvard University Press. (Original work prepared circa 250 CE)

Polanyi, M. 1958. *Personal knowledge: Towards a post-critical philosophy*. Chicago: University of Chicago Press.

______. 1966. *The tacit dimension*. Garden City, NY: Doubleday.

______. 1969. *Knowing and being*. Chicago: University of Chicago Press.

Polanyi, M., & H. Prosch. 1975. *Meaning*. Chicago: University of Chicago Press.

Potter, J., & M. Wetherell. 1995. Discourse analysis. In *Rethinking methods in psychology*, edited by J. A. Smith, R. Harre., & L. van Langenhove, 80–92. Thousand Oaks, CA: Sage.

Prabhavananda, S., & C. Isherwood. 1969. *How to know God: The Yoga Aphorisms of Patanjali*. New York: Mentor.

Progoff, I. 1957. *The cloud of unknowing*. New York: Dell.

Radin, D. I. 1997. *The conscious universe: Truth of psychic phenomena*. San Francisco: HarperCollins.

Radin, D. 2006. *Entangled minds*. New York: Paraview Pocket Books.

Ram Dass & P. Gorman. 1985. *How can I help?* New York: Knopf.

Ramberg, B., & K. Gjesdal. 2005. Hermeneutics. *Stanford Encyclopedia of Philosophy*, http://plato.stanford.edu/entries/hermeneutics/.

Reason, P. 1988. *Human inquiry in action*. Thousand Oaks, CA: Sage.

______. 1994. *Participation in human inquiry*. Thousand Oaks, CA: Sage.

Reason, P., & J. Heron. 2000. The practice of co-operative inquiry: Research "with" rather than "on" people. In *Handbook of action research: Participative inquiry and practice*, edited by P. Reason & H. Bradbury, 179–189. London: Sage.

Reinharz, S. 1992. *Feminist methods in social sciences*. New York: Oxford University Press.

Rennie, D. L. 2007. Methodical hermeneutics and humanistic psychology. *The Humanistic Psychologist* 35 (1): 1–14.

Rich, A. 1979. When we dead awaken: Writing as re-vision. In A. Rich, *Onlies, secrets, and silence*. New York: Norton.

Rich, B. 2000. Blowing the shofar. Unpublished manuscript.

Rickards, D. E. 2006. Illuminating feminine cultural shadow with women espionage agents and the Dark Goddess. Retrieved from ProQuest Digital Dissertations (AAT 3286605).

Riordan, L. 2002. Bringing the wilderness home: Integrating the transformative aspects of adventure into everyday life. Retrieved from ProQuest Digital Dissertations (AAT 3066242).

Rode, M. A. 2000. What is beauty? A living inquiry for the mind and heart. Retrieved from ProQuest Digital Dissertations (AAT 9969181).

Rogers, N. 1993. *The creative connection: Expressing arts as healing.* Palo Alto, CA: Science and Behavior Books.

Rogers, W. L. 1996. A heuristic inquiry into loss of fertility that occurred during the childbearing years as experienced by eight women. Retrieved from ProQuest Digital Dissertations (AAT DP14330).

Romanyshyn, R. D. 2002. *Ways of the heart: Essays toward an imaginal psychology.* Pittsburg, PA: Trivium Publications.

______. 2007. *The wounded researcher: Research with soul in mind.* New Orleans, LA: Spring Journal Books.

Rominger, R. A. 2004. Exploring the integration of the aftereffects of the near-death experience: An intuitive and artistic inquiry. Retrieved from ProQuest Digital Dissertations (AAT 3129588).

Root-Bernstein, R., & M. Root-Bernstein. 1999. *Sparks of genius: The thirteen thinking tools of the world's most creative people.* New York: Houghton Mifflin.

Rose, G. 2001. *Visual methodologies: An introduction to the interpretation of visual materials.* Thousand Oaks, CA: Sage.

Rosenthal, R. 1966. *Experimenter effects in behavioral research.* New York: Appleton-Century-Crofts.

______. 2002a. Covert communication in classrooms, clinics, courtrooms, and cubicles. *American Psychologist* 57 (11): 839-849.

______. 2002b. Experimenter and clinician effects in scientific inquiry and clinical practice. *Prevention and Treatment,* 5. Article 38, http://journals.apa.org/prevention/volume5.

Rosenthal, R., & R. L. Rosnow, eds. 1969. *Artifact in behavioral research.* New York: Academic Press.

Rosenthal, R., & D. B. Rubin. 1978. Interpersonal expectancy effects: The first 345 studies. *The Behavioral and Brain Sciences* 3: 377-415.

Rosnow, R. L. 2002. The nature and role of demand characteristics in scientific inquiry, www.journals.apa.org/prevention/volume5/pre0050037c.html.

Rosnow, R. L., & R. Rosenthal. 1997. *People studying people: Artifacts and ethics in behavioral research.* New York: W. H. Freeman.

Ruumet, H. 1997. Pathways of the soul: A helical model of psychospiritual development. *Presence: The Journal of Spiritual Directors International* 3 (3): 6-24.

______. 2006. *Pathways of the soul: Exploring the human journey*. Victoria, Canada: Trafford Publishing.

Sacks, O. 1987. *The man who mistook his wife for a hat*. New York: Harper and Row.

Safken, A. M. 1997. Sufi stories as vehicles for self-development: Exploration, using in-depth interviews, of the self-perceived effects of the study of Sufi stories. Retrieved from ProQuest Digital Dissertations (AAT 9833355).

Salk, J. 1983. *Anatomy of reality*. New York: Appleton-Century-Crofts. Salmon, Don. 2001 What if We Took Indian Psychology Seriously?, www.infinityfoundation.com/mandala/i_es/i_es_salmo_psych_frameset.htm.

Salmon, Don. 2001. What if we Took Indian Psychology Seriously?, www.infinityfoundation.com/mandala/i-es/i-es-salmo-psych-freme-set.htm.

Sanders, R. E., M. A. Thalbourne., & P. S. Delin. 2000. Transliminality and the telepathic transmission of emotional states: An exploratory study. *Journal of the American Society for Psychical Research* 94: 1-24.

Sarbin, T. R. 1986. The narrative as a root metaphor for psychology. In *Narrative psychology: The storied nature of human* conduct, edited by R. T. Sarbin, 3-19. New York: Praeger.

Satprem. 1981. *The mind of the cells*. Trans. F. Mahak and L. Vernet. New York: Institute for Evolutionary Research.

Schopfer, C. L. 2010. The power of reflection: An analysis of the relationship between Nondualism and manifest reality in the written work of Swami Shantananda. PhD diss., Institute of Transpersonal Psychology.

Schleiermacher, F. 1977. *Hermeneutics: The handwritten manuscripts*. Ed. H. Kimmerle and trans. D. Luke and J. Forstman. Missoula, MT: Scholars Press. (Original text in 1819.)

______. 1998. *Hermeneutics and criticism and other writing*. Cambridge, UK: Cambridge University Press.

Schulz, J. 2006. Pointing the way to discovery: Using the creative writing practice in qualitative research. *Journal of Phenomenological Psychology* 37 (2): 217-239.

Schultz, J. H., & W. Luthe. 1969. *Autogenic methods*. New York: Grune and Stratton.

Schumacher, E. F. 1978. *A guide for the perplexed*. New York: Harper and Row.

Schutte, A. 2001. *Ubuntu: An ethic for a new South Africa*. Pietermaritzburg, South Africa: Cluster Publications.

Schwartz-Salant, N., & M. Stein, eds. 1991. *Liminality and transitional phenomena*. Wilmette, IL: Chiron.

Schwedner, D. T. 2003. Messengers from the soul: Women's shoes as instruments of psychological and spiritual growth. Retrieved from ProQuest Digital Dissertations (AAT 3095406).

Seeley, R. 2000. Sacred callings: The process of moving into vocation at midlife as seen through story and reflection in a council of nine women. Retrieved from ProQuest Digital Dissertations (AAT 9970762).

Sheikh, A. A., ed. 1983. *Imagery: Current theory, research, and application.* New York: Wiley.

______, ed. 1986. *Anthology of imagery techniques.* Milwaukee, WI: American Imagery Institute.

______. 2001. *Handbook of therapeutic imagery techniques.* Amityville, NY: Baywood.

______, ed. 2003. *Healing images: The role of imagination in health.* Amityville, NY: Baywood.

Shepherd, L. J. 1993. *Lifting the veil: The feminine face of science.* Boston: Shambhala Publications.

Shepperd, A. E. 2006. The experience of feeling deeply moved: An intuitive inquiry. *Dissertation Abstracts International,* 67 05, 2819 (UMI No. 3221764).

Sheridan, J., & A. Pineault. 1997. Sacred land—sacred stories. In *Intuition: The inside story,* edited by R. Davis-Floyd & P. S. Arvidson, 57-80. New York: Routledge.

Shields, L. J. 1995. The experience of beauty, body image and the feminine in three generations of mothers and daughters. Retrieved from ProQuest Digital Dissertations (AAT DP14319).

Sholem, J. 1999. Listening to the labyrinth: An organic and intuitive inquiry. Retrieved from ProQuest Digital Dissertations (AAT 9936945).

Simon, B. 1978. *Mind and madness in ancient Greece: The classical roots of modern psychiatry.* Ithaca, NY: Cornell University Press.

Siner Francis, K. 2008. Sigmund Koch's Artists on Art project: Archival review and single case reconstruction. Retrieved ProQuest Digital Dissertations (AAT3403404).

Skolimowski, H. 1994. *The participatory mind: A new theory of knowledge and of the universe.* New York: Penguin Arcana.

Smith, J. A. 2004. Reflecting on the development of interpretative phenomenological analysis and its contribution to qualitative research in psychology. *Qualitative Research in Psychology* 1: 39-54.

______. 2007. Hermeneutics, human sciences and health: Linking theory and practice. *International Journal of Qualitative Studies on Health and Wellbeing* 2: 3-11.

Smith, M. D. 2003. The role of the experimenter in parapsychological research. *Journal of Consciousness Studies* 10 (6 and 7): 69-84.

Smith, T. W. 2009. Loving and caring in the United States: Trends and correlates of empathy, altruism and related constructs. In *The science of compassionate love: The theory, research, and applications*, edited by B. Fehr, S. Sprecher., & L. G. Underwood, 81-19. West Sussex, UK: Wiley-Blackwell.

Sowerby, D. F. 2001. The light of inner guidance: A heuristic study of the recognition and interpretation of intuition. Retrieved from ProQuest Digital Dissertations (AAT

3011300).

Speeth, K. R. 1982. On psychotherapeutic attention. *Journal of Transpersonal Psychology* 14 (2): 141–160.

Spencer, L. B. 1995. The transpersonal and healing dimensions of painting: Life reviews of ten artists who have experienced trauma. Retrieved from ProQuest Digital Dissertations (AAT DP14320).

Stanczak, G. C. 2007. *Visual research methods: Image, society, and representation*. Thousand Oaks, CA: Sage.

Stewart, D. W., & P. N. Shamdasani. 1990. *Focus groups: Theory and practice.* Newbury Park: Sage.

Strauss, A. L., & J. A. Corbin. 1990. *Basics of qualitative research: Grounded theory procedures and techniques*. Newbury Park, CA: Sage.

Stromstead, T. 1998. The dance and the body in psychotherapy. In *The body in psychotherapy: Inquiries in Somatic Psychology*, edited by D. H. Hanlon, 147–169. Berkeley, CA: North Atlantic Books.

Sullivan, G. 2004. *Art practice as research: Inquiry in the visual arts.* Thousand Oaks, CA: Sage.

Sutich, A. J. 1968. Transpersonal psychology: An emerging force. *Journal of Humanistic Psychology,* 8: 77–78.

______. 1969. Some considerations regarding transpersonal psychology. *Journal of Transpersonal Psychology* 1 (1): 11–20.

______. 1976a. The emergence of the transpersonal orientation: A personal account. *Journal of Transpersonal Psychology* 81: 5–19.

______. 1976b. The founding of humanistic and transpersonal psychology: A personal account. PhD diss., Humanistic Psychology Institute (now Saybrook Institute).

Swedenborg, E. 1963. *Divine love and divine wisdom*. London: Swedenborg Society. (Original work published in 1763.)

Taimni, I. 1981. *The science of yoga*. Wheaton, IL: Quest Books.

Targ, R., & J. J. Hurtak. 2006. *The end of suffering*. Charlottesville, VA: Hampton Roads.

Tart, C. T. 1972. States of consciousness and state-specific sciences. *Science* 176: 1203–1210.

______. 1975. *States of consciousness*. New York: E. P. Dutton and Co.

______. 1986. *Waking up: Overcoming the obstacles to human potential.* Boston: Shambhala Publications.

______. 1994. *Living the mindful life*. Boston: Shambhala Publications.

______. 2001. *Mind science: Meditation training for practical people*. Novato, CA: Wisdom Editions.

Tarthang Tulku, Rinpoche. 1976. A view of mind. *Journal of Transpersonal Psychology* 8 (1): 41–44.

Tashakkori, A., & C. Teddlie. 1998. *Mixed methodology: Combining qualitative and quantitative approaches.* Thousand Oaks, CA: Sage.

______, eds. 2003. *Handbook of mixed methods in social and behavioral sciences.* Thousand Oaks, CA: Sage.

Taylor, J. B. 2008. *My stroke of insight: A brain scientist's personal journey*. New York: Viking.

Taylor, N. H. 1996. Women's experience of the descent into the underworld: The path of Inanna. A feminist and heuristic inquiry. Retrieved from ProQuest Digital Dissertations (AAT DP14333).

Thalbourne, M. A., L. Bartemucci, P. S. Delin, B. Fox., & O. Nofi. 1997. Transliminality: Its nature and correlates. *Journal of the American Society for Psychical Research* 91: 305-331.

Todres, L. 2007. *Embodied enquiry: Phenomenological touchstones for research, psychotherapy and spirituality.* Hampshire, England: MacMillan.

Trungpa, C. 1996. *Dharma art.* Boston: Shambhala Publications.

______. 1999. *The essential Chögyam Trungpa.* Boston: Shambhala Publications.

Turner, V. 1987. Betwixt and between: The liminal period in rites of passage. In *Betwixt and between: Patterns of masculine and feminine initiation*, edited by L. C. Mahdi, S. Foster., & M. Little, 3-19. La Salle, IL: Open Court. (Reprinted from *The Forest of Symbols*, 1967, Ithica, NY: Cornell University Press.)

Underhill, E. 1915. *Practical mysticism*. New York: E. P. Dutton and Company.

______. 1969. *Mysticism: A study in the nature and development of man's spiritual consciousness*. Cleveland, OH: World Publishing. (Original work published in 1911.)

Unthank, K. W. 2007. "Shame on you": Exploring the deep structure of posttrauma survival. Retrieved from ProQuest Digital Dissertations(AAT 3221764).

Valle, R., ed. 1998. *Phenomenological inquiry in psychology: Existential and transpersonal dimensions*. New York: Plenum.

Valle, R. S., & S. Halling, eds. 1989. *Existential-phenomenological perspectives in psychology*. New York: Plenum.

Valle, R., & M. Mohs. 1998. Transpersonal awareness in phenomenological inquiry: Philosophy, reflections and recent research. In W. Braud & R. Anderson, *Transpersonal research methods for the social sciences: Honoring human experience*, 95-113. Thousand Oaks, CA: Sage.

Van Dusen, W. 1996. *Returning to the source: The way to the experience of God.* Moab, UT: Real People Press.

______. 1999. *Beauty, wonder and the mystical mind.* West Chester, PA: Chrysalis Books.

van Gennep, A. V. 1960. *The rites of passage*. Trans. M. B. Vizedom & G. L. Caffee. Chicago, IL: University of Chicago Press. (Original work published in 1908.)

van Leeuwen, T., & C. Jewitt, eds. 2001. *Handbook of visual analysis*. Thousand Oaks, CA: Sage.

van Manen, M. 1990. *Researching lived experience: Human science for an action sensitive pedagogy*. Albany: SUNY Press.

______. ed. 2002. *Writing in the dark: Phenomenological studies in interpretive inquiry*. London, Canada: Althouse.

Varela, F. J., E. Thompson., & E. Rosch. 1991. *The embodied mind: Cognitive science and human experience*. Cambridge: Massachusetts Institute of Technology.

Vaughan, F. 1979. *Awakening intuition*. New York: Anchor Books.

______. 2002. What is spiritual intelligence? *Journal of Humanistic Psychology* 42 (2): 16-33.

Veltrop, M. R. 1999. *Business leaders in transition: An organic inquiry into eight transformational journeys*. Retrieved from ProQuest Digital Dissertations (AAT 9932124).

Volling, B. L., A. M. Kolak., & D. E. Kennedy. 2009. In B. Fehr, S. Sprecher., & L. G. Underwood Eds., *The science of compassionate love: The theory, research, and applications*, 163-200. West Sussex, UK: Wiley-Blackwell.

von Bingen, H. 1954. *Wisse die wege: Scivias*. Salzburg, Austria: Otto Müller Verlag.

von Franz, M. L. 1971. Part I, The inferior function. In M. L. von Franz and J. Hillman, *Jung's typology*, 1-72. New York: Spring Publications.

Wade, J. 1996. *Changes of mind: A holonomic theory of the evolution of consciousness*. Albany: SUNY Press.

Walker, R. S. 2003. Reading differently: An exploratory study of the lived experience of reading as a praxis, based on Sri Aurobindo's Letters on Yoga. PhD diss., Institute of Transpersonal Psychology.

Walsh, R., & F. Vaughan. 1993. On transpersonal definitions. *Journal of Transpersonal Psychology* 25: 199-207.

Washburn, Michael. 1995. *The ego and the dynamic ground: A transpersonal theory of human development* 2nd ed. Albany, NY: SUNY Press.

Watkins, M. M. 1977. *Waking dreams*. New York: Harper Colophon.

White, M., & D. Epston. 1990. *Narrative means to therapeutic ends*. New York: W. W. Norton.

White, R. A. 1976a. The influence of persons other than the experimenter on the subjects' scores in psi experiments. *Journal of the American Society for Psychical Research* 70: 133-166.

______. 1976b. The limits of experimenter influence on psi test results: Can any be set? *Journal of the American Society for Psychical Research* 70: 333-370.

______. 1997. Dissociation, narrative and exceptional human experiences. In *Broken images, broken selves: Dissociative narratives in clinical practice*, edited by S. Krippner & S. M. Powers, 88-121. Washington D.C.: Brunner/Mazel.

______. 1998. Becoming more human as we work: The reflexive role of exceptional human experience. In W. Braud & R. Anderson, *Transpersonal research methods for the social sciences: Honoring human experience* pp. 128–145. Thousand Oaks, CA: Sage.

Whitehead, A. N. 1929. *Process and reality*. New York: Macmillan.

Whitehouse, M. 1958. The tao of the body. In *Bone, breath, and gesture: Practices of embodiment*, edited by D. H. Hanlon, 241–251. Berkeley, CA: North Atlantic Books.

Whitehouse, W. G., E. C. Orne., & D. F. Dinges. 2002, October. Demand characteristics: Toward an understanding of their meaning and application in clinical practice. *Prevention and Treatment* 5 Article 34, http://journals.apa.org/prevention/volume5.

Whitley, B. E. 2003. *Principles of research in behavioral science* 2nd ed. New York: McGraw-Hill.

Whyte, L. L. 1978. *The unconscious before Freud*. New York: St. Martin's Press.

Wickramasekera, I. 1989. Risk factors for parapsychological verbal reports, hypnotizability, and somatic complaints. In *Parapsychology and human nature*, edited by B. Shapin & L. Coly, 19–56. New York: Parapsychology Foundation.

Wilber, K. 1979. *The spectrum of consciousness*. Wheaton, IL: Quest.

______. 1995. *Sex, ecology, and spirituality*. Boston: Shambhala Publications.

______. 2000. *Integral psychology: Consciousness, spirit, psychology, therapy*. Boston: Shambhala Publications.

Winnicott, D. W. 1992. *Through pediatrics to psycho-analysis*. New York: Brunner-Routledge. (Original work published in 1958.)

Winter, G. 2000, March. A comparative discussion of the notion of "validity" in qualitative and quantitative research. [58 paragraphs]. *The Qualitative Report* [On-line serial], *43/4*. Available: www.nova.edu/ssss/QR/QR4-3/winter.html.

Wood, R. 2010. Psycho-spiritual transformation experienced by Participants of modern wilderness rites of passage quests: An intuitive inquiry. PhD diss., Institute of Transpersonal Psychology.

Wright, A. 2010. A functional interpretation of anomalous experiences associated with death: Honoring the dying and bereaved. PhD diss., Institute of Transpersonal Psychology.

Yates, F. A. 1974. *The art of memory*. Chicago: University of Chicago Press.

Yoslow, M. 2007. The pride and price of remembrance: An empirical view of transgenerational post-Holocaust trauma and associated transpersonal elements in the third generation. PhD diss., Institute of Transpersonal Psychology.

찾아보기

인명

내용

ㅇ

ㅈ

ㅊ

ㅋ

ㅌ

ㅍ

ㅎ

저자 소개

Rosemarie Anderson 박사는 심리학, 신학, 철학적 해석학 분야를 연구해 왔다. 1970년대 초 네브라스카-링컨 대학교의 대학원 과정에서, 그녀는 실험사회심리학자로서의 교육을 받았고 동기의 사회적 결정인자를 연구하기 위하여 실험심리학, 양적 분석, 페미니스트적인 연구방법들을 적용했다. 자료 분석을 통해서, 양적 다변량분석을 통계배열에 내재된 패턴을 '이해(see)'하기 위해 직관적 통찰을 요하는 복합적인 패턴 인지 형태로 이해하게 되었고, 이것은 그녀의 연이은 연구 속에서 형성되고 발전되면서 거의 30년 후 직관적인 연구의 개발에 영향을 주었다.

그녀의 저서로는『사회과학을 위한 자아초월적 연구방법론(Transpersonal Methods for the Social Sciences)』(공저, Sage, 1998),『셀틱 오라클(Celtic Oracles)』(Random House, 1998),『질적 분석을 행하는 다섯 가지 방법: 현상학적 심리학, 근거이론, 담화분석, 내러티브 연구, 직관적 연구(The Five Ways of Doing Qualitative Analysis: Phenomenological Psychology, Grounded Theory, Discourse Analysis, Narrative Research, Intuitive Inquiry)』(공저, Guilford Publications, 2011) 등과 수많은 논문이 있다.

William Braud 박사는 연구방법에 있어 다양한 배경을 가지고 있다. 그는 학부 시절 물리학 연구의 자연과학적 방법과 관점에 몰두했다. 아이오와 대학교의 실험심리학 박사 과정에서, 그는 헐(Hull)/스펜스(Spence)의 학습이론과 동기이론의 행동과 가설-연역적 접근방식으로 교육받았고, 구스타브 버그만(Gustav Bergmann)과 함께 과학, 인식론, 존재론에 대한 철학을 연구하였다. 이후에 대학과 텍사스 휴스톤(Texas, Houston)의 의료 센터에서 직책을 맡으면서 학습, 기억, 동기에 임상적, 정신생리학적, 약학적 방법들로 행동주의적 접근방식을 보완하였다. 그는 현재 자아초월 심리학 연구소에서 교수로 재직하고 있다.

그의 저서로는『사회과학을 위한 자아초월 연구방법론: 인간 경험 존중하기(Transpersonal Research Methods for the Social Sciences: Honoring Human Experience)』(Sage, 1988),『원격 심리 영향(Distant Mental Influence)』(Hampton Roads, 2003) 등이 있다.

Jennifer Clements 박사는 제3장의 객원기고가다. 그녀는 개업건축가로서 직업을 시작했고 버클리에 있는 캘리포니아 대학교에서 강사로 재직하면서 졸업 작품을 지도했다. 그녀는 자아초월 심리학 연구소에서 초빙교수로 있으면서 유기적이고 페미니스트적인 연구, 임상 실습, 여성 문제 수업을 가르치고 학생들의 박사 논문을 자문해 주면서 1992년 자아초월 심리학 박사 학위를 받았다.

역자 소개

서광스님은 대학과 대학원에서 심리학을 공부하고, 이후 미국에서 종교심리학 석사와 자아초월 심리학 박사 학위를 취득하였다. 현재 동국대학교 불교대학 교수로 재직 중이며, MSC 명상 프로그램을 한국에 도입하여 MSC 지도자 양성에 힘쓰고 있다. 또한 (사)한국명상심리상담연구원 원장으로 불교심리학과 선심리상담, 자아초월 심리치료 관련 강의와 워크숍 및 집단 프로그램 등을 실시하고 있다.

저서에 『단단한 마음공부』, 『돌이키는 힘: 치유하는 금강경 읽기』, 『현대심리학으로 풀어본 대승기신론』, 『치유하는 유식 읽기』, 『치유하는 불교 읽기』, 『나를 치유하는 마음 여행』, 『후박꽃 향기』, 『공부도 놀이도 신나는 아이로 키워라』, 『문제는 항상 부모에게 있다』, 『알몸이 부처되다』, 『현대심리학으로 풀어본 유식 30송』, 『마음의 치료』 등과 『한영불교사전』, 『불교상담심리학 입문』, 『심리치료에서 지혜와 자비』 등 다수의 편·역서를 출간하였다.

문일경은 연세대학교 사학과를 졸업하였고, 서울불교대학원대학교에서 자아초월상담학을 전공하여 상담학 박사 학위를 취득했다. 한국 IBM에서 13년 동안 IT 컨설턴트로 일하였다. 현재 동국대학교 교육대학원 상담심리 전공 겸임교수로 재직 중이다. 서울불교대학원대학교, 한세대학교, 명지대학교, 서강대학교 평생교육원 등에서 상담과 심리치료, 자아초월심리학, 질적연구방법론과 관련된 강의를 하고 있다. 또한 한국상담심리학회 소속 상담심리사(1급), 『질적연구 아카데미』의 대표로도 활동하고 있다.

자아초월 심리학 및 상담, Ken Wilber의 통합심리학 분야에 대해 공부를 해왔으며, 최근에는 통합이론을 실제에 적용한 수련모델(Intergral Life Practice)과 치료모델(Integral Psychotheraphy)을 국내에 활성화하기 위한 구체적인 실천방안을 개발하고 있다. 통합심리학 및 통합심리치료와 관련된 여러 편의 논문을 발표했으며, 『상담이론과 실제(공저, 상담학 총서)』, 『7가지 행복명상법(공역)』, 『통합심리치료: 평가와 사례개념화』 등의 저·역서를 출간하였다.

서승희는 한양대학교 중어중문학과를 졸업하였고, 영어교육 관련업에 20여 년 동안 종사하고 있다. 또한 불교와 명상의 행복한 확산을 위해 한영통번역 대학원에서 공부하고 있으며, (사)한국명상심리상담연구원에서 마음챙김에 기반한 자기연민 프로그램과 자아초월 집단프로그램에 참여하면서 마음공부를 통해 자신과 이웃을 위한 삶을 준비하고 있다.

자아초월명상 연구방법론
– 명상심리학, 불교상담, 영성심리학 연구방법론 –

Transforming Self and Others Through Research
Transpersonal Research Methods and Skills for the Human Sciences and Humanities

2019년 9월 20일 1판 1쇄 인쇄
2019년 9월 30일 1판 1쇄 발행

지은이 • Rosemarie Anderson · William Braud
옮긴이 • 서광스님 · 문일경 · 서승희
펴낸곳 • (주) 학지사
04031 서울특별시 마포구 양화로 15길 20 마인드월드빌딩
대표전화 • 02)330-5114 팩스 • 02)324-2345
등록번호 • 제313-2006-000265호

홈페이지 • http://www.hakjisa.co.kr
페이스북 • https://www.facebook.com/hakjisa

ISBN 978-89-997-1381-1 93180

정가 22,000원

이 도서의 국립중앙도서관 출판시도서목록(CIP)은 서지정보유통지원시스템 홈페이지(http://seoji.nl.go.kr)와 국가자료공동목록시스템(http://www.nl.go.kr/kolisnet)에서 이용하실 수 있습니다.
(CIP 제어번호: CIP2019027245)